MEIER · CHRONICON PICTUM

Diese Arbeit wurde 1994 am Kunstgeschichtlichen Institut der
Johannes Gutenberg-Universität Mainz
als Habilitationsschrift vorgelegt.
Referent: Prof. Dr. Dethard von Winterfeld

Die Drucklegung der vorliegenden Habilitationsschrift wurde unterstützt durch
die Geschwister Boehringer Ingelheim Stiftung für Geisteswissenschaften.

CLAUDIA ANNETTE MEIER

CHRONICON PICTUM

VON DEN ANFÄNGEN DER
CHRONIKENILLUSTRATION
ZU DEN
NARRATIVEN BILDERZYKLEN IN
DEN WELTCHRONIKEN
DES HOHEN MITTELALTERS

CHORUS VERLAG

FÜR KUNST UND WISSENSCHAFT

2005

IMPRESSUM

Erstveröffentlichung

Postanschrift: D-55128 Mainz, Hinter der Kapelle 54
Tel. 06131 - 34 664, Fax. 06131 - 36 90 76
www.chorus-verlag.de

Zur Herstellung:
© Abbildungen: s. Abbildungsnachweise (S. 323)
Koordination: Alessandra Nobilia
Bildbearbeitung: Anna Karp
Gestaltung und Satz: Martin van der Koelen und Katja Pabel
Druck und Gesamtherstellung: Betz-Druck GmbH · Darmstadt

Printed in Germany

ISBN 3-931876-58-6

INHALTSVERZEICHNIS

VORWORT

Die in geänderter Fassung vorliegende, im Original „Vom Wort zum Bild – Chronicon pictum – Von den Anfängen der Chronikenillustration zu den narrativen Bilderzyklen in den Weltchroniken des hohen Mittelalters“ lautende Habilitationsschrift entstand in den Jahren meiner Tätigkeit als wissenschaftliche Mitarbeiterin, später wissenschaftliche Assistentin, dann Akademische Rätin, am Lehrstuhl für mittelalterliche Kunst- und Architekturgeschichte von Prof. Dr. Dethard von Winterfeld an der Johannes Gutenberg-Universität in Mainz. Sie reiht sich in die Gruppe der Untersuchungen ein, die sich im übergreifenden Kontext der word–and-image-Forschung auch mit profanen und historiographischen illustrierten hochmittelalterlichen Handschriften beschäftigen. Herrn von Winterfeld, der als wissenschaftlicher Mentor diese Arbeit über lange Jahre begleitet hat, wie auch den Kolleginnen und Kollegen am Mainzer Institut sei an dieser Stelle für Anregungen, Gespräche, Hinweise und Zuspruch jeglicher Art herzlich gedankt.

Nicht minder unerläßlich war die Unterstützung durch zahlreiche Einzelpersonen und Institutionen, ohne deren Hilfe und Entgegenkommen die Untersuchung nicht hätte durchgeführt werden können, hier seien insbesondere zu nennen: Prof. Joan A. Holladay, University of Texas, Austin; Dr. Gude Suckale-Redlefsen, Bamberg; mein Doktorvater Prof. Dr. Reiner Haussherr, FU, Berlin; Dr. Andreas Fingernagel und Dr. Tilo Brandis, Staatsbibliothek Preußischer Kulturbesitz, Berlin; die Mitarbeiter der Bibliothèque Royale de Belgique, Brüssel; Alison M. Wilson, Corpus Christi College, Cambridge; Dr. Ingrid Joester, Nordrhein-Westfälisches Hauptstaatsarchiv, Düsseldorf; Prof. Dr. Reiner Sörries, Universität Erlangen; die Mitarbeiter der Biblioteca Medicea Laurenziana, Florenz; Dr. Eva-Maria Thole, Hessische Landesbibliothek, Fulda; Dr. Helmut Claus, Forschungsbibliothek, Gotha; Dr. Jörn-Uwe Günther, Hamburg; die Universitätsbibliothek der Friedrich-Schiller-Universität, Jena; Dr. Joachim Vennebusch, Historisches Archiv, Köln; das Schnütgen-Museum, Köln; die Studienbibliothek in Linz; das British Museum wie auch die British Library, London; Dr. Angelo Paredi, Biblioteca Ambrosiana, Mailand; Dr. Elisabeth Klemm, Bayerische Staatsbibliothek, München; die Bibliothèque Nationale, Paris; Dr. Marta Corsanego, Biblioteca Casanatense, Rom; die Biblioteca Apostolica Vaticana; die Fürstlich-Hohenzollernsche Hofkammer, Sigmaringen; Dr. Annegret Benz †, Württembergische Landesbibliothek, Stuttgart; Dr. Helmar Härtel, Herzog August Bibliothek, Wolfenbüttel, von denen manche heute schon an anderer Stätte wirken.

Eine weitere Mainzerin, Dr. Dorothea van der Koelen, die die Drucklegung der Arbeit im hauseigenen Chorus Verlag für Kunst und Wissenschaft übernommen hat, begleitete mich dankenswerterweise mit großer Sachkompetenz auf dem letzten Stück des langen Weges zur Veröffentlichung des Buches.

Mainz im September 2005
Claudia Annette Meier

I

EINLEITUNG

DIE FORSCHUNGS- UND LITERATURLAGE

Die literarische Gattung der hochmittelalterlichen Chronik – zumeist als *Chronicon, Chronica* oder *Historia mundi* bezeichnet – entstand aufbauend auf spätantiken und frühmittelalterlichen Traditionen aus dem Wunsch, vergangenes Geschehen zu dokumentieren, zu bewahren, zu tradieren. Für ihre voll ausgebildete Form, die eschatologisch ausgerichtete Weltchronik oder Universalhistorie, gibt die neuere Forschung folgende Definition: „... in der Regel von einem Autor verfaßt, für einen weiten Leserkreis bestimmt, strebe sie nach universaler Breite unter heilsgeschichtlichem Aspekt und beziehe meist den Zeitraum von der Schöpfung bis zur Gegenwart des Verfassers ein.“[1]

Nicht erst seit begonnen wurde, die mittelalterlichen Chroniktexte in der Edition der *Monumenta Germaniae Historica* zu publizieren[2], galt das wissenschaftliche Interesse der Gattung der Universalhistorien. Den Textausgaben folgte – und folgt noch immer – eine wahre Literaturflut der historisch-historiographisch orientierten Forschung.

Von der literarischen, religions- und geistesgeschichtlichen Bedeutung der Weltchroniken und ihrer Autoren zeugt eine schier unübersehbare Fülle wissenschaftlicher Publikationen. So nennt beispielsweise die jüngste, von Walter Lammers kommentierte und 1980 herausgegebene Edition der *Chronica sive historia de duabus civitatibus* des Bischofs Otto von Freising – das sicherlich bedeutendste Zeugnis hochmittelalterlicher universaler Geschichtsschreibung – schon in der Literaturauswahl über einhundertund-

[1] Siehe: Lexikon des Mittelalters 2, hrsg. von Robert-Henri Bautier und Robert Auty, München/Zürich 1983, Sp. 1957; vgl. Sp. 1954-2028 mit ausführlicher weiterführender Literatur; vgl. auch: Brincken, Anna-Dorothee van den, Studien zur lateinischen Weltchronistik bis in das Zeitalter Ottos von Freising Düsseldorf 1957; Landsberg, Fritz, Das Bild der alten Geschichte in mittelalterlichen Weltchroniken, Phil. Diss. Berlin 1934; Lacroix, Benoit M., L'historien au moyen-âge (Conférence Albert-Le-Grand 1966), Montréal/Paris 1971; Krüger, Karl Heinrich, Die Universalchroniken (Typologie des Sources du Moyen-âge 16 und Ergänzungsheft 16,2), Turnhout 1976 und 1985; Guénée, Bernard, Histoire et culture historique dans l'Occident médiéval, Paris 1980. Zur Diskussion die diversen Beiträge in: Geschichtsdenken und Geschichtsbild im Mittelalter, Ausgewählte Aufsätze aus den Jahren 1933-1959, hrsg. von Walter Lammers (Wege der Forschung 21), Reprint der Ausgabe Darmstadt 1961, Darmstadt 1984; Grundmann, Herbert, Geschichtsschreibung im Mittelalter, Gattungen, Epochen, Eigenart, dritte, bearb. Auflage Göttingen 1965; Schmale, Franz-Josef, Funktion und Formen mittelalterlicher Geschichtsschreibung, Eine Einführung, mit einem Beitrag von Hans-Werner Goetz (Die Geschichtswissenschaft), Darmstadt 1985, S. 106 ff. zu Genera, S. 215 ff. Literatur; Caenegem, Raoul Charles van und François Louis Ganshof, Guide to the Sources of Medieval History (Europe in the Middle-Ages, Selected Studies 2, hrsg. von Richard Vaughan), zweite Auflage Amsterdam/New York/Oxford 1979, S. 18-22; Knefelkamp, Ulrich, Hrsg., Weltbild und Realität, Einführung in die mittelalterliche Geschichtsschreibung, Pfaffenweiler 1992.

[2] Vgl. das neue Gesamtverzeichnis der Monumenta Germaniae Historica, Stand 8/2001 (siehe www.mgh.de.)

zwanzig Titel.[3] Das Literaturverzeichnis zum „Geschichtsbild Ottos von Freising", der neuen, umfassenden Darstellung zu diesem scheinbar unerschöpflichen Thema, stellt vom Umfang her gesehen ein eigenes Kapitel des Buches dar.[4] Hier bedarf es offensichtlich keines erneuten Anstoßes, um weiteres Forschen zu initiieren.

Auch am Anfang der Entwicklungsgeschichte der mittelalterlichen Weltchronistik stand das Wort, der fortlaufende, in Sinnabschnitte gegliederte Text. Aber das Wort führte, wie etwa durch die Illustrationen der Chronik des Rudolf von Ems bekannt[5], zum Bild, zur vielteiligen, erzählenden Bilderfolge. Zu fragen bleibt, wo die Entwicklungslinie vom Text zum Bild, von den Annalen, Gesten und verschiedenen Chroniktypen zum universalen *Chronicon pictum*, zum vielbildrig illustrierten Geschichtswerk verläuft. Der Begriff *Chronicon Pictum* erscheint erstmals im Titel einer ehemals auch als *Wiener Bilderchronik* bezeichneten illustrierten Handschrift von 1358.[6] Wie auch für andere Handschriftengruppen, beispielsweise die der Bible moralisée, üblich, wird der später entstandene Begriff auf die ganze Gattung übertragen.

Das Thema *Bild und Text* ist seit den grundlegenden Publikationen von Stammler und Frühmorgen-Voss, Schapiro, Meier/Ruberg, Ott und Stamm-Saurma und vielen anderen ein nicht nur aus germanistischer Sicht gut betreuter Forschungsbereich.[7]

---

3 Otto von Freising, Chronik oder die Geschichte der zwei Staaten/Ottonis Episcopi Frisigensis Chronica sive Historia de duabus civitatibus, übersetzt von Adolf Schmidt, hrsg. von Walter Lammers (Ausgewählte Quellen zur deutschen Geschichte des Mittelalters, Freiherr-von-Stein-Gedächtnisausgabe 16, hrsg. von Rudolf Buchner), vierte, unveränderte Auflage Darmstadt 1980, S. LXIII ff.

4 Goetz, Hans-Werner, Das Geschichtsbild Ottos von Freising, Ein Beitrag zur historischen Vorstellungswelt und zur Geschichte des zwölften Jahrhunderts, Habilitationsschrift Bochum 1981/1982 (Archiv für Kulturgeschichte, Beiheft 19), Köln/Wien 1984, S. 328-359.

5 Vgl. Kratzert, Christine, Die illustrierten Handschriften der Weltchronik des Rudolf von Ems, Phil. Diss. Berlin 1974; Zimelien, Abendländische Handschriften des Mittelalters aus den Sammlungen der Stiftung Preußischer Kulturbesitz Berlin, Ausstellungskatalog, bearb. von Tilo Brandis u.a., Wiesbaden 1975, Nr. 104; Rudolf von Ems, Weltchronik, Der Stricker, Karl der Große, Teil 1: Einleitung von Wolfgang Irtenkauf, Teil 2: Faksimile des Ms. germ. fol. 623 der Staatsbibliothek Preussischer Kulturbesitz in Berlin, Stuttgart 1980; Broszinski, Hartmut, Kasseler Handschriftenschätze, *Pretiosa Cassellana*, hrsg. vom Präsidenten der Gesamthochschule, Kassel 1985, Kat. Nr. 33, S. 169-174.

6 Vgl. Bilderchronik – Chronicon Pictum – Chronica de gestis Hungaorum, hrsg. von Dezsoe Dercsényi, Teil 1: Faksimile der Hs. Clmae. 404 der Széchényi-National-Bibliothek in Budapest, Teil 2: Kommentar von Dezsoe Dercsényi, o. O. (Budapest?) 1968. Vgl. auch: ders. und S. de Vajay, La genesi della cronaca illustrata ungherese, in: Acta Historia Artium 23, 1977, S. 3-20.

7 Aus der Fülle der Literatur: Stammler, Wolfgang, Wort und Bild, Studien zu den Wechselbeziehungen zwischen Schrifttum und Bildkunst im Mittelalter, Berlin 1962, S. 146-149 Übersicht zu Weltchroniken; Schweikle, Günther, Versuch einer wechselseitigen Erhel-

Die Literatur zu den illustrierten Chroniken setzt erst mit der Diskussion um die vielbildrigen Historien des späten dreizehnten und vierzehnten Jahrhunderts ein. Im Vordergrund stand über viele Jahre die Einzelbearbeitung von Handschriften und Handschriftengruppen.[8] Zu den „Anfängen der Chronikenillustration" und ihrer Bedeutung in der Diskussion um Bild und Text konnten lange nur zwei Publikationen herangezogen werden: Neben dem immer noch sehr lesenswerten Exkurs zur „Chronikenillustration" von Paul Clemen von 1890[9] muß der Aufsatz von Oexle aus dem Jahre 1978 zur Weingartener Welfenchronik genannt werden.[10] Der große zeitliche Abstand dieser zwei Veröffentlichungen und die Tatsache, daß bis in die siebziger Jahre hinein nur die beiden genannten Autoren überhaupt jemals versucht haben, Zusammenfassendes über

lung mittelalterlicher Dichtung und Kunst, in: Festschrift für Kurt Halbach, hrsg. von Rose Beate Schäfer-Maulbetsch, Manfred Günter Scholz und Günther Schweikle (Göttinger Arbeiten zur Germanistik 70, hrsg. von Ulrich Müller, Franz Hundsnurscher und Cornelius Sommer), Göttingen 1972; vgl. die detaillierte Übersicht zur älteren Literatur S. 35 ff.; Schapiro, Meyer, Words and Pictures, On the Literal and the Symbolic in the Illustration of a Text (Approaches to Semiotics 11, hrsg. von Thomas A. Sebeok), Den Haag/Paris 1973; Frühmorgen-Voss, Hella, Text und Illustration im Mittelalter, Aufsätze zu den Wechselbeziehungen zwischen Literatur und bildender Kunst (Münchener Texte und Untersuchungen zur deutschen Literatur des Mittelalters 50), München 1975; Meier, Christel und Uwe Ruberg, Hrsg., Text und Bild, Aspekte des Zusammenwirkens zweier Künste in Mittelalter und früher Neuzeit, Wiesbaden 1980; Ott, Norbert, Überlieferung, Ikonographie, Anspruchsniveau, Methodisches zum Problem der Beziehungen zwischen Stoffen, Texten und Illustrationen in Handschriften des Spätmittelalters, in: Literatur und Laienbildung im Spätmittelalter und in der Reformationszeit, Symposium Wolfenbüttel 1981, hrsg. von Ludger Grenzmann und Karl Stackmann (Germanistische Symposien-Berichtsbände; 5, hrsg. von Albrecht Schöne), Stuttgart 1984, S. 356-386. Vgl. auch Stamm-Saurma, Lieselotte Elisabeth, Zuht und wicze: Zum Bildgehalt spätmittelalterlicher Epenhandschriften, in: Zeitschrift des Deutschen Vereins für Kunstwissenschaft 41, 1987, S. 42-70; Hoffmann, Hartmut, Buchkunst und Königtum im ottonischen und frühsalischen Reich 1 (Schriften der Monumenta Germaniae Historica 30,1), Stuttgart 1986, S. 61 ff.

8 Von den zahlreichen Einzelbearbeitungen neueren Datums seien stellvertretend genannt: Kessel, Verena, Die süddeutschen Weltchroniken der Mitte des vierzehnten Jahrhunderts, Studien zur Kunstgeschichte in der Zeit der Großen Pest, Phil. Diss. Bamberg 1984 (Bamberger Studien zur Kunstgeschichte und Denkmalpflege 1, hrsg. von Achim Hubel und Robert Suckale), Bamberg 1984; Günther, Jörn-Uwe, Die illustrierten Handschriften und Fragmente der mittelhochdeutschen Weltchroniken, Manuskript der Magisterarbeit, Hamburg 1987. Das Manuskript wurde mir dankenswerterweise vom Autor zur Einsichtnahme zugesandt, aus der Arbeit ist inzwischen eine Dissertation zum Thema der illustrierten mittelhochdeutschen Chroniken entstanden: ders., Die illustrierten mittelhochdeutschen Weltchronikhandschriften in Versen, Katalog der Handschriften und Einordnung der Illustrationen in die Bildüberlieferung, Phil. Diss. Hamburg 1992 (tuduv-Studien, Reihe Kunstgeschichte 48), München 1993.

9 Clemen, Paul, Die Anfänge der *Chronikenillustration,* Exkurs in: Die Porträtdarstellungen Karls des Großen, Aachen 1890, S. 219-228.

die frühe Chronikillustration zu schreiben, mag – was die notwendige Neubearbeitung dieses Themas angeht – für sich sprechen. Während der Entstehung der vorliegenden Arbeit setzte dann eine intensive Forschung zu den genannten Chroniken seitens der Geschichtswissenschaften ein, deren Einzelergebnisse in die jeweiligen Abschnitte der vorliegenden Untersuchung integriert worden sind.

Viele der großen Ausstellungen der letzten Jahre zur mittelalterlichen Kunst erhoben die Literaturgattung der historiographischen Schriften zu einem eigenen Themen- und Bearbeitungsschwerpunkt. Hingewiesen sei etwa auf die *Monumenta Annonis* in Köln 1975, die *Zeit der Staufer* in Stuttgart 1977 und die *Ornamenta ecclesiae*, ebenfalls in Köln, 1985.[11] Auch in historischen Ausstellungen, stellvertretend sei auf die Präsentation über den Heiligen Leopold in Klosterneuburg verwiesen, durften frühe illustrierte Geschichtsdarstellungen in keinem Falle fehlen.[12]

Der Frage nach einer Gesamtbearbeitung der hochmittelalterlichen, bebilderten Universalchroniken und vergleichbaren Geschichtswerken hat sich die Forschung bis heute noch nicht gestellt. Selbst in gängigen Nachschlagewerken wird die Bildausstattung chronikalischer Handschriften des zwölften und dreizehnten Jahrhunderts weder erläutert noch überhaupt erwähnt.[13] Ursächlich für diesen Mangel mag eine gewisse zeitliche, formale und inhaltliche Abgrenzungsproblematik sein.

Entsprechende Überlegungen müssen sicherlich – mit Clemen gedacht – bei den Chroniken des zwölften Jahrhunderts ansetzen. Der allgemein bekannte Niedergang der Geschichtsschreibung nach ihrer frühmittelalterlichen Blüte war zu diesem Zeitpunkt überwunden, die große Zeit der staufischen Historiographie begann:[14] Neben der Fortsetzung

[10] Oexle, Otto Gerhard, Welfische und staufische Hausüberlieferung in der Handschrift Fulda D 11 aus Weingarten, in: Von der Klosterbibliothek zur Landesbibliothek, Beiträge zum zweihundertjährigen Bestehen der Hessischen Landesbibliothek Fulda, Fulda 1978, S.203 ff.

[11] Monumenta Annonis, Köln und Siegburg, Weltbild und Kunst im hohen Mittelalter, Ausstellungskatalog des Schnütgen-Museums, Köln 1975, S. 104-111; Die Zeit der Staufer 1, Geschichte – Kunst – Kultur, Ausstellungskatalog, hrsg. von Reiner Haussherr, Stuttgart 1977, S. 241 ff., auch: Kat. Nrn. 747,810; Ornamenta ecclesiae 1, Kunst und Künstler der Romanik, hrsg. von Anton Legner, Katalog zur Ausstellung des Schnütgen-Museums in der Josef Haubrich-Kunsthalle, Köln 1985, S. 57 ff., S. 82 ff.

[12] Der Heilige Leopold, Landesfürst und Staatssymbol, Niederösterreichische Landesausstellung, Klosterneuburg (Kataloge des Niederösterreichischen Landesmuseums, N. F., 155), Wien 1985.

[13] Vgl. Lexikon der Kunst 5, Reprint der Ausgabe Leipzig 1968–1978, Berlin 1984, S. 558/559 (o. A.); Reallexikon zur deutschen Kunstgeschichte 3, begonnen von Otto Schmitt, hrsg. vom Zentralinstitut für Kunstgeschichte, Stuttgart 1954, Sp. 744-749.

[14] Vgl. Brincken 1957, S. 137, Goetz 1984, S. 8 ff.

der Chronik des Frutolf von Michelsberg durch Ekkehard von Aura[15] und der bereits oben genannten *Chronica* des Bischofs Otto von Freising entstanden beispielsweise auch die große *Chronica regia Coloniensis* und ihre Filiationshandschriften aus Sankt Pantaleon in Köln[16] und der *Liber ad honorem Augusti* des Petrus de Ebulo[17] über die Vita Kaiser Heinrichs VI.

Die genannten Werke enthalten Universalchroniken oder Geschichtswerke herrschaftlichen Anspruchs, ohne daß der Vergleich mit reinen Gesten, Viten oder Geschlechterchroniken ganz außer acht gelassen werden dürfte. Geschlechterchroniken – die bekannte Welfenchronik der Hessischen Landesbibliothek in Fulda wurde bereits erwähnt – sollen hier nicht zum eigentlichen Thema erhoben werden, ebensowenig die Gattung der Stadt-, Territorial- oder Regionalchroniken, soweit diese nicht im direkten Vergleich herangezogen werden müssen. Im Zentrum der vorliegenden Abhandlung stehen die illustrierten lateinischen, auf das Imperium bezogenen Chroniken des zwölften und dreizehnten Jahrhunderts mit ganzheitlich-universeller Ausrichtung und eschatologischem Bezug.

Die englische Tradition, in erster Linie die *Historia* des Matthew Paris,[18] stellt, ebenso wie die seit 1274 entstandenen Handschriften der *Grandes Chroniques de France,*[19]

---

15 Vgl. Potthast, August, Bibliotheca historica medii aevi, Wegweiser durch die Geschichtswerke des europäischen Mittelalters bis 1500, zweite, verbesserte und vermehrte Auflage Berlin 1896 (auch Nachdruck Graz 1957), S. 400; auch: Repertorium fontium historiae medii aevi 4, begründet von August Potthast, Rom 1976, S. 305 – ebd. zu Frutolf von Michelsberg. Auch: Die deutsche Literatur des Mittelalters, Verfasserlexikon 2, begr. von Wolfgang Stammler, fortgesetzt von Karl Langosch, hrsg. von Kurt Ruh und Gundolf Keil, zweite, neubearb. Auflage Berlin 1980, Sp. 445-447, zu Ekkehard von Aura Sp. 993-998.

16 Z. B. Ornamenta ecclesiae 1, Köln 1985, S. 56/57, Nr. A5.

17 Vgl. Zeit der Staufer 1, Stuttgart 1977, Kat. Nr. 810, Abb. 604/605, mit der gesamten älteren Literatur; vgl. außerdem: Georgen, Helga, Der Ebulo-Codex als Ausdruck des Konflikts zwischen Städten und staufischem Hof (Bau- und Bildwerk im Hochmittelalter) Gießen 1981, S. 145-167; Petrus de Ebulo, Liber ad honorem Augusti sive de rebus Siculis, Codex 120 II der Burgerbibliothek Bern, Eine Bilderchronik der Stauferzeit, hrsg. von Theo Kölzer und Marlis Stähli, Textrevision und Übersetzung von Gereon Becht-Jördens, Sigmaringen 1994; Facsimile, Mach's na, Berner Gemeinschaftsausstellung zu Buchkunst und Faksimiliertechnik, Bern 1985, S. 73; Clausberg, Karl, Der Erfurter *Codex aureus* in Pommersfelden (Ms. 249/2869), Biblische Historie im politischen Gewand? Wiesbaden 1986, S. 69; Kaplan, Paul H. D., Black Africans in Hohenstaufen Iconography, in: Gesta 26,1 1987, S. 29 ff.

18 Siehe: James, Montague Rhodes, The Drawings of Matthew Paris (The Walpole Society 14), Oxford 1925/1926, S. 1-26 (mit zahlreichen Abb.); Pacht, Otto und James Jonathan Graham Alexander, Illuminated Manuscripts in the Bodleian Library Oxford. British, Irish and Icelandic Schools, Oxford 1973, Kat. Nr. 371, 437; Wormald, Francis, More Matthew Paris Drawings, in: Francis Wormald, Collected Writings, II. Studies in English and

einen eigenen Bereich dar, der von der weiteren detaillierten Betrachtung auszuschließen ist, da mit der gotischen Tradition die vielteilige Bilderchronik bereits etabliert ist und der Weg hin zu derartigen illustrierten Chroniken das Thema der folgenden Untersuchung sein wird. Gleiches gilt für die *Histoires universelles* des Königreichs der Kreuzfahrer von Jerusalem,[20] die ebenfalls später als die illustrierten Chroniken des westlichen Imperiums anzusetzen sind.

Mit den volkssprachlichen, häufig gereimten, vielbildrigen Manuskripten des späten dreizehnten Jahrhunderts schließt die Entwicklung der frühen Chroniktradition ab.[21] Und zu diesen Bilderchroniken, dem Typ des *Chronicon pictum*, führt jene frühe Chronikillustration hin, von der im folgenden die Rede sein soll.

Continental Art of the Late Middle Ages, hrsg. von Jonathan James Graham Alexander, Thomas Julian Brown und Joan Gibbs, London/New York 1988, S. 70-75, ebd. Zusammenstellung der gesamten neueren Literatur zu Matthew Paris (bis 1988), der Titel von Wormald erstmalig erschienen in: The Walpole Society 31, 1942/43, S. 109-112; vgl. zuletzt: Morgan, Nigel J., Early Gothic Manuscripts 1, 1190-1250 (A Survey of Manuscripts Illuminated in the British Isles 4,1, hrsg. von James Jonathan Graham Alexander), Oxford/London 1982, Kat. Nr. 87, 88, 91-93, auch S. 24 ff., S. 30 ff.; Lewis, Suzanne, The art of Matthew Paris in the *Chronica Maiora* (California Studies in the History of Art 21), Berkeley/Los Angeles 1987; Heinrich der Löwe und seine Zeit, Herrschaft und Repräsentation der Welfen 1, 1125?1235, Katalog der Ausstellung des Herzog Anton Ulrich Museums Braunschweig, hrsg. von Jochen Luckhardt und Franz Niehoff, München 1995, S. 356/357 Kat.-Nr. E 19.

19 Vgl. Lexikon des Mittelalters 2, 1983, Sp. 1971-1979, ibs. Sp. 1974 ff., Sp. 2034-2035; Jean Fouquet, Die Bilder der *Grandes Chroniques de France*, Wiedergabe der einundfünfzig Miniaturen des Ms. fr. 6465 der Bibliothèque Nationale in Paris, hrsg. und bearb. von François Avril u.a., Graz 1987. Vgl. auch Oltrogge, Doris, Die Illustrationszyklen zur *Histoire ancienne jusqu'à César* (1250-1400), Phil. Diss. Bonn (Europaische Hochschulschriften, Reihe 28, Bd. 94), Frankfurt/Bern/New York/Paris 1989; Dawson Hedemann, Anne, The Royal Image, Illustrations of the *Grandes Chroniques de France*, 1274-1422 (California Studies in the History of Art 28), Berkeley/Los Angeles/Oxford 1991.

20 Vgl. Les Chroniques de Jherusalem Albregies, Faksimile der Handschrift Codex 2533 der Nationalbibliothek Wien, München 1979; Folda, Jaroslav, Crusader Manuscript Illumination at Saint Jean d'Acre, 1275-1291, Princeton 1976, S. 27 ff.; Buchthal, Hugo, Miniature Painting in the Latin Kingdom of Jerusalem, zweite Auflage London 1986, S. XIX ff., S. 68-86, Kat. Nr. 16-18, Pl. 82a-129a. Die wichtigsten Handschriften: Dijon, Bibliotheque Municipale, Ms. 562; Brussel, Bibliotheque Royale, Ms. 10 175; London, British Museum, Ms. Add. 15 268.

21 Vgl. Maschek, Hermann, Deutsche Chroniken (Deutsche Literatur, Reihe: Realistik des Spätmittelalters 5, hrsg. von Anton Pfalz), Leipzig 1936, S. 10 ff.; Ott, Norbert, Typen der Weltchronik. Ikonographie, Bemerkungen zur Illustration, Anspruch und Gebrauchssituation volkssprachlicher Chronistik aus überlieferungsgeschichtlicher Sicht, in: Jahrbuch der Oswald von Wolckenstein-Gesellschaft 1, hrsg. von Hans Dieter Mück und Ulrich Müller, 1980/81, S. 29-55. Siehe auch: Günther 1987; ders. 1993.

Zunächst muß danach gefragt werden, wie sich diese Bilderreihen im Verhältnis von Bild und Text entwickeln, ob und in welcher Art sie ein narratives System ausbilden. Ebenso muß nach den Anregungen, der möglichen Herleitung der allerersten Chronikillustrationen aus älteren oder zeitgleichen Bildquellen gesucht werden. Neben Werken der Buchmalerei bieten sich gattungsübergreifend außerdem besonders Wandmalereizyklen und Goldschmiedearbeiten zum Vergleich an. Inwieweit sich verschiedene illustrierte Chronikfassungen aufeinander stützen, muß analysiert werden. Ungeklärt blieb bis heute auch die Frage nach der künstlerischen Wertigkeit der gezeichneten Chronikbilder in ihrem Verhältnis zu den Prachtcodices für den liturgischen Gebrauch, wie auch die exakte Beziehung der Einzeldarstellung zu Textabschnitt und Gesamttext.

Weiterführenden Überlegungen vorangestellt sei eine Dokumentation und Diskussion der erhaltenen, mit Bildern ausgestatteten Geschichtswerke: Neben der zu betrachtenden Hauptgruppe *der illustrierten,* lateinischen Chroniken des zwölften und dreizehnten Jahrhunderts sollen auch spätantike und frühchristliche, erst im hohen Mittelalter durch Bilder bereicherte Geschichtswerke vergleichend herangezogen werden.

Das Ziel der Ausführungen wird es sein, konkrete Angaben über die Geschichte der frühen Chronikbilder zu erhalten. Eine zunächst hypothetische Entwicklung, die sich – gerafft – von unterschiedlichen genealogischen Schemata über Repräsentations- und Ereignisbilder zu narrativen, vielbildrigen Zyklen steigert, soll dokumentiert und diskutiert werden. Keinesfalls dürfen der direkte damalige zeitgenössische „Wirklichkeitsbezug“[22] und die politische Brisanz des neuen profanen Bildgutes übersehen werden, den die vorzustellenden Bebilderungen durch ihre Themenauswahl auf den ersten Blick erkennen lassen. Gezeigt werden soll die Entwicklung des *Chronicon pictum* auf seinem Weg vom Wort zum Bild.

---

[22] Zum Begriff vgl. Haussherr, Reiner, Zur Darstellung von zeitgenössischer Wirklichkeit und Geschichte in der *Bible moralisée* und in Illustrationen von Geschichtsschreibung im dreizehnten Jahrhundert, in: Atti del XXIV. Congresso internazionale di storia dell'arte 2, Il medio Oriente e l'Occidente nell'arte del XIII secolo = International Congress of the History of Art 2, hrsg. von Hans Belting, Bologna 1982, S. 211 ff.

II

LATEINISCHE ILLUSTRIERTE UNIVERSALHISTORIEN DES ZWÖLFTEN UND DREIZEHNTEN JAHRHUNDERTS

Während mittelalterliche Theologica und Liturgica bereits seit karolingischen Zeiten kostbar und auffällig bebildert waren, enthielten historiographische Werke bis weit in das zwölfte Jahrhundert hinein kaum Illustrationen. Selbst so prominente Codices wie die nach 1147 entstandene Vorauer Kaiserchronik[23] oder das *Chronicon Laudunensis*[24] waren reine Texthandschriften. Vereinzelt traten illustrative Beigaben – wie die Zeichnung Alexanders des Großen und des anonymen Autors im Admonter *Chronicon mundi*[25] – auf. Üblicher scheint es gewesen zu sein, Chroniken wie die Weltgeschichte des Hugo von Sankt Victor oder die *Imago mundi* des Honorius Augustodunensis mit Schmuckinitialen auszustatten.[26]

Dieser auf den ersten Blick eher negative Befund soll aber nicht darüber hinwegtäuschen, daß es im *Imperium romanum* des zwölften Jahrhunderts illustrierte lateinische Chroniken gab, auch wenn die eingangs zitierte zahlreiche Literatur sich hauptsächlich mit spätmittelalterlichen volkssprachlichen Bilderchroniken befaßt hat.

---

[23] Vgl. Buberl, Paul, Die illustrierten Handschriften in der Steiermark (Beschreibendes Verzeichnis der illustrierten Handschriften in Österreich 4), Leipzig 1911, S. 177, Nr. 276/XI; Die Kaiserchronik des regulierten Chorherrenstiftes Vorau in der Steiermark (Handschrift 276/1), vollständige Faksimile-Ausgabe der Steiermärkischen Landesbibliothek, Graz 1953; Romanische Kunst in Österreich, hrsg. von Hans Rupprich, Ausstellungskatalog, Krems an der Donau 1964, S. 18 ff., S. 325, Nr. 373; Monumenta Annonis, Köln 1975, S. 87-88.

[24] Vgl. Stechele, Wolf, Chronicon universale anonymi Laudunensis, hrsg. von Alexander Cartellieri, Phil. Diss. 1880, Leipzig 1909.

[25] Vgl. Buberl 1911, S. 80-81, Abb. 81/82, dazu enthält die Handschrift zahlreiche Schmuckinitialen.

[26] Fulda, Hessische Landesbibliothek, Ms. B 3, dem Sammelband sind neben den genannten Werken auch eine illustrierte *Chronica pontificum* und eine Chronik der römischen Kaiser beigefügt. Vgl. Löffler, Karl, Die Handschriften des Klosters Weingarten (Beihefte zum Zentralblatt für Bibliothekswesen 41), Leipzig 1912, S. 102; Swarzenski, Hanns, The Berthold-Missal (The Pierpont Morgan Library Ms. 710) and the *scriptorium* of Weingarten Abbey, New York 1943, S. 25; Köllner, Herbert, Die illuminierten Handschriften der Hessischen Landesbibliothek Fulda 1, Handschriften des sechsten bis dreizehnten Jahrhunderts, Bildband, Stuttgart 1976, S. XXI, Kat. Nr. 52, Abb. 505-516; fortgesetzt durch: Jacobi-Mirwald, Christine, Die illuminierten Handschriften der Hessischen Landesbibliothek Fulda 1, Handschriften des sechsten bis dreizehnten Jahrhunderts, Textband bearb. von Christine Jakobi auf Grund der Vorarbeiten von Herbert Köllner, Stuttgart 1993, Kat. Nr. 52.

1. Das Chronikon universale des Frutolf von Michelsberg und des Ekkehard von Aura und die anonyme Kaiserchronik

Unter den zahlreichen Handschriften des *Chronicon universale* von Frutolf von Michelsberg, das seit dem Jahre 1098/99 von Ekkehard von Aura fortgeführt wurde[27], existiert eine ganze Gruppe illustrierter Codices (s. Abb. 2). Auf diese illustrierte Handschriftengruppe haben bereits Clemen, Schramm und Swarzenski hingewiesen.[28] Während die seit der Mitte der fünfziger Jahre laufenden historischen Forschungen von Schmale und Schmale-Ott, die zu zwei neuen kommentierten Ausgaben führten,[29] die älteren Interpretationsansätze von Waitz[30] und Bresslau[31] schon lange widerlegt haben, wurde auf die Illustrationen der Handschriften häufig nur ganz nebenbei hingewiesen. Erst mit der nach Abschluß dieser Untersuchung publizierten Abhandlung von Karl Schmid änderte sich die Ausrichtung der historischen Forschung, wurden die Frutolf-Ekkehard-Chroniken verstärkt auch als „Bildquelle", als *Chronicon pictum* im Zusammenhang von Bild und Text untersucht.[32]

---

27 Vgl. zu den Korrekturen, Überschreibungen und der Fortsetzung Ekkehards von Aura: Frutolfs und Ekkehards Chroniken und die anonyme Kaiserchronik/Frutolfi et Ekkehardi Chronica necon anonymi Chronica imperatorum, bearb. und eingeleitet von Franz-Josef Schmale und Irene Schmale-Ott (Ausgewählte Quellen zur Deutschen Geschichte des Mittelalters, Freiherr vom Stein-Gedächtnisausgabe 15, hrsg. von Rudolf Buchner), Darmstadt 1972, S. 33 ff.

28 Vgl. Clemen 1890, S. 222-223; Schramm, Percy Ernst, Umstrittene Kaiserbilder aus dem neunten bis zwolften Jahrhundert, in: Neues Archiv der Gesellschaft für ältere deutsche Geschichtskunde 47, 1928, S. 487-491; Swarzenski, Hanns, Die lateinischen illuminierten Handschriften des dreizehnten Jahrhunderts in den Ländern an Rhein, Main und Donau, Berlin 1936, S. 16, Anm. 4.

29 Vgl. Frutolfs und Ekkehards Chroniken, 1972, S. 44: Ebenda werden die zahlreichen Aufsätze genannt, deren Ergebnisse in der Darmstädter Edition zusammengefaßt wurden, vgl. auch S. 2 ff., S. 32 ff.; Die Chronik des Frutolf von Michelsberg und ihre Fortsetzungen, hrsg. von Franz-Josef Schmale und Christian Lohmer (Monumenta Germaniae Historica, Scriptores in folio 33), Druck noch immer in Vorbereitung, da die Diskussion um die Zusammenhänge der Textredaktionen und ihrer Weiterführung seitens der historischen Wissenschaft ungeklärt ist. Das folgende Kapitel muß daher auf den Datierungen der Quellenausgabe von 1972 aufbauen.

30 Ekkehardi Uraugiensis Chronica, bearb. und übersetzt von Georg Waitz, in: Chronica et annales aevi salici (Monumenta Germaniae Historica, Scriptores in folio 6, hrsg. von Georg Heinrich Pertz), Reprint der Ausgabe Hannover 1844, Hildesheim 1980.

31 Bresslau, Harry, Bamberger Studien, in: Neues Archiv der Gesellschaft für ältere deutsche Geschichtskunde 21, Hannover/Leipzig 1896, S. 141 ff.

a. Der Codex Bose quarto 19 – Das Autograph des Frutolf von Michelsberg

In den Jahren kurz vor 1100 schrieb Frutolf († 17. Januar 1103), damals Prior des Klosters Michelsberg bei Bamberg,[33] eine ganzheitliche Weltchronik, die eschatologisch ausgerichtet von der Genesis bis zur Gegenwart reichte. Die Chronik lehnte sich in weiten Partien an die Texte des Hieronymus an.[34] Grundlegend für die Arbeit Frutolfs waren aber auch Texte des Josephus Flavius, Orosius, Augustinus, Frechulf von Lisieux, Jordanus, die *Historia romana* des Paulus Diaconus und als annalistisches Werk neben anderem das aus der Reichenauer Kaiserchronik[35] hervorgegangene *Chronicon Wirziburgense.*

Der Kolophon der Handschrift, die uns im folgenden beschäftigen soll, lautet: „Codex monasterii sancti Michaelis in monte prope Babenberg", weist die Handschrift also eindeutig dem Kloster Michelsberg bei Bamberg zu. Der Codex wurde um 1650 von dem Rechtsgelehrten Andreas Bose aus Jena erworben. Dieser Codex Bose quarto 19 der Jenaer Universitätsbibliothek[36] ist das Autograph des Frutolf von Michelsberg, die erste Fassung des *Chronicon universale,* die seit den Jahren 1105/1106 in verschiedenen Redaktionen von Ekkehard von Aura[37] und anderen Autoren fortgeführt wurde (hier: fol. 184^r ff.), wobei, wie dargelegt, die Abfolge der Rezensionen zur Zeit sehr umstritten ist.

Ekkehard (um 1080-nach 1125) ist 1102/03 im Kloster in Tegernsee bezeugt. Er war ein weitgereister Mann, Teilnehmer des Kreuzzuges unter Welf von Bayern und Ange-

---

32 Schmid, Karl, Die Salier als Kaiserdynastie zugleich ein Beitrag zur Bildausstattung der Chroniken Frutolfs und Ekkehards, in: *Iconologia sacra,* Mythos, Bildkunst und Dichtung in der Religions- und Sozialgeschichte Alteuropas, Festschrift für Karl Hauck zum 75. Geburtstag, hrsg. von Hagen Keller und Nikolaus Staubach (Arbeiten zur Frühmittelalterforschung 23, hrsg. von Hagen Keller), Berlin/New York 1994, S. 478 ff.

33 Zu Frutolf vgl. zuletzt: Verfasserlexikon 2, 1980, Sp. 993-998; Frutolfs und Ekkehards Chroniken, 1972, S. 4 ff.

34 Vgl. Brincken 1957, S. 187 ff.

35 Vgl. Schmale, Franz-Josef, Die Reichenauer Weltchronistik, in: Die Abtei Reichenau, Neue Beiträge zur Geschichte und Kultur des Inselklosters, hrsg. von Helmut Maurer (Bodensee-Bibliothek 20), Sigmaringen 1974. Schmales detaillierte Untersuchung gibt keinerlei Hinweis auf illustrierte Chroniken aus der Reichenauer Tradition.

36 Zur Handschrift: Pergament, 199 fol. in quarto, 13,7 x 20,4 cm; Die Neubindung vom 15.1.-14.4.1975, siehe Restaurierungsbericht Jena/Universitätsbibliothek, ist zu fest. Die neuzeitliche Zählung zeigt Fehlbestände: fol. 61/62, nach fol. 86 zwölf bis dreizehn Lagen, fol. 88, fol. 92, fol. 103, nach fol. 163 eine Lage, fol. 181, d. h. circa ein Drittel der Handschrift ist verlorengegangen. Vgl. Frutolfs und Ekkehards Chroniken, 1972, S. 16-18; auch: Monumenta Annonis, Köln 1975, Kat. Nr. A 42, mit Abb.

37 Zur Person vgl. zuletzt: Frutolfs und Ekkehards Chroniken, 1972, S. 19-31; Verfasserlexikon 2, 1980, Sp. 443-447.

höriger jener Gesandtschaft, die Kaiser Heinrich V. nach Rom schickte. 1108 wurde er von Otto von Bamberg zum Abt der Klosterneugründung in Aura ernannt. – Natürlich ist man geneigt, eine derartige Persönlichkeit als Urheber des Bamberger *Chronicon universale* zu sehen, aber, wie die genannte neuere Forschung hinlänglich bewiesen hat, muß die Autorenschaft dem Frutolf von Michelsberg zuerkannt bleiben. Fortgeführt wurde die Frutolf/Ekkehard-Chronik später von Burchard von Ursperg, dann von Konrad von Lichtenau.[38]

Der Cod. Bose q. 19 enthält zwei Illustrationen: Auf fol. 152^{v} (Abb. 1, 2) erscheint eine Stammtafel der Karolinger, auf fol. 171^{v} (Abb. 3) eine Stammtafel der Ottonen. – Während die zahlreichen Textverluste der Handschrift durch Übernahmen aus einer frühen Abschrift (Karlsruhe, Badische Landesbibliothek, Cod. 36t) ergänzt werden konnten, ist eine Aussage über etwa abhanden gekommene weitere Illustrationen nicht möglich.[39]

Das offensichtlich oben beschnittene Blatt mit der Stammtafel der Karolinger (fol. 152^{v} = Abb. 1) wurde von seinem Zeichner mit einem stehenden Figurenpaar in roter und brauner Tusche ausgeschmückt. Die Beschädigung der Seite kann vielleicht erklären, daß die links stehende männliche Gestalt, die in anderen Handschriften namentlich als „Arnulfus vir illustris. Pater sancti Arnulfi episcopi“ bezeichnet wird, keinen Titulus trägt. Ebenso fehlt der Titel des Blattes: „Hec stirps Francingenam regni dum strinxit habenam, Romae sceptrigenos Karolos dedit ac Ludewicos.“[40]

Die weibliche Figur ist als *mater sancti Arnulfi epi(scopi)* bezeichnet. Das Elternpaar hält einander leicht frontal zugewandt einen nach oben umbrechenden Rotulus zwischen sich, auf dessen Mitte sie beide weisen und blicken. Dort befindet sich ein rundes Namensfeld, das ihren Sohn, den heiligen Arnulfus *primi comes, deinde episcopus* nennt. Ihm folgen in gleichmäßiger Kette in miteinander verbundenen Medaillons die Namen der fränkischen Könige und Kaiser bis zu Ludwig dem Frommen. Während der obere Teil der Namensreihe trennend zwischen dem Paar steht, öffnet sich zu ihren Füßen in zwei weiten Bögen die streng geometrisch gehaltene Stammtafel, um für die Namensfelder der Enkel Karls des Großen und die ihnen Nachfolgenden Raum zu schaffen.

---

38 Burchardi praepositi Urspergensis Chronicon/Die Chronik des Propstes Burchard von Ursberg, hrsg. von Oswald Holder-Egger und Bernhard von Simson (Monumenta Germaniae Historica, Scriptores rerum germanicarum in usum scholarum separatim editi 16), Hannover 1916, S. XI ff.

39 Vgl. Frutolfs und Ekkehards Chroniken, 1972, S. 17; Bresslau 1896, S. 226-234.

40 Ekkehardi Uraugiensis Chronica, 1980, S. 176, Anm. 1; vgl. auch die anderen Frutolf/Ekkehard-Handschriften; der Text hier rekonstruiert, vgl. Ms. lat. 4889, fol. 194^{r}. Zur Darstellung vgl. Schmid 1994, S. 478 ff., Abb. 117; Gaedeke, Nora, Zeugnisse bildlicher Darstellung der Nachkommenschaft Heinrichs I. (Arbeiten zur Frühmittelalterforschung 22, hrsg. von Hagen Keller), Berlin 1992, S. 118 ff.

Das Bild der Herrscher- und Verwandtschaftskette entspricht nicht dem Prinzip eines vollständigen genealogischen Stammbaums.[41] Lediglich die Folge im Mannesstamm, das heißt der erbberechtigten männlichen Nachkommenschaft, wurde dokumentiert, gegebenenfalls ein Generationssprung durch eine weibliche Familienangehörige überbrückt.

Kompositorisch ist die fränkische Stammtafel ein ausgewogenes Miteinander inhaltlich und formal korrespondierender Figuren mit einem abstrakten, geometrischen Schema. Die eigentliche Bildidee des Stammbaums stellte der Illustrator jedoch im wahrsten Sinne des Wortes „auf den Kopf". Der Stamm wächst – Generation für Generation – von oben nach unten, die Ureltern der Karolinger stehen sozusagen auf dem unteren Kronenrand des Baumes. Erklärlich wird eine derartige Umkehrung nur durch den Zwang, die vorgegebene Leserichtung – von oben nach unten – mit dem Bildschema des Baumes verbinden zu müssen.

Wesentlich einfacher und doch nach dem Prinzip der Kombination von Figur und Schema gedacht, wurde die Stammtafel der Ottonen (fol. 171^{v} = Abb. 3) entworfen.[42] Der Stammvater Herzog Ludolf von Sachsen thront, auf das Prächtigste gewandet, in der linken Hälfte einer halbseitigen Zeichnung, die zwischen dem Vermerk über den Tod Kaiser Heinrichs II. und dem Regierungsantritt Konrads II. in den Textblock eingefügt worden ist.

Die genealogische Folge der bezeichneten Medaillonfelder wächst in diesem Fall aus den erhobenen Händen des Ahnherren. Auch sie legte der Zeichner in fallender Linie an, wodurch Herzog Ludolf und das Schema parallel zueinander stehen und seine Figur als Gegen- und/oder Vorbild allen nachfolgenden Ottonen begleitend zur Seite gestellt ist.

Aus der engen Einbindung der Stammtafeln in den Textblock läßt sich schließen, daß Frutolf von Michelsberg sie von vornherein eingeplant hatte, die Urschrift für die Anlage mit zwei Illustrationen bestimmt war, und diese keine späteren Zutaten Ekkehards sind.[43] Kenntnisse über Inhalt und Form derartiger Stemmata dürfte Frutolf aus einer dem elften Jahrhundert entstammenden Handschrift des Klosters Michelsberg gewonnen haben, die auf fol. 183^{r} und fol. 186^{v} die Stammtafeln der Karolinger und der Ottonen in Strichzeichnungen mit Namensfeldern enthält.[44]

---

41 Schadt, Hermann, Die Darstellung der *arbores consanguinitatis* und der *arbores affinitatis*, Bildschemata in juristischen Handschriften, Phil. Diss. Tübingen 1973, Tübingen 1982, S. 186, Anm. 257.

42 Vgl. Frutolfs und Ekkehards Chroniken, 1972, S. 54/55.

43 Die Annahme Oexles, die Genealogien stammten von Ekkehard, sind durch die gesicherte Autorenschaft Frutolfs von Michelsberg für den Cod. Bose q. 19 hinfällig, vgl. Oexle 1978, S. 224.

44 Vgl. Oexle 1978, S. 223, Anm. 82: „Karlsruhe, Badische Landesbibliothek, Ms. K 504 … (Die Stammtafeln) … hier eingefügt in den Text des fälschlich so genannten *Chronicon Wirziburgense,* einer in Bamberg entstandenen chronikalischen Kompilation."

Für die Bildgestaltung und den ausgeprägten Stil der Zeichnungen muß wohl eher in der im zwölften Jahrhundert sehr regen Buchmalereischule des Klosters Michelsberg nach Vorbildern gesucht werden.[45]

b. Die bebilderte Ausgabe in Paris – Manuskript latinus 4889

Der Titel des folgenden Abschnitts wird beim Leser zunächst höhere Erwartungen wekken, als sie das einzige bebilderte Exemplar der Frutolf/Ekkehard-Chronik in Paris (Bibliothèque Nationale, Ms. lat. 4889) erfüllen kann.[46] Nach Schmale/Schmale-Ott der dritten Textredaktion zugehörig[47] – eine Fassung von Rezension II hat sich wohl nicht erhalten – hat dieser Codex lediglich eine Illustration, den Stammbaum der Franken (fol. 194^r = Abb. 4) vor dem Textbeginn: *De origine Saxoru(m).*[48]

Auf den ersten Blick schließt sich dieses Stemma der Karolinger der Genealogie des fränkischen Hauses im Jenaer Autograph (Cod. Bose q. 19, fol. 152^v = Abb. 1) an. Kompositorisch, formal und inhaltlich entsprechen sich die Zeichnungen. Und doch kann von einer direkten Kopie nicht die Rede sein, denn mindestens eine Handschriftenfiliation – die Textrezension II – muß zwischen den Illustrationen gestanden haben.

Ein zweiter Blick verdeutlicht die Unterschiede: Im Stemma der Pariser Handschrift (fol. 194^r = Abb. 4) wurde lediglich im Hauptstamm das Prinzip der runden Namensmedaillons durchgehalten. Die seitlichen Namensfelder sind herzförmig angelegt und enden in Blattknospen oder Rankenwerk. Der strenge Formalismus des Schemas blieb unverändert, wurde aber durch vegetabile Formen bereichert, die das Bild der eigentlichen Grundidee der *stirps* wieder näherbrachten.

Auffällig wirkt die andersartige farbliche Gestaltung der Pariser Handschrift. Mit den strengen rotbraunen Federzeichnungen des Codex Jenensis Bose q. 19 verglichen, bemühte sich der Zeichner hier offensichtlich um eine stärkere Farbigkeit: Arnulf, in feiner brauner Federzeichnung ausgeführt, trägt einen Mantel mit blauen Faltenstegen, blaue

[45] Vgl. Dengler-Schreiber, Karin, Scriptorium und Bibliothek des Klosters Michelsberg in Bamberg, Phil. Diss. Würzburg 1975 (Studien zur Bibliotheksgeschichte 2, hrsg. von Wolfgang Milde), Graz 1979, S. 33 ff., S. 207, ibs. S. 209; Schemel, Bernhard, Die illustrierten Handschriften der Staatsbibliothek Bamberg (Bibliotheksforum Bayern 9), 1981, S. 97-100.

[46] Nicht illustrierte Frutolf/Ekkehard-Handschriften: Paris, Bibliothèque Nationale, Ms. lat. 4889 a aus Rastede, dreizehntes Jahrhundert; Paris, Arsenal 6, vierzehntes Jahrhundert.

[47] Vgl. zu den Rezensionen Frutolfs und Ekkehards Chroniken, 1972, S. 34-36.

[48] Zur Handschrift: Pergament, 206 fol., 27,5 x 18 cm, neu gebundener Codex-Eintrag vom 20. Juni 1892, Einband Rindsleder mit Goldprägung. Siehe Clemen 1890, S. 222; Lautermann, Wolfgang, Hrsg., Mittelalter (Geschichte in Quellen 2), (o. O.) 1970, Tf. IV (vor S. 65); Monumenta Annonis, Köln 1975, Kat. Nr. A 43; Oexle 1978, S. 224, Anm. 85.

Schuhe und ein knöchellanges, mit Rot und Braun abgesetztes Gewand, seine Wangen sind gerötet. Begga, die Mutter des Heiligen Arnulf, wurde ebenso in feiner Zeichnung, ihr Gewand sogar mit grünen Lavierungen verziert.

Den wohl stärksten Unterschied zwischen dem Pariser (fol. 194^v = Abb. 4) und dem Jenaer Stemma (fol. 152^v = Abb. 1) zeigt der Figurenstil. Trotz des möglicherweise gar nicht so großen zeitlichen Abstands – das Datum *post quem* des Pariser Codex liegt im Jahr 1125, der Jenensis entstand bis 1116/17 – spiegeln die Figuren der Handschrift der Bibliothèque Nationale sicherlich etwas weniger Exaktheit wider, dafür bewegen sie sich viel leichter. Sie sind stark überlängt und schlank und besitzen zierliche Köpfe, was angesichts der gedrungenen, breitgelagerten Proportionen der Jenaer Figuren besonders auffällt.

Der Wechsel der Handhaltung des Arnulf, der hier den Rotulus mit der Rechten ergreift, ist wohl ein Mißverständnis der Vorlage. Die linke, weisende Hand wächst völlig unorganisch unter dem übergeschlagenen Mantelsaum hervor. Von den glatten Mantelpartien unterscheiden sich deutlich die vielteiligen Gewandfältelungen und -säume. Besonders das betonte, byzantinisierende Motiv des angehobenen Glockensaums am Mantel der Begga sticht ins Auge. Einen Vorschlag, woher dieser Figurenstil stammen mag, hat die Forschung bis heute nicht gemacht. Da Angaben über die Provenienz der Handschrift fehlen, wird auf diese Frage im Zusammenhang mit der Berliner Frutolf/Ekkehard-Chronik noch einmal zurückzukommen sein.

c. Die bebilderte Ausgabe der Staatsbibliothek Berlin – Das Manuskript latinus folio 295

Wie der Codex der Bibliothèque Nationale gehört auch das Berliner Exemplar der Frutolf/Ekkehard-Chronik (Berlin, Staatsbibliothek, MS. lat. fol. 295) der dritten Textredaktion an: Wie Ms. lat. 4889 enthält die Weltchronik der Staatsbibliothek neben der ersten, erweiterten Textredaktion Frutolfs die zweite, Abt Erkembert von Corvey 1116 gewidmete Fassung Ekkehards mit Einfügungen aus Sigebert von Gembloux und der anonymen Kaiserchronik, die eingefügte Fassung der Hierosolymista (Kreuzzugsgeschichte) und die bis 1125 von Ekkehard weitergeführte Chronik.

Anders als der eher unbekannte Pariser Codex wurde das Berliner *Chronicon universale* bereits 1840 durch eine Abhandlung von Riedel bekannt, der auch die zugehörigen Illustrationen bereits zeichnerisch umgesetzt publizierte.[49] Erstmalig katalogmäßig sorgfältig bearbeitet wurde die Handschrift 1905 von Rose,[50] und auch Albert Boeckler hat sich, wie umfangreiche Aufzeichnungen beweisen, intensiv mit dem Manuskript beschäftigt.[51]

---

[49] Vgl. Riedel, Adolf Friedrich J., Über die Havelsberger Handschrift der Weltchronik des Ekkehard von Urau, in: Serapeum 1, 1840, S. 185-191, Tab. I-IV.

[50] Vgl. Rose, Valentin, Verzeichnis der lateinischen Handschriften 2, 3 (Die Handschriften-Verzeichnisse der Königlichen Bibliothek zu Berlin 13), Berlin 1905, S. 1003-1004, Nr. 858.

Die Chronik war in den letzten Jahrzehnten häufiger auch für ein größeres Publikum zu sehen: Sie wurde 1965 in der Ausstellung *Karl der Große, Werk und Wirkung*, 1975/76 in der Ausstellung *Zimelien*, 1980 in *Bilder von Menschen in der Kunst des Abendlandes*, 1989/90 in *Glanz alter Buchkunst* und 1995 in *Heinrich der Löwe* präsentiert.[52] Eine neue Katalogbearbeitung des Codex' wurde Anfang der neunziger Jahre durch Andreas Fingernagel vorgenommen.[53]

Der Kolophon der Handschrift gibt Auskunft über ihre Provenienz: „Iste liber est sancte Marie virginis santique Laurentii martiris in Havelberch. Quem contulit dominus Sichebobo episcopus“[54] (im Amte 1206-1220). – Die Handschrift wurde demzufolge dem Havelberger Domkapitel im frühen dreizehnten Jahrhundert von Bischof Sigibod geschenkt. 1839 gelangte das damals schon stark beschädigte Manuskript an die Königliche Bibliothek in Berlin.

Wesentlich großzügiger mit Illustrationen ausgestattet als das Pariser Exemplar, enthält die Berliner Handschrift die drei Stemmata der Karolinger, Ottonen und Salier (fol. 80^v, 81^r, 81^v, siehe Abb. 5-7), eine szenische Miniatur (fol. 99^r = Abb. 8) und Schmuckinitialen (fol. 61^r, 100^v, 121^v).

---

51 Vgl. Berlin, Staatsbibliothek, Archiv der Handschriftenabteilung 7, Blatt 211-249, hand- und maschinenschriftliche Aufzeichnungen von Albert Boeckler unter dem Titel: Notizen zu Miniaturen und Ausstattung des Ms. lat. fol. 295, o. J.

52 Vgl. Karl der Große, Werk und Wirkung, Katalog der zehnten Ausstellung unter den Auspizien des Europarates, Aachen 1965, S. 506/507, Nr. 690; Zimelien, Berlin 1975/76, S. 90, Nr. 74, Abb. S. 122; Bilder von Menschen in der Kunst des Abendlandes, Jubiläumsausstellung der Preussischen Museen Berlin in der Nationalgalerie,1830-1980, Berlin 1980, S. 124, Nr. 7, mit Abb.; Glanz alter Buchkunst, Mittelalterliche Handschriften der Staatsbibliothek Preußischer Kulturbesitz Berlin, Ausstellungskatalog Braunschweig/Berlin/Köln 1989/90, hrsg. von Tilo Brandis und Peter Jörg Becker, (Staatsbibliothek Preußischer Kulturbesitz, Ausstellungskatalog 33) Wiesbaden 1988, S. 74, Nr. 31, mit Farb.-Abb.; vgl. auch: Burckhardt, Hermann u.a., Geschichte für Hauptschulen in Baden-Württemberg, Das Mittelalter und der Beginn der Neuzeit, Stuttgart 1984, Abb. S. 16, zuletzt: Das Reich der Salier, 1024-1125, Katalog zur Ausstellung des Landes Rheinland-Pfalz im Historischen Museum der Pfalz in Speyer, Sigmaringen 1992, S. 421, Farb.-Abb. 422/423; Heinrich der Löwe und seine Zeit, Herrschaft und Repräsentation der Welfen, 1125-1235, Katalog der Ausstellung des Herzog Anton Ulrich Museums Braunschweig 1, hrsg. von Jochen Luckhardt und Franz Niehoff, München 1995, S. 48, Kat. Nr. A 10.

53 Andreas Fingernagel stellte mir u.a. dankenswerterweise sein Manuskript für die Katalognummer Ms. lat. fol. 295 bereits vor der Publikation des neuen Bestandskataloges zur Verfügung. Siehe jetzt: Fingernagel, Andreas, Die illuminierten lateinischen Handschriften deutscher Provenienz der Staatsbibliothek Preussischer Kulturbesitz Berlin, 8.-12. Jahrhundert, Text- und Bildband (Staatsbibliothek Preussischer Kulturbesitz, Kataloge der Handschriftenabteilung, Reihe 3, 1, hrsg. von Tilo Brandis), Wiesbaden 1991, S. 4-6, Kat. Nr. 4, Abb. 7-11; vgl. auch die ausführlichen Untersuchungen von Schmid, 1994, S. 479 ff.

54 Die Datenangabe ist ein Nachtrag vom 20. Juli 1821 (siehe handschriftlicher Vermerk ebd.). Zur Handschrift: Pergament, 134 fol., ca. 25,5 x 16,5 cm.

Ungewöhnlicherweise brachte der Illustrator respektive der Schreiber die Stemma-Zeichnungen nicht – wie in Jena und Paris – am Ende der jeweils zugehörigen Texte an. Er fügte sie hintereinander an jener Textstelle ein (nach dem Tode Heinrichs II. im Jahre 1025, vor dem Amtsantritt Konrads II. im selben Jahr), die in den anderen beschriebenen Frutolf/Ekkehard-Chroniken lediglich für die sächsische Stemmatafel verbindlich war. Durch diese Anordnung zerstörte der Zeichner oder der Schreiber – denn beide können die Stellung der Illustration im Manuskript beeinflußt haben – den direkten Bild-Text-Zusammenhang.

Die erste Tafel, das Schema der fränkischen Könige und Kaiser (Abb. 5), erscheint unter der bereits zitierten, hier jedoch durch Beschädigungen des Blattes reduzierten Legende.[55] Aufmerksamkeit erregt der ungewöhnliche Aufbau der ganzseitigen, in roter und brauner Tusche gehaltenen Illustration. Eine beherrschende Rahmenarchitektur strukturiert die Darstellung: Zwei schlanke, hohe Flankentürme mit säulengetragenen, offenen Arkaden und Fenstern umfangen einen geschlossenen Bau, dessen architektonischer Aufbau für den Betrachter zunächst unverständlich bleibt. Erst der Vergleich mit den bekannten Stammtafeln macht die Anordnung lesbar: Das Prinzip der ganzfigurigen Stammeltern, zwischen denen die Hauptlinie des Stammes senkrecht abwärts gestaffelt ist, während sich die weiteren Verästelungen späterer Generationen zu ihren Füßen ausbreiten, wird erkennbar. Unter hohen, zwischen die Türme gespannten Rundbögen brachte der Illustrator das Stammelternpaar – diesmal in sitzender Haltung – an. Das Dach trägt in Fortsetzung der vertikalen Bildachse oberhalb der Figur des heiligen Arnulf einen mit Fenstern verzierten Aufsatz. Dem prominenten Obergeschoß wurden durch horizontale Reihung der Verwandten im unteren Bereich zahlreiche niedrigere Geschoßreihen untergeordnet.

Wie an der Pariser Handschrift bereits zu beobachten war, bildete auch an diesem Beispiel der Hauptstamm eine Variante aus: Hier sind die Fensteröffnungen für die Bildnisse der Könige und Kaiser der Hauptlinie durch Fensterläden ausgezeichnet, die allerdings nicht zu den rundbogigen Fenstergewänden passen. Eigentlich verzweigt sich der Stamm erst unter den direkten Nachkommen Karls des Großen. Um aber die vielen Verwandten in ihrem Stammhaus unterbringen zu können, mußte der Zeichner eine Ebenenverschiebung durchführen. Die Verbindung zwischen den Enkeln Karls des Großen – Lothar, Karl und Ludwig – wurde durch zwei aus der Hand des Vaters in steilem Bogen aufsteigende Rotuli hergestellt. Dieses bei den Stammeltern bereits beobachtete optische Verbindungsglied wurde auch zwischen den anderen Angehörigen statt der ehemals üblichen einfachen verbindenden Linien benutzt.

Anders als in den bereits erläuterten Frutolf/Ekkehard-Chroniken enthalten die als Fenster aufgefaßten Bildfelder Brustbilder in kleinen Rahmen, in deren Rahmenleisten die Namen der Dargestellten genannt werden. Während die Zeichnung einerseits eher etwas nachlässig und weniger qualitätsvoll erscheint als die bekannten Beispiele, be-

---

[55] Siehe Ekkehardi Uraugiensis Chronica, 1980, S. 176, Anm. 1.

mühte sich der Illustrator andererseits, prominenten Figuren durch variierende Haar- und Barttracht und weitere Attribute eine gewisse Individualität zu geben.

In der beschriebenen Zeichnung verbinden sich sehr offensichtlich zwei Prinzipien: die Idee der *stirps* oder des *arbor*, des Stammbaums, wurde mit der der *domus*, des Herrscherhauses, der Dynastie, verbunden.[56] In beiden Fällen bekam eine naturaliter vorhandene Bildidee eine deutlich dem Gegenstand entlehnte bildliche Fassung, es entstanden aus festgefügten ikonographischen Typen Bilder mit metaphorischer Bedeutung.[57]

Den reinen Typ der *domus* verkörpert das Stemma der Ottonen (fol. 81^r = Abb. 6) des Berliner *Chronicon universale* wesentlich deutlicher als der eben beschriebene Stammbaum der Karolinger: Ein kanontafelartiger Aufbau mit überlängten Säulchen, Kapitellen und bekrönender Schirmkuppel gibt den Blick auf eine Dreibogenstellung frei. In der oberen, dominierenden Zone sitzen unter den Arkaden drei Gestalten. Zentral thront der Stammvater des sächsischen Hauses, Herzog Ludolf. Ihm zu seiten sitzen seine Söhne, links der von den Dänen erschlagene Herzog Brun und rechts Herzog Otto von Sachsen. Während die ersten beiden Generationen ganzfigurig gezeichnet wurden, folgen in der weiteren, keiner Geschoßteilung mehr entsprechenden Filiation Halbfigurenbildnisse, deren verwandtschaftliche Beziehung zueinander wiederum durch ausgerollte verbindende Rotuli verdeutlicht wird.

Wenn auch in einer von oben nach unten ausgerichteten Leserichtung angelegt, berücksichtigt diese Genealogie der Sachsen die frühere, in der Jenaer Handschrift geprägte Bildidee (fol. 171^v = Abb. 3) nicht.

Daß diese Idee und damit eine bebilderte Kopie des Autographen dem Miniator dennoch bekannt gewesen sein muß, beweist die dritte Stammtafel der Berliner Handschrift: In einer Rahmenarchitektur präsentiert in vollem Ornat auf einem mit Fußbank und Kissen versehenen Thron Kaiser Konrad II. die salische Stammtafel (fol. 81^v = Abb. 7).[58] Während seine Linke den Reichsapfel hält, wächst aus seiner rechten Hand die Medaillonbildfolge seiner Amtsnachfolger bis zu Kaiser Heinrich V. Die Genealogie führt bis in die aktuelle Gegenwart des Autors hinein, stellt damit einen direkten Wirklichkeitsbezug zur real erlebten Gegenwartsgeschichte der Zeit her.

Während dieser Stammbaum inhaltlich die Bildausstattung der Chronik aktualisierte, benutzte der Zeichner formal die Bildidee des Ottonenstammbaums, wie sie bereits in

[56] Vgl. Oexle 1978, S. 225 ff. Oexles Annahme, hier einen reinen Bildtyp der „domus" vorgefunden zu haben, möchte die Verf. nicht zustimmen; vgl. zuletzt: Schmid, Karl, Zum Haus- und Herrschaftsverständnis der Salier, in: Die Salier und das Reich 1, hrsg. von Stefan Weinfurter, Sigmaringen 1991, S. 21 ff., auch: Weinfurter, Stefan, Herrschaft und Reich der Salier, Grundlinien einer Umbruchszeit, Sigmaringen 1991, S. 9 ff.

[57] Vgl. Oexle 1978, S. 223.

[58] Vgl. Schramm, Percy Ernst, Die deutschen Kaiser und Könige in Bildern ihrer Zeit 1, 751-1152, (Die Entwicklung des menschlichen Bildnisses 1, hrsg. von Walter Goetz, Veröffentlichungen der Forschungsinstitute an der Universität Leipzig/Institut für Kultur und Universalgeschichte), Leipzig/Berlin 1928, S. 144 ff., Abb. 122.

der Jenaer Handschrift fixiert worden war. Anders als die eher unpräzise, unruhige Zeichnung der Genealogie der Karolinger wirken die zwei folgenden Stemmata der Berliner Handschrift ruhiger, abgeklärter und durchdachter. Wollte man eine Entwicklungsreihe der Bildtypen aufstellen, so bliebe festzuhalten, daß der Salierstammbaum dem bekannten, konservativen Schema folgt. Die Zeichnung des Herrscherhauses der Ottonen (fol. 81^r = Abb. 6) stellt dagegen bereits eine erhebliche Neuerung dar. Und das erste Bild der Illustrationsfolge, die Karolinger-Genealogie (fol. 80^v = Abb. 5), führt die progressivste Bildidee – gemischt aus zwei ikonographischen Bildtraditionen – vor. Die Neuentwicklung dieser Bildform zeigt noch deutlich formale und künstlerische Unsicherheiten.

Den direkten Wirklichkeitsbezug, den das Stemma der Salier (fol. 81^v = Abb. 7) in der Berliner Handschrift besitzt, betonten die Texte des Gegenwartshistorikers Ekkehard von Aura; die gesamten historischen Texte stammten wie erläutert von Frutolf von Michelsberg.

Ekkehards entschiedene Parteinahme für Heinrich V. ist hinlänglich bekannt[59] und fand in dem Berliner *Chronicon universale* auch eine bildliche Entsprechung: Fol. 99^r (Abb. 8) enthält eine ganzseitige Zeichnung, deren Thema die Insignienübergabe des besiegten Heinrichs IV. an seinen Sohn Heinrich V. ist.[60] Anders als die Schemata fügt sich diese Szene in den korrekten Bild-Text-Zusammenhang vor dem Prolog zum fünften Buch ein, das die Regierungsjahre Heinrichs V. (1106-1125) umfaßt.[61] Ekkehard schrieb dazu: „Cui cum legati communionem seu penitentie modum absque generalis synodi et apostolice discussionis censura reddere ad presens non possent, ipse partis utriusque consiliis annuens regalia vel imperialia insigna, crucem silicet et lanceam, sceptrum, globum atque coronam, filii potestati tradidit ...“[62] Die Authentizität der zeich-

[59] Frutolfs und Ekkehards Chroniken, 1972, S. 28, S. 189 ff., S. 227 ff.

[60] Vgl. Schramm 1928, S. 144 ff., Abb. 123 a; ders., Umstrittene Kaiserbilder aus dem neunten bis zwölften Jahrhundert, in: Neues Archiv der Gesellschaft für ältere deutsche Geschichtskunde 47, Berlin 1928, S. 488. Schramm glaubte, in dieser Szene die Ordination Heinrichs V. im Jahre 1099 in Aachen sehen zu können, was weder die Stellung der Illustration im Text noch das Bild selbst zuläßt. Vgl. zur Diskussion auch: Schmale-Ott, Irene, Untersuchungen zu Ekkehard von Aura und zur Kaiserchronik, in: Zeitschrift für bayerische Landesgeschichte 34, 1971, S. 412/413, Anm. 20; Schmid 1991, S. 37 ff., der der Szene jeglichen Realitätsgrad abspricht, sie als eine rein symbolische Bilddarstellung werten möchte, S. 40/41, Abb. 3/4; Weinfurter 1991, 2, S. 144 ff., Tf. 17; Schmid 1994, S. 480 ff.

[61] Siehe Rose 2, 3, 1905, S. 1003, Nr. 858.

[62] Frutolf und Ekkehards Chroniken, 1972, S. 202/204; ganz anders die Schilderung der Szene in der Vita Heinrici IV. imperatoris, in der ein Bote die Insignien des entmachteten Vaters für Heinrich V. holt, siehe: Fontes historiarum Heinrici IV. imperatoribus illustrantes/ Quellen zur Geschichte Kaiser Heinrichs IV., bearb. und übersetzt von Franz-Josef Schmale und Irene Schmale-Ott (Ausgewählte Quellen zur Deutschen Geschichte des Mittelalters, Freiherr vom Stein-Gedächtnisausgabe 12, hrsg. von Rudolf Buchner u.a.), Reprint der dritten, unveränderten Auflage 1963, Darmstadt 1974, S. 448 ff.

nerischen Vorgaben durch den Autor – so Schmid[63] – erscheint nicht plausibel. Erst mit der *Chronica maiora* des Matthew Paris gibt es den ersten Beleg für eine eigenhändige Illustration des Schreibers.[64] Für das zwölfte Jahrhundert ist dagegen bis dato unwidersprochen der arbeitsteilige Werkstattprozeß innerhalb eines Skriptoriums anzunehmen, wie dies bis in das späte Mittelalter hinein mit wenigen Ausnahmen als üblich gelten kann.

Das zugehörige Bild zeigt in doppeltem hochrechteckigen Rahmen eine steile Arkade mit bekrönender Zierarchitektur und hohem Zinnenkranz – möglicherweise eine freie Bildassoziation zu der festen Burg, auf der Heinrich IV. bis zum Mainzer Reichstag festgesetzt war. Im Bogenfeld stehen Vater und Sohn einander leicht zugewandt gegenüber, sie sind beide in die traditionellen Königsgewänder – Albe, Dalmatik und Mantel – gekleidet. Offensichtlich bemühte sich der Zeichner, die Individualität der beiden anzudeuten, ohne daß jedoch an Porträthaftigkeit gedacht werden darf.[65] Heinrich IV., mit nackenkurzem, dunklem Lockenkopf und kurzem Kinnbart, zeigt ein zerfurchtes Altersgesicht. Der jugendliche, hellhaarige Heinrich V. besitzt ein glattes, bartloses Gesicht. Der kaiserliche, überwundene Vater wird zwar größer, aber auf niedrigerer Ebene stehend als sein Sohn dargestellt.

Heinrich V. ist kleiner gezeichnet, aber auf einen Erdhügel gestellt, um ihn auf die gleiche (Bedeutungs-) Ebene wie seinen väterlichen Amtsvorgänger zu heben. Auch im eher zurückhaltenden Dekor der Kleidung Heinrichs IV. gab der Illuminator ebenso exakt wie Ekkehards Worte es tun den nunmehrigen Positionsunterschied an.

Wie der zitierte Text so führt uns auch das Bild eine ruhige, fast feierliche Übergabe der Insignien vor: Heinrich V. hält bereits in seiner Rechten das Zepter und greift mit der linken Hand nach des Vaters Kronreif, den dieser ihm entgegenhält. Den Reichsapfel umfaßt der Verlierer noch fest mit seiner linken Hand. Ein ungemein sprechendes Bild, das vielleicht noch etwas stärker die Ambivalenz im Kampf zwischen Vater und Sohn hervorhebt, als die häufig eher tendenziösen Bemerkungen Ekkehards. Es ging – bei allen schönen Worten – um Macht. Und jenen Moment der Machtübergabe hat der Zeichner sehr gekonnt eingefangen. Der Realitätsgrad und Wirklichkeitsbezug des Bildes erwächst ganz selbstverständlich aus dem Gegenständlichen und kann problemlos auf eine höhere Ebene als die des reinen Bezeichnens von Geschehenem übertragen werden. Sie würde dann, unabhängig davon, ob diese Begegnung tatsächlich stattgefunden hat, ihren dynastisch-symbolischen Wert in sich tragen, den Karl Schmid in der „Notwendigkeit der Wiederherstellung der Einheit von Staat und Kirche“[66] durch den vollzogenen Herrscherwechsel sah.

---

[63] Vgl. Schmid, 1994, S. 485.

[64] Vgl. Lewis, 1987, Kap. 3; zuletzt: Heinrich der Löwe, Braunschweig 1995, S. 355-357, Kat. Nr. E 19.

[65] Vgl. Bilder von Menschen, Berlin 1980, S. 124, Nr. 7.

[66] Siehe Schmid 1994, S. 481.

Als Vorbild für die Insignienübergabe verwies der Berliner Katalog von 1975/76 auf byzantinische Schemata, wobei leider darauf verzichtet wurde, konkrete Vergleichsbeispiele zu benennen.[67]

Da die Provenienz der Handschrift aus Havelberg und die Rezension der Chronik für Abt Erkembert von Corvey bekannt ist, wird als Entstehungsort der Berliner Chronik immer wieder in der genannten Literatur Corvey (oder Norddeutschland) angeführt. Stilistisch spielten wohl Kölner Einflüsse eine Rolle: Boeckler hat bereits darauf hingewiesen, daß der Gewandstil dem eines Kölner Evangeliars (Darmstadt, Hessisches Landesmuseum, Cod. 530) ähnlich ist, daneben traten seiner Meinung nach Hirsauer Einflüsse, die er im Vergleich mit einer Stuttgarter Handschrift (Stuttgart, Württembergisches Landesmuseum, Cod. hist. fol. 415) nachzuweisen versuchte.[68]

Formal stehen die genealogischen Schemata der Frutolf/Ekkehard-Chroniken, wie die Forschung auch bereits seit längerem weiß,[69] der jüngeren Kölner Chronik aus Sankt Pantaleon nahe, über die später noch zu berichten sein wird.

Weitere Aufschlüsse über die Ableitung des Pariser *Chronicon universale* (Paris, Bibliothèque Nationale, Ms. lat. 4889) lassen sich möglicherweise durch einen Vergleich mit der Berliner Handschrift gewinnen: Stellen wir den Frankenstammbaum (fol. 194^{r} = Abb. 4) des Pariser Exemplars der Insignienübergabe (fol. 99^{r} = Abb. 8) der Berliner Handschrift gegenüber, so lassen sich auffällige motivische Ähnlichkeiten entdecken. Der leichten Zuwendung der Figuren zueinander entsprechen – trotz völlig anderer äußerer Zusammenhänge – Details der Handhaltung, der Gewandbildung, des Standmotivs, wobei besonders der Vergleich zwischen Arnulf und Heinrich IV. recht gut gelingt.

Hat der Berliner Schreiber oder Zeichner die Pariser Handschrift oder einen ihr nahestehenden Codex möglicherweise wirklich gekannt und benutzt, so hat er hier das durch den Salierstammbaum bekannte Prinzip angewandt, eine gebräuchliche Bildkomposition neu zu interpretieren. Auf jeden Fall war er ein vielseitiger Neuerer, der vorgegebene Ideen anderweitig zu benutzen verstand und durch das Einbringen zweier aktualisierter Illustrationen – des Salierstammbaums und der Insignienübergabe – eine Weiterentwicklung des Bildprogramms vorantrieb, die den sich wandelnden Textredaktionen Ekkehards Rechnung trug.

---

[67] Vgl. Zimelien, Berlin 1975/76, S. 91.

[68] Vgl. Boeckler, Manuskript, fol. 235^{r} = S. 10 des getippten Textteils.

[69] Vgl. bereits Clemen 1890, S. 224; Schramm 1928, S. 145.

d. Die Erfurter Handschrift – Der Codex membranus I 92 der Forschungsbibliothek in Gotha

Die wohl am wenigsten bekannte illustrierte Fassung der Frutolf/Ekkehard-Chronik befindet sich in der Forschungsbibliothek in Gotha (Codex membranus I 92).[70] Die ältere, hauptsächlich aus dem neunzehnten Jahrhundert stammende Literatur zur Handschrift, die in der einzigen neueren Bearbeitung von Renate Schipke gründlich erfaßt wurde,[71] beschäftigte sich hauptsächlich mit textkritischen Problemen.

Zwei Einträge auf fol. 1^r: „a. 13. liber sancti petri in(?) erfordia“ und „de. petra. dictus. pertus. hic. liber. est. / ibi. scriptus. erphesfurdenses. sint. proprietate. fruentes. / clave. perti. clausus. sit...“, bestätigen, daß dieses Manuskript aus dem Benediktinerkloster Sankt Peter in Erfurt stammt.

Das Erfurter *Chronicon universale* enthält – so der derzeitige Stand der Forschung – die vierte Rezension der Chronik[72] mit weiteren Texten; an die Fortsetzungen Ekkehards von 1101-1106 und von 1106-1125 schließen sich die *Annales Erphesfurdenses Lothariani,* die die Jahre 1125-1137 umspannen, an.[73] Die Handschrift muß demzufolge nach 1137 in Erfurt angefertigt worden sein.

Neben zwölf Schmuckinitialen[74] und zahlreichen farbig gestalteten chronologischen Tabellen verzieren die Chronik die zwei Stammtafeln der Franken und der Sachsen (Abb. 9, 10). Beide Illustrationen hat der Miniator in den entsprechenden Textteil und -zusammenhang des ehemaligen Frutolf-Manuskriptes eingefügt, wie es an der Jenaer Mutterhandschrift (Cod. Bose q. 19) zu beobachten war.

Das ganzseitige Karolingerstemma der Handschrift aus Erfurt (fol. 138^v = Abb. 9) lehnt sich formal eng an die entsprechende Zeichnung im Jenaer Codex (Cod. Bose q. 19, fol. 152^v = Abb. 1) an. Neben den beiden Ahnen, die bis hin zu den Details der Gewandbehandlung und den Gesichtstypen dem Jenaer Urexemplar noch sehr nahestehen, wurden als weiterer figürlicher Schmuck die zwei halbfigurigen, bezeichneten Bildnisse der Päpste, bezeichnet mit Adrianus und Leo, in den überfangenden Bögen des Stammbaumes gemalt. Gemeint sind Papst Hadrian I. (im Amt bis 795) und Papst Leo III.

[70] Zur Handschrift: Pergament, 183 fol., 29 x 20 cm.

[71] Vgl. Schipke, Renate, Die Maugérard-Handschriften der Forschungsbibliothek Gotha (Veröffentlichungen der Forschungsbibliothek Gotha 15), Gotha 1972, S. 57-59; auch: Theele, Joseph, Die Handschriften des Benediktinerklosters Sankt Petri zu Erfurt (Zentralblatt für Bibliothekswesen, Beiheft 48), Reprint der Auflage, Leipzig 1920, Wiesbaden 1968, S. 151-153; Schmid 1994, S. 480.

[72] Vgl. Frutolfs und Ekkehards Chroniken, 1972, S. 36-38; der neueste Forschungsstand zu den Rezensionen wie oben erläutert noch unklar.

[73] Fol. 181^r-183^r; vgl. Schipke 1972, S. 59.

[74] Fol. 1^v, 2^v, 40^r, 64^v, 82^v, 86^r, 89^v, 106^r, 125^r, 132^v, 139^r - blau- oder goldgrundig mit Rankenwerk und zoomorphen Elementen; vgl. Schipke 1972, S. 57.

(im Amt bis 816). Ihre Darstellungen sind ihrer Zeitstellung entsprechend unter dem hervorgehobenen Namensfeld Kaiser Karls des Großen neben dem Rundfeld, das Ludwig den Heiligen nennt, in das genealogische Schema eingefügt.

Auch die zweite Miniatur des Codex' aus Gotha (fol. 153^r = Abb. 10) orientierte sich, soweit die Bildausstattung betroffen war, eindeutig an einem dem Frutolf-Autograph noch sehr nahestehenden illustrierten Exemplar der Chronik. Inhaltlich und formal entspricht die Genealogie der ottonischen Herrscher dem gezeichneten Stemma der Urhandschrift (fol. 171^v = Abb. 3).

Der große Unterschied zur Mutterhandschrift liegt in der farblichen, materiellen und stilistischen Gestaltung der Handschrift aus Sankt Peter in Erfurt: Anders als das Urbild vorgeführt hat, legte der Illustrator hier beide Schemata – mit den gebräuchlichen, schon zitierten Tituli – als buntfarbene, prächtige Deckfarbenminiaturen mit viel Blau, Grün und Rot und zentrierten Pünktchenmustern an. Vielprofilige Rahmenleisten mit üppigem Rankendekor oder farblich in sich nochmals abgesetzte Zick-Zack-Bänder umfassen die Miniaturen. Die Medaillonketten sind Feld für Feld farbig gegeneinander abgesetzt – ein beliebtes Variationsspiel, das sich auch an den Bildhintergründen weiterverfolgen läßt.

Diese dekorative Farbrhythmik verweist auch auf den Stil der Handschrift; einen eigenen Erfurter Stil oder eine geschlossene thüringisch-sächsische Malerschule[75] gab es in der zweiten Hälfte des zwölften Jahrhunderts im Herzogtum Sachsen wohl nicht. Aber neben der Helmarshausener Schule traten Hildesheim und das Bistum Halberstadt als Zentren exquisiter Buchmalerei hervor.[76]

Ein Vergleich des Figurenstils der Handschrift in Gotha mit einem der charakteristischen Werke der hochromanischen sächsischen Buchmalerei aus Hildesheim, dem sogenannten Ratmann-Missale (Hildesheim, Domschatz, Nr. 37) von 1159,[77] kann zeigen,

---

[75] Vgl. Haseloff, Arthur, Eine thüringisch-sächsische Malerschule des dreizehnten Jahrhunderts (Studien zur deutschen Kunstgeschichte 9), Straßburg 1897. Die umfangreiche zu dieser thüringisch-sächsischen Malerschule seit Haseloffs Arbeit erschienene Literatur zuletzt neu zusammengestellt in der neuen Auflage des Lexikons der Kunst, N. F. 7, 1994, S. 316.

[76] Vgl. Mazal, Otto, Buchkunst der Romanik (Buchkunst im Wandel der Zeiten 2), Graz 1978, S. 194 ff.; Zur Halberstädter Tradition vgl. die Bibel aus Hamersleben (Halberstadt, Domschatz, Nr. 1, um 1170/75); Cod. 1075 Helmst. (Wolfenbüttel, Herzog August-Bibliothek), Cod. A 94 (Dresden, Landesbibliothek); Add. Mss. 27.926 (London, British Library).

[77] Vgl. zuletzt: Stähli, Marlis, Die mittelalterlichen Handschriften im Domschatz zu Hildesheim, hrsg. von Helmar Härtel (Mittelalterliche Handschriften in Niedersachsen 4), Wiesbaden 1984, S. 117-131, Nr. 37, mit zahlreichen Farb.-Abb. und älterer Literatur; auch: Stadt im Wandel, Kunst und Kultur des Bürgertums in Norddeutschland 1150-1650, Katalog der Landesausstellung Niedersachsen, Braunschweig,24. August – 24. November 1985, Braunschweigisches Landesmuseum (Vieweghaus), Herzog-Anton-Ulrich-Museum/Burg Dankwarderode) u. Dom am Burgplatz, hrsg. von Cord Meckseper, Stuttgart/Bad Cannstatt 1985, Bd.2 S. 1165—1167, Nr. 1024b, vgl. auch 1024a.

wie eng sich die Erfurter Malerei des zwölften Jahrhunderts im Cod. memb. I 92 an die große Tradition anbinden läßt: Neben grundsätzlichen Parallelen im Farbwechsel, in der Anlage von dekorativen Rahmen oder der Anbringung zentrierender Pünktchenmuster steht ein gleiches stilistisches Wollen. Streng linear angelegt, mit hart umrissenen Doppelkonturen, posieren die Figuren vor dem Grund – man vergleiche beispielsweise den Michael als Drachentöter des Hildesheimer Missales mit den Figuren des Erfurter Codex (Abb. 9, 10).

Beide Miniaturen zeigen Figuren mit einer starken Überlängung der unteren Extremitäten, einem taillenlosen, kurzen Oberkörper mit stark gerundeter Schulterpartie, kurzen kräftigen Hälsen und schweren Köpfen. Auch die isolierten, zapfenartigen Haarpartien und die Gesichtsdurchbildung lassen sich miteinander vergleichen. Das streng geometrische Faltenmuster der Gewänder mit allerersten Anklängen zackig werdender Saumausbrüche ist hier wie da zu finden und macht es, ausgehend von der festen Datierung des Ratmann-Missales, möglich, das Erfurter *Chronicon universale* in die Mitte des zwölften Jahrhunderts zu datieren.

Die nächste Entwicklungsstufe der niedersächsischen beziehungsweise thüringischen Buchmalerei wird dann durch schon recht andersartige Codices wie das Psalterium in Hamburg (Staats- und Universitätsbibliothek, Ms. scrin. 84, um 1200[78])oder das Wolfenbütteler Evangeliar von 1194 (Herzog August-Bibliothek, Cod. Guelf. 65 Helmst.)[79] vertreten und führt neben den deutlichen Helmarshausener Einflüssen auch schon erste reine Zackenstilformen vor.

---

[78] Vgl. Mazal 1978, S. 193.

[79] Vgl. Stadt im Wandel 2, Braunschweig 1985, Nr. 1027, S. 1175—1176.

e. Die Zwiefaltener Tradition – Der Codex historicus folio 411 in Stuttgart

Wie der Codex in Gotha wohl ebenfalls der vierten Rezension der Frutolf/Ekkehard-Chronik zugehörig[80] und damit fast gleichzeitig entstanden (um 1160/70) ist jenes *Chronicon universale*, das sich in einer historischen Sammelhandschrift in der Württembergischen Landesbibliothek in Stuttgart befindet (Cod. hist. fol. 411, fol. 5^{v}-207^{r}).[81] Durch die Publikationen von Heyd (1889/90),[82] Boeckler (1924 und 1943)[83] und Löffler (1928 und 1931)[84] wie auch durch die neuere Katalogbearbeitung von Borries-Schulten (1987)[85] wurde der Codex bestens dokumentiert und bekanntgemacht.

Das Manuskript stammt aus dem Kloster Zwiefalten (ehem. Pergamenthandschrift Nr. 174). Es enthält neben der Weltchronik weitere Texte: *Beda Venerabilis: De Sibyllis* (fol. 1^{v}-4^{r}), *Johannes Presbyter: Epistula ad Imperatorem Emanuelem* (fol. 180^{r}-182^{v}), *Otto Frisigensis: Exerpta Chronica* (fol. 221^{r}-222^{r}), *Leo Archipresbyter: Historia de Proeliis* (fol. 223^{r}-239^{r}) und die *Historia Apollonii Regis Tyri* (fol. 239^{r}-247^{r}) sowie kurze Einfügungen des dreizehnten Jahrhunderts. – Die Sammelhandschrift muß also als eine kompilierte Universalhistorie angesehen werden.[86]

Während die genannten historischen Texte nur vereinzelt Bildschmuck aufweisen,[87] besitzt das *Chronicon universale* zahlreiche Illustrationen: einer ganzseitigen Zeichnung des Moses (fol. 5^{v} = Abb. 13) vor dem Textbeginn folgen in Rot gezeichnete Zahlen-

80 Vgl. Frutolfs und Ekkehards Chroniken, 1972, S. 36—38.

81 Zur Handschrift: Pergament, 265 fol., 28 x 22 cm.

82 Vgl. Heyd, Wilhelm von, Die historischen Handschriften der Königlichen Öffentlichen Bibliothek zu Stuttgart 1, Die Handschriften in Folio, Stuttgart 1889/90, S. 185 ff.

83 Vgl. Boeckler, Albert, Die Regensburg-Prüfeninger Buchmalerei des zwölften und dreizehnten Jahrhunderts (Miniaturen aus der Bayerischen Staatsbibliothek 8), München 1924, S. 1924, S. 188 ff., S. 44; ders., Die romanischen Fenster des Augsburger Doms und die Stilwende zum zwölften Jahrhundert, in: Zeitschrift des deutschen Vereins für Kunstwissenschaft 10, 1943, S. 172, Abb. 15.

84 Vgl. Löffler, Karl, Schwäbische Buchmalerei in romanischer Zeit, Augsburg 1928, S. 62-65, Tf. 35-37 (Literaturnachweise bis ins achtzehnte Jahrhundert zurück); ders., Die Handschriften der Abtei Weingarten, Die Handschriften von Zwiefalten (Archiv für Bibliographie und Buchwesen, Beiheft 6), (o.O.)1931, S. 60.

85 Vgl. Borries-Schulten, Sigrid, Die illustrierten romanischen Handschriften der Württembergischen Landesbibliothek 2,1, Provenienz Zwiefalten (Katalog der illuminierten Handschriften der Württembergischen Landesbibliothek Stuttgart 2,1 = Denkmäler der Kunst 8), Stuttgart 1987, S. 112-114, Kat. Nr. 66, Abb. 262-270.

86 Vgl. Löffler 1928, S. 63.

87 Dracheninitialen fol. 2^{r}, 223^{r}, 239^{r}, zum Teil in Deckfarben, fol. 1^{v} Tiburtische Sibylle, ganzseitige Zeichnung vor dem Beda-Text. Vgl. Borries-Schulten 1987, S. 112.

tabellen, die teilweise kanontafelartig mit Säulenstellungen angelegt sind. Eine Leisteninitiale mit Blattfüllung (fol. 44^{v}) sowie sieben Randzeichnungen zum Text (fol. 22^{r}, 25^{r}, 25^{v}, 28^{v}, 29^{r}, 30^{r}, 32^{r}, siehe Abb. 14-17) und die Stemmata des fränkischen (fol. 143^{v} = Abb. 11) und des sächsischen Hauses (fol. 162^{v} = Abb. 12) mit den üblichen Tituli vervollständigen die Bildausstattung der Weltchronik. Außerdem sind zahlreiche jüngere bildliche Ergänzungen zu erkennen (fol. 6^{r}, 14^{v}, 16^{v}, 83^{r}, 102^{r}, 143^{v}, 180^{r}, 182^{v}), die in den folgenden Betrachtungen unberücksichtigt bleiben können.

Die Anlage der Stammtafeln entspricht der schon im Jenaer Autograph (Cod. Bose q. 19) ausgeprägten Form.[88] Die Genealogie der fränkischen Kaiser und Könige (fol. 143^{v} = Abb. 11) steht in ihrer einfachen Zeichnung und Medaillongestaltung dem ursprünglichen Vorbild noch näher als die mit leichten Varianten versehenen Kopien in Paris (Ms. lat. 4889, fol. 194^{r} = Abb. 4) und Gotha (Cod. memb. I 92, fol. 138^{v} = Abb. 9). Gleiches gilt auch für den Stammbaum der Ottonen (fol. 162^{v} = Abb. 12), dessen Schema im Jenensis (Cod. Bose q. 19, fol. 171^{v} = Abb. 3) geprägt, in der Gothaer Handschrift (Cod. memb. I 92, fol. 153^{r} = Abb. 10) wieder auftauchte und im Gegensinn umgestaltet als Salierstemma im Berliner Codex (Ms. lat. fol. 295, fol. 81^{v} = Abb. 8) benutzt wurde.

Anders als die übrigen illustrierten Frutolf/Ekkehard-Chroniken besitzt die Stuttgarter Handschrift ein richtiges Titelbild: Vor dem Textbeginn mit der Genesis steht das Bildnis des thronenden Erzvaters Moses (fol. 5^{v} = Abb. 13). Sitzend, jedoch ohne Thronbank, mit langem Bart und Judenhut, dem Leser frontal zugewandt, weist er in seiner rechten ein Buch (wohl den Pentateuch), in seiner linken Hand die Gesetzestafeln vor. Der streng symmetrisch angelegten Zeichnung in Rot und Schwarz entsprechen die seitlich gerafften Draperien. Die zurückgenommenen Vorhänge wie auch der größte Teil der Rankenbordüre des doppelleistigen Rahmens sind nur in skizzenhaften Vorzeichnungen angelegt und nicht ausgeführt worden.

Wichtig ist es festzustellen, daß die präzise, qualitätvolle Illustrationszeichnung mit ihren figürlichen und ornamentalen Details nicht mit der Vorzeichnung identisch ist, und daß sie offensichtlich von ihrem Zeichner als eine vollwertige Illustration, durchaus vergleichbar zu einer ganzseitigen Miniatur, verstanden wurde. Die ungewöhnliche Ikonographie der archaisch-strengen Mosesfigur hat die Forschung bereits beschäftigt.[89] Sicherlich sind formale Bezüge zu vergleichbaren Figurentypen – etwa der Tiburtinischen Sibylle (fol. 1^{v}) vor dem Text des Beda Venerabilis und dem thronenden Stammvater Herzog Ludolf von Sachsen (fol. 162^{v} = Abb. 12) – festzustellen.[90]

---

88 Vgl. Clemen 1890, S. 223; Löffler 1928, S. 64; Schadt 1982, S. 186.

89 Cames, Gérard, Allégories et symboles dans *l'Hortus deliciarum*, Leiden 1971, S. 35 – auch zur Frage einer typologischen Interpretation.

90 Vgl. Borries-Schulten, 1987, S. 113/114. Die Autorin zieht auch Cod. brev. 129 (ebd., Kat. Nr. 61, Abb. 208), fol. 9^{v} und fol. 53^{r} zum Vergleich heran.

Die Andersartigkeit dieser Mosesdarstellung gegenüber den damalig geläufigen Mosesbildern erklären diese Vergleiche leider nicht.[91] Aber es gibt meines Erachtens eine Zeichnung in einer Bilderfolge, die jene Mosesdarstellung mit den erhobenen Armen erklären könnte: Im *De laudibus sanctae crucis* (München, Bayerische Staatsbibliothek, clm. 14 159) erscheint innerhalb des oberen Bildregisters (fol. 2^{v}) Moses stehend mit ausgebreiteten Armen zwischen Aaron und Hur. Die Zeichnung bezieht sich auf die Schlacht gegen die Amalekiter (nach Exodus 17, 12) und führt den Titel: *Quod victus est amalech moyses manus extendente signat christum/ vicisse hostem antiquum in lingno crucis/ manus expandente.*[92] Diese eindeutig typologische Interpretation des Moses als direkte Präfiguration Christi läßt sich gut auf den mit ausgebreiteten Armen dargestellten Moses (fol. 5^{v} = Abb. 13) der Stuttgarter Handschrift übertragen. Daß sich sofort auch Bildassoziationen zum Typus des thronenden Christus ergeben, ist offensichtlich.

Ebenso ungewöhnlich wie die Mosesfigur sind – verglichen mit der Bildausstattung der schon vorgestellten Frutolf/Ekkehard-Chroniken – die ebenfalls in Rot und Schwarz angelegten Randillustrationen des Cod. hist. fol. 411: Die zumeist kleinformatigen Federzeichnungen brachte der Illustrator am breiten äußeren Rand neben dem Textspiegel an. Nur eine Zeichnung (fol. 29^{r} = Abb. 16) beweist, daß die direkt auf den nebenstehenden Text bezogenen Bilder wohl doch von vornherein eingeplant waren, denn hier ließ der Schreiber einen sicherlich für die Illustration bestimmten Freiraum zwischen den Textkolumnen bestehen.

Die erste Randillustration (fol. 22^{r}), eine langgestreckte Säule mit Kapitell und Basis, scheint rein dekorativ und ohne Bezug neben den Texten über die Gründung der berühmten Bibliothek in Alexandria durch den ägyptischen König Ptolemaios II. zu stehen.[93]

Die zweite Randillustration (fol. 25^{r} = Abb. 14) führt, wie die Textstelle besagt, Hannibal vor.[94] Er ist wie ein mittelalterlicher Herrscher mit einer Krone dargestellt. Hannibal sitzt auf einem Reitelefanten in einem mit Bauchgurten befestigten, kastenartigen Aufbau aus Mauer und Zinnenformen und ist daher nur als Halbfigur zu sehen. Der „Tapirkopf" des Elefanten mit den winzigen Ohren und dem zu kurzen Rüssel wie auch die offensichtliche Darstellung eines Paarhufers (mit gespaltenen Klauen) beweist, daß der Zeichner nur geringe Vorstellungen davon hatte, wie ein Elefant wirklich aussieht.

---

91 Vgl. Künstle, Karl, Ikonographie der christlichen Kunst 1, Freiburg im Breisgau 1926, S. 288 ff.; Lexikon der christlichen Ikonographie 3, hrsg. von Engelbert Kirschbaum u.a., Reprint der Ausgabe Rom/Freiburg/Basel/Wien 1971, Freiburg 1990; Sp. 282-297.

92 Vgl. Klemm, Elisabeth, Die romanischen Handschriften der bayerischen Staatsbibliothek 1, Die Bistümer Regensburg, Passau und Straßburg (Katalog der illuminierten Handschriften der Bayerischen Staatsbibliothek in München 3, 1), Wiesbaden 1980, Kat. Nr. 35, Abb. 68.

93 Vgl. wie auch im folgenden Text: Borries-Schulten 1987, S. 113, Abb. 264-267; zur Textstelle vgl. Ekkehard Chronica, 1980, S. 78.

94 Vgl. ebd., S. 80, Zeile 43/44, neben der Zeichnung Glossen des sechzehnten Jahrhunderts.

Auf der folgenden Seite (fol. 25^{v}) wurden drei mit Ringen gefüllte Schalen gezeichnet, die den besiegten Römern abgenommen und von Hannibal nach Karthago geschickt worden waren.[95]

In der nächsten textbezogenen Zeichnung (fol. 28^{v} = Abb. 15), die von einer geschlossenen Arkade gerahmt wird, sitzt Plautus schreibend am Pult, assistiert von zwei kleinen, ebenfalls schreibenden Figuren zu seiner Rechten. Oberhalb der Szenen dreht er einen Mühlstein, da er aus Not für eine Weile in einer Mühle hatte arbeiten müssen.[96]

Fol. 29^{r} (Abb. 16) führt jene Szene vor, in welcher der römische Gesandte und Prätor Marcus Popillius Laenas sich mit dem ägyptischen König Antiochus vor den Stadtmauern Alexandriens trifft, mit einem Stab einen Kreis um den König zieht und ihn mit den Worten: „Senatus et populus romanus precipiunt, ut in iste loco repondeas, quid consiligeras"[97] zwingt, sich der römischen Vormacht zu beugen.

Auf dem oberen Seitenrand von fol. 30^{r} erscheint der Jude Mathatias umringt von seinen fünf Söhnen; unten – quer auf den Seitenrand gelegt – das Schiff des Makedonenkönigs Perseus, mit dem der siegreiche Consul Lucius Aemilius Paulus nach Rom zurückkehrte.[98]

Als letzte Randillustration steht auf fol. 32^{r} (Abb. 17) ein siamesisches Zwillingspaar, der sogenannte *puer quadrupes*, der zur Zeit des Demetrius in Rom geboren worden war.[99]

Nach dieser Zeichnung bricht die Folge der Randillustrationen, die sich auffälligerweise ausschließlich auf Ereignisse aus der Alten Geschichte beziehen, ab. Ob die Bilderfolge wie das Titelbild des Moses möglicherweise unvollendet geblieben ist, läßt sich bedauerlicherweise nicht mehr feststellen. Bemerkenswert bleibt das Nebeneinander der gewohnten Illustrationen des *Chronicon universale*, der Stemmata, mit dem Bilderzyklus zu historischen Ereignissen in den Frutolf-Texten.

Anders als die Berliner Handschrift (Ms. lat. fol. 295), deren neuere Zeichnungen zu den aktuellen Textpartien Ekkehards gehören, wurden in der Stuttgarter Handschrift die Schwerpunkte früher gesetzt und gerade die älteren Textteile illustriert. Wenn auch die Wertigkeit dieser Bilder sicherlich nicht der eigenständiger, ganzseitiger Darstellungen entspricht, so stehen sie doch zumindest auf einer Stufe mit – beispielsweise – historisierten Initialen.[100]

---

[95] Vgl. ebd., S. 80, Zeile 54-56.

[96] Vgl. ebd., S. 82, Zeile 69-70.

[97] Ebd., S. 83, Zeile 31, vgl. Zeile 27-32.

[98] Vgl. ebd., S. 83, Zeile 64-66, S. 84, Zeile 12-14.

[99] Vgl. ebd., S. 85, Zeile 41-42

[100] Vgl. Alexander, Jonathan James Graham, Initialen aus großen Handschriften, München 1978, S. 110 ff.; Gutbrod, Jürgen, Die Initiale in Handschriften des achten bis dreizehnten Jahrhunderts, Stuttgart 1965, S. 17 ff.; der Begriff „historisierte Initiale" ist ein in vielen zitierten Handschriftenkatalogen benutzter feststehender Terminus; vgl. Jakobi, Christine

Den Fundus für die neuen Bilder, die Fähigkeit, Textillustrationen zu entwickeln, und die stilistische Grundlage fand der Zeichner in diesem Fall natürlich in der üppig florierenden Schule der Zwiefaltener Buchmalerei, aus der dieser Codex stammt.[101]

Anders als das geschriebene Wort des Stuttgarter *Chronicon universale*, das in die Chronik des Burchard von Ursperg übernommen und so weitertradiert wurde,[102] scheint der in Zwiefalten entwickelte Bilderschmuck keine direkte Rezeption erfahren zu haben.

f. Die anonyme Kaiserchronik – Das Manuskript folio 373 in Cambridge

Im Corpus Christi College in Cambridge befindet sich eine bebilderte Handschrift, die sogenannte *anonyme Kaiserchronik* (Ms. lat. fol. 373), in der die ältere Forschung – zuallererst Georg Waitz – die Rezension C der Frutolf/Ekkehard-Chronik sehen wollte.[103] Schmale und Schmale-Ott haben inzwischen überzeugend vorführen können, daß dieses Manuskript zwar in weiten Teilen des Textes auf der nicht mehr erhaltenen Rezension II des Ekkehard von Aura und Exerpten aus der Chronik des Sigebert von Gembloux aufbaut, aber eine eigene Redaktion von anonymer Hand enthält.[104] Auch hier bleibt die historisch-quellenkritische Forschungslage zur Zeit noch unklar.

Das in Cambridge verwahrte Autograph gilt als ein Dedikationsexemplar für Kaiser Heinrich V.[105] Es entstand größtenteils zwischen 1112 und 1114 und stellt keine Weltchronik im engeren Sinn dar, sondern ist eine kompilierte Kaiserchronik, die „de origine Francorum" in drei Büchern bis zum Regierungsantritt Heinrichs II. reicht. Als möglicher Verfasser der Kaiserchronik käme – so die historische Forschung – vielleicht Otto von Bamberg in Betracht.[106]

Anders als die bereits vorgestellten Frutolf/Ekkehard-Chroniken hat die Cambridger Chronik (Ms. fol. 373) eine Bilderfolge von achtzehn Zeichnungen in Braun und Rot, von denen sechzehn thronende deutsche Kaiser und Könige und zwei Szenen zeigen.[107]

Buchmalerei, Ihre Terminologie in der Kunstgeschichte, Berlin 1991, unter 4.5.1. Typen von Initialen und Zierbuchstaben: S. 53 historisierte Initiale, S. 54 szenische Initiale, S. 55 bewohnte Initiale.

101 Vgl. zuletzt Borries-Schulten 1987, S. 112 ff. Die Autorin verweist für den Stil der Bilder besonders auf die Zwiefaltener Codices Cod. hist. fol. 415 und Cod. hist. fol. 410 (beide Stuttgart, Württembergische Landesbibliothek).

102 Vgl. Burchard/Chronicon, 1916, S. XI ff.

103 Vgl. Ekkehard/Chronica, 1980, S. 15; Frutolfs und Ekkehards Chroniken, 1972, S. 40.

104 Vgl. Schmale-Ott, Irene, Die Rezension C der Weltchronik Ekkehards von Aura, in: Deutsches Archiv für Geschichte des Mittelalters 12, 1956, S. 363-387; dies. 1971, S. 403-461; Frutolfs und Ekkehards Chroniken, 1972, S. 39-43, S. 212-265: Quellentext.

105 Vgl. Frutolfs und Ekkehards Chroniken, 1972, S. 206-209: Widmungsbrief an Heinrich V.

106 Vgl. Schmale-Ott 1971, S. 449 ff.; Schmid 1994, S. 486.

Die Herrscherbildnisse wurden jeweils direkt vor den zugehörigen Texten über die Amtszeit der einzelnen Herrscher eingefügt. Sie sind, verbunden mit ihren farblich abgesetzten Tituli, in den vierundzwanzigzeiligen Textspiegel fest integriert und füllen teilweise fast eine halbe Seite.[108]

Auf allen Federzeichnungen stellte der Illustrator Könige und Kaiser frontal sitzend auf vielteilig dekorierten Kastenthronen mit Purpurkissen oder auf Faltsitzen mit einem teppichartigen Überwurf und jeweils zugehöriger Fußbank dar.

Die Herrscher sind – analog der liturgischen priesterlichen Gewandung – mit einem ärmellosen, übergeworfenen Mantel mit verzierender Schließe, einer Dalmatik mit kostbaren, bestickten oder edelsteinbesetzten Borten, einer bodenlangen Albe und Schuhen bekleidet. Den Krönungsornat, in dem die Könige und Kaiser präsentiert werden, vervollständigen die Insignien: Krone, Zepter und – zumeist – der Reichsapfel.

Auf fol. 14^r (Abb. 18) thront in beschriebener Art und Weise Pippin „Pippin(us) rex francor(um) / pater karoli magni" in einer hochrechteckigen Rahmenarchitektur, die möglicherweise wie zu der Berliner Handschrift (Ms. lat. fol. 295) schon erläutert, auch auf das Herrscherhaus, die *domus,*[109] bezogen werden könnte. Ebenso bedeutsam wirkt die betonte Geste der linken Hand des karolingischen Stammvaters, die auf die Nachfolgenden weist.[110]

Auf fol. 24^r (Abb. 19) wird Karl der Große „Karolus magn(us) / pippini filius" auf einem besonders prächtigen Thron mit einer kleinen Bogengalerie unterhalb der Fußbank und hochgezogenen Seitenstreben (oder brennenden Kerzen?) gezeigt. Zusätzlich zu dem beschriebenen Ornat trägt er einen prunkvollen Schulterumhang.

Auf fol. 28^r (Abb. 20) thront Ludwig der Fromme „Pius ludewic(us) karoli magni / filius". Er faßt, wie sein kaiserlicher Vater, mit der rechten Hand das Zepter, mit der linken den Reichsapfel und ist bartlos und jugendlich dargestellt.

---

107 Zur Handschrift: Pergament, 8,5 x 5,7 inches, 96 fol. (im Original). Siehe: Ekkehard/ Chronica, 1980, Tab. I und II = Pertz 1844, Heft 3, Tab. I und II; vgl. James, Montague Rhodes, A descriptive Catalogue of the Manuscripts in the Corpus Christi College in Cambridge, Cambridge 1912, S. 215-218, Nr. 373; Schramm 1928, S. 118 ff., S. 133 ff., S. 206/207, S. 216, Abb. 112, 123 b, 124; Schramm, Percy Ernst und Florentine Mutherich, Denkmale der deutschen Konige und Kaiser, Ein Beitrag zur Herrschergeschichte von Karl dem Großen bis Friedrich II. 768-1250 (Veröffentlichungen des Zentralinstituts für Kunstgeschichte 2), München 1962, Nr. 167 (Die zweite, ergänzte Auflage München 1981 stand nicht zur Verfügung); Frutolfs und Ekkehards Chroniken, 1972, S. 43: Die Handschrift hat sich ursprünglich einmal in Würzburg befunden und ist vielleicht nach dem Tod Heinrichs V. von Kaiserin Mathilde mit nach England genommen worden.

108 Vgl. zuletzt Heinrich der Löwe 1, Braunschweig 1995, S. 299 Kat. Nr. D 96; Meier, Claudia Annette, Artikel: Kaiserchronik, in: Medieval German: An Encyclopedia, hrsg. von John M. Jeep u.a., New York/London 2001, S.420.

109 Vgl. Oexle 1978, S. 225 ff.

110 Vgl. wie im folgenden: James 1912, S. 216.

Auf fol. 31^{r} (Abb. 21) wird sein Sohn Ludwig der Deutsche „Ludewicus supe/rioris ludewici fili(u)s" abgebildet, er ist bärtig und hält den Reichsapfel in seiner verhüllten (!) Linken.

Kaiser Karl der Kahle (fol. 33^{v} = Abb. 22) „Karolus iunior filius / pii ludewici" trägt wie Karl der Große einen Schulterumhang, seine linke, verhüllte Hand blieb – ungewöhnlicherweise – leer.

Das Bildnis des jugendlichen, bartlosen Kaiser Arnulf (fol. 34^{v} = Abb. 23) „Arnulfus filius karlomanni / fratris karoli iunioris"[111] folgt dem gängigen Schema, ebenso die Zeichnung seines Sohnes „Ludewicus arnulfi impe/ratoris filius. LXXVIII loco / ab augusto admodum / puer imperium / suscepit", Ludwig IV. (fol. 36^{v} = Abb. 24). Dieser erhielt, da er noch minderjährig den Thron bestiegen hatte, den Beinamen *das Kind*. Er hat wie Karl II. der Kahle die Linke verhüllt.

Auch Konrad I. (fol. 39^{r} = Abb. 25) „Cunradus filius / cunradi que(m) adelbertus / occidit francorum ex gene/re oriundus" wurde in gleicher Manier gezeichnet. Der König hält ein flabellumförmiges Zepter.

Den Versuch, die uniforme Reihe etwas zu variieren und den Beginn der Genealogie des sächsischen Hauses hervorzuheben, macht der Illustrator mit der Gestalt Heinrichs I. (fol. 40^{r} = Abb. 26), „Henricus genere saxo / filius ottonis ducis", deutlich. Neben der speziellen Zepterform wird erstmalig ein Faltthron gezeigt. Auch die Krone mit weit herabgezogenen Gehängen ist neu, der Dargestellte ist bärtig.

Kaiser Otto I. (fol. 42^{v} = Abb. 27) „Otto magnus henrici / filius" trägt wieder die gebräuchliche Kronenform, hält aber auf seinem rechten Oberschenkel eine zweite helmförmige Krone oder einen Helm.

Otto II. (fol. 47^{r} = Abb. 28) „Otto se(cun)d(u)s magnis ottonis / filius" entspricht wieder dem gebräuchlichen jugendlichen Typus auf dem Kastenthron. Er besitzt ein von einem Vogel bekröntes Zepter, während sein Nachfolger (fol. 48^{v} = Abb. 29) Otto III. „Otto tercius ottonis / se(cun)di(s) filius admodu(m) puer / LXXXIII loco ab augusto ro/manum impe(ri)um suscepit et annis XVIII regnavit" wieder auf dem Faltthron sitzend aber mit dem Lilienzepter ausgestattet wurde.

Fol. 51^{r} (Abb. 30) bringt ebenfalls den geläufigen Typ, diesmal aber wieder bärtig „Henricus se(cun)d(u)s primum / dux baioarie deinde / ottone tertio absq(ue) filiis / defuncto in / regni p(ro) vec/tus culmine / LXXXIIII loco ab augusto regnu(m) accepit".

Konrad II. (fol. 53^{r} = Abb. 31) „Cunradus ex regni primo/ribus unus ..." besitzt als einziger der Dargestellten eine Zackenkrone mit Gehängen. Ihm folgt Heinrich III. (fol. 55^{v} = Abb. 32) „Henricus tercius cun/radi imperatoris filius ...".

Auf fol. 60^{r} (Abb. 33) steht die letzte Zeichnung der Herrscherreihe: Heinrich IV. unterscheidet sich keinesfalls von seinen Vorgängern, er führt ein Vogelzepter und trägt einen Schnurrbart „Henric(us) quartus hen/rici imperatoris filius". Dieses dem Siegel

[111] Hier scheint möglicherweise eine Verwechslung zwischen Karl II. (dem Kahlen) und Karl III. (dem Dicken) vorzuliegen.

des Kaisers nahestehende „Bildnis“ gehört direkt zu dem nachfolgenden Text, der sein Aussehen beschreibt.[112]

Die vorgeführte Reihe der Herrscher des *Imperium romanum* bildet eine relativ monotone, repräsentative Folge von *images stéréotypes,* die nur über einen begrenzten Schatz an Formenvielfalt und Variationsvermögen verfügte. Nicht alle deutschen Kaiser und Könige wurden mit einem Bild geehrt. Hauptsächlich diejenigen, die einst sowohl die Königs- als auch die Kaiserwürde innegehabt hatten, wurden so ausgezeichnet. Wenn sich einerseits nicht leugnen läßt, daß die Kaiserchronik die Grundidee des Zyklus den Stemmata der Frutolf/Ekkehard-Chronik entlehnt hat, so ist andererseits trotzdem keine genealogische Filiation im Sinne eines vollständigen Stammbaums gemeint, sondern eine in anderem Zusammenhang von Nilgen als „Amtsgenealogie“ bezeichnete Reihe,[113] ein Problemkreis, auf den später noch ausführlich einzugehen sein wird.

Anders als in den Stemmata hat sich in der Kaiserchronik das Bild vom vorgegebenen Schema gelöst. Aus dem kleinformatigen Büstenbildnis ist ein vollwertiges, ganzfiguriges Repräsentationsbild geworden. Der Einzelne wird erstmals innerhalb der Frutolf/Ekkehard-Chronik ansatzweise als Person greifbar. Position, Format und direkter Textbezug machen die Kaiser- und Königsbilder dem geschriebenen Wort gleichwertig.

Vorbilder aus der Chronik des Sigebert von Gembloux, die neben Frutolf und Ekkehard die wichtigste Textgrundlage war,[114] können nicht nachgewiesen werden. Anders als beispielsweise die illustrierte Vita der heiligen Lucia (Berlin, Kupferstichkabinett, Ms. 78 A4)[115] von Sigebert besitzt sein Autograph (Brüssel, Bibliothèque Royale, Ms. 18 239-240)[116] und damit wohl auch die für die Kaiserchronik benutzte Textabschrift keine Bildausstattung.[117]

Aus dem zwölften Jahrhundert kann nur ein Text mit Exzerpten aus Sigeberts Chronik genannt werden, der eine Illustration besitzt und sich in der Biblioteca Vaticana in Rom befindet (Cod. lat. Pal. 927).[118]

---

112 Vgl. Schramm 1928, S. 133 ff., s. 145, S. 216, Abb. 112.

113 Vgl. Nilgen, Ursula, Amtsgenealogie und Amtsheiligkeit, Königs- und Bischofsreihen in der Kunstpropaganda des Hochmittelalters, in: Studien zur mittelalterlichen Kunst, 800-1250, Festschrift für Florentine Mütherich zum siebzigsten Geburtstag, hrsg. von Katharina Bierbauer, Peter K. Klein und Willibald Sauerländer, München 1985, S. 217 ff.

114 Vgl. Frutolfs und Ekkehards Chroniken, 1972, S. 39.

115 Die Handschrift entstand wohl um 1130 in St. Vinzenz in Metz und enthält siebzehn Illustrationen zur Vita und Passion der Heiligen. Vgl. Zimelien, Berlin 1975/76, Nr. 79, Abb. S. 125.

116 Vgl. Tourneur, Victor, Centenaire de l'ouverture au public 21. Mai 1939, Bibliothèque Royale de Belgique, Bruxelles 1939, Nr. 352, S. 85; Brincken 1957, S. 60 ff.; Rhein und Maas 1, Köln 1972, Kat. Nr. V 8; Monumenta Annonis, Köln 1975, S. 110, Kat. Nr. A 41.

117 Vgl. Pertz 1844, Heft 3, Tab. 3 und 4.

118 Vgl. Clemen 1890, S. 225, Anm. 1; Beissel, Stephan, Vaticanische Miniaturen, Quellen

Vor dem Textbeginn „Excerptum ex Chronica Eusebii“ (fol. 31^{v}) steht eine ganzseitige farbige Zeichnung, die im oberen Bildteil König Ninus (bez.: Ninus rex) in Rüstung – mit Kettenhemd und Spitzhelm, mit Langschild, Lanze und Schwert –, begleitet von zwei ebenfalls gerüsteten Kriegern, enthält.

Direkt zu Füßen der Gruppe ist die Geburt Abrahams (bez.: Nativita abra/he) – die Mutter im Wochenbett, das Kind in einer Krippe – in wesentlich kleinerem Maßstab angelegt. – Zu den Bildern der Kaiserchronik hat diese Zeichnung offensichtlich keinen Bezug.

Daß sich die Folge der Bildnisse in der Kaiserchronik nach den Medaillonbildern der älteren Stemmata und ihre Ausführung nach der langetablierten Herrscherikonographie gerichtet hat, ist deutlich.[119] Als Vergleichsbeispiele sind den Herrscherdarstellungen der Kaiserchronik zeitgenössische Siegel und Münzen zuzuordnen.[120] Eine echte Ähnlichkeit, eine Porträthaftigkeit wurde sicherlich nicht angestrebt, gemeint war des Kaisers *imago* oder *signum*, der Topos vom thronenden Herrscher und nicht das Individuum.

Wie eingangs bereits erwähnt, enthält die *Kaiserchronik* auch zwei szenische Darstellungen: Auf fol. 83^{r} (Abb. 34) befindet sich eine ganzseitige Miniatur, die die Übergabe der kaiserlichen Insignien an Heinrich V. durch Papst Paschalis II. in Rom am 15. April 1111 zeigt.[121] Die Szene unterscheidet sich deutlich von der Insignienübergabe Heinrichs IV. an seinen Sohn in der Berliner Handschrift (Ms. lat. fol. 295, fol. 99^{r} = Abb. 8).

Die Miniatur in breitem Rahmen mit stilisierten Korbblütlern und ehemals silbernen, heute nachgedunkelten doppelten Leisten hat blauen und dunkelroten Grund. Unter einer Bogenstellung, die von seitlichen Türmchen und einem zinnenbewehrten Giebel überfangen wird, stehen einander leicht zugewandt Heinrich V. (bez.: Henri/cus Quint(us)) und Paschalis II., beide in vollem Ornat. Heinrich neigt sein Haupt vor dem Papst, der ihm gerade den Reichsapfel in die linke Hand legt. In diesem Bild wird zum einen die Legalität der Kaiserwürde Heinrichs V. dokumentiert, zum anderen sein Verhältnis zur Kirche.

Eine weitere – jedoch gezeichnete – szenische Illustration (fol. 95^{v} = Abb. 35) bildet zum entsprechenden Text die Hochzeitsfeier Heinrichs V. mit Mathilde von England im

---

zur Geschichte der Miniaturenmalerei, Freiburg 1893, S. 28, Anm. 55; Munk Olsen, Birger, L'étude des auteurs classiques latins aux XIe et XIIe siècles 1, Catalogue des manuscrits classiques latins copiés du IXe au XIIe siècle (Documents, études et répertoires, publ. par l'Institut de Recherche et d'Histoire des Textes), Paris 1982, S. 550 (mit weiterer Literatur).

119 Vgl. z. B. Das Evangeliar Heinrichs des Löwen und das mittelalterliche Herrscherbild, Katalog der Ausstellung, bearb. von Horst Fuhrmann und Florentine Mütherich, München 1986.

120 Vgl. Schramm 1928, S. 142 ff.

121 Vgl. James 1912, S. 216, Nr. 15; Schramm 1928, S. 145, Abb. 123 b; Schmale-Ott 1971, S. 412/413, Anm. 20.

Jahre 1114 in Mainz ab: Das Brautpaar sitzt, flankiert von zwei Geistlichen, an der gedeckten Tafel und wird von zwei Mundschenken bedient.[122] Die Federzeichnung ist von geringerer Qualität und anderer Hand als die vorherigen Illustrationen, die, wenn man insbesondere die Gesichtsdurchbildung vergleicht, alle von einem Illustrator stammen dürften.

Unabhängig von Qualität und Urheberschaft hat sich innerhalb der Kaiserchronik ein bedeutsamer Wechsel vollzogen, denn „aus dem überzeitlichen, repräsentativen Herrscherbild (hat sich) das ein bestimmtes, einmaliges Ereignis festhaltende Geschichtsbild entwickelt".[123] Der Hinweis auf die *domus* (auf fol. 14^{r} mit dem Bildnis Pippins) wie auch die Aktualisierung der Bilder bis in die Regierungszeit Heinrichs V. hinein verbindet die Kaiserchronik, die wohl die zweite, verschollene Rezension der Frutolf/Ekkehard-Chronik widerspiegelt, mit dem Berliner *Chronicon universale* (Ms. lat. fol. 295), der dritten Textredaktion. Die Illustration erhält neben ihrer direkten Textverbundenheit auch den neuen, engen Wirklichkeitsbezug eines Ereignisbildes.

g. Ergebnisse

Die sechs illustrierten Weltchroniken, die direkt auf dem *Chronicon universale* des Frutolf von Michelsberg aufbauten, bedienten sich zunächst bis auf die späte, stark variierende Cambridger Kaiserchronik (Ms. fol. 373) der gleichen Illustrationsprinzipien. Der aus der *stirps* oder dem *arbor* gewachsene Bildgedanke des Stammbaums entwickelte sich aus den Vorformen einer Strichzeichnung mit Namen zu einem festgelegten Schema mit Namensmedaillons.

In diese Schablone wurden erste bildliche Beigaben, halbfigurige Medaillonbildchen mit Tituli und/oder die Darstellung des Stammvaters oder der Stammeltern eingefügt. Dieses Prinzip verbindet sie sehr nahe mit den *arbores consanguinitatis* oder den *arbores affinitatis*[124] und formte feste, immer wieder weitergegebene Bildtypen aus.

Neben der Bildidee des Stammbaums begann die des Herrscherhauses zunehmend wichtig zu werden, wie an der Berliner (Ms. lat. fol. 295) und der Cambridger Handschrift (Ms. fol. 373) zu verfolgen war.

Die *images stéréotypes* der Kaiser und Könige in den Medaillonketten verselbständigten sich in der Kaiserchronik zu einer Reihe von Amts- oder Repräsentationsbildnissen.

Zu den jüngeren Textteilen von der Hand des Ekkehard von Aura bildete sich in den beiden letztgenannten Handschriften ein aktueller Wirklichkeitsbezug in Form von ersten Ereignisbildern heraus. Zu vergleichen wären zusätzlich noch die Kaiserminiatur im Regensburger Evangeliar (Krakau, Domkapitelsbibliothek, Ms. 208, fol. 2^{v}) und das Ottonenstemma sowie die medaillonartig gefaßten Doppelbildnisse der salischen

[122] Vgl. James 1912, S. 217, Nr. 18; Schramm 1928, S. 145, Abb. 124; Weinfurter 1991, 2, S. 151, Abb. 23.

[123] Vgl. Schramm 1928, S. 139.

[124] Vgl. Schadt 1982, S. 15.

Herrscherpaare im *Liber aureus* des Klosters Prüm (Trier, Stadtbibliothek, Cod. 1709, Einlageblatt nach fol. 72).[125]

Die Zwiefaltener Handschrift (Stuttgart, Cod. hist. fol. 411), die wie die Codices aus Paris (Ms. lat. 4889) und Gotha (Cod. membr. I 92) die gebräuchlichen Stammbaum-Darstellungen übernahm, steht mit ihren Serien von Randillustrationen zur Alten Geschichte innerhalb der Gruppe etwas isoliert, während die traditionellen, im Jenaer Autograph entwickelten Bildformen in der Handschriftengruppe um die Kölner Königschronik erneut auftauchen.

[125] Vgl. Schmid 1991, S. 42, Abb. 5, S. 46/47, Abb. 6/7; Gaedeke 1992, S. 106-131.

2. Die Illustrationen der Kölner Weltchroniken

Die zweite, nicht erhaltene Rezension der Frutolf/Ekkehard-Chronik bildete den Ausgangspunkt eines in Köln entstandenen Geschichtswerks, der *Chronica regia Coloniensis*, der Kölner Königschronik.[126]

Auf dieser um 1200 von anonymer Hand in der Domkanzlei niedergeschriebenen und später bis um 1220 fortgesetzten Königschronik, deren Berichte mit der Zeit des Kaisers Augustus einsetzten, baute eine zweite, eigenständige Fassung, die Chronica Sancti Pantaleonis auf.[127] Diese Weltchronik entstand in Sankt Pantaleon in Köln und benutzte neben der Kölner Königschronik auch Texte des Josephus Flavius, des Paulus Orosius, des Beda Venerabilis, des Regino von Prüm und des Petrus Comestor als Vorlage.

Keine der beiden Kölner Chronikredaktionen, weder die *Chronica regia Coloniensis* noch die *Chronica Sancti Pantaleonis*, blieb in der Urschrift erhalten, doch das Stemma der Abschriften (Abb. 36) ist in der Arbeit von Norbert Breuer zunächst dargelegt worden.[128] Die grundlegende Darstellung von historischer Seite, die bereits erwähnte Dissertation von Nora Gaedeke, wurde erst 1992 parallel zur Entstehung der vorliegenden Ausführungen publiziert, erhellt jedoch in erfreulichem Maße die text- und quellenkritischen Fragen.[129]

Während die Kölner Königschronik in den erhaltenen Rezensionen A (Florenz, Biblioteca Laurentiana, Cod. Ashburnham 1586) und T (ehemals Wien, heute: Trient, Biblioteca Communale, Cod. 3382) und dem Fragment in Wolfenbüttel (Herzog August-Bibliothek, Cod. Guelf. extrav. 302,1) keine Illustrationen enthält, besitzt die Urschrift der *Chronica Sancti Pantaleonis* noch heute zwei bebilderte Nachkömmlinge in den

---

[126] Vgl. Verfasserlexikon 1, 1978, Sp. 1255/1256, Art.: Franz-Josef Schmale; Potthast 3, 1970, S. 315; neueste Textausgabe: Chronica regia Coloniensis (Annales maximi Coloniensis), bearb. und hrsg. von Georg Waitz (Monumenta Germaniae Historica, Scriptores rerum Germanicarum in usum scholarum seperatim editi 18), Reprint der Ausgabe Hannover 1880, Hannover 1978 und 1999; Die Kölner Königschronik, hrsg. von Wilhelm Wattenbach, übersetzt von Karl Platner, (Geschichtsschreiber der Vorzeit 69), vierte Auflage, Leipzig 1896. Eine kritische kommentierte Ausgabe und Übersetzung steht zur Zeit noch aus. Kölner Königschronik, hrsg. von Carl August Lückerath (Ausgewählte Quellen zur deutschen Geschichte des Mittelalters, Freiherr vom Stein-Gedächtnisausgabe 21, begr. von Rudolf Buchner, fortgeführt von Franz-Josef Schmale), Darmstadt 1996.

[127] Vgl. Verfasserlexikon 1, 1978, Sp. 1251-1253, Art.: Franz-Josef Schmale.

[128] Vgl. Breuer, Norbert, Geschichtsbild und politische Vorstellungswelt in der Kölner Königschronik sowie der *Chronica Sancti Pantaleonis*, Phil. Diss. Würzburg 1966, Düsseldorf 1966, Handschriftenstemma: S. 22.

[129] Vgl. Gaedeke 1992, S. 21 ff.

Handschriften G (Wolfenbüttel, Herzog August-Bibliothek, Cod. Guelf. 74,3 Aug. fol.) und B (Brüssel, Bibliothèque Royale, Ms. 467),[130] an die sich weitere vergleichbare Einzelillustrationen anschließen lassen.[131]

a. Die Chronica Sancti Pantaleonis in Wolfenbüttel – Der Codex Guelferbytanus 74,3 Augusteus folio

Die Weltchronik aus Sankt Pantaleon (Wolfenbüttel, Herzog August-Bibliothek, Cod. Guelf. 74,3 Aug. fol.),[132] auf fol. 1ᵛ von verschiedenen Händen bezeichnet als *Liber Sancti Pantaleonis in Colonia – poterit appellari Chronica S. Pantaleonis – Hoc chronicon mundi* ... endet mit Eintragungen zum Jahr 1237. Der Codex enthält – neben etlichen wohl jüngeren Strichzeichnungen zweiten Ranges – fünf farbige Illustrationen.[133]

Auf fol. 1ᵛ (Abb. 37) werden – vor dem Textbeginn – in einem zweigeschossigen, mit Türmchen besetzten, zinnenbekrönten Architekturrahmen oben unter dem Titulus *Babylonia Civitas* Nemroth, Ninos und Semiramis, unten ohne Erläuterung Darius, Cyrus und Alexander der Große auf einer durchlaufenden Thronbank sitzend präsentiert.

Während die Architekturformen die festgelegte Bildform einer Stadt beinhalten,[134] was besonders die vordere Ausbuchtung der Ringmauer markiert, sitzt die obere Herrschergruppe unter vier säulengetragenen Rundbogen, die untere Figurenreihe unter

---

130 Vgl. Clemen 1890, S. 224-225; auch Lamprecht, Karl, Die Initial-Ornamentik des achten bis dreizehnten Jahrhunderts, Leipzig 1882, Nr. 116, 127-128.

131 Vgl. das Überlieferungsschema bei Gaedeke 1992, S. 70.

132 Zur Handschrift: Pergament, 28,5 x 19,5 cm, 191 fol. Vgl. Chronica regia Coloniensis, 1978, S. VII/VIII; Heinemann, Otto von, Die Augusteischen Handschriften 3 (Kataloge der Herzog August-Bibliothek, Die Alte Reihe 6), Reprint der Ausgabe 1884-1913, Frankfurt am Main 1965/1966, S. 380, Kat. Nr. 2710; Swarzenski, Hanns, Die lateinischen illuminierten Handschriften des dreizehnten Jahrhunderts in den Ländern an Rhein, Main und Donau, Berlin 1936, Textabb. 3-5. Grundlegend zuletzt Gaedeke 1992, S. 192-205, S. 257-260, Kat. Nr. 4.

133 Strichzeichnungen auf S. 38, 51, 73, 66, 67, 97, 187, 198, 199, 234, 288, 314, 345. Die Handschrift hat keine Lagen- und Foliozählung, die Seiten sind – von jüngerer Hand – fortlaufend gezählt. Vgl. Ornamenta ecclesiae 1, Köln 1985, Kat. Nr. A 5, Farb.-Abb. S. 56-59 und S. 230; Sankt Elisabeth, Fürstin – Dienerin – Heilige, Aufsätze, Dokumente, Katalog der Ausstellung zum siebenhundertfünfzigsten Todestag der Heiligen Elisabeth in Marburg, Sigmaringen 1981, S. 505-506, Kat. Nr. 133; Kracht, Hans Joachim, Geschichte der Benediktinerabtei Sankt. Pantaleon in Koln, 965-1250, Phil. Diss. Munster 1969-1970 (Studien zur Kolner Kirchengeschichte 11), Siegburg 1975, S. 188-190; Monumenta Annonis, Köln 1975, S. 110, Kat. Nr. A 44.

134 Siehe z. B. Überwasser, Walter, Deutsche Architekturvorstellungen um 1000, in: Festschrift für Hans Jantzen, Berlin 1951, S. 45-70, ibs. S. 57-58; Ramsegger, Ingeborg, Die Städtebilder der Schedelschen Weltchronik, Ihre geistigen und künstlerischen Voraussetzungen im Mittelalter, Ein Beitrag zur Geschichte der Stadtvedute, Manuskript Phil. Diss. Berlin 1943, S. 132 ff.

einem ziegelgedeckten Dach, so daß gleichzeitig auch eine Innenraumdarstellung assoziiert werden kann. Innen- und Außenraumdarstellung stehen zueinander in einem ambivalenten Konkurrenzverhältnis.

Die namentlich – in Rot – bezeichneten Herrscherfiguren halten Spruchbänder in den Händen; sie werden in mittelalterlichem Königsornat mit Krone und Zepter oder Reichsapfel gezeigt. Die Geschlossenheit des Rahmenwerks verstärkt die Figurenzuordnung: die äußeren Gestalten wenden sich in der oberen Reihe der zentral sitzenden Figur zu.

Besondere Sorgfalt richtete der Illuminator auf die farbliche Variation. Die rote Tusche der Inschriften hebt sich gegen die schwarzbraune der eigentlichen Zeichnung ab. Flächige Architekturteile wurden in einer fein lavierten, streifenartigen Farbabstufung in Grün und Gelb angelegt, während Rauten- oder Karomuster mit Pünktchen die Thronbänke schmücken.

Ganz andersartig gestaltete der Maler die Figuren, die sozusagen als voll ausgeführte Miniaturen vor ungestaltetem Grund prunken. Ihre Gewänder leuchten in kräftigem Rot, Blau, Grün und Gold, daneben treten zartere Braun- und Violettöne. Die Gesichter weisen ein feines Inkarnat auf, die Wangen sind leicht gerötet. Dabei ist den ausdrucksstarken, festen, rumpfigen Figurentypen eine gute künstlerische Qualität zuzusprechen.

Auf fol. 3^{r} (Abb. 38) folgt eine Illustration, die sich inhaltlich, formal, kompositorisch und chronologisch bestens an die erste Miniatur der Chronik aus Sankt Pantaleon anschließt: Unter dem Titel Roma thronen Romulus, Augustus und Julius Caesar in einer dem eben beschriebenen Beispiel entsprechenden Rahmenarchitektur. Noch eindeutiger als die erste Darstellung zeigt die Variation eine Stadt mit zinnenbesetztem Mauerring und Türmen mit Stadttoren, deren freies Zentrum die drei genannten Herrscher füllen.

Während der Zeichner Details der Architektur und des Ornaments deutlich aus dem vorangestellten Bild entlehnt hat, weisen der Figurenstil und die Farbgebung dieser mehrfarbigen Zeichnung, verglichen mit dem Vorbild, deutlich als ein Werk von anderer Hand aus. Die Figuren sind im Verhältnis zur Architektur erheblich größer geworden, ihre Proportionen zugunsten einer leichten Überlängung verändert. Der Duktus der Zeichnungen wirkt leichter und eleganter, die Figuren lockerer und bewegter, ohne jedoch die Ausdrucksstärke und Qualität der ersten Illustration der Handschrift zu erreichen.

Einerseits haben die beschriebenen Bilder zu den direkt anschließenden Texten der biblischen Weltentstehung keine direkte Verbindung, andererseits ist ein deutlicher inhaltlicher Bezug zwischen dem Gesamttext und den vorangestellten Illustrationen erkennbar: Die Dreiergruppen der Herrscher verkörpern die vier Weltreiche, die *regna maxima* der Babylonier, der Meder und Perser, der Griechen und der Römer,[135] zu denen

[135] Vgl. Landsberg 1934, S. 18 ff.; Brincken 1957, S. 82 ff.; Schramm, Percy Ernst, Kaiser, Rom und *Renovatio*, Studien zur Geschichte des römischen Erneuerungsgedankens vom Ende des karolingischen Reichs bis zum Investiturstreit, zweite Auflage Darmstadt 1957; Goez, Werner, *Translatio imperii*, Ein Beitrag zur Geschichte des Geschichtsdenkens und der politischen Ideen im Mittelalter und in der frühen Neuzeit, Tübingen 1958, S. 47 ff., S. 104 ff.; Goetz 1984, S. 139 ff.

sich der Autor der Chronica Sancti Pantaleonis unter deutlichen Rückgriffen auf Texte des Paulus Orosius ausführlich geäußert hat.[136] „Der Übergang der Herrschaft von einem Weltreich zum nächsten vollzieht sich infolge der *vis temporis* jeweils gemäß einem *ius hereditatis*. Der Weltreichsgedanke beherrscht die Darstellung in einem Maß, daß er geradezu als institutionenorientiert erscheint ... ."[137]

Während Babylon durch Nemroth, Ninus und Semiramis versinnbildlicht wird, symbolisieren Darius und Cyrus das Weltreich der Meder und Perser. Alexander der Große steht für die macedonisch-griechische Weltmacht. Das *Imperium romanum* verkörpern Romulus, Augustus und Julius Caesar, wobei die Bilderfolge als eine eindeutige Wiedergabe der Idee der *Translatio imperii* gewertet werden muß.

Unklar bleibt, warum die vier Weltreiche in drei Gruppen zusammengefaßt wurden, warum für Alexander den Großen keine eigenständige Abbildung ausgeführt worden ist, obwohl gerade seine Geschichte in der Chronik breiten Raum einnimmt.[138] Ebenso auffällig wirkt die offenbare bildliche Gleichsetzung von *urbs, civitas* und *imperium.*

An die Wiedergabe der *regna maxima* schließt sich eine ganz andersartige Zeichnung im einleitenden kurzen Bilderzyklus der Weltchronik aus Sankt Pantaleon an: Adam und sein Sohn Seth führen – flankiert von Säulen, auf einer Thronbank nebeneinander sitzend – einen Disput (fol. 3^v = Abb. 39).[139] Kompositorisch, technisch und stilistisch gleicht sich diese mehrfarbige Zeichnung den vorangegangenen an. Andererseits führt sie keine Herrscherreihe, keine Repräsentationspose vor Augen, sondern aktives Handeln innerhalb eines szenischen Zusammenhangs.

Das sogenannte *Urväterbild,* ein Bildtypus, der uns noch in anderen Beispielen begegnen wird, zeigt entsprechend apokryphen Texten[140] den Urvater Adam, der seinen Nachkommen – wie die Bildumschrift[141] es besagt – sein Wissen vermittelte und es auf Stein- und Ziegelsäulen einmeißeln ließ, damit es die Wasser der Sintflut und das Feuer

---

[136] Vgl. Breuer 1966, S. 103 ff.; Chronica regia Coloniensis, 1978, S. 1-16; Paulus Orosius, Historiae adversum paganos, hrsg. von Carl Zangemeister (Corpus Scriptorum Ecclesiasticorum Latinorum 5), Reprint der Ausgabe Wien 1882, Hildesheim 1967, S. 81 ff.; Goetz, Hans-Werner, Die Geschichtstheologie des Orosius (Impulse der Forschung 32), Darmstadt 1980, S. 71.

[137] Schmale zum Chroniktext in: Verfasserlexikon 1, 1975, Sp. 1252.

[138] Vgl. Chronica regia Coloniensis, 1978, S. 3-4. Illustrierte Alexandertexte sind zu dieser Zeit noch ungelaufig. Vgl. Ross, David J. A., Illustrated Medieval Alexander-Books in Germany and the Netherlands, A Study in Comparative Iconography (Publications of the Modern Humanities Research Association 3), Cambridge 1971, S. 3 ff.

[139] Vgl. Monumenta judaica, Zweitausend Jahre Geschichte und Kultur der Juden am Rhein, Katalog der Ausstellung im Stadtmuseum, Köln 1964, Kat. Nr. A 15, Abb. 8; Bloch, Peter, Eine Dialogdarstellung des frühen zwölften Jahrhunderts, in: Festschrift Eduard Trauscholdt zum siebzigsten Geburtstag, hrsg. von Heinz Ladendorf, Hamburg 1965, S. 54 ff.; Ornamenta ecclesiae 1, Köln 1985, Farb-Abb. S. 230.

[140] Vgl. Lexikon der Kunst 1, 1968, Sp. 42, Sp. 46/47.

des Weltgerichts nicht zu zerstören vermöchten. Während Adam und Seth einander zugewandt lebhaft miteinander diskutieren und gestikulieren, schneiden zwei nicht benannte kleinere, knabenhafte Schreiber in die Säulenschäfte die Worte *Geometria* und *Astronomia* – die Bezeichnungen zweier der *artes* des Quadriviums – wohl stellvertretend für das enzyklopädische Wissen der *artes liberales* in ihrem heilsgeschichtlichen Zusammenhang.[142] Auch diese Illustration steht nicht im direkten Bild-Textzusammenhang und bezieht sich auf die eher knappen Angaben zur vorbabylonischen Geschichte.[143] Die *disputatio* müßte am Beginn der kurzen Bilderfolge stehen, wenn von einer relativen Chronologie – auch im Sinne der Urväter oder Urkönige des Alten Testaments – ausgegangen werden sollte.

Die Reihe der Herrscher der Alten Reiche konnte der Illuminator – ganz im Sinne der *Translatio imperii* – mit den später im Text folgenden genealogischen Schemata der Karolinger (fol. 90ᵛ = Abb. 49) und der Ottonen, Salier und Staufer (fol. 144ᵛ = Abb. 41) bestens vereinbaren.

Die Stammtafel der Karolinger wurde direkt vor dem Textbeginn „Cronica a tempore Karoli Magni",[144] der zweite Stammbaum vor dem Text zur „Cronica a tempore Heinrici regis primi de gente Saxorum"[145] eingefügt. Die Schemata besitzen – anders als die vier am Textanfang stehenden Zeichnungen – einen wesentlich direkteren, gewollten Bild-Text-Zusammenhang. Ihre zeichnerisch eher etwas schwächere Qualität, ihr Stil und ihre Farbgebung in Rot, Braun und Grün orientierten sich ganz offensichtlich an den beiden vorangehenden Illustrationen.

Daneben ist in der Forschung, wie bereits nachgewiesen, seit langem bekannt, daß sich die Anlage dieser Illustrationen wie auch ihre Stellung im Text aus den genealogischen Schemata der Frutolf/Ekkehard-Handschriften herleiten lassen.[146] Wenn nicht davon ausgegangen werden soll, daß den Mönchen von Sankt Pantaleon eine eigene Frutolf/

---

141 Umschrift: Adam exterminationem omnium rerum per duo indicia scilicet ignis et aque filiis suis predixit, unde duas columpnas fecerunt. Unam lapideam, alteram latericiam et artes quas ab eos didicerant in eis scripserunt, quarum una non dilueretur diluvio. Altera non solveretur incendio. Weiterführend: Angenendt, Arnold, Der eine Adam und die vielen Stammväter, Idee und Wirklichkeit der *origo gentis* im Mittelalter, in: Herkunft und Ursprung, Historische und mythische Formen der Legitimation, hrsg. von Peter Wunderli (Akten des Gerda Henkel Kolloquiums in Düsseldorf 1991), Sigmaringen 1994, S. 27 ff.

142 Vgl. Katzenellenbogen, Adolf, The Representation of the Seven *artes liberales,* in: Twelfth-Century Europe and the Foundation of Modern Society, hrsg. von M. Clagett, G. Post und R. Reynolds, Madison 1961, S. 39-55; Stammler, Wolfgang, Aristoteles und die *septem artes liberales* im Mittelalter, in: Der Mensch und die Künste, Festschrift für Heinrich Lützeler, Düsseldorf 1962, S. 196-214.

143 Vgl. Chronica regia Coloniensis, 1978, S. 1; Breuer 1966, S. 104 ff.

144 Vgl. den Text: Chronica regia Coloniensis, 1978, S. 16 ff.

145 Vgl. Chronica regia Coloniensis, 1978, S. 25 Wortlaut und Systematik des Schemas, S. 26ff. Text.

146 Vgl. Gaedeke 1992, S. 55 ff.

Ekkehard-Handschrift zur Verfügung stand, muß aus der Bildrezeption geschlossen werden, daß der nicht erhaltenen Urschrift der Kölner Königschronik respektive den frühen Rezensionen der *Chronica Sancti Pantaleonis* bereits eine illustrierte Fassung der zweiten Rezension der Frutolf/Ekkehard-Chronik zugrunde zu legen ist.

Am deutlichsten erkennbar wird diese Verbindung anhand des Karolingerstammbaums, der – ausgehend von dem Stammelternpaar in einem hochrechteckigen Rahmenfeld – die auch für die Frutolf/Ekkehard-Handschriften typische Medaillonreihe als Symmetrieachse ausbildet. Wie an der Berliner Frutolf/Ekkehard-Chronik (Berlin, Ms. lat. fol. 295, fol. 80^v = Abb. 5) ähnlich zu beobachten war, füllen kleine Brustbilder die Rundfelder. Die Namen der Dargestellten stehen außerhalb der Bilderreihen. Die strenge, waagerechte Anordnung der Bildnismedaillons erinnert stark an die entsprechende Miniatur der Gothaer Weltchronik des Ekkehard von Aura (Cod. memb. I 92, fol. 138^v = Abb. 9) und zeigt damit erste Hinweise auf die Illustrationsvariante der späteren Textfassungen.

Ebenfalls auf die Berliner oder eine ihr ehemals nahestehende ältere Handschrift lassen sich möglicherweise die am Textanfang stehenden, bereits beschriebenen Herrscherreihen beziehen. Die Komposition des Sachsenstammbaums des ekkehardinischen Chronicons (fol. 81^r = Abb. 6), die in ihrer oberen Hälfte den Stammvater zwischen seinen Söhnen Bruno und Otto thronend in der dreifachen Bogenstellung einer Rahmenarchitektur zeigt, entspricht der Anordnung der Herrscherbilder aus der Kölner Weltchronik aus Sankt Pantaleon. Auch die Zuordnung der Figuren zueinander und ihre Verbindung durch Spruchbänder wäre vergleichbar. Eine übergreifende inhaltliche Neuerung gegenüber den Frutolf/Ekkehard-Handschriften und dem Karolingerstammbaum stellt in dem Codex aus dem Kloster Sankt Pantaleon das zweite genealogische Schema dar (fol. 114^v = Abb. 41), indem es statt der nach Dynastien getrennten Herrscherhäuser die gesamte Folge der Ottonen, Salier und Staufer in ein einziges integrierendes Schema einbringt, wodurch die Weitergabe der Tradition und die Rechtmäßigkeit von Herrschaft im Sinne eines *ius hereditatis* durch die fortlaufende Reihe stark betont wird.

Die Medaillonbilder wurden dagegen in geläufiger Art und Weise angelegt und waagerecht ausgerichtet, was die Filiation der Staufer – im unteren Bildbereich – recht unübersichtlich macht.

Während auf ganzfigurige Zeichnungen verzichtet wurde, treten vereinzelt Doppelbildnisse auf. Die offensichtlich den gesetzten Rahmen sprengende Figurenvielzahl wird durch die bildliche Anwesenheit zahlreicher weiblicher Angehöriger vermehrt, die Bildidee des Stammbaums dagegen erheblich greifbarer.

Bei der Beschreibung und Analyse der Illustrationen der Chronik aus Sankt Pantaleon fällt besonders der stilistische Unterschied zwischen der ersten Miniatur (fol. 1^v = Abb. 37) und den folgenden, stilistisch recht einheitlichen Zeichnungen auf: Die Forschung hat versucht, diese Diskrepanz durch einen zeitlichen Abstand von circa fünfzig Jahren zu erklären,[147] was aber der eingangs vorgeführten historisch-textkritisch abgesicherten Datierung der Urschrift (um oder kurz nach 1237) widerspricht. Wenn Breuer davon ausging, daß mehrere Schreiber nacheinander an der Weltchronik gearbeitet haben, so läßt sich ebensogut festhalten, daß mindestens zwei Illustratoren am Werk waren. Während der erste, wohl Begabtere, sich noch stark dem Stil der zweiten Hälfte des zwölften Jahrhunderts verpflichtet zeigte, vertrat die zweite Hand den Stil um 1200.[148] Aber auch dieser Zeichner wird dadurch nicht zum großen Neuerer, denn Miniaturen, die nach dem Ende des ersten Drittels des dreizehnten Jahrhunderts in Köln entstanden sind, lassen neben den geläufigen Muldenfalten durchaus schon deutliche Merkmale des Zackenstils erwarten, die im vorgegebenen Beispiel fehlen. Der Stil der Zeichnungen muß demnach insgesamt als sehr konservativ beurteilt werden, was vielleicht auch durch die stilistische Anpassung an die zu kopierende Vorlage verstärkt wurde.

[147] Vgl. Monumenta Annonis, Köln 1975, Kat. Nr. A 44 (Anton von Euw). Falsch auch die Datierung um 1197, vgl. die angeführte Diskussion zur Datierung der Königschronik, durch die sich das Datum *post quem* ergibt.

[148] Vgl. zur Kölner Buchmalereischule in Sankt Pantaleon: Mazal, Otto, Buchkunst der Romanik (Buchkunst im Wandel der Zeiten 2), Graz 1978, S. 177 ff., zur Chronik S. 179; Boeckler, Albert, Abendländische Miniaturen bis zum Ausgang der romanischen Zeit (Tabulae in usum scholarum 10, hrsg. von Johannes Lietzmann), Berlin/Leipzig 1930, S. 85-87; Ehl, Heinrich, Die ottonische Kolner Buchmalerei, Ein Beitrag zur Entwicklungsgeschichte der frühmittelalterlichen Kunst in Westdeutschland (Forschungen zur Kunstgeschichte Westeuropas 4, hrsg. von Eugen Lüthgen), Bonn/Leipzig 1922, S. 230 ff.

b. Die Chronica Sancti Pantaleonis in Brüssel – Das Manuskript 467

Obwohl – wie eingangs dieses Abschnitts bereits dargelegt – die Brüsseler Handschrift der Kölner Weltchronik (Brüssel, Bibliothèque Royale, Ms. 467) als die Abschrift B der *Chronica Sancti Pantaleonis* zu bestimmen war, firmiert sie entgegen den neueren wissenschaftlichen Erkenntnissen noch immer unter dem Namen Kölner Königschronik respektive Chronica regia Coloniensis.[149]

Der auch als Chronik des Otto von Neuß[150] in der Literatur geführte Codex in Brüssel gehört zu den wenigen schon früh sorgfältig wissenschaftlich bearbeiteten und publizierten illustrierten Profanhandschriften mit größerem Bekanntheitsgrad.[151]

Der Serie der frühen Katalogbearbeitungen folgte eine Fülle von Texten in Ausstellungskatalogen: Die Handschrift wurde sowohl in der Ausstellung *Karl der Große* (Aachen 1965) als auch in *Große Kunst aus tausend Jahren* (Aachen 1968), *Rhein und Maas* (Köln 1972) und *Die Zeit der Staufer* (Stuttgart 1977) wie auch zuletzt in *Heinrich der Löwe* (Braunschweig 1995) präsentiert.[152] Die neueste Publikation zur Brüsseler *Chronica*

---

149 Vgl. Chronica regia Coloniensis, 1978, S. VIII/IX; zur ursprünglichen Benennung vgl. Breuer 1966, S. 34, das Handschriftenstemma ebd. S. 22.

150 Auf dem ehem. Einband in Goldprägung: Justi Pii Ottonis Chronicon usque ad annum 1237, jetzt neuer Einband in braunem Leder. Auf der dritten, nicht in der fortlaufenden Folierung gezählten Seite (B^v) die in Rot vermerkten Verse: *Cronica dicor ego mendacia cuncta relego / Mundi principio temporis acta scio / Hoc perfecit opus iustus pius octo scabinius / Nussie precibus nostris dilexit et hic ius.* Daneben der Hinweis von anderer Hand: *Liber ecclesiae Aquensis.* Im Abschluß an die Versabschrift ein Brief des Sekretärs des Herzogs von Arenberg an den Chevalier J. Staedler vom 10.09.1846 an die Bibliothèque Royale in Brüssel. Auf der vorangehenden Seite Notizen über die Schlacht bei Woeringen und Bastweiler und ein Verzeichnis einiger im fünfzehnten und sechzehnten Jahrhundert in Aachen gekrönter Könige (bis 1531).

151 Vgl. Brou, Charles de, Catalogue des manuscrits de la Bibliothèque des Ducs de Bourgogne 2, Brüssel/Leipzig 1842, S. 230; Gheyn, Joseph van den, Hrsg., Catalogue des manuscrits de la Bibliothèque Royale de Belgique 7, Bruxelles 1907, S. 29, Kat. Nr. 4609; Gaspar, Camille und Frédéric Lyna, Principaux manuscrits à peinture de la Bibliothèque Royale de Belgique 1, Reprint der Ausgabe Paris 1937, Bruxelles 1984, Bd. 1, S. 108-110, Kat. Nr. 41; Bd. 2 Notice 41 (mit älterer Literatur); Swarzenski 1936, Bd. 1, S. 16 ff., S. 90/91, Kat. Nr. 9, Bd. 2, Abb. 49-52, 56-60; Schnitzler, Hermann, Rheinische Schatzkammern 2, Die Romanik, Düsseldorf 1959, S. 23/24, Nr. 15, Farb.-Abb. I (fol. 1^v); Gaedeke 1992, S. 206 ff., S. 260-292, Kat. Nr. 5.

152 Vgl. Karl der Große, Aachen 1965, S. 511/512, Kat. Nr. 696; Große Kunst aus tausend Jahren, Kirchenschätze aus dem Bistum Aachen, Katalog der Ausstellung im Krönungssaal des Rathauses (Aachener Kunstblätter 36), Düsseldorf 1968, S. 53, Kat. Nr. 53 (die beiden letztgenannten Katalognummern mit quasi gleichlautendem Text); Rhein und Maas 1, Kunst und Kultur, 800-1400, Katalog der Ausstellung, Köln 1972/73, S. 342; Kat. Nr. L

Sancti Pantaleonis aus Köln in der Festschrift für Ernst Stephany stammt von Ernst Günther Grimme.[153]

Auf fol. 1^r trägt die Handschrift den Vermerk: *Liber Sancte Marie in Aquis grani et canonicorum ibidem manentium. Qui abstulerit anathema sit,* wodurch sie als Besitz für das Marienstift des Aachener Münsters gesichert ist.[154] Durch den Eintrag *fine eiusdem quadragesimo obiit dominus Heinricus Coloniensis archiepiscopus* (fol. 160^v) ist als Datum *post quem* für die Entstehung der Handschrift das Todesjahr des Kölner Erzbischofs Heinrich II. (26.03.1238) festgelegt.

Während die Chronik entsprechend den nachgetragenen Königslisten und diversen Glossen auf jeden Fall bis 1531 oder länger in der Aachener Dombibliothek beheimatet war, scheint ihr Verbleib im weiteren sechzehnten und siebzehnten Jahrhundert nicht eindeutig geklärt:

Gaspar/Lyna nannten bereits vor der Weitergabe an die Bibliothèque Nationale in Paris, wo sich die Handschrift nachweislich von 1794 bis 1815 befand, einen Eigentumsnachweis für die Bibliothèque des Duc de Bourgogne.[155] Grimme dagegen geht davon aus, daß die Chronik bis nach 1792 in Aachen verblieben ist und in den folgenden Revolutionswirren nach Paris gelangte, mit anderen Worten – wie auch weitere Aachener Kunstwerke – „wegen ihres imperialen Charakters dem Schatz entfremdet wurde".[156] Nachweisbar steht fest, daß die Handschrift im frühen neunzehnten Jahrhundert an die ehemalige Bibliothèque de Bourgogne und später in die Bibliothèque Royale in Brüssel gelangte.

Neben der eigenständigen Texttradition der *Chronica Sancti Pantaleonis* zeichnet das Brüsseler Manuskript eine umfangreiche Folge von dreizehn Miniaturen aus: Außer zwei szenischen Bildern und zwei Stammtafeln, die – unabhängig von Stil und Technik – den Vorbildern der etwas älteren Chronik in Wolfenbüttel (Cod. Guelf. 74,3 Aug. fol.) weitgehend angepaßt scheinen, schmücken zahlreiche prachtvolle ganzfigurige Kaiser- und

18 (J. M. Plotzek), Farb.-Abb. (fol. 64^v); Zeit der Staufer 1, Köln 1977, S. 581-582 (R. Kroos), Farb.-Abb. 544 (fol. 64^v); Heinrich der Löwe 1, Braunschweig 1995, S. 252-256, Kat. Nr. E 18.

[153] Vgl. Grimme, Ernst Günther, Chronica regia Coloniensis, Anmerkungen zur Königschronik des Aachener Münsterstifts, in: *Celica Jherusalem,* Festschrift für Erich Stephany, hrsg. von Clemens Bayer, Theo Jülich und Manfred Kuhn (Veröffentlichungen des Vereins für Christliche Kunst im Erzbistum Köln und Bistum Aachen), Köln/Siegburg 1986, S. 241-256, Abb. 1-6.

[154] Zur Handschrift: 159 orig. fol., Pergament, 33 x 23 cm, 34 Zeilen auf je zwei Kolumnen. Vgl. Swarzenski, H. 1936, S. 90; Gaspar/Lyna 1984, S. 108.

[155] Vgl. Gaspar/Lyna 2, 1984, S. 21; vgl. auch die zahlreichen Stempel der Bibliothèque Nationale auf den Miniaturenseiten, ein exakter Nachweis für die frühe Überführung in die Bibliothek der Herzöge von Burgund in Brüssel scheint zu fehlen.

[156] Vgl. Grimme 1986, S. 241.

Königsbildnisse den Codex. Neben den Miniaturen bilden filigrane, kunstvoll gezeichnete Schmuckinitialen im Farbwechsel blau-rot den Dekor der Handschrift.

Auf fol. 2^r füllt das Bild der Roma (Abb. 43), in der die Stadtgründer Romulus, Kaiser Augustus und Julius Caesar thronen, drei Viertel der Seite.[157] Durch Namenstituli bezeichnet, führen die Herrscher Spruchbänder vor, die zur Gründung und Benennung der Stadt unter Romulus, zur baulichen Gestaltung mit rotem Ziegel und schimmerndem Marmor in kaiserlicher Zeit unter Augustus und zur Herrschaft des Julius Caesar in der späten Blütezeit der Roma Auskunft geben. Die unterschiedliche Physiognomie – Romulus mit ausgemergeltem Altersgesicht und langem grauen Bart, Augustus mit kurzem dunklen Haar, Backenbart und kräftigen Gesichtszügen, Julius Caesar mit offenen Locken und jugendlichem, bartlosen Antlitz – erkannte erst Grimme als eine *weitere* Bedeutungsebene dieser Miniatur.[158] Die Darstellung der drei Lebensalter tritt neben die repräsentative Abbildung der bedeutenden Herrscher in der Stadt Rom und damit über das ganze römische Imperium. Eine derartige Differenzierung der Typen kannte die Wolfenbüttler *Chronica Sancti Pantaleonis* (Cod. Guelf. 74,3 Aug. fol., fol. 3^r = Abb. 38) noch nicht.

Aufmerksam macht besonders die Reihenfolge der relativen Alterschronologie, die aus der zurückgewandten Sichtweise des Lesers respektive des Betrachters entwickelt worden ist, wodurch das noch jugendliche, späte *Imperium* den direkten zeitlichen, zukunftsorientierten Anschluß an die Träger der *traditio,* die deutschen Könige und Kaiser hervorbringt.

Alle drei Herrscher wurden in den beiden vorgestellten Beispielen gekrönt, in vollem mittelalterlich-kaiserlichem Ornat mit den mittelalterlichen Reichsinsignien gemalt. Während Julius Caesar ein langstieliges Lilienzepter in der aufgestützten Linken hält, präsentiert Kaiser Augustus vor sich den Reichsapfel mit den Weltsphären. Eine vergleichbare Darstellung des Augustus als Weltenherrscher, der in seiner Linken die Weltscheibe mit den bezeichneten Kontinenten Asia, Europa und Africa vorweist, bot bereits der *Liber Floridus* des Lambert von Saint Omer (Gent, Universitätsbibliothek, Ms. 92, um 1120, fol. 138^v = Abb. 44).[159] Auch die Vorstellung der Roma Urbs, die ihren Machthaber – hier den thronenden Petrus als ersten Papst mit Kreuz und Schlüsseln – mit Mauern und Türmen umschließt, gab es in dieser Enzyklopädie.[160] Sie enthielt in weiten Teilen ebenfalls eine Welt- und Herrschergeschichte, konnte aber in ihren Texten nicht als direkte Vorlage der Kölner Chroniken nachgewiesen werden.

157 Vgl. Swarzenski, H. 1936, S. 90, auch Anm. 3.

158 Vgl. Grimme 1986, S. 245.

159 Vgl. Goldschmidt, Adolph, Frühmittelalterliche Enzyklopädien, in: Vorträge der Bibliothek Warburg 3, 1923/1924, S. 222, Abb. 8; Duby, Georges, History of Medieval Art, 980-1440, zweite, einbandige Ausgabe New York 1986, Farb.-Abb. I. 22.

160 Vgl. Goldschmidt 1923/1924, S. 221/222, Abb. 7; siehe Lamberti S. Andomari canonici Liber floridus, Codex autographus Bibliothecae Universitatis Gaudavensis, eingeleitet und kommentiert von Aegid J. Strubbe und Albert Derolez, hrsg. von Albert Derolez, Gent 1968, fol. 138^v; weiterführend zum Liber floridus auch: Derolez, Albert, Lambertus qui

Während sich auf der Versoseite an die Miniatur der Roma die besprochene Darstellung der *disputatio* zwischen Adam und Seth (fol. 2^{v} = Abb. 45)[161] anschließt, fehlt die erste, ältere Illustration der Wolfenbüttler Chronik (fol. 1^{v} = Abb. 37) mit den Vertretern der früheren *regna maxima* in der Brüsseler Rezension der *Chronica Sancti Pantaleonis*.

Das Ms. 467 beinhaltet keine direkte Textfiliation der Wolfenbüttler Handschrift. Zwischen beiden Rezensionen und der verlorenen Urschrift sind noch zwei weitere – ebenfalls verlorene – Rezensionen ß und m (Abb. 36) zu denken. Daher kann nicht genau ermittelt werden, ob sich von vornherein zwei unterschiedliche einführende Bilderfolgen ausgeprägt haben, oder ob in dem Brüsseler Codex bereits von einer Reduktion des ursprünglichen Bildschmucks am Textanfang gesprochen werden muß.

Anders als der Cod. Guelf. 74,3 Aug. fol. in Wolfenbüttel zeigt das Manuskript aus dem Aachener Münsterstift die *disputatio* (fol. 2^{v} = Abb. 45) zwischen schlanken Säulen mit Blattkapitellen, die beiden Schreiber sind in das dunkelgrundige Bildfeld integriert. Direkte Vorbilder für den wahrscheinlich erstmalig in der Wolfenbüttler Fassung geprägten Bildtyp gibt es nicht, wenn von dem reinen Bildschema der Disputation abgesehen wird.[162]

Vergleichbar scheint eine Zeichnung im Cod. Pal. lat. 927 (Rom, Bibliotheca Apostolica Vaticana, fol. 18^{r}), die Adam, Seth und Enos nebeneinander stehend in eine Diskussion vertieft vor dem Textbeginn *De sex mundi aetatibus* zeigt. Der Miszellancodex, der im zwölften Jahrhundert in Verona entstand, enthält neben der *Historia* des Pompeius Trogus Textauszüge aus historiographischen Werken des Beda, Cassiodorus, Orosius, Isidor von Sevilla etc.[163] Als Dialogdarstellung in diesem Codex müssen der Disput zwischen Augustinus und Orosius (fol. 3^{r}) vor dem *Opus excerptum ex libro Orosii secundo* und das Bildnis des Pompeius Trogus mit seinem Schreiber Justinus (bez.: Justinus adbreuiator

librum fecit, Een codicologische studie van de Liber floridus-Autograaf, Gent, Universiteitsbibliotheek, Handschrift. 92 (Verhandelingen van de Koninklijke Academie voor Wetenschappen, Letteren en Schone Kunsten van Belgie, Klasse der Letteren XL/89), Brüssel 1978.

161 Vgl. Schnitzler 1959, S. 23-24, Farb.-Abb. I; Grimme 1986, S. 245-248, Abb. 2 (Gesamtaufnahme der Seite). Swarzenskis Annahme (1936, S. 90), es handele sich bei den Begleitfiguren um „Personificationen von Geometria und Astronomia", ist nicht korrekt, es handelt sich eindeutig um zwei assistierende Schreiber, die namentlich nicht benannt sind, möglicherweise die anderen Söhne Adams. Die umlaufende Inschrift entspricht der bereits zitierten des Cod. Guelf. 74,3 Aug. fol.

162 Vgl. Bloch 1965, S. 54 ff.

163 Vgl. Clemen 1890, S. 225, Anm. 1; Beissel, Stephan, Vaticanische Miniaturen, Quellen zur Geschichte der Miniaturenmalerei, Freiburg 1893, S. 28, Anm. 2, S. 55; Cessi, Roberto, Di due miscellanee storiche medioeval, in: Archivo Muratoriano 13, 1913, S. 17-96; Munk Olsen, Birger, L'étude des auteurs classiques latins aux XIe et XIIe siècles 1, Catalogue des manuscrits classiques latins copiés du IXe au XIIe siècle (Documents, études et répertoires publ. par l'Institut de Recherche et d'Histoire des Textes), Paris 1982, S. 550, Kat. Nr. C 37.

eius, fol. 6r) erwähnt werden. Mit anderen Worten: Der Typ des Urväterbildes der Kölner Weltchroniken steht im zwölften Jahrhundert nicht isoliert da. Vergleichbares darf offensichtlich auch in anderen historiographischen Schriften oder Exzerpten erwartet werden.

Auf fol. 18v (Abb. 46) steht – bis auf farbliche und stilistische Unterschiede völlig analog zum Wolfenbüttler Schema (fol. 90v = Abb. 40) – der Stammbaum der Karolinger in achtunddreißig Medaillons in der aus den Frutolf/Ekkehard-Handschriften hergeleiteten Form. Bis auf den heiligen Arnulf, den Stammvater, sind alle in der Genealogie genannten, heiliggesprochenen Personen ohne Nimbus dargestellt.[164] Charakteristische Gesichtstypen der vorangestellten Miniaturen sind deutlich zu erkennen.

Während die ganzseitige Stammtafel (fol. 18v = Abb. 46) vor dem Beginn der *Cronica a tempore Karoli Magni*[165] in den Text eingefügt wurde, brachte der Illuminator das ganzfigurige Bildnis Kaiser Karls des Großen (bez.: Karolus Magnus Rex / magnus Francorum Pippini regis filius, fol. 24r = Abb. 47) in direkten Bild-Text-Bezug zur Kaiserkrönung im Jahre 800.[166] Die Illustration ist, wie auch die folgenden, hochrechteckig entsprechend einer Kolumnenbreite angelegt. Die Rubrizierung der Pergamentseiten wurde offensichtlich vor der Abschrift und Ausstattung mit Miniaturen angelegt. Sie tritt an den Seitenrändern der Illustrationen hervor. In dem Stadium vor Beginn der Abschrift des Textes wurde demzufolge zunächst keine Rücksicht auf die Ausmalung der Handschrift genommen. Da auch die bereits vorgeprägten Bildtypen am Textanfang eine derartige Vorbereitung des Pergaments zeigten, kann aus diesem Umstand nicht unbedingt rückgeschlossen werden, daß die Illustrationen – sozusagen parallel zum Prozeß des Schreibens – neu entwickelt und eingefügt worden wären. Die Höhe der Miniaturen schwankt im Verhältnis zum vierunddreißigzeiligen Textblock zwischen dreiundzwanzig und vierunddreißig Zeilen, kann also bis zu fünfzig Prozent des gesamten Textspiegels beanspruchen.

Karl der Große (fol. 24r = Abb. 47) steht – in nur angedeutetem Kontrapost – auf einem pflanzenbedeckten Hügel unter einer Säulenstellung mit Dreipaßbogen in einem Rahmenfeld. Das obere Viertel des Bildes füllt eine kompakte, räumliche Architektur *en miniature*, die deutliche Bezüge zum Bild der Roma (fol. 2r = Abb. 43) besitzt. Stolz, aufrecht, groß und elegant präsentiert sich der kaiserliche Herrscher – nicht der heiliggesprochene König mit dem Nimbus – mit Langzepter, Lilienkronreif und Reichsapfel. Er trägt den weiten, von einer Agraffe gehaltenen, zurückgeworfenen Königsmantel ohne

---

164 Nicht wie Grimme 1986, S. 248, Anm. 3.

165 Vgl. Chronica regia Coloniensis, 1978, S. 16.

166 Ebd., S. 17-18. Im Gegensatz zur grundsatzlichen Ausrichtung der Chronik aus Sankt Pantaleon wird in dem auf Karls Kaiserkrönung bezogenen Text die Idee der *translatio imperii* sehr zurückhaltend behandelt. Einen grundsätzlichen Verzicht auf diese brisante Frage möchte die Verf. - entgegen Breuer - mit Blick auf die Bilderfolge nicht gelten lassen. Vgl. Breuer 1966, S. 31-33; Verfasserlexikon 1, 1978, Sp. 1252; Grimme 1986, S. 251.

Ärmel, darunter eine Dalmatika mit aufliegendem Kreuz und ein wadenlanges, langärmeliges Gewand mit kostbarem Saumbesatz. Nicht das geläufige Repräsentationsbild des thronenden Kaisers in der Analogie zum Bildthema des thronenden Weltenherrschers wurde gewählt, sondern ein deutlich anderer Bildtyp, über dessen Herleitung noch zu berichten sein wird.[167]

Auf fol. 44^{r} (Abb. 48), vor den Einsatzworten zur *Cronica a tempore Henrici regi primi de gente Saxorum,*[168] wurde die aus zweiundfünfzig Medaillons kompilierte Stammtafel der Ottonen, Salier und Staufer (Abb. 42) angebracht, wie sie bereits die Rezension G der Pantaleonschronik (Cod. Guelf. 74,3 Aug. fol., fol. 114^{v} = Abb. 41) hervorgebracht hatte. Stärker noch als der Karolingerstammbaum entspricht das zweite Schema bis hin zu Details der Kostümierung, der Handhaltung, der Attribute dieser Wolfenbüttler *Chronica Sancti Pantaleonis*. Das Prinzip der linearen Zuordnung hat sich in den jüngeren Rezeptionsstufen deutlich verfestigt.

Sitzend, den geläufigen Herrscherdarstellungen auf Siegeln, Münzen und Stifterbildern entsprechend, thront Lothar von Supplinburg (fol. 63^{r} = Abb. 49) zwischen gedrehten Säulen. Architekturzitate füllen die gemalten Bogenzwickel bis zum Bildrahmen, auch Thron- und Fußbank sind mit Architekturmotiven gestaltet.

Eine besonders prunkvolle Darstellung Konrads III. (bez.: Cunradus Rex) schließt sich auf fol. 64^{v} (Abb. 50) an. Das Bildnis steht dem Bildtyp Karls des Großen (fol. 24^{r}) nahe, nur sind die architektonischen Details sparsamer angelegt. Unter dem Mantel trägt Konrad ein leicht ausgestelltes, bodenlanges Gewand mit langem Arm. In dieser Illustration wird die Ausgewogenheit zwischen geschriebenem Text mit roten, kleinen Textinitialen, der weitgreifenden, filigran gezeichneten Fleuronné-Initiale im Rot-Blau-Wechsel und dem in gleichem Farbspiel komponierten Bild mit seinem Titulus besonders greifbar. Die Miniatur führt das voll ausgereifte, vielteilige Programm, das durchgängig den Dekor der ganzen Handschrift festlegt, vor. Dieses bestimmt maßgeblich die schöne Geschlossenheit der Dekoration und Ausstattung des Manuskripts.

Völlig unerwartet erscheint in der folgenden Miniatur die einzige weibliche Figur des Zyklus, die heilige Hildegard von Bingen (fol. 65^{r} = Abb. 51). Nur weil die ehemals Aachener Chronica Sancti Pantaleonis lange Passagen aus *scivias*, „vornehmlich Prophetien der kommenden fünf Heimsuchungszeiten des großen Schismas“[169] und Korrespondenzen der Heiligen enthält (fol. 64^{r}-101^{v}), fand sie Aufnahme in die ansonsten geschlossene Dynastenreihe. Wie die Darstellungen der deutschen Herrscher fügte der Illuminator ihr Bildnis direkt vor den zugehörigen Textpartien in den Textblock ein. Die Abbildung der heiligen Hildegard spricht für die auch hier sehr enge, konsequent durchgehaltene Bild-Text-Beziehung und das vereinheitlichende Dekorationsprinzip.

---

[167] Vgl. Bologna, Giulia, Illuminated Manuscripts, The Book before Gutenberg, London 1988, S. 119, mit Farb-Abb. fol. 24^{r}.

[168] Vgl. Chronica regia Coloniensis, 1978, S. 25-26; Gaedeke 1992, S. 263-265, Namenstabelle, auch Abb. 9.

[169] Vgl. Grimme 1986, S. 252; vgl. Zeit der Staufer, Stuttgart 1977, S. 581.

Die äußere Form des Bildes glich der Miniaturenmaler den Königs- und Kaisertypen an: Unter einem säulengetragenen Rundbogen steht Hildegard in Nonnengewändern mit großem Nimbus da. Anders gestaltet wurde lediglich der Bereich der Bogenzwickel. Diese wurden statt mit einer Miniaturarchitektur als eine glatte, vierpaßverzierte Wandfläche ausgeführt. Illustrationen, die die Heilige in anderen Handschriften als Autorin präsentieren, haben zu dieser Miniatur keinen Bezug.[170]

Nach den Textpassagen der Hildegard von Bingen setzt in der Brüsseler Handschrift der Kölner Weltchronik – jeweils den zugehörigen Manuskriptabschnitten vorangestellt – ein lückenloser Bilderzyklus aller deutschen Herrscher der Stauferzeit von Friedrich I. Barbarossa (fol. 104^{v} = Abb. 52) über Heinrich VI. (fol. 119^{v} = Abb. 53), Otto IV. (fol. 126^{v} = Abb. 54), Philipp von Schwaben (fol. 138^{r} = Abb. 55) bis zu Friedrich II. (fol. 145^{r} = Abb. 56) ein.

Während Otto IV. und sein Gegenkönig Philipp bis auf den roten Bart dem Bildtyp des stehenden Friedrichs I. folgten, lehnte sich das Bildnis Friedrichs II. eindeutig an das des sitzenden Heinrichs VI. an. Analog zur ersten Kaiserdarstellung des Zyklus (Karl der Große auf fol. 24^{r} = Abb. 47) besitzt auch die Rahmenarchitektur Friedrichs II. (fol. 145^{r} = Abb. 56) statt der einfachen Rundbögen der anderen Miniaturen einen mehrprofiligen Kleeblattbogen mit einer raumhaltigen Scheinarchitektur.

Der unregelmäßige Wechsel zwischen stehenden und sitzenden Herrschergestalten wurde im aktuelleren Teil der Handschrift, der nicht mehr auf den Frutolf/Ekkehard-Rezeptionen der *Chronica regia Coloniensis* respektive der *Chronica Sancti Pantaleonis* aufbaut, eingefügt.

Den wohl wichtigsten Unterschied zur älteren Tradition bieten Farbigkeit und Stil der Brüsseler Handschrift: Auf den ersten Blick beherrscht der kräftige Kontrast zwischen den Komplementärfarben Blau, Rot und diversen Grüntönen die in Deckfarben angefertigten Miniaturen. Bei näherem Hinsehen wird jenseits dieses eher plakativen Effekts die Feinheit der Farbabstufungen in gebrochenen Violett-, Ocker-, Rosa- und Grautönen sichtbar.

Doppelkonturen in Schwarz-Weiß oder mehrfach nebeneinander gesetzte Rahmenstreifen in Schwarz, Weiß und verschiedenen Farben und weiße Binnenzeichnungen oder Höhungen grenzen die betonten Farbflächen, die besonders in den Mänteln auftreten, gegeneinander ab. Die Marmorierungen und die kräftigen Gewandfarben ließen sich noch am ehesten mit der älteren Illustration in der Wolfenbüttler Handschrift (fol. 1^{v} = Abb. 37) vergleichen.

Anders als die architektonischen Rahmen in diesem Codex sind die Zwickelarchitekturen der Chronik aus dem Aachener Münsterstift voll ausgebildete räumliche Baukomplexe *en miniature*, die einer plastisch geformten spätromanischen Baldachinarchitektur, wie sie beispielsweise der Aachener Radleuchter aufweist, nur wenig nachstehen. Ihre direkte formale Bindung an die Darstellung der Roma (fol. 2^{r} = Abb. 43) hebt die bekrönenden Kleinarchitekturen aus der rein dekorativen Sinnebene auf eine

[170] Vgl. Swarzenski, H. 1936, S. 90, Anm. 2.

inhaltliche, welche die deutschen Herrscher immer wieder in den übergreifenden Bezug zum *Imperium romanum* stellt.

Die eleganten, schmalen Figuren in prunkvoller, üppiger Kleidung und Ausstattung mit golddurchwirkten Bordüren und Pelzbesatz zeigen in der Gesichtsdurchbildung und Haltung festgelegte Typen, deren Variationsbreite nicht sehr groß ist, ohne daß diese Tatsache die hohe Qualität der Miniaturen mindern könnte. Die gezierte, betonte Gebärdensprache der Hände gibt, wie die kräftige Faltenbildung – besonders der Mäntel – den ansonsten eher statisch-frontal in sich ruhenden Figuren eine gewisse Lebhaftigkeit. Ihr körperliches Gewicht und Volumen gewinnen die schmalen Silhouetten durch die sie weit umgreifenden Mantelschalen, die die Schulter- und Oberarmpartie optisch verbreitern und die Überlängung des Unterkörpers durch gebrochen pendelnde Zick-Zack-Säume mit raffiniertem Farbwechsel überspielen. Die stilistische Einordnung dieser Illustrationen und die mit ihr verbundenen Fragen nach dem Entstehungsort und der genauen Datierung des MS. 467 haben die Forschung bereits seit längerem beschäftigt: Die ältere Forschung – besonders Clemen, Ehl und Swarzenski – versuchte immer wieder, die Chronik aus dem Aachener Münsterstift in die Kölner Buchmalereitradition einzubinden.[171] Diese Zuschreibung wurde von Otto Mazal erneut aufgegriffen,[172] der aber – wie auch Renate Kroos[173] – auf einer zurückhaltenderen Festlegung „Niederrhein, nach 1238" bestand.

Enge Bindungen an die Kölner Buchmalerei, besonders zur Heisterbacher Bibel (Berlin, Staatsbibliothek, Ms. theol. lat. fol. 379, um 1240) wurden – neben Vergleichen mit den Fresken in der Taufkapelle von Sankt Gereon und den Gewölbemalereien in Sankt Maria Lyskirchen[174] – besonders von Albert Boeckler vorgetragen.[175] Während bereits Haseloff Parallelitäten und Unterschiede zwischen dem niederrheinischen respektive kölnischen Stil der Jahrhundertmitte und dem thüringisch-sächsischen Zackenstil disku-

[171] Vgl. Clemen, Paul, Die romanische Monumentalmalerei in den Rheinlanden (Publikationen der Gesellschaft für Rheinische Geschichtskunde 32), Düsseldorf 1916, S. 794 ff.; Ehl 1922, S. 230 ff.; Swarzenski, H. 1, 1936, S. 90; ders. auch schon in: Beiträge zur niederrheinischen Buchmalerei, Phil. Diss. Bonn 1927, S. 21 ff.

[172] Vgl. Mazal 1978, S. 185.

[173] Vgl. Zeit der Staufer 1, Stuttgart 1977, S. 581.

[174] Vgl. Goldkuhle, Fritz, Die mittelalterlichen Wandmalereien in Sankt Maria Lyskirchen, Düsseldorf 1954, S. 107; Westfehling, Uwe, Sankt Maria Lyskirchen, in: Köln: Die romanischen Kirchen von den Anfängen bis zum Zweiten Weltkrieg, hrsg. von Hiltrud Kier und Ulrich Krings (Stadtspuren, Denkmäler in Köln 1), Köln 1984, S. 400-409.

[175] Vgl. Boeckler 1930, S. 87; ders. in: Schöne Handschriften aus dem Besitz der Preussischen Staatsbibliothek, Katalog der Ausstellung, Berlin 1931, S. 54, Kat. Nr. 27, Farb.-Abb. neben S. 32; Zimelien, Berlin 1975/76, S. 44, Farb.-Abb. S. 105; Zeit der Staufer 1, Stuttgart 1977, S. 582-583, Kat. Nr. 753.

tiert hatte,[176] entwickelte *Schnitzler* die Vorstellung eines eigenen Aachener Skriptoriums, das als Urheber nicht nur der Brüsseler Chronik (Ms. 467), sondern einer ganzen Handschriftengruppe gelten sollte.[177] Leider sind die Handschriften dieser Gruppe nicht sehr sicher mit Aachen zu verbinden.[178] Plotzek schloß sich in seinem Beitrag zu *Rhein und Maas* der Zuschreibung an ein Aachener Skriptorium an.[179] Ob allerdings die Provenienz des Manuskripts aus diesem nur schwer greifbaren Aachener Skriptorium bewiesen werden kann, muß wohl weiterhin umstritten bleiben. Eine Auftragsarbeit aus einer in Köln beheimateten Maler- oder Schreiberschule erscheint angesichts der so augenscheinlichen Blüte der Kölner Buch- und Wandmalerei gerade für einen so einmaligen profanen Prachtcodex viel eher wahrscheinlich.

Sicherlich klingt in vielen der sechsundneunzig Miniaturen der Heisterbacher Bibel schon das Nachlassen des Zackenstils an. Aber einzelne, noch besonders stark in der spätromanischen Tradition verhaftete Illustrationen stehen dem spannungsgeladenen Faltenstil, der Ausformung bestimmter Gesichtstypen und der kräftigen Farbigkeit der Chronik so nahe, daß ein direkter Bezug der Handschriften zueinander anzunehmen ist.[180] Ein weiteres, enges Vergleichsstück aus Köln ist die Urkunde der Kölner Dreibruderschaft (Hannover, Kestner-Museum, um 1250).[181]

Neben dem prachtvollen späten Zackenstil muß die Herrscherfolge, der alternierende, unregelmäßige Wechsel zwischen stehenden und sitzenden Figuren, als auffälliges Merkmal gelten: Die sitzenden Könige und Kaiser folgen dem langgeprägten Bildtyp des thronenden Herrschers. Die Reihung der Bilder scheint zunächst „ohne erkennbare Parallelen und Vorbilder.“[182]

Das gegebene Aachener Vergleichsstück, der Karlsschrein des Münsterschatzes (um 1185 - um 1215),[183] bietet ebenfalls eine Amtsgenealogie sitzender Könige und Kaiser,

---

[176] Vgl. Haseloff 1897, S. 347 ff.

[177] Vgl. Schnitzler 1959, S. 24.

[178] Vgl. Grimme 1986, S. 241-242.

[179] Vgl. Rhein und Maas, Köln 1972/1973, Kat. Nr. L 18.

[180] Vgl. Zeit der Staufer 1, Stuttgart 1977, S. 582.

[181] Vgl. ebd., S. 246, Kat. Nr. 344 (mit der älteren Literatur).

[182] Grimme 1986, S. 248, vgl. auch S. 255-256.

[183] Vgl. Grimme, Ernst Günther, Aachener Goldschmiedekunst im Mittelalter, Von Karl dem Großen bis Karl V., Köln 1957, Abb. 8-17; ders., Der Aachener Domschatz, mit einer Einführung von Erich Stephany (Aachener Kunstblätter 42, hrsg. von Peter Ludwig), Düsseldorf 1972, S. 66-69, Farb.-Abb. IX, Tf. 52-56 b; ders., Goldschmiedekunst des Mittelalters, Form und Bedeutung des Reliquiars von 800-1500 (DuMont Dokumente), Koln 1972, S. 70-72, Quellentext S. 172. Zur politischen Bedeutung und Interpretation siehe: Stephany, Erich, Der Karlsschrein in seiner politischen Bedeutung und Ikonographie, in: Berichte des Karlsvereins zur Wiederherstellung des Aachener Doms, Aachen 1969, S. 21 ff.; Nilgen 1985, S. 218 ff.

wenn auch in anderer personeller Zusammensetzung.[184] Kompositorisch orientiert sich diese Reliefreihe sicherlich an Apostelzyklen, die die Außenwände von Schreinen schmücken.

Zyklische Herrscherdarstellungen bot beispielsweise auch enzyklopädische Literatur wie der *Liber Floridus*, dessen ikonographische Beziehung zum Bildtyp der Roma mit den in ihr thronenden römischen Machthabern bereits dargelegt wurde. Ebenfalls seit langem in der Forschung zitiert wurde der ikonographische, nicht der stilistische, Vergleich mit den monumentalen Herrscherdarstellungen der staufischen Doppelkapelle in Schwarzrheindorf.[185] Entsprechend der auf die Danielsvision (Kap. 7, Vers. 1-27) zurückgreifenden Interpretation vergegenwärtigen die vier Könige in Schwarzrheindorf möglicherweise auch die vier *regna maxima* in ähnlicher Art und Weise, wie sie ehemals auf der Decke von Sankt Emmeran in Regensburg angebracht waren.[186]

Diese Folge – Nabuchodonosor, Cyrus, Alexander der Große und Julius Caesar – zeigt auch in der Auswahl der Repräsentanten eine deutliche Parallele zu den Herrschergruppen, die in den Kölner Weltchroniken als Vertreter der vier Weltreiche auftreten (Abb. 37/38). Nicht die Königsreihe an sich, sondern die bereits in der älteren Redaktion ausgeprägte Darstellung der vier Weltreiche bildet hier einen deutlichen, gattungsübergreifenden Bezugspunkt zwischen Wandmalereiprogrammen und profaner Buchmalerei. In einen ähnlichen Kontext könnten auch die verlorenen Wandmalereien der ehemaligen Königspfalz in Ingelheim gehört haben.[187]

Wesentlich problematischer als die Interpretation oder Einordnung der sitzenden Könige und Kaiser bleibt die Frage nach einem Vorbild für die stehenden Herrscher. Renate Kroos hat, unter besonderem Verweis auf modische, das heißt in der Mitte des dreizehnten Jahrhunderts selbstverständlich französische Details, die monumentalen

---

184 Reihenfolge heute: Heinrich II., Otto III., Otto I., Otto II., Karl (der Dicke), namenloser Herrscher, Heinrich VI. und Friedrich II. (rechte Schreinwand), Ludwig der Fromme, Lothar, Heinrich I., Otto IV., Heinrich V., Zwentibold, Heinrich III. (linke Schreinwand). Die Anordnung der Figuren unter den Inschriften entspricht nicht mehr der ursprünglichen Anordnung. Vgl. zuletzt: Lepie, Herta, Die Konservierung des Aachener Karlsschreins ist abgeschlossen, in: Kunstchronik 43, 1990, S. 50-55.

185 Vgl. zuerst: Clemen, 1916, S. 318-325, ibs. S. 323; Verbeek, Albert, Schwarzrheindorf, Die Doppelkirche und ihre Wandgemalde, Düsseldorf 1953, S. 46/47, Abb. 46-51; ders., Die Doppelkirche in Bonn-Schwarzrheindorf (Rheinische Kunststätten 93), elfte Auflage 1979 (mit nachgetragener Literaturliste).

186 Vgl. Verbeek 1953, S. 47; Enders, Josef Anton, Romanische Deckenmalereien und ihre Tituli in Sankt Emmeran in Regensburg, in: Zeitschrift für christliche Kunst 15, 1902, S. 205 ff.

187 Vgl. Classen, Peter, Die Geschichte der Königspfalz Ingelheim, in: Ingelheim am Rhein, Forschungen und Studien zur Geschichte Ingelheims, hrsg. von Johanna Authenrieth, Ingelheim am Rhein 1964, S. 87 ff.; Lammers, Walter, Ein karolingisches Bildprogramm in der *Aula regia* von Ingelheim, in: Festschrift für Hermann Heimpel, Bd. 3, (Veröffentlichungen des Max-Planck-Instituts für Geschichte 36,3), Göttingen 1972, S. 226 ff.

Königsgalerien der französischen Kathedralen als mögliches Vergleichsmaterial benannt.[188] Problematisch muß auch diese Gedankenverbindung bleiben, wenn man sich klarmacht, daß die Königsgalerien eben nicht den deutschen Traditionsweg in das Römische Reich zurückverfolgten. Die Gekrönten galten entweder als Verkörperungen der Könige des Alten Testaments – und damit als die Vorfahren der mittelalterlichen französischen Königslinie – und/oder als direkte Personifikationen der französischen Könige.[189] Der große Unterschied in der Zuordnung der Figuren, Reihen oder Galerien schließt eine formale Rezeption der Bildidee selbstverständlich nicht völlig aus, macht sie aber erheblich unwahrscheinlicher.

Andererseits muß aus den vorangegangenen Überlegungen gefolgert werden, daß eine imperiale Bildidee des hohen Mittelalters offensichtlich gattungsübergreifend verglichen und zugeordnet werden kann.

Den Gedanken einer Amtsgenealogie stehender Könige hat keinesfalls der Illuminator der Brüsseler Königschronik erfunden. Schon auf dem *Liber aureus* aus Prüm (Trier, Anfang zwölftes Jahrhundert)[190] stehen – in Dedikationspose – Pippin II. und Karl der Große zu Seiten Jesu. In der unteren Bildzone werden Ludwig der Fromme, Lothar I., Ludwig der Deutsche und Karl der Kahle gezeigt. Die Stammreihe wird auf der Rückseite des Buches mit zahlreichen, nicht namentlich bezeichneten Königen – auch hier wieder dynastieübergreifend – fortgesetzt.

Eine vergleichbare Reihung stehender deutscher Könige und Kaiser führt auch das fein reliefierte Figurenprogramm auf dem Reichsschwert (Wien, Schatzkammer) vor Augen.[191]

Ob für die inhaltliche Bedeutung einer Königsreihe die Haltung der Figuren tatsächlich so entscheidend gewesen ist, sei dahingestellt. In den genealogischen Stammtafeln waren beispielsweise gleichberechtigt Darstellungen stehender und sitzender Stammeltern zu beobachten, was für ihre Bedeutung und Funktion innerhalb des Bildes offensichtlich keinen Unterschied machte.

Am nächsten steht dem Herrscherzyklus der Brüsseler Weltchronik (Ms. 467) ein von der Forschung noch nicht mit ihr verglichenes und doch der gleichen Gattung angehörendes Beispiel aus der Gruppe des *Chronicon pictum*, gemeint ist die sogenannte Anonyme Kaiserchronik aus Cambridge. Die Zahl der Dargestellten war in diesem Codex wie beschrieben (Abb. 18-35) natürlich erheblich größer. Die Herrscherhäuser der Karolinger und Ottonen wurden durch zahlreiche ihrer Angehörigen vertreten, während die

188 Vgl. Zeit der Staufer, Stuttgart 1977, S. 582.

189 Vgl. Hohenzollern, Johann Georg Prinz von, Die Königsgalerie der französischen Kathedrale, Herkunft, Bedeutung, Nachfolge, München 1965, S. 67 ff., S. 80 ff.

190 Vgl. Rhein und Maas 1, Köln 1972, S. 264; Schramm/Mütherich 1962, S. 215.

191 Vgl. Schramm/Mütherich 1962, S. 175, Kat. Nr. 159, vgl. Kat. Nr. 70. Die Figurenfolge stammt aus dem elften, die Fassung aus dem dreizehnten Jahrhundert.

Chronik in Brüssel zwar die gesamte Reihe der stauferzeitlichen, aber nur zwei frühere Herrscher – Karl den Großen und Lothar von Supplinburg – zeigt.

Die historische Forschung geht zur Zeit noch sowohl für die Kölner Königschronik und ihre Filiationshandschriften als auch für die Cambridger Kaiserchronik davon aus, daß diesen Texten die zweite, verlorene Rezension der Frutolf/Ekkehard-Chronik zugrunde liegen könnte. Aus den recht gleichartigen, zeitlich aber weit auseinanderliegenden Königszyklen könnte trotzdem möglicherweise rückgeschlossen werden, daß diese Rezension – neben den fortlaufend weitertradierten Stammtafeln – bereits eine solche Herrscherreihe als typisches Bildprogramm besaß.

c. Der Liber Sancti Pantaleonis – Die Handschrift G. V. No. 2 aus Düsseldorf

Ebenfalls in Sankt Pantaleon in Köln entstanden und im Bildteil bis zum *Chronicon universale* von Frutolf und Ekkehard zurückzuverfolgen, war eine früher in Düsseldorf befindliche Handschrift (Hs. G. V. No. 2, vorher: A 18, ehem. Düsseldorf, Hauptstaatsarchiv). Der Codex ging während des Zweiten Weltkriegs verloren.[192] Bis 1802 konnte der Codex in Sankt Pantaleon in Köln nachgewiesen werden. Die letzte sorgfältige Dokumentation, ausgehend vom Original, stammt aus dem Jahre 1936 von Hanns Swarzenski.[193]

Der Sammelband mit Textteilen aus dem elften bis vierzehnten Jahrhundert enthielt keine Weltchronik, gehörte nur im indirekten Sinn in die Reihe der hier zu betrachtenden Zimelien und wird deshalb auch erst nach den Kölner Weltchroniken angeführt.

Alle kompilierten Miszellen der Handschrift hingen direkt mit dem Wachsen und Werden des Benediktinerklosters Sankt Pantaleon und den bereits seit der Gründungszeit mit ihm verbundenen deutschen Dynastien zusammen. Der Codex enthielt unter anderem Texte zur Passion (fol. 1^r-33^v) und Wundertätigkeit (fol. 34^r-50^v) des heiligen Pantaleon und zur Geschichte des Klosters, Texte zu den ebenfalls dort verehrten heiligen Maurinius und Albinus (fol. 51^rff., fol. 147^v-148^r) und ein Lobgedicht auf die Ottonenkönige (fol. 149^r, vierzehntes Jahrhundert).[194]

Bedeutend für die vier Illustrationen der Handschrift waren in erster Linie die Manuskriptteile zur Vita der Kaiserin Mathilde (in fol. 84^r-131^r) und die beiden Viten

192 Vgl. Oedinger, Friedrich Wilhelm, Bearb., Das Hauptstaatsarchiv Düsseldorf und seine Bestände 5, Siegburg 1972, S. 278/279.

193 Vgl. Swarzenski, H. 1936, S. 86/87, Nr. 2. Zur Handschrift: Pergament, 244 fol., 25,9 x 16 cm, 18 respektive 22 Zeilen, Einband von 1658. Die Provenienz der Handschrift gesichert durch die Einträge auf fol. 1^r und 3^r: *Liber St. Pantaleonis in Colonia.*

194 Die Foliozählung der Textteile stimmt zwischen Swarzenski 1936 und Oedinger 1972 nicht überein, hier nach Swarzenski (s. o.) zitiert.

des heiligen Bruno (fol. 132^{r}-148^{r}, fol. 151^{r}-244^{r}),[195] des Bruders Kaiser Ottos I. und Klostergründers.

Neben den vier Miniaturen war der Codex mit Schmuckinitialen ausgestattet.[196] Die Bilder der Handschrift – von mindestens drei verschiedenen Malern gefertigt – gehen paarweise zusammen: Den zwei deckfarbenen Vollminiaturen wurde jeweils ein genealogisches Schema gegenübergestellt.[197]

Auf fol. 93^{r} (Abb. 57) – innerhalb der Texte zur Vita der Königin Mathilde, nach der *Prefatio*, vor dem Textbeginn *Temporibus Kunradi* – wenden sich der heilige Bruno von Köln (bez.: Scs. Bruno) im erzbischöflichen Ornat und seine Mutter (bez.: Mathildis regina) einander zu. Mathilde trägt Nimbus und Krone. In der erhobenen Rechten hält sie eine Pyxis, die sie ihrem Sohn reicht. Offensichtlich wurde die Königin in dieser Darstellung als Heilige und Stifterin in den gleichen Rang wie der Klostergründer eingesetzt.

Auf fol. 133^{v} (Abb. 58) widmete der Illustrator dagegen die gesamte Bildfläche dem heiligen Bruno, wieder in Meßgewändern mit Heiligenschein. Über seiner weisenden linken Hand schwebt das Architekturmodell von Sankt Pantaleon. Die weltliche Gewalt des erzbischöflichen Territorialherren signalisiert die aufrecht gehaltene Lanze mit dem Wimpel in seiner Rechten. Zu Brunos Füßen im unteren Rahmenteil der Miniatur liegt – winzig von Gestalt, auf die rechte Körperseite gerollt, den Blick nach oben, die Lanze zu Boden gerichtet – der von Bruno besiegte Herzog Kuno von Lothringen (bez.: Kuno dux). Die Szene ist wie eine *psychomachia* aufgefaßt, in der das große, tugendhafte Gute – in der Person des Heiligen – über das niedrige, lasterhafte Böse – den besiegten Kuno – triumphiert.[198]

Über Bruno waren in Dreiviertelbildnissen seine Eltern Heinrich I. und Mathilde unter einer Doppelarkade eingefügt. Die seitlichen, breiten Rahmenstreifen der Miniatur füllten in einer Medaillonkette aufeinander folgend die Herrscher des *Sacrum Imperium* von Otto I. bis zu Heinrich VII. in kleinen Brustbildnissen. Die Inschrift des letzten

[195] Vgl. Simson, Bernhard von, Über eine Handschrift der jüngeren *Vita Mathildis*, der *Vitae Brunonis* etc. aus dem zwölften und dreizehnten Jahrhundert, in: Lacomblets Archiv für die Geschichte des Niederrheins 7, Köln 1870, S. 148 ff.; Althoff, Gerd, *Causa scribendi* und Darstellungsabsicht, Die Lebensbeschreibung der Königin Mathilde und andere Beispiele, in: *Litterae medii aevi,* Festschrift für Johanne Autenrieth zu ihrem fünfundsechzigsten Geburtstag, hrsg. von Michael Borgolte und Herrad Spilling, Sigmaringen 1988, S. 117-133.

[196] Fol. 2^{v}, 34^{r}, 51^{r}, 80^{r}, 93^{v}. Vgl. Swarzenski, H. 1936, Abb. 39.

[197] Vgl. Lamprecht 1882, S. 31, Nr. 116; Clemen 1890, S. 225; ders. 1916, S. 794, Abb. 523; Ehl 1922, S. 257-258; Boeckler, Albert, Beitrage zur Kölner Buchmalerei, in: Festgabe zum sechzigsten Geburtstag von Hermann Degering, Leipzig 1926, S. 19.

[198] Vgl. Katzenellenbogen, Adolf, Die Psychomachie in der Kunst des Mittelalters von den Anfängen bis zum dreizehnten Jahrhundert, Phil. Diss. Hamburg 1933; ders., Allegories of the Virtues and Vices in Medieval Art, zweite Auflage New York 1964.

Medaillons gab einen exakten Anhaltspunkt für die Datierung der beiden Miniaturen: Da Heinrich VII. als einziger der bezeichneten Herrscher den Königstitel geführt hat, wird die Illustration höchstwahrscheinlich innerhalb seiner Regierungszeit zwischen 1222 und 1235 entstanden sein.[199]

Auf fol. 148^v (Abb. 59) und fol. 150^v (Abb. 60) folgen die zwei einander weitgehend entsprechenden Stammtafeln, die – ausgehend von dem Stammvater der ottonischen Dynastie, dem Sachsenherzog Ludolf – bis zu Konrad IV. (+1254, fol. 148^v) respektive Friedrich I. (fol. 150^v) weitergeführt wurden. Ganz eindeutig enthalten beide Schemata nicht nur, wie Swarzenski es formulierte, den Stammbaum des heiligen Bruno, sondern die Genealogie der Ottonen, Salier und Staufer in jener kombinierten Form, die erstmals in der Wolfenbüttler Fassung der *Chronica Sancti Pantaleonis* (Cod. Guelf. 74,3 Aug. fol., fol. 114^v = Abb. 41) zu beobachten war.[200]

Auch die Inschriften wurden wörtlich übernommen, die Deszendenztafeln aber aus ihrem angestammten Bild-Text-Zusammenhang isoliert, verselbständigt und in einen wesentlich unverbindlicheren Bezug zur *Vita Brunonis* einerseits und dem Lobgedicht auf die ottonischen Kaiser andererseits eingefügt. Wie bereits an dem entsprechenden Schema der Brüsseler Handschrift zu verfolgen war (fol. 44^r = Abb. 48), lehnt sich auch die ältere der beiden Stammtafeln des Liber Sancti Pantaleonis' (fol. 150^v = Abb. 60) in Haltung und Attributen exakt an den älteren Wolfenbüttler Typ an, während die jüngere, bis zu Konrad IV. weitergeführte Darstellung (fol. 148^v = Abb. 59) bereits leichte Varianten in Trachten, Haltungsmotiven und zugeordneten Gegenständen vorführt. Technisch gesehen waren die beiden in Schwarz und Rot gezeichneten Schemata des *Liber Sancti Pantaleonis* den etwas später entstandenen der Brüsseler Chronik (Ms. 467, fol. 44^r = Abb. 48) näher: die Medaillonbilder hatten kräftig deckfarbene, wechselnde Farbhintergründe.

Übergreifend kann festgestellt werden, daß die Miniatur des heiligen Bruno (fol. 133^v = Abb. 58) inhaltlich den Schemata in vielem entspricht und ihre erheblich gestraffte Dynastenfolge in den Medaillons aus einer vergleichbaren umfangreicheren Stammtafel hergeleitet sein könnte. Bruno als übergroße Hauptfigur der Miniatur stellt den Bezug der Texte zum Mutterkloster viel deutlicher her, als es die vergleichsweise kleinen Medaillonbilder des Heiligen in den Schemata können, obwohl Bruno hier – anders als in den Illustrationen der Weltchroniken – mit einem Nimbus versehen ist.

Die ehemalige, nicht mehr rekonstruierbare Farbigkeit der Miniaturen weist auf jene Bildtradition hin, die in Sankt Pantaleon bereits im zwölften Jahrhundert beheimatet war,[201] zum Vergleich sei das Evangeliar aus Sankt Pantaleon (Köln, Stadtarchiv, MS. 312, Mitte zwölftes Jahrhundert) herangezogen.[202] Stilistisch blieben die Figuren denen der

[199] Vgl. Swarzenski, H. 1936, S. 14, S. 88.

[200] Vgl. Chronica regia Coloniensis, 1978, S. 25.

[201] Vgl. Mazal 1978, S. 178/179.

[202] Vgl. Schnitzler 1959, S. 28/29, Kat. Nr. 22, Farb.-Abb. II, Abb. 72-74.

Chronica Sancti Pantaleonis noch sehr nah, „... die *Mater Arnulfi der Chronica regia* (– gemeint ist die Wolfenbüttler Handschrift) ist das unmittelbare künstlerische Vorbild der Königin Mathilde ... ."[203]

Um nach diesem Exkurs zu den grundsätzlichen Überlegungen über die illustrierten Weltchroniken zurückzukehren, muß klar gemacht werden, daß in dem Düsseldorfer Miszellancodex aus Sankt Pantaleon sozusagen ein *missing link* zwischen Illustrationen von Heiligenviten, Lokal- und Klostergeschichten einerseits und der Gattung der Universalhistorien andererseits gesehen werden kann. Offensichtlich war es im Hochmittelalter möglich, häufig sogar üblich, aus einer Handschriftengattung Illustrationen in die andere zu transponieren, ohne direkte Rücksichten auf ihre Einbindung in einen bestimmten Manuskripttext nehmen zu müssen.

d. Die Deutzer Chronik

Ebenfalls in den Kreis der Kölner Chroniken, wenn auch nicht in den direkten Rezeptionsbereich der *Chronica regia Coloniensis*, gehörte die Deutzer Chronik.[204] Auf fol. 55^v-67^r enthielt die Handschrift eine sehr gekürzte, größtenteils auf dem *Chronicon universale* des Ekkehard von Aura aufbauende Weltchronik.

Der Codex ist 1930 veräußert worden, nachdem er 1865 aus dem Besitz des Kardinals und Erzbischofs von Geissel in die Bibliothek der Fürsten von Hohenzollern-Sigmaringen gelangt war (Ms. Nr. 7).[205] Über Schicksal und Verbleib der Handschrift ist nichts Weiteres bekannt.

Weniger wegen möglicher Textbezüge zur Kölner Chroniktradition als vielmehr auf Grund einiger vor dem Textbeginn ehemals vorhandener Illustrationen, soll die Handschrift der Vollständigkeit halber kurz präsentiert werden: Von ihrer Ausrichtung und ihrem Inhalt her war die Handschrift sicherlich stärker dem *Liber Sancti Pantaleonis* aus Düsseldorf verwandt, war trotz einiger übergreifender Ansätze mehr eine Stiftschronik als ein universal ausgerichtetes *Chronicon pictum.*

Die Datierung der Handschrift um 1155-1165 ergab sich aus den Abts-, Papst- und Königslisten.[206] Stilistisch gehörte sie zu einer Gruppe von Kölner Handschriften, die einerseits noch Reminiszenzen auf dem sogenannten parzellierenden Gewandstil auf-

203 Vgl. Swarzenski, H. 1936, S. 14.

204 Supplementa 2, hrsg. von Georg Waitz (Monumenta Germaniae Historica, Scriptores in folio 149), Reprint der Ausgabe Hannover 1883, Stuttgart/New York 1963, (auch Nachdruck Hildesheim 1988), S. 560 ff., S. 561/562 Register der Handschrift.

205 Zur Handschrift: Pergament, 78 fol., vgl. Kraus, Franz Xaver, Notizen aus und über den *Codex Theodorici* aus der Abtei Deutz, in: Jahrbücher des Vereins von Altertumsfreunden im Rheinland 41, Bonn 1866, S. 43 ff.; Supplementa 1, hrsg. von Georg Waitz (Monumenta Germaniae Historica, Scriptores 13), Reprint der Ausgabe Hannover 1881, Stuttgart 1985, S. 283 ff.; Lehner, F. A., Fürstlich-Hohenzollern'sches Museum zu Sigmaringen, Verzeichnis der Handschriften, Sigmaringen 1872, S. 5-7.

wiesen, andererseits bereits jenen Übergangsstil, den die Illustrationen der Düsseldorfer Handschrift aus Sankt Pantaleon teilweise besaßen, entwickelte.[207]

Die erste Miniatur (fol. 1^{v} = Abb. 61) führte den aus den Texten des Rupert von Deutz vertrauten Kölner Erzbischof Heribert (970-1021) vor.[208] Zu Füßen des heiliggesprochenen und 1147 erhobenen Erzbischofs und Gründers der Benediktinerabtei in Deutz (1103) kauerten klein, fürbittend und unterwürfig die Mönche des Deutzer Konvents. Eine Widmungsinschrift auf fol. 3^{v} bestätigte die Identität des Dargestellten und nannte neben dem Klosterpatron gleichzeitig auch den Stifter des Codex, den Kustos (respektive *aedituus)* Theoderich. Zeitlich wie auch formal stand das Widmungsbildnis des Erzbischofs seinem wohl nur wenig später entstandenen Bild auf der Frontseite des Heribertschreins (Köln-Deutz, Sankt Heribert, 1160-1170) kaum nach.[209] In ihrer Beziehung zum Text und der überdimensionalen Größe des Klostergründers kann die Figur mit der Darstellung des heiligen Bruno in der Sammelhandschrift aus Sankt Pantaleon (fol. 133^{v} = Abb. 58) verglichen werden.

Auf fol. 2^{r} (Abb. 62) folgte eine wesentlich weniger qualitätvolle Darstellung der thronenden Mutter Gottes mit dem Kind, zu ihren Füßen – wieder winzig klein – der bereits genannte Stifter Theoderich.[210]

Auf fol. 2^{v} (Abb. 63) wiederum sehr qualitätsvoll, aber in stark retardierendem, parzellierendem Gewandstil angelegt, wurde eine frühe Gnadenstuhldarstellung erkennbar. Diese war vom Typ und der Formulierung des Themas her gesehen möglicherweise der Trinität im Berthold-Missale (fol. 132^{v}) vergleichbar.[211]

Die letzte Illustration – ein Abbild von Himmel und Hölle – eine stark verkürzte Fassung des Jüngsten Gerichts (fol. 3^{r} = Abb. 64) bildete den Schluß der kurzen Bilderfolge.

---

[206] Vgl. Bloch, Peter, Das Steinfeld-Missale, in: Aachener Kunstblätter 22, hrsg. von Hans Feldbusch und Peter Ludwig, Aachen 1961, S. 52; Ornamenta ecclesiae 1, Köln 1985, S. 203-204.

[207] Vgl. Bloch 1961, S. 50 ff.; Große Kunst aus tausend Jahren, Aachen 1968, S. 52/53, Kat. Nr. 92.

[208] Vgl. Beitz, Egid, Rupert von Deutz, Seine Werke und die bildende Kunst, Köln 1930, S. 137 ff.; Haacke, Rhaban, Rupert von Deutz, Programme zur bildenden Kunst in den Schriften des Rupert von Deutz, Siegburg 1974; Rupert von Deutz, Vita Heriberti, Kritische Edition mit Kommentar und Untersuchungen, hrsg. und bearb. von Peter Dinter, Phil. Diss. Bonn 1974 (Veröffentlichungen des Historischen Vereins für den Niederrhein insbesondere das Erzbistum Köln 13), Bonn 1976.

[209] Vgl. Schnitzler, Hermann, Der Schrein des Heiligen Heribert, Mönchengladbach 1962; Ornamenta ecclesiae 2, Köln 1985, S. 314-323, Kat. Nr. E 91 (mit Literaturverzeichnis).

[210] Vgl. Supplementa 2, 1963, S. 560/561 kurze Beschreibung der Miniaturen und Auffuhrung der Tituli und Inschriften.

[211] Swarzenski, Hanns, The Berthold-Missal (The Pierpont Morgan Library Ms. 710) and the *scriptorium* of Weingarten Abbey, New York 1943; Beitz 1930, S. 64, sieht die Entwicklung des Bildtyps unter direktem Einfluß der Schriften des Rupert von Deutz.

Für die grundsätzliche Erörterung des Problemkreises der illustrierten Weltchroniken gibt dieses Geschichtswerk wenig her. Die Illustrationen – der Klostergründer und Patron, Maria mit dem Kind und einem Stifter, die Trinität, das Jüngste Gericht – könnten ebensogut als einleitende Bildreihe eines liturgischen Buchs benutzt worden sein. Zu den Miniaturzyklen der Kölner Geschichtswerke universellen Charakters und historischer, politischer wie auch zeitbezogener Orientierung besaß die Deutzer Chronik keinen Bezug.

e. Ergebnisse

Aus den Überlegungen zu der Gruppe der sogenannten Kölner Weltchroniken läßt sich ablesen, daß parallel zur Textrezeption die Übernahme von teilillustrierten Bildschemata – den Stammtafeln und Bilderfolgen, den Herrscherreihen – aus der älteren Ekkehard von Aura-Tradition erfolgt ist.

Gleichzeitig entstanden als nächstfolgender Entwicklungsschritt in der Chronikenillustration isoliert vom zugehörigen Textteil einzelne Szenenbilder. Diese Illustrationen beinhalteten festgelegte Bildtypen, das Dialogbildnis und die Gruppendarstellung thronender Herrscher. Eigentlich neue Bildformen oder Illustrationen gegenwartsbezogenen Ereignischarakters, wie sie vereinzelt die Miniaturen der jüngeren Ekkehard von Aura-Handschriften besitzen (Abb. 8), haben die Wolfenbüttler (Cod. Guelf. 74,3 Aug. fol.) und die Brüsseler Chronik (Ms. 467) nicht. In diesem Punkt hinken sie entwicklungsgeschichtlich hinter der älteren Bild-Text-Tradition der Chronikenillustration deutlich hinterher, weisen als die jüngere Textvariante ein stark retardierendes Moment in der Bildrezeption auf.

3. Die bebilderten Handschriften der Chronica sive Historia mundi des Otto von Freising

Neben den illustrierten Rezensionen des *Chronicon universale* des *Ekkehard von Aura* und den *Kölner Chroniken* entstand – ebenfalls im zwölften Jahrhundert – die bebilderte Fassung der *Chronica sive Historia de duabus civitatibus* des *Bischofs Otto von Freising*.

Die älteste erhaltene mit einer Bilderfolge ausgestattete Handschrift ist der *Codex Bose quarto 6* der Jenaer Universitätsbibliothek.[212] Ihm folgte das Exemplar der Ambrosiana, der *Codex Mediolanensis ambrosianus F. 129* in Mailand. Ein drittes Werk, der *Codex romanus Casanatense* 372 in Rom (Biblioteca Casanatense), wurde offensichtlich auf ein später nicht ausgeführtes Bildprogramm hin angelegt.

Die drei genannten Abschriften der *Chronica* des *Otto von Freising* gehören alle der Rezension B1 an.[213] Offensichtlich hat sich innerhalb der Filiation des Stemmas nur ein bebilderter Traditionsstrang gegenüber mehreren nicht illustrierten Gruppen entwickelt. Nur selten können in diesen nicht ausgemalten Handschriften vereinzelte Illustrationen, wie beispielsweise in dem *Admonter Codex* der *Chronica* (Admont, Stiftsbibliothek, Ms. 164 <16>) das Bildnis des Kaisers Konstantin (fol. 51^{v} = Abb. 65), gefunden werden.[214]

[212] Die – nicht bebilderte (?) – Urfassung der Chronik lag wohl schon im Jahr 1146 vor.

[213] Ottonis episcopi Frisigensis Chronica sive Historia de duabus civitatibus, hrsg. von Adolf Hofmeister (Monumenta Germaniae Historica, Scriptores rerum Germanicarum in usum scholarum seperatim editi 45), Reprint der Ausgabe Hannover/Leipzig 1912, Hannover 1984, S. XIX Stemma der Handschriften, S. LII ff. Cod. Bose q. 6 (Rezension B1), S. LVI ff. Cod. roman. Casanat. (Rezension B1a), S. LVIII ff. Cod. Mediol. ambros. F. 129 (Rezension B1b).

[214] Zur Handschrift: Pergament, 19,5 x 30 cm, 126 fol., vor 1181. Auf fol. 51^{v} eine Federzeichnung des jugendlichen, bartlosen Kaisers Konstantin mit erhobenem Zepter und Schwert in Form einer I-Initiale. Ansonsten enthält die Handschrift nur Illustrationen in Form von ornamentalen oder zoomorphen Zierinitialen. Vgl. Otto/Chronik, 1984, S. XXXIX (Hofmeister); Buberl, Paul, Die illustrierten Handschriften in der Steiermark (Beschreibendes Verzeichnis der illustrierten Handschriften in Österreich 4), Leipzig 1911, Nr. 22, Fig. 46; auch Gutbrod 1965, S. 80, Abb. 38 (Die Konstantinsdarstellung jedoch nicht wie hier angegeben auf fol. 9^{r}).

a. Der Codex Bose quarto 6 aus Jena – die Kopie des ersten illustrierten Exemplars

Wie eingangs bereits ausgeführt, liegen für die *Chronica sive Historia mundi* des *Bischofs Otto von Freising* zahlreiche textkritische und geschichtswissenschaftliche Bearbeitungen vor.[215] Der Fülle der Arbeiten zum Werk und zur Person[216] ist kaum noch etwas hinzuzufügen.

Mit den Illustrationen zum Text des wohl bedeutendsten Werks hochmittelalterlicher Geschichtsschreibung haben sich dagegen nur wenige Autoren detaillierter auseinandergesetzt: Goethe publizierte 1820 erstmals einige der Illustrationen mit einer knappen Einführung zu dem Jenaer Codex im „Archiv der Gesellschaft für ältere Geschichtsforschung".[217] Als Anhang an die *Quellenkritische Einleitung* zu den *Elsässischen Annalen der Stauferzeit* erschien 1908 mit der kodikologischen Untersuchung von Hermann Bloch eine knappe Beschreibung der vierzehn Illustrationen der frühesten erhaltenen illustrierten Redaktion der Handschrift, des *Codex Bose q. 6* (in der älteren Literatur *Codex Jenensis Bose q. 6*) der Universitätsbibliothek in Jena von *Ernst Polaczek*.[218] Eine wesentlich umfangreichere Dokumentation – auch zu den anderen illuminierten Fassungen des Textes und zur stilkritischen Einordnung der Handschrift – veröffentlichte Walter Scheidig 1928.[219] Im Zusammenhang mit der neuen Edition[220] der *Geschichte von den zwei Staaten* legte Walther Lammers 1963 eine ikonologisch-typologische Interpretation der Miniaturen der Jenaer Handschrift vor.[221]

---

215 Vgl. Otto/Chronik, 1980, S. LXIII ff.; Goetz 1984, S. 329 ff.; Die wichtigsten älteren Abhandlungen zusammengestellt in: Geschichtsdenken und Geschichtsbild im Mittelalter, Ausgewählte Aufsätze und Arbeiten aus den Jahren 1933 bis 1959, hrsg. von Walther Lammers (Wege der Forschung 21), Reprint der Ausgabe Darmstadt 1961, Darmstadt 1984.

216 Zuletzt: Goez, Werner, Gestalten des Hochmittelalters, Personengeschichtliche Essays im allgemeinhistorischen Kontext, Darmstadt 1983, S. 219 ff.

217 Siehe: Goethe, Johann Wolfgang von, Chronik des Otto von Freysingen, Acht Bücher (mit vier Lithographien), in: Archiv der Gesellschaft für ältere Geschichtsforschung 2, 1820, S. 301-305; Wilmans, Roger, Zur Geschichte der Handschriften von Otto von Freisingens Chronik, in: Archiv der Gesellschaft für ältere deutsche Geschichtskunde 11, hrsg. von Georg Pertz, 1853, S. 18-76.

218 Siehe: Polaczek, Ernst, Die Bilder des Codex Jenensis Bose q. 6, in: Bloch, Hermann, Die elsässischen Annalen der Stauferzeit, Eine quellenkritische Einleitung (Regesten der Bischöfe von Straßburg 1, hrsg. von der Kommission zur Herausgabe elsässischer Geschichtsquellen), Innsbruck 1908, Anhang II, S. 200-209; vgl. auch Bloch ebd., Anhang I, S.186 ff.; auch Hampe, Karl, Die elsässischen Annalen der Stauferzeit, in: Zeitschrift für Geschichte des Oberrheins N. F. 24, 1909, S. 349 ff.

219 Siehe: Scheidig, Walter, Der Miniaturenzyklus zur Weltchronik Ottos von Freising im Codex Jenensis Bose q. 6 (Studien zur Deutschen Kunstgeschichte 257), Straßburg 1928.

220 Vgl. Otto/Chronik, 1980, mit der Wiedergabe aller Illustrationen, Tf. 1-14.

Nach der Abhandlung von Lammers wurden in den sechziger und siebziger Jahren zahlreiche kurze Katalogbearbeitungen zur Chronik aus Jena erstellt, die das „Ausstellungs-Itinerar“ der Handschrift verfolgbar machen.[222]

Zuletzt wurden die Illustrationen der Handschrift ausführlich in einer Untersuchung von Ursula Nilgen gewürdigt.[223]

Der Jenaer Codex der *Chronica* des *Otto von Freising* enthält eine kurz vor 1177 entstandene Kopie der zweiten Rezension des Textes, des 1156/57 für Ottos Neffen, *Kaiser Friedrich Barbarossa*, fertiggestellten Dedikationsexemplars.[224] Die erste, nicht erhaltene Redaktion der *Historia*, die *Otto* dem Mönch *Isegrimm* von Sankt Ulrich und Afra in Augsburg gewidmet hatte, war in den Jahren zwischen 1143 und 1146 von dem Freisinger Bischof niedergeschrieben worden.

Der Codex in Jena enthält zwar alle acht Bücher der Chronik, doch wurden das achte Buch und die sogenannten *Marbacher Annalen* erst im dreizehnten Jahrhundert abgeschrieben und beigebunden (fol. 104^r ff.), als sich die Handschrift im Zisterzienserkloster Neuburg bei Hagenau im Elsaß befand.[225] Aus dem Besitz des Magisters Wendelin Sprenger gelangte die Handschrift im siebzehnten Jahrhundert in die Sammlung des Jenaer Rechtsgelehrten Johann Andreas Bose und verblieb bei seinem Tode 1674 in Jena.[226]

---

221 Siehe: Lammers, Walther, Ein universales Geschichtsbild der Stauferzeit in Miniaturen Der Bilderkreis zur Chronik Ottos von Freising im Jenenser Codex Bose q. 6, in: Alteuropa und die moderne Gesellschaft, Festschrift für Otto Brunner, hrsg. vom Historischen Seminar der Universität Hamburg, Göttingen 1963, S.170 ff.

222 Vgl. Rothe, Edith, Buchmalerei aus zwölf Jahrhunderten, Die schönsten illuminierten Handschriften in den Bibliotheken und Archiven der DDR, Berlin 1966, S. 242, Tf. 23; Monumenta Annonis, Köln 1975, S. 110/111, Kat. Nr. A 45; Zeit der Staufer 1, Stuttgart 1977, S. 241/242, Kat. Nr. 335; Tausend Jahre Babenberger in Österreich, Katalog der Ausstellung, Lilienfeld 1976, Kat. Nr. 1336; Lülfing, Hans und Hans-Erich Teitge, Handschriften und alte Drucke, Kostbarkeiten aus Bibliotheken der DDR, Wiesbaden 1981, S. 124; Heiliger Leopold, Wien 1985, S. 200, Kat. Nr. 127. Zur Handschrift: Pergament, 189 fol., 25,5 x 17 cm.

223 Nilgen, Ursula, Illustrationen der Weltchronik Ottos von Freising, in: Freising, 1250 Jahre Geistliche Stadt II, Beiträge zur Geschichte und Kunstgeschichte der altbayerischen Bischofsstadt (Kataloge und Schriften des Diözesanmuseums für christliche Kunst des Erzbistums München und Freising 12, hrsg. von Friedrich Fahr, Hans Ramisch und Peter Steiner), München 1994, S. 79 ff.

224 Vgl. Otto/Chronik, 1980, S. XIII (Lammers).

225 Vgl. Bloch 1908, S. 57 ff., 186 ff., 193 ff.; Scheidig 1928, S. 3 ff. Das im Textanfang enthaltene Register (bis fol. 9^v) zum achten Buch der Jenaer Handschrift läßt jedoch auf ein vollständiges Vorlageexemplar schließen.

226 Zu Bose: Kappner, Hermann, Die Geisteswissenschaften an der Universität Jena, in: Zeitschrift des Vereins für thüringische Geschichte und Altertumskunde, hrsg. von Otto Dobenecker, N. F., Beiheft 14 (Beiträge zur Geschichte der Universität Jena 3), Jena 1931, S. 68-128; Bechmann, Friedemann, Leichenpredigt für J. A. Bose, in: 4. Th. XXV, 19(11), Archiv der Universitätsbibliothek, Jena.

Die sieben kurz vor 1177 – möglicherweise im Kloster Schäftlarn abhängig von der Salzburger Malerschule – entstandenen[227] Bücher der Weltchronik enthalten einen Bilderzyklus von vierzehn Federzeichnungen. Diese Zeichnungen mit umlaufenden Tituli können einzeln stehen oder – in Registern horizontal unterteilt – mehrere Bildthemen vorführen. Insgesamt sind einunddreißig getrennte Einzelszenen vorhanden. Die Illustrationen gehen den jeweils zugehörigen Textpartien voran. Meistens stehen zwei Bildseiten am Beginn jedes Buches, lediglich vor dem ersten Buch wurden drei Zeichnungen, vor dem siebten Buch nur ein illustriertes Blatt angebracht. Die Zuordnung von Bild und Text läßt zu Recht vermuten, daß möglicherweise auch das achte Buch des Dedikationsexemplars Illustrationen besaß, ohne daß bis heute exaktere Angaben gemacht werden könnten.[228]

Alle vorhandenen Zeichnungen wurden in brauner Tusche angelegt. Sie weisen vereinzelt rote, grüne, goldene und schwarze Farbakzente auf (vgl. Abb. 78).

Auf fol. 10^r (Abb. 66) erscheinen vor dem Beginn des ersten Buches innerhalb eines Rahmenfeldes drei Szenen. Im oberen Register steht neben der Erschaffung der Urmutter Eva die Vertreibung aus dem Paradies und im unteren die Sintflut (Chronik I, 2 und 3).[229] Die erste Szene führt auffälligerweise nicht die wesentlich geläufigere Darstellung Gottvaters, der Eva aus der Seite Adams herauszieht, vor. Aus der Wolkenbank in der linken oberen Bildecke weist die Hand Gottes auf den schlafenden Adam, aus dessen Seite Eva hervorwächst.[230] Während der Garten Eden nur durch einen kleinen Baum zu Füßen des Urvaters chiffrenartig gekennzeichnet ist, wirkt die Körperhaltung Adams zunächst völlig unverständlich: Der Erdhügel, der die Ruhelage Adams mit den seitlich am Körper ausgestreckten Armen, dem zurückgelegten Haupt und den leicht angewin-

[227] Vgl. Scheidig 1928, S. 99; Zeit der Staufer 1, Stuttgart 1977, S. 242. Eine Durchsicht der von Elisabeth Klemm neu zusammengestellten illustrierten Handschriften aus dem Kloster Schäftlarn macht diese Zuschreibung eher unwahrscheinlich, wesentlich deutlicher können Bezüge zur regensburgisch-salzburgischen Tradition gesehen werden. Vgl. Klemm, Elisabeth, Die romanischen Handschriften der Bayerischen Staatsbibliothek 2, Die Bistümer Freising und Augsburg, verschiedene deutsche Provenienzen, (Katalog der illuminierten Handschriften der bayerischen Staatsbibliothek in München 3,2), Wiesbaden 1988, Schäftlarn: S. 85-119, Kat. Nr. 104-169, Abb. 243-369. Eine eindeutige Zuschreibung der Provenienz der Illustrationen zu geben, ist wohl nicht möglich, da sich der Stil des vorbildgebenden Urexemplars und die persönliche Handschrift des Kopisten offensichtlich stark überlagert haben.

[228] Vgl. Lammers 1963, S. 172 ff.

[229] Vgl. Otto/Chronik, 1980, S. 60/61, 62/63, Tf. 1; Bloch 1908, S. 200 ff.; Scheidig 1928, S. 6 ff.; Lammers 1963, S. 178 ff., Tf. 1; Nilgen 1994, S. 82 ff., Abb. 1; Tituli: *Ecce patres primi / producti plasmate limi. Post epulas mortis / pelluntur dulcibus ortis. Sors fluitat rerum / cadet orbis in orbe dierum. Primo flurens unda / necat igne ruina secunda.*

[230] Vgl. Erffa, Hans Martin von, Ikonologie der Genesis, Die christlichen Bildthemen aus dem Alten Testament und ihre Quellen 1, München 1989, S. 145 ff., S. 150 ff. Erschaffung der Eva.

kelten, übereinander gelegten Beinen in vergleichbaren Darstellungen ermöglicht, fehlt im Bilde. Ganz offensichtlich hat der unbekannte Illustrator für die Erschaffung der Eva ein von ihm nicht ganz genau verstandenes oder unvollständig kopiertes Vorbild benutzt. Eva, mit anbetend erhobenen Händen, den offenen Blick der verborgenen Gestalt des Schöpfers zugewandt, wächst scheinbar aus dem Spalt zwischen dem rechten Oberarm und dem Brustkorb Adams hervor. Diese Darstellungsweise ist zwar nicht textkonform zum Bibeltext (Genesis 2, 22), entspricht aber der geläufigen Bildform.

Typologisch interpretiert ist, wie in zahlreichen mittelalterlichen Kompendien – etwa dem *Pictor in carmine*, der *Biblia pauperum*, der *Concordantia caritatis* und der *Bible moralisée* – zu verfolgen, die Seitenwunde Adams die Seitenwunde Christi, aus der Eva beziehungsweise durch den Kreuzestod die *Ecclesia* hervorgeht.[231]

Am rechten Bildrand des oberen Registers stehen – bereits jenseits des noch offenen Paradiestores – Adam und Eva (bez.: Adam Eva). In völlig synchroner Haltung bedekken sie mit der jeweils linken Hand ihre Blöße, heben klagend die geöffnete Rechte und wenden den Blick zurück in den Garten, dessen Zugang ihnen der Engel mit erhobenem Schwert verstellt.[232]

Gegenüber den qualitätvoll, aber schlicht gezeichneten Aktfiguren der Eingangsszenen wie auch gegenüber anderen Gewandfiguren der Bildfolge ist der Cherubim durch ein extrem vielteiliges, kunstvoll plissiertes Gewand mit zackigen Pendelsäumen und steifen Faltentüten ausgezeichnet. Als Vorlage für eine derartige Figur könnte an Musterbücher oder Zeichnungen mit starkem byzantinischen Einfluß gedacht werden.

Die eher allgemein gehaltenen, knappen Angaben im Text der Chronik haben bestimmt keinen Anhaltspunkt für die Szenenauswahl der ersten zwei Illustrationen der Chronik geliefert.

Den unteren Teil der Bildtafel bedeckt die auf den Wassern der Sintflut treibende Arche Noah (bez.: Arca). In dem kastenartig angelegten, zweigeschossigen Boot befinden sich, dem Bibeltext (Genesis 6, 10 und 7, 7) entsprechend, die acht Geretteten: Noah und seine Söhne Sem, Ham und Japheth und ihre Frauen. Gezeigt wird die Szene nach dem vierzigsten, beziehungsweise siebenundvierzigsten Tag der Flut: Der von Noah ausgesandte Rabe (bez.: Coruus) stürzt sich auf das im Wasser treibende Aas, einen Hasen, während die Taube (bez.: Columba) mit dem Ölzweig im Schnabel zur Arche zurückkehrt. In den Fluten zwischen den Fischen treibt ein Leichnam. Der Schiffsrumpf entspricht tatsächlich einer Arche, das heißt einem längsrechteckigen Kasten, während die oberen Geschosse mit kreuzgangartigen Fensterarkaden, kleinen Fenstern, Giebeln und Dächern die Arche in direktem Bildsinn als die Kirche mit den entsprechenden Architekturdetails auffassen.[233] Diese Darstellungsweise der Arche Noah wird auch in der Zukunft in historiographischen Werken erhalten bleiben. Beispielsweise enthält die

[231] Vgl. ebd., S. 154/155.

[232] Vgl. ebd., S. 240 ff. Vertreibung aus dem Paradies.

[233] Vgl. ebd., S. 442 ff.

Weltchronik des *Rudolf von Ems* (Stuttgart, Württembergische Landesbibliothek, Codex. HB XIII 6, fol. 23^r, um 1340/50) noch immer den bereits bei *Otto von Freising* üblichen Bildtyp in erweiterter Form.[234] Im typologischen Sinn kann, wenn wir der Argumentation von Lammers folgen wollen, die Sintflut als Präfiguration des Jüngsten Gerichts gelesen werden.[235] Ebensogut ist sie aber auch Vorbild für die Taufe und Sinnbild des Neuen Bundes. Wie die ersten beiden Szenen stammt auch das dritte ausgewählte Bild aus den Illustrationen zum ersten Buch Mose.

Vorbilder und Vorlage, die nicht aus profanen Handschriften stammen dürften, sind im Bereich der geläufigen Bibelillustrationen und anderer liturgischer Kodizes zu suchen. Alle drei Darstellungen entsprechen üblichen Kompositionsschemata, die keines Einzelnachweises bedürfen und weder mit dem Bibelwort noch den Texten oder Tituli der Chronik absolut korrespondieren müssen, da sie schon lange als eigenständige Bildformen existiert haben.

Die Illustrationen zur *Chronica* des *Otto von Freising* beginnen also entsprechend seinem heilsgeschichtlich-eschatologisch ausgerichteten Weltbild[236] mit der Erschaffung und dem Erdenleben des Menschengeschlechts, führen aber typologisch gesehen bis zum Ende der Zeit, zu Gericht und Ewigkeit. Nach der Lehre des heiligen Augustin von den sechs Weltaltern vertritt diese Szenenfolge das früheste Zeitalter.[237]

Ob und inwieweit sich in dieser Bildauswahl bereits die Grundzüge des Weltmodells von *Otto von Freising*, die Lehre von den zwei wettstreitenden Staaten, der niederen, unchristlichen, endlichen *civitas terrena* und der überhöhten, göttlichen, ewigen *civitas Dei*[238], wie auch der *mutatio rerum*, erkennen lassen, soll und kann erst nach der Vorstellung des gesamten Bildzyklus diskutiert werden.[239]

Die zweite ganzseitige Bildtafel (fol. 10^v = Abb. 67) schließt sich direkt an die ersten Zeichnungen an. Sie stellt in drei Registern vier Szenen aus der assyrisch-babylonischen Epoche vor (Chronik I, 6 bis 8).[240] Links oben thront in mittelalterlich-königlicher Tracht mit erhobenem Schwert in der rechten, das Scheibenzepter in der linken Hand der legendäre *König Ninus* (bez.: Ninus Rex), der Gründer des sagenhaften Ninive und Eroberer

---

234 Vgl. Rudolf/Weltchronik, 1980, Faksimile fol. 23^r; Irtenkauf, Wolfgang, Stuttgarter Zimelien der Württembergischen Landesbibliothek, Aus den Schätzen ihrer Handschriftensammlung, Stuttgart 1986, Kat. Nr. 10.

235 Vgl. Lammers 1963, S. 178 ff.

236 Vgl. Otto/Chronik, 1980, S. LX ff. (Lammers); Goetz 1984, S. 131 ff.

237 Vgl. Schmidt, Roderich, *Aetates mundi*, Die Weltalterlehre als Gliederungsprinzip der Geschichte, in: Zeitschrift für Kirchengeschichte 67, 1955/1956, S. 301 ff.

238 Vgl. Otto/Chronik 1980, S.XLIV (Lammers); Goetz 1984, S. 181.

239 Anders als Lammers 1963, der allzu starr auf die Einzelszene ausgerichtet interpretiert hat.

240 Vgl. Otto/Chronik, 1980, S. 68/69 ff., Tf. 2; Polaczek 1908, S. 26 ff.; Scheidig 1928, S. 9 ff.; Lammers 1963, S. 180 ff.; Nilgen 1994, S. 84, Abb. 2. Tituli: *Dum Ninus Martem/*

Babylons.[241] Links hinter Ninus steht sein Lanzenträger, während zu seiten des Herrschers Bogenschützen mit ihren Waffen hantieren. Durch ein turmartiges Tor oder eine Mauer von der Szene getrennt, wird das rechte Bilddrittel des oberen Registers der Bildseite durch die Darstellung der Wiege Abrahams (bez.: Abraham Nascitur) gefüllt, in der das Kind wie auf einer ovalen Platte ruht. Hinter der Wiege steht ein Paar. Dieses Kind, das im zweiundvierzigsten oder dreiundvierzigsten Regierungsjahr des Ninus zur Welt kam, würde später das Volk Israel aus der babylonischen Knechtschaft führen.

Eine vergleichbare Illustration, die ebenfalls König Ninus als gerüsteten Gewaltherrscher mit seinen Kriegern neben der Geburtsszene Abrahams präsentiert, besitzt der bereits zitierte Cod. Pal. lat. 927 (Rom, Biblioteca Apostolica Vaticana) auf fol. 31^v vor dem Textbeginn *Excerptum ex Chronica Eusebii*. Die Mutter ruht hier, vergleichbar zahlreichen Darstellungen der Geburt Christi, auf einem längsovalen, tücherbedeckten Bett. An ihrer Seite steht die Wiege mit dem Kind, auch in diesem Beispiel in starker Aufsicht gezeichnet. Da die zugehörigen Textpassagen des *Otto von Freising* nachweislich auf der lateinischen *Eusebius-Übersetzung* des *Rufinus* beruhen[242], kann überlegt werden, ob hier möglicherweise ein vergleichbarer, illustrierter Eusebius-Text als Vorbild sowohl für den Illustrator als auch für den Autor der *Chronica* zu sehen ist.

Eine andersartige bildliche Darstellung des *Ninus*, die sich bestens mit den Herrscherbildern der *Kölner Chroniktradition* vergleichen läßt, bietet die *Anonymi Historia Trevirensis* (Wien, Österreichische Nationalbibliothek, Codex 557, fol. 1^r).[243] Ninus thront umgeben von den mit Zinnen und Wehrtürmen bekrönten sechseckig angelegten Mauern im Zentrum einer nicht näher bestimmten Stadt (Ninive oder Babylon?).

In der zweiten Bildzeile der zweiten Bildseite der *Chronica* (Abb. 67) tritt Ninus wie in den Illustrationen zu den Eusebius-Exzerpten im Kreis seiner Kämpfer vor. Der siegesgewohnte Eroberer wurde in dieser Zeichnung entsprechend Ottos Worten bei der Belagerung einer unbekannten Stadt, die nach dem geläufigen Schema angelegt ist, von den Pfeilen der Verteidiger getötet (und nicht, so die andere Version nach Diodor <II, 20>, von seiner Gattin Semiramis umgarnt, hintergangen, eingekerkert und ermordet). Die Verteidiger tragen wie die Angreifer knielange gegürtete Kettenhemden und Topfhelme mit Nasenschienen. Die Krieger sind mit Schild und Lanze oder Bogen und Steinen bewaffnet. Nur der König führt als Zeichen der Macht neben seiner Krone das herrschaftliche Schwert, das ihm jedoch bereits aus der Hand geglitten ist.

---

dum belli prestruit artem, Pacificus natus / patrum pater est generatus. Occidis armorum / vi, lator et auctor eorum. Pacem pro tristi / dans bello bella luisti. Orbis onus feda / mulier gestans diadema. Omnibus orba bonis / renovat muros Babilonis.

241 Vgl. Pettinato, Giovanni, Semiramis, Herrscherin über Assur und Babylon, Biographie, deutschsprachige Ausgabe Zürich/München 1988, S. 58 ff.: Ninus, Verkörperung des assyrischen Herrschers.

242 Siehe Otto/Chronik, 1980, S. XXXVI (Lammers), auch S. 68/69, Anm. 43.

243 Vgl. Mazal 1978, Abb. 21 und S. 34.

Die untere Bildebene füllt das Bildnis der Königin Semiramis (Chronik I, 8). Der Illustrator stellt Semiramis (bez.: Semiramis) als Herrscherin und Neubegründerin der Stadt Babylon vor.[244] Während in den oberen Bildecken diagonal angebrachte Zinnenkränze die Stadt andeuten, thront im Bildzentrum Semiramis, mit dem umwundenen Dreizack, einem Scheibenzepter und einer Bügelkrone mit Lilien ausgestattet. Zu ihrer Rechten bearbeitet, auf einem Schemel sitzend, ein Steinmetz einen Quader mit einer Spitzfläche. Zur Linken steht ein Arbeiter, der eine Mörtelmulde auf der Schulter hochstemmt, aus der ein jenseits der Mauer tätiger Arbeiter mit der Kelle Mörtel schöpft.[245] Was auch immer nicht nur *Otto von Freising* der Semiramis an Grausamkeiten und Lastern zugeschrieben hat, die Zeichnungen vermitteln dem Betrachter ein ganz anderes, seriöseres Bild ihrer Persönlichkeit.

Auch in einem anderen Bildbeispiel, der *civitas Dei* des heiligen Augustinus (Schulpforta, Landesschule, Ms. A. 10, fol. 3^{r}, zwischen 1168 und circa 1180 entstanden), ist diese wesentlich positivere Figurenauffassung zu beobachten: Die gekrönte Semiramis thront vor dem babylonischen Turm, den sie errichten läßt (fol. 3^{r}).[246] Wie die *civitas Babylon* als Anti-Rom, als Sündenbabel aufgefaßt wurde, so verkörperte Semiramis die Hure Babylon, ohne daß für ihre negative Beurteilung ein bildlicher Hinweis gegeben wurde.

Die Zeichnung der Jenaer Handschrift zeigt, anders als der Text, der von Bauarbeiten mit gebrannten Ziegeln und Erdpech vom Turm zu Babel[247] berichtet, eine Baustelle des zwölften Jahrhunderts, auf der mit Mörtel und Haustein gebaut wurde. Auch das repräsentative Bildnis der Herrscherin ist diesem bildlichen wie auch zeitlichen Zusammenhang angemessen. Allenfalls der Dreizack in ihrer Hand könnte auf Paganes, Orientalisch-Mythologisches hindeuten. Die aufgesetzte ikonographische Formel des mittelalterlichen Herrschertypus' greift sogar so weit, Semiramis ohne den für Frauenbildnisse üblichen Schleier darzustellen.

Auf fol. 11^{r} (Abb. 68) schließt sich eine weitere ganzseitige, dreigeteilte Illustration an (Chronik I, 25 und 31)[248]: Im oberen Bildstreifen stürmt das vielköpfige griechische Heer (bez.: Greci), das – anders als der Titulus – niemanden besonders hervorhebt, ge-

---

[244] Vgl. Pettinato 1988, S. 7 ff.

[245] Vgl. Binding, Günther, Hrsg., Romanischer Baubetrieb in zeitgenössischen Darstellungen (Zweite Veröffentlichung des Kunsthistorischen Instituts der Universität Köln), Köln 1972, Abb. 49; ders., in: Rhein und Maas 1, Köln 1972, S. 94, Abb. 7; ders. und Norbert Nußbaum, Der mittelalterliche Baubetrieb nördlich der Alpen in zeitgenössischen Darstellungen, Darmstadt 1978, Nr. 5; Ornamenta ecclesiae 1, Köln 1985, S. 171 ff., Abb. 5.

[246] Zur Handschrift vgl. Laborde, Alexandre Comte de, Les Manuskrits à peinture de la *Cité de Dieu* de Saint Augustin, Bd. 3, Paris 1909, Tf. 3; Jasbar, Gerald, Darstellungen antiker Götter im Ms. A. 10 (*Augustinus, De civitate Dei*) der Bibliothek der Oberschule in Schulpforte, Phil. Diss. München 1980, S. 11.

[247] Vgl. Otto/Chronik, 1980, S. 73.

gen das bereits offene Tor des belagerten *Troia* (bez.: Troia). Zwei ungerüstete Gefallene liegen auf der Schwelle des Stadttors. Die Griechen sind im Begriff, die Stadt in Brand zu stecken.

Die Kostümierung und die Bewaffnung wie auch die Anlage der Stadt entsprechen jenen Formenvorstellungen und Maßgaben des zwölften Jahrhunderts, wie sie bereits an der vorangegangenen Illustrationen festzustellen waren.

Nur diese einzige Szene widmet der Illustrator – anders als der Autor im Text – der griechischen Geschichte, schon in der nächsten Sequenz greift er auf das Thema Babylon und seine Herrscher zurück. Das mittlere Register enthält – simultan präsentiert, aber kompositorisch durch einen gezeichneten Turm getrennt – zwei Darstellungen des babylonischen Herrschers Sardanapal (auch: Assurbanipal). Entsprechend der griechischen Überlieferung, der *Orosius* und damit auch der auf ihn zurückgreifende *Otto von Freising* folgten[249], wurde ein historisch wohl nicht korrektes Bild des Herrschers entworfen[250]: Links erscheint Sardanapal (bez.: Sarda/Napallus) noch als thronender Despot, der in vollem mittelalterlichen Ornat sitzend zwischen seinem Waffenträger und einem gestikulierenden Ratgeber dargestellt ist. Rechts wird nun dieses Idealbild des Herrschers zerstört: Seitlich zwischen zwei Frauen hockend dreht Sardanapal (bez.: Sardanapallus/Filat) – in weiblicher Tracht mit einem weitärmeligen Kleid und einem Schleier – die Spindel, rollt mit der Linken das Garn auf.

Darstellung und Thema brandmarken den orientalischen Potentaten toposartig als einen verweichlichten, weibischen Lüstling. So drohte ihm analog zu Semiramis und Ninus ein böses Ende. Schon in der nächsten Szene zerren ihn sein ehemaliger medischer Heerführer Arbace (bez.: Arbatus) und dessen Gefolgsleute an den Haaren vom Thron. Die Krone löst sich von seinem Haupt, der Spinnrocken fällt herab. Durch einen Turm von diesem Geschehen getrennt folgt rechts der Feuertod des Sardanapal, gekennzeichnet durch dessen zusammengekrümmte Haltung und die noch immer über seinem Haupt mit den gesträubten (oder brennenden) Haaren frei schwebende Krone (bez.: Sardana/Pallus Igne Crematur). Ähnlich der Erschaffung der Eva macht auch diese Szene einen unferti-

---

[248] Siehe Otto/Chronik, 1980, S. 91/92; S. 103, Tf. 3; Polaczek 1908, S. 202 ff.; Scheidig 1928, S. 14 ff.; Lammers 1963, S. 183 ff., Tf. 3; Nilgen 1994, S. 84-86, Abb. 3. Tituli: *Est Paris in causa / quod multo milite clausa Detur Troia neci; / subvertunt Pergama Greci. Sardanapallus habet / solium, sed pectore tabet. Femineos actus / exercet femina factus. Hunc fugat Arbatus / sceptro sensuque fugatus. Igne facit funus / rex regnum pessimus unus.*

[249] Siehe: Otto/Chronik, 1980, S. 103, auch Anm. 163; Orosius/Historia, 1967, Buch I, 19 und II, 2 und 3; auch: Paulus Orosius, Die antike Weltgeschichte in christlicher Sicht 1, eingeleitet von Carl Andresen, übersetzt und erläutert von Adolf Lippold, (Die Bibliothek der Alten Welt: Reihe Antike und Christentum), Zürich/München 1985, S. 98 ff., S. 108-112.

[250] Vgl. Soden, Wolfram von, Herrscher im alten Orient (Verständliche Wissenschaften 54), Berlin/Göttingen/Heidelberg 1954, S. 127-138; Lexikon der christlichen Ikonographie 4, 1972, Sp. 44/45.

gen Eindruck, läßt damit eine direkte Vorlage vermuten, die auch hier nicht vollständig kopiert wurde. Der Scheiterhaufen, der das Bild auch ohne die Textbeigabe verständlich machen könnte und gemäß dem Text auch sollte, fehlt.

Die Szenenreihe zum Leben des Sardanapal umfaßte im Gegensatz zu den vorangegangenen Illustrationen eine extrem auffällige Dichte der in schneller Folge aneinandergefügten Ereignisbilder. Anders als zuvor in den Genesisbildern zu beobachten war, hielt der Zeichner den direkten wörtlichen Bezug der Bilder zum Text *Ottos von Freising* aufrecht, geriet bei der bildnerischen Ausgestaltung der nur wenige Zeilen umfassenden Textvorgabe ins detailreiche Erzählen.

Die bildliche und textliche Fortsetzung des babylonischen Desasters und der medisch-persischen Weltherrschaft findet sich im zweiten Buch der Chronik (fol. 20^r = Abb. 69)[251]: Der Erbauung der Stadt Rom, die den Aufstieg des römischen Imperiums markierte, wurde die endgültige Niederwerfung des babylonischen Reiches durch Cyrus (oder Kyros) zugeordnet (Chronik II, 2/3 und 11).

Anders als die übrigen Illustrationen besitzt die Stadtgründungsszene einen realen Bildgrund, den *mons Palatinus*, der in schweren Erdschollen angedeutet ist. Die namentlich bezeichneten Zwillingsbrüder und Gründer der Roma[252] – *Romulus* und *Remus* – wurden an den äußeren Bildrand gerückt, während im Zentrum drei Handwerker Baublöcke bearbeiten und zum Versetzen tragen.[253] Hinter ihnen prunkt bereits die Silhouette der zinnenbekrönten Stadtmauer. Quadratische Quaderwerktürme mit von oben einzusehendem Zinnenkranz begrenzen die Stadtmauer seitlich. Romulus und Remus wenden sich einander zu, sind durch ein auffälliges Weisen und Gestikulieren aufeinander bezogen. Remus ist – anders als sein Bruder – nur mit einer kniekurzen, bortenbesetzten Tunika unter dem Mantel bekleidet. Er schlägt die Beine tänzerisch-graziös übereinander. Dieses Haltungsmotiv ist keineswegs ungewöhnlich, es kann beispielsweise auch in den David-Szenen im *Psalmenkommentar* des *Petrus Lombardus* (Bamberg, Staatsbibliothek, Bibl. 59, fol. 1^v, drittes Register: König Saul) nachgewiesen werden.[254] Auch die schablonenartigen Gesichter und Kompositionen sind an anderer Stelle im gleichen Zyklus zu beobachten.

---

[251] Vgl. Otto/Chronik, 1980, S. 111 ff., S. 125 ff., Tf. 4; Polaczek 1908, S. 203; Scheidig 1928, S. 17 ff.; Lammers 1963, S. 187 ff., Tf. 4; Ornamenta ecclesiae 1, Köln 1985, S. 177 ff., Abb. 5; Nilgen 1994, S. 86 ff., Abb. 4. Tituli: *Romulus et Remus / ut tradita gesta tenemus, Hec fratres gemini / fundarunt menia primi. Hec humilis primo / paulatim crescit ab imo. Omnie surgente / surgit Babylone ruente.*

[252] Die Bezeichnungen von jüngerer Hand jeweils nochmals in Kursive überschrieben, wie häufig in den Zeichnungen zu beobachten.

[253] Vgl. Binding/Nußbaum 1978, Nr. 6, Z 29; Ornamenta ecclesiae 1, Köln 1985, S. 171 ff., Abb. 5/6 (Binding).

[254] Vgl. zum Haltungsmotiv: Der Buchschmuck zum Psalmenkommentar des Petrus Lombardus, Bamberg, Staatsbibliothek, Msc. Bibl. 59, bearb. und kommentiert von Gude Suckale Redlefsen, Wiesbaden 1986, fol. 1^v, 3^v, 4^r, auch Abb. 9c, Initiale L auf fol. 202^r,

Das grauenhafte Geschehen, von dem *Otto von Freising* zu berichten weiß, der Mord an Remus und seinem Großvater, wurde nicht dargestellt. Der ruchlose *Romulus* wird als umsichtiger, herrschaftlicher Stadtgründer neben dem Bruder vorgeführt. Wie in der Darstellung der Semiramis hat der Zeichner auch hier das offizielle Repräsentationsbildnis des Herrschers einer eigentlichen Illustration des Geschriebenen vorgezogen.

Im unteren Register der Bildseite erstürmen die Perser geführt von König Cyrus (bez: Cyrus) die Mauern der *Stadt Babylon* (bez.: Babylon Destruitur). Ein letzter, mit Steinen bewaffneter Verteidiger droht von den Zinnen, ein anderer liegt bereits erschlagen vor dem aufgestoßenen rechten Türflügel eines Stadttors. Drei Angreifer in zeittypischer Rüstung – mit Schuppenhemd, Langschild, Topfhelm mit Nasenschiene, Lanzen, Schwertern und Steinen bewaffnet – umgeben den ebenfalls gerüsteten, gekrönten, heftig gestikulierenden Cyrus. Wie in allen ähnlichen Zeichnungen des Zyklus wirkt das Größenverhältnis zwischen agierenden Personen und der sie umgebenden Architektur denkbar ungleich. Die Augenhöhe der Figuren entspricht meistens der Höhe der Zinnen.

Auf der Versoseite des Blattes (fol. 20^{v} = Abb. 70) schließt sich an die Zerstörung Babylons der Sieg der Römer (bez.: Romani) über die Stadt Karthago an. Das untere Register füllt eine Zeichnung, die die Ermordung des Julius Caesar zum Thema hat (Chronik II, 41 und 50).[255] Die Eroberung der Stadt unterscheidet sich prinzipiell kaum von den bereits beschriebenen Szenen: Die von links heranstürmenden zeitgenössisch gerüsteten Eroberer stecken wie im Titulus beschrieben die Stadt, deren Abbild die rechte Bildhälfte einnimmt, in Brand. Ein geschlagener Karthager bricht vor der Stadtmauer zusammen, ein zweiter versucht noch immer, sich von den Zinnen der Stadtmauer aus gegen die Angreifer zu wehren. Während die topographischen Angaben, die Nähe der Stadt zum Meer und ihre Lage auf einer Landzunge, die *Otto von Freising* nach *Orosius*

und 11d, Initiale L auf fol. 218^{v}, zur Beziehung der Bamberger Handschrift mit der Jenaer Weltchronik: S. 35; vgl. auch schon Scheidig 1928, S. 86/87. Jenseits vergleichbarer kompositorischer Elemente ist eine direkte stilistische Beziehung der Handschriften zueinander nicht gegeben. Weitere Beispiele des Bildtyps im Salzburger Antiphonar, vgl. Das Antiphonar von Sankt Peter, Teil 1: Vollständige Faksimile-Ausgabe des Codex Vindobonensis series nova 2700 der Österreichischen Nationalbibliothek (Codices selecti phototypice impressi XXI), Graz 1974, fol. 167^{r}, 629^{r} und in der Passion des Heiligen Blasius, Göttweil, Stiftsbibliothek, Cod. 109, fol. 1^{r}, siehe: Swarzenski, Georg, Die Salzburger Malerei von den ersten Anfängen bis zur Blütezeit des romanischen Stils 2, Studien zur Geschichte der deutschen Malerei und Handschriftenkunde des Mittelalters (Denkmäler der süddeutschen Malerei des frühen Mittelalters 2), zweite Auflage Stuttgart 1969, Abb. 328, 349, 411.

[255] Vgl. Otto/Chronik, 1980, S. 180/181 ff., S. 200/201 ff., Tf. 5; Polaczek 1908, S. 203/204; Scheidig 1928, S. 20 ff.; Lammers 1963, S. 188, Tf. 5; Nilgen 1994, S. 86 ff, Abb. 5. Tituli: *Hic perlt in flamma / Karthaginis inclita fama. Et decor indigni / regni consumitur igni. Caesar tot fatis / terra pelago superatis. Partibus ingratus / superatis est superatus.*

beschrieben hat[256], im Bild nicht wiederzufinden sind, füllt die nach dem Text an der Stadtmauer gelegene Wehrburg Byrsa das Stadtzentrum.

Das folgende Bild ist sicherlich eines der ungewöhnlichsten der ganzen Miniaturenreihe: Inmitten eines bühnenartigen Raumkastens oder Innenhofes, wie wir ihn bereits in den Illustrationen der Kölner Chroniken in Darstellungen der Roma gefunden haben (vgl. Abb. 38, 43), steht Caesars Thron. Caesar, in Tracht und Präsentation einem mittelalterlichen Herrscher entsprechend, wird von einer Gruppe von fünf Senatoren überfallen. Sie greifen ihm ins Haar, suchen ihn vom Thron zu zerren oder zu stoßen, drohen, ihn mit ihren Schreibgriffeln zu erstechen. Als Senatoren erkennbar sind die Angreifer durch ihre kurzen tunikaähnlichen Gewänder und die phrygischen oder mitraartigen Mützen. Außer dem Stylus tragen drei von ihnen Diptychen bei sich.[257] Zu Füßen des stürzenden Julius Caesar kauert ein sechster Senator, dem der Bedrängte mit der Hand ein Auge auszustechen versucht. Das Geschehen, die Haltung und Bewegungsaktion der Beteiligten sind von heftiger Dramatik erfüllt, die das Figurengedränge in dem knapp bemessenen Bildraum noch verstärkt. Das Bild des gestürzten Herrschers, dessen Krone als Sinnbild der verlorenen Herrschaft frei über seinem Haupt schwebt, konnte als festgelegter Bildtyp schon in der Zeichnung zum Sturz des Sardanapal (fol. 11^r = Abb. 68) beobachtet werden.

Die eigentlich erzählenden Elemente der Miniatur, der Kampf der Senatoren mit Caesar, die Verwendung von Schreibwerkzeugen als Tatwaffen und der Versuch, einen der Angreifer zu blenden, besitzen wohl kein direkt nachweisbares Vorbild.[258] Eine textorientierte Herleitung könnte möglicherweise über Sueton (I, 82) erfolgen, der berichtete, daß Caesar sich gegen die dolchbewehrten Angreifer mit einem Griffel zur Wehr setzte.[259] Eine andere Möglichkeit, zu einer bildlichen Herleitung zu gelangen, hat *Lammers* in Darstellungen des Martyriums des heiligen Cassian von Imola, der „der Legende nach als Lehrer von seinen heidnischen Schülern mit Schreibgriffeln umgebracht“ wurde, gesehen.[260] Wenn *Otto von Freising* auch möglicherweise die Vita des Brixener Patrons Cassian (auch: Cassianus, Kassian) gekannt haben mag, da er nachweislich Heiligenviten als Textgrundlage benutzt hat[261], so steht der konkrete Nachweis für die Existenz einer entsprechenden bildlichen Darstellung des Martyriums in der Mitte des zwölften Jahrhunderts noch aus. Wenn eine derartige Vorlage jemals vorhanden gewesen ist, so könnte es sich beispielsweise um eine illustrierte *Vita* in der Art der Lebensbeschreibungen der heiligen Lucia von *Sigebert von Gembloux* (Berlin, Staatsbibliothek, Cod. 78 A4, Metz, um 1130)[262] gehandelt haben. Aber auch ein bebildertes

[256] Vgl. Otto/Chronik, 1980, S. 181; Orosius/Historiae, 1967, Buch IV, 22 ff.

[257] Zur Frage der Attribute vgl. die Diskussion bei Lammers 1963, S. 189, auch Anm. 72.

[258] Vgl. Polaczek 1908, S. 204; Hampe 1910, S. 360, Anm. 1; Scheidig 1928, S. 23.

[259] Vgl. Lammers 1963, S. 90, Anm. 77.

[260] Vgl. ebd., Anm. 77.

[261] Vgl. Otto/Chronik, 1980, S. XXXVI.

Martyriolog – vergleichbar dem bekannten *Zwiefaltener* (respektive Hirsauer) *Passionale* (Stuttgart, Württembergische Landesbibliothek, Cod. bibl. fol. 57/56/58) – könnte eine bildliche Interpretation der gesuchten Szene geboten haben.[263] Ein konkreter Vorbildnachweis für die Bildfassung der Ermordung des Julius Caesar in der Jenaer Weltchronik wie für die entsprechende Martyriumsszene des heiligen Cassian steht aber immer noch aus.

Dem dritten Buch der *Chronica* des *Otto von Freising* stellte der Illustrator eine halbseitige Zeichnung (fol. 38^{v} = Abb. 71) voran, die den römischen Kaiser Augustus (bez.: Augustus Caesar) präsentiert (Chronik III, 3).[264] Frontal auf einem Faldistorium thronend erscheint – übergroß – Augustus, umgeben von wesentlich kleineren Vasallen. Auch in dieser Zeichnung wurde die Bedeutungsperspektive im Größenmaßstab wieder angewandt. Aber nicht das reine Repräsentationsbildnis des Kaisers ist gemeint.[265] Illustriert wurde vielmehr eine Szene, eine reale Begebenheit vor dem Thron des Herrschers, wie es auch der umlaufende Titulus andeutet: Die Figur im Vordergrund zur Rechten des Augustus beugt sich, einen leichten Schritt vorwärts setzend, zu ihm hin, öffnet bittend und unterwürfig oder klagend die Hände vor dem Körper. Hinter diesem Bittenden steht ein Mann, dessen ebenfalls überbetonte Haltung der Linken möglicherweise ein Schwurgestus ist. Als Kontrahent dieser beiden kann der vorne zur Linken des Kaisers Agierende gesehen werden, dessen Zeige- und Weisegesten ebenfalls auch ohne konkreten Textzusammenhang verständlich sind. Während Augustus dieser Figur mit fester Hand das herrschaftliche Zepter entgegenhält, weist er mit bestätigend-zeigender Hand auf den Klagenden links. In diesem beschreibenden Zusammenhang gesehen dürfte es durchaus unproblematisch sein, in der vorgeführten Szene eine Gerichtsverhandlung zu sehen. Sie bringt dem Titulus entsprechend (3. Könige 3, 16-27) neben dem reinen Repräsentationsbildnis auch die Idee des *rex justus*, des weisen, gerechten Königs und Richters in die Illustration ein. Daneben tritt zumindest im umlaufenden Titulus des Bildes auch die Gedankenverbindung des wahren Königs als Heiler, die in der französischen Herrschervorstellung lange Zeit eine besondere Rolle gespielt hat.

Auf der gegenüberliegenden Bildseite, etwas größer als die vorhergehende Zeichnung angelegt, wurden vor dem Prolog noch zwei Bildregister eingeschoben: Der Ver-

---

[262] Vgl. Zimelien, Berlin 1975/1976, S. 95/96, Kat. Nr. 79, Abb. 125.

[263] Vgl. zuletzt: Borries-Schulten 1987, S. 56 ff., Kat. Nr. 34-36; S. 70 ausführliche Literaturliste.

[264] Vgl. Otto/Chronik, 1980, S. 220/221, Tf. 6; Polaczek 1908, S. 204; Scheidig 1928, S. 23 ff.; Lammers 1963, S. 191 ff., Tf. 6; Nilgen 1994, S. 88 ff., Abb. 6. Tituli: *Augustus Iulio / succedit numine dio. Ut medicus morbi / quassato iura dat orbi.*

[265] Nicht wie Lammers und Scheidig (s.o.). Vgl. dagegen z.B. auch Steger, Hugo, *David rex et propheta*, König David als vorbildliche Verkörperung des Herrschers und Dichters im Mittelalter nach Bilddarstellungen des achten bis zwölften Jahrhunderts (Erlanger Beiträge zur Sprach- und Kunstwissenschaft 6), Nürnberg 1961.

kündigung an die Hirten und der Geburt Christi (fol. 39ʳ = Abb. 72) gab der Zeichner eine Miniatur der späten Christenverfolgung und ihres Endes bei (Chronik III, 6 und 43).[266] Die Verkündigungsszene zeigt zwei fellbekleidete Hirten mit einem Schaf und einem Schwein, denen ein halbfiguriger Engel aus den Wolken heraus den Weg zur Stätte der Geburt des Herrn weist. Die Darstellung der Heiligen Familie nach der Geburt (genaugenommen wurde natürlich wie immer nicht die Geburt Christi, sondern die Szene der Maria im Wochenbett erfaßt) folgte dem geläufigen im zwölften Jahrhundert ausgeprägten Typus.[267] Übergroß ruht in der Mitte der Szene die Mutter Gottes auf einem ballonartig aufgeblähten, kissenförmigen Lager. Während die betonte Gestik der Hände auf eine Gesprächssituation mit dem links von ihr sitzenden Josef hinweist, wendet Maria ihren Blick der Krippe mit dem Kind zu. Wie üblich stehen Ochse und Esel an der Krippe, die von einem Doppelarkadenmotiv geschmückt wird. Eine Beschreibung für die beiden Bilder zur Geburt Christi gibt der Chroniktext nicht. Analog zu den Genesisszenen müssen wohl auch diese Zeichnungen aus den standardisierten Illustrationen sakraler Handschriften hergeleitet werden, ohne daß jeweils ein konkreter Einzelnachweis nötig wäre, um die Gestaltung der Miniaturen zu erläutern.

Wesentlich schwieriger dürfte es für den Illustrator gewesen sein, für die untere Szene Vorbilder zu finden. Neben den rechts und links in den Bildecken aufgetürmten Leichen erschlagener Christen wird im Bild berichtet, wie die römischen Kaiser und grausamen Christenverfolger Diokletian und Maximian (fol. 39ʳ = Abb. 72) ihrer Macht entsagen (Chronik III, 43). Gleich dem besiegten König Ninus (fol. 10ᵛ = Abb. 67, Bildmitte) ist die durch das Schwert symbolisierte Macht den beiden Kaisern bereits entglitten, wurde das grauenhafte Gemetzel bereits eingestellt. Um die Freiwilligkeit dieses Prozesses zu kennzeichnen, haben beide Herrscher die Krone jeweils selbst vom Haupt genommen und wenden sich den Erschlagenen zu. Kompositorisch entsteht durch diese gegensätzliche Bewegung eine auffällig leere Bildmitte, die Illustration zerfällt in zwei Teile. Anders als im Text werden im Bild die Christenverfolgung und der spätere Machtverzicht simultan dargestellt.

Zum vierten Buch der *Chronica* gehören zwei Szenen, die jeweils nur knapp ein Drittel der Pergamentseite füllen. Auf fol. 53ᵛ (Abb. 73) geht die Geschichte des *Imperium Romanum* mit der *Eroberung der Stadt Rom* (bez.: Roma) durch Odoaker (bez.: Odoacer) weiter (Chronik IV, 30).[268] Die Szene spielt direkt am bereits geöffneten Stadttor, durch

[266] Vgl. Otto/Chronik, 1980, S. 222/223 ff., S. 282/282, Tf. 7; Polaczek 1908, S. 204; Scheidig 1928, S. 24 ff.; Lammers 1963, S. 193 ff., Tf. 7; Nilgen 1994, S. 89 ff., Abb. 7. Tituli: *Fert contra morem / retinens in matre pudorem Virgo creatorem, / fert spina rosam, rosa florem. Hic bini augusti, / quasi cordis agone perusti, Se sceptris privant, / securius ut sibi vivant.*

[267] Vgl. zum Beispiel Gumbertsbibel, Erlangen, Universitätsbibliothek, Cod. 121, fol. 335ʳ; Ashburnham Evangelistar, Cambridge, Fitzwilliam Museum, Frank McClean Cod. 22, fol. 2ᵛ, Antiphonar von Sankt Peter, Salzburg, Stiftsbibliothek Sankt Peter, Cod. a. XII, 7, fol. 182ʳ. Siehe: Swarzenski 1969, S. 129 ff., Abb. 145, S. 138/139, Abb. 229, S. 108 ff., Abb. 329; auch: Antiphonar von Sankt Peter, 1974/1975, fol. 182ʳ.

das die Verteidiger zurück in die Stadt flüchten. Während Odoaker und seine dichtgedrängten Truppen im Begriff sind, den Römern zu folgen, lassen diese schon Waffen und Schilde zu Boden fallen. Einer der Krieger – vorn rechts – wendet sich den Angreifern mit geöffneten, leeren Händen und gesenktem Haupt um Gnade bittend erneut zu. Odoaker, der seinen Kriegern voranstürmt, ist bereits gekrönt dargestellt, obwohl er die Königswürde erst nach dem Sieg von Ticinuman erhalten wird. Auch die Eroberung Roms (fol. 53^{v} = Abb. 73) legte der Zeichner nach dem mehrfach vorgeführten Schema (vgl. Abb. 68, 69 und 70) an: rechts im Bildfeld erscheinen stets die Verteidiger und die umkämpfte Stadt, während die Angreifer immer von links herandrängen. Eine vergleichbare Parallele bietet neben anderen erneut die illustrierte David-Geschichte im *Psalmenkommentar* des *Petrus Lombardus* (Bamberg, Staatsbibliothek, Bibl. 59, fol. 3^{v}), die ebenfalls das Vor und Zurück eines Kampfes in großen und kleineren Gruppen widerspiegelt.[269]

Dem Niedergang der Roma folgt direkt im Anschluß vor dem Textbeginn eine Zeichnung, die den Übergang und Beginn des Frankenreichs markiert (fol. 54^{r} = Abb. 74): *König Pharamund* (bez.: Pharamundus) zieht mit seinen gerüsteten Mannen kampflos in Gallien ein (Chronik IV, 32).[270] Dem zur rechten Bildseite voranreitenden Fahnenträger folgt der König. Ungerüstet, aber gekrönt, wendet er sich wie der Fahnenträger im Sattel zurück, fordert mit energisch weisender Gebärde seine dichtgedrängt heranreitenden Krieger auf, ihm zu folgen.

Den nächsten Schritt zur karolingischen Herrschaft präsentiert am Anfang des fünften Buchs ein isoliert stehendes Bildnis *Karls des Großen* (fol. 67^{v} = Abb. 75).[271] In dem längsrechteckigen Bildfeld steht zur Linken des Kaisers eine kleine Gruppe seiner Gefolgsleute, ihnen allen voran der Schwertträger. Er hält das kaiserliche Schwert in der umwundenen Schwertscheide mit der Spitze nach oben gerichtet vor sich. Karl, der „*neue Augustus*", wie der Text immer wieder betont (Chronik V, 31), wurde auch in der bildlichen Präsentation der vorangehenden Zeichnung des Kaisers Augustus (fol. 38^{v} = Abb. 71) angeglichen. Der Typus des repräsentativen Kaiser- oder Herrscherbildes ist aber in dieser Art bis hin zu ähnlichen Details in Tracht und Attribut schon bei der Darstellung der antiken Herrscher zu beobachten gewesen.

Die oben ausgeführte These, die Augustus-Zeichnung beinhalte eine Gerichtsszene, kann hier analog anhand des Bildnisses Karls des Großen nachvollzogen werden: In

---

268 Vgl. Otto/Chronik, 1980, S. 362/363 ff., Tf. 8; Polaczek 1908, S. 205; Scheidig 1928, S. 28/29; Lammers 1963, S. 196/197, Tf. 8; Nilgen 1994, S. 90. Titulus: *Romuleos muros / Odoacer init ruituros. Ense ferens fatum / sternit cum plebe senatum.*

269 Vgl. Petrus Lombardus/Psalmenkommentar, 1986, Faksimile, fol. 3^{v}.

270 Vgl. Otto/Chronik, 1980, S. 366/367 ff., Tf. 9; Polaczek 1908, S. 205; Scheidig 1928, S. 29 ff.; Lammers 1963, S. 198/199, Tf. 9; Nilgen 1994, S. 90 ff., Abb. 9. Titulus: *Gallia se subicit, / quam victa Sicambria vicit.*

271 Vgl. Otto/Chronik, 1980, S. 420/421, Tf. 10; Polaczek 1908, S. 205; Scheidig 1928, S. 31 ff., Lammers 1963, S. 199/200, Tf. 10; Nilgen 1994, S. 92 ff., Abb. 10. Titulus: *Sub Carolo rege, / regnante per omnia lege, Imperii nomen / Francorum transtulit omen.*

gleicher Bildkomposition kommen auch auf Karl Bittsteller oder Beklagte mit flehend erhobenen Händen zu, während der Kaiser demonstrativ auf das Schwert als das Zeichen seiner imperialen, weltlichen Macht weist. Wie auch in der Augustus-Szene erläutert der Text der Handschrift das Geschehen: „Der Kaiser berief nun die Bürger zu einer Versammlung und hielt Gericht über die, die sich der Mißhandlung der geheiligten Person des Papstes schuldig gemacht hatten: sie wurden zum Tode verurteilt, auf Fürsprache des Papstes aber begnadigte sie der Kaiser zur Verbannung ....“[272] Die Behauptung Scheidigs, „die Person des ersten fränkischen Kaisers <sei> in dem Bildschmucke der Chronik mit einer rein repräsentativen Darstellung gewürdigt worden“[273], ist ebenso falsch wie Lammers Bezeichnung der Augustus- und Karlsdarstellungen als reine Repräsentationsbilder.[274] Richtigerweise muß vielmehr festgestellt werden, daß der vorgeprägte Typus des kaiserlichen Herrscherbildes in einen erweiterten, konkreten szenischen Zusammenhang gestellt, das Bildnis damit zur Szene, zum historischen Ereignisbild wurde.

In gleicher Pose wie schon sein Vater Karl der Große thront auch *Ludwig der Fromme* (bez.: Lodewicus; Chronik V, 33) in der direkt anschließenden Illustration (fol. 68^r = Abb. 76). Sein Bildnis füllt aber lediglich das linke Bilddrittel, das durch eine eingestellte Schmucksäule gegen die Szene rechts abgegrenzt wurde. Diese führt – wie im Text der Chronik beschrieben (Chronik V, 35) – den Bruderkrieg zwischen Kaiser Lothar (bez.: Lotharius), Karl dem Kahlen und Ludwig dem Deutschen vor Augen, der nach dem Tode Ludwig des Frommen entbrannte. Als konkretes Ereignis dürfte dem Bild die von *Otto von Freising* erwähnte *Schlacht von Fontenoy* in der Nähe von Auxerres im Jahre 841 zugrunde liegen.[275] Die verbündeten Truppen Ludwigs (bez.: Lodewicus) und Karls (bez.: Karolus) treffen in der Mitte des Bildes dichtgedrängt auf Lothar und seine Krieger. Offensichtlich unterlief dem Zeichner auch bei der Kopie dieses Bildes ein Fehler, denn der Handhaltung nach müßten Lothar und der hinter ihm Stehende Lanzen in den Händen halten. Diese aber fehlen. Das Auslassen von Details, das auch bereits in der Erschaffung der Eva (fol. 10^r = Abb. 66) festzustellen war, muß auch an diesem Punkt als ein Indiz dafür gewertet werden, daß der Bilderzyklus des Cod. Bose q. 6 die Kopie einer bereits voll ausgearbeiteten und durchdachten Illustrationsfolge ist.

Den drei Szenen zur Geschichte der karolingischen Dynastie folgt zu Beginn des sechsten Buchs, das die Zeitspanne von den karolingischen Reichsteilungen bis zur Exkommunikation Heinrichs IV. umfaßt, ein Bildnis Ottos I. (fol. 78^v = Abb. 77).[276] Analog

---

[272] Siehe: Otto/Chronik, 1980, S. 420/421, Zeile 23 ff.

[273] Vgl. Scheidig 1928, S. 32.

[274] Vgl. Lammers 1963, S. 199.

[275] Vgl. Otto/Chronik, 1980, S. 422/423, Tf. 11; Polaczek 1908, S. 205; Scheidig 1928, S. 32 ff.; Lammers 1963, S. 200/201, Tf. 11; Nilgen 1994, S. 92 ff., Abb. 12. Titulus: *Tres, huius nati, / subeunt discrimina fati. Post patris funus, cum Marte duos petit unus.*

[276] Vgl. Otto/Chronik, 1980, S. 466/467, Tf. 12; Polaczek 1908, S. 205/206; Scheidig 1928, S. 34/35; Lammers 1963, S. 201/202, Tf. 12; Titulus: *Deserit heredes / Lonbardos regia sedes. Teutonicos Otto / dat notos nomine noto.*

zu den Darstellungen des Kaisers Augustus und Karls des Großen ist auch dieses kein reines Repräsentations-, sondern ein Ereignisbild: Der besiegte italienische König Berengar (bez.: Berengarius) fällt vor dem Thron Ottos I. (bez.: Otto Ius Teutonicorum Rex) auf die Knie. Er läßt das Schwert aus seinen Händen gleiten, die er, wie zwei weitere seiner Vasallen, bittend dem Kaiser entgegenstreckt. Entsprechend den vorangegangenen Richterszenen stehen auch zu Ottos linker Seite seine Gefolgsleute, ihnen voran in immer wieder benutzter Pose (Abb. 68, 75, 78) der Schwertträger. Auch in dieser Zeichnung ist der Moment des Richterspruchs, der Verbannung der Besiegten gezeigt, vergleichbar der Darstellung am Anfang des fünften Buchs (fol. 67^{v} = Abb. 75). Eine entsprechende Szene befindet sich – so schon *Polaczek* 1908 – im Heidelberger Exemplar des *Rolandsliedes* (Heidelberg, Universitätsbibliothek, Codex Palatinus germanicus 112, fol. 19^{r}).[277]

Im Anschluß an das Bildnis Ottos I. fügte der Illuminator eine Zeichnung mit vier Szenen aus der salischen Ära ein (fol. 79^{r} = Abb. 78/79),[278] deren Ereignisse am Ende des sechsten Buches der *Chronica* beschrieben werden. Die Miniatur füllt circa zwei Drittel des Textspiegels. Sie zeigt links oben Heinrich IV. (bez.: Henricus IIII) und den von ihm zum Gegenpapst erhobenen Erzbischof Wibert (bez.: Guibertus) von Ravenna (Chronik VI, 36). Geistliche und weltliche Macht, *sacerdotium* und *regnum* thronen scheinbar friedlich vereint nebeneinander, aber – Heinrich hält das Zepter fest in der Hand – zwischen ihm und dem Papst steht im Bildmittelgrund der kaiserliche Schwertträger.

Gleich neben dieser Szene findet die Vertreibung des Papstes Gregor VII. (Bez.: Gregorius VII.) statt, den ein Gerüsteter mit gezücktem Schwert durch ein aufgestoßenes Stadttor der Roma hinaustreibt.[279] Gregor ergreift in eilender Hast weit vorgebeugt und heftig gestikulierend die Flucht. Deutlich lassen sich die kompositorischen Parallelen zur Vertreibung aus dem Paradies (fol. 10^{r} = Abb. 66) beobachten. Im unteren Bild-

[277] Vgl. Polaczek 1908, S. 205/206; zum Rolandslied auch: Das Rolandslied des Pfaffen Konrad, Faksimile des Codex Palatinus germanicus 112 der Universitätsbibliothek Heidelberg, mit einer Einführung von Wilfried Werner und Heinz Zirnbauer (Facsimilia Heidelbergensia 1, hrsg. von Siegfried Joost und Walter Koschorreck), Wiesbaden 1970; Kern, Peter, Bildprogramm und Text, Zur Illustration des Rolandsliedes in der Heidelberger Handschrift, in: Zeitschrift für deutsches Altertum und deutsche Literatur 101, 1972, S. 244-270; Lengelsen, Monika, Bild und Wort, Die Federzeichnungen und ihr Verhältnis zum Text in der Handschrift *P* des deutschen Rolandsliedes, Phil. Diss. Freiburg, Dortmund 1972; Werner, Wilfried, Das Rolandslied in den Bildern der Heidelberger Handschrift, mit verbindendem Text und Erläuterungen, Wiesbaden 1977, S. 14 ff., S. 90 ff.

[278] Vgl. Otto/Chronik, 1980, S. 491/492, Tf. 13; Polaczek 1908, S. 206; Scheidig 1928, ,S. 35 ff.; Lammers 1963, S. 203, Tf. 13; Nilgen 1994, S. 94, Abb. 13. Tituli: *En fidei scisma / fit papa priore manente. Devovet expulsus / clerum cum rege furente. Hic exul legi / paret mutabilis evi.*

[279] Vgl. Scheidig 1928, S. 36/37.

register exkommuniziert Papst Gregor VII., die rot brennende Kerze in der Hand, umgeben von vier weiteren Bischöfen, Kaiser Heinrich IV. Von diesem Ereignis berichtet die Chronik, entsprechend der realen Chronologie, natürlich vor der Vertreibung des Papstes (Chronik VI, 35). Textverlauf und Bildfolge stimmen in diesem Fall nicht überein.[280] Durch einen gemauerten Turm abgetrennt, enthält der rechte Teil des Bildfeldes die Sterbeszene Papst Gregors VII. im Exil in Salerno (bez.: Gregorius VII. Moritur). Er ruht in einem parallel zur Bildebene stehenden Sarg. Zwei trauernde Bischöfe beten am Kopf- und Fußende des Sargs. Die schnelle additive Reihung der kleinformatigen Szenen zu einem zusammengehörigen Zeitgeschehen greift hier ein Prinzip wieder auf, das der Illustrator schon für die Bilder aus dem Leben des Sardanapal (fol. 11^r = Abb. 68) benutzt hat. – Gleichzeitig wächst aber in den Zeichnungen zum Leben Heinrichs IV. und Gregors VII. der reale Wirklichkeitsbezug zum historisch nicht mehr weit entfernten Geschehen, wird das historische Ereignisbild zur Präsentation politischer Realität.

Am Schluß der vierzehnteiligen Bilderfolge der *Chronica* des *Otto von Freising* steht vor dem Prolog des siebten Buchs eine weitere Szene zur Vita Heinrichs IV. (fol. 91^v = Abb. 80).[281] Abgebildet wurde der Kampf zwischen Vater (bez.: Henricus Senior) und Sohn (bez.: Junior) am Fluß Regen, der als ein leicht gewelltes Band den Bildstreifen senkrecht teilt und die Heere voneinander trennt (Chronik VII, 9). Mit angelegter Lanze stürmen die Kriegsleute Heinrichs VI. auf den Fluß zu, der Kaiser ihnen allen voran. Das gegnerische Heer des Sohnes hat sich in einem festen Ring von Kämpfern um diesen geschart. Die beiden königlichen Kontrahenten können nur durch eine jeweils gleichartige Zackenkrone von ihren Gefolgsleuten unterschieden werden.

Im unteren Bildfeld thront Papst Innozenz II. (bez.: Innocentius Papa II.) auf einem Faldistorium. Ihm zur Rechten drängt sich eine Gruppe von Geistlichen, die durch ihre Tonsuren kenntlich sind. Der vordere trägt Alba und Subtile. Links des Papstes, durch eine romanische Ornamentsäule getrennt, erscheint – ins Dreiviertelprofil gerückt – eine fünfköpfige Gruppe von römischen Senatoren (bez.: Senatus). Sie tragen lange Tuniken, zurückgeschlagene, offene Mäntel und verschiedene Rund- oder Zipfelmützen, die den Kopfbekleidungen der Senatoren in der Ermordung des Julius Caesar (fol. 20^v = Abb. 70) vergleichbar sind. Die Szene soll, so der Titulus, den im Text (Chronik VII, 27) nicht ganz leicht faßbaren Widerspruch des Papstes gegen den sich neu etablierenden Senat illustrieren.[282] Inhaltlich und kompositorisch lehnt sich diese Zeichnung deutlich an die Kaiserbilder von Augustus, Karl und Otto dem Großen an (Abb. 71, 75, 77), benutzt also wieder einen bereits vorhandenen Bildtyp.

---

[280] Vgl. Scheidig 1928, S. 37/38.

[281] Vgl. Otto/Chronik, 1980, S. 512/513 ff., Tf. 14; Polaczek 1908, S. 206; Scheidig 1928, S. 39/40; Lammers 1963, S. 206 ff., Tf. 14; Nilgen 1994, S. 94 ff, Abb. 14. Tituli: *Fraus hominum numquam / regnique cupido quievit. Filius in patrem / pater in sua viscera sevit. Hic antiquatum / vult Roma novare senatum. Consilio cleri / vult papa nefas inhiberi.*

[282] Vgl. Otto/Chronik, 1980, S. 547 ff.; Scheidig 1928, S. 40 ff.

Da das achte Buch der Chronik weder im Cod. Bose q. 6 noch in den anderen Handschriften der Rezension B1 enthalten ist, wurden auch keine Illustrationen für den letzten Textteil tradiert, die das Dedikationsexemplar für Friedrich Barbarossa wahrscheinlich enthalten hat. Hypothetisch könnte – wie gesagt – aus der apokalyptischen Endzeitvision des achten Buchs der Weltchronik auf mögliche Bildinhalte rückgeschlossen werden, die dann gegebenenfalls – ähnlich den Genesisbildern am Anfang des Codex' – an geläufige Apokalypsenillustrationen angeknüpft haben könnten. Vorstellbar wäre beispielsweise eine Bildfassung des Jüngsten Gerichts ähnlich der in der *Deutzer Chronik* (fol. 3^r = Abb. 64).

Auf Ereignisse des damaligen Gegenwartsgeschehens ging nach Abschluß der *Chronica*, der Geschichte von den zwei Staaten, erst die der Weltchronik *Ottos von Freising* selbstverständlich eng verbundenen *Gesta Friderici* ein[283], zu deren Textbeginn die letzten Illustrationen zur Vita Heinrichs IV. in Cod. Bose. q. 6 ebenfalls vergleichsweise gut gepaßt hätten. Die ursprünglich zugehörigen mindestens drei Miniaturen der *Gesta Friderici*, die ähnlich den Illustrationen der *Chronica* jeweils zwischen dem *Explicit* des vorangegangenen und dem *Prolog* des folgenden Buchs eingefügt waren, sind in der wohl direkten Abschrift des Urexemplars (Paris, Bibliothèque Nationale, Codex latinus 18 408, um 1200)[284] nicht mehr vorhanden. Die entsprechenden Seiten vor dem zweiten, dritten und vierten – vielleicht auch schon vor dem ersten – Buch fehlen unglücklicherweise.[285]

Wie aus der Beschreibung der Zeichnungen zu ersehen, entspricht die Bildreihe der wirklichen Abfolge. Sie verläuft nach der heilsgeschichtlichen, für *Otto von Freising* selbstverständlichen historischen Chronologie. Anders als beispielsweise die vor dem Textbeginn zusammengestellten Illustrationen im *Psalmenkommentar* des *Petrus Lombardus* (Bamberg, Staatsbibliothek, Cod. 59)[286], wurden die Bilder der *Chronica* sukzessive in den Text eingefügt, ohne daß ein direkter räumlicher Bild-Text-Bezug vorhanden wäre, da die Zeichnungen vor dem Prolog des jeweils zugehörigen Buchs angebracht wurden.

Ein bekanntes zeittypisches Merkmal der Bilder ist die strenge Schematisierung von Figurentypen (Herrschern, Kriegern, Pferden etc.), der beschränkte Kanon von Gebärden und Haltungsmotiven, von Gesichtstypen, attributiven Details und Architektur-

---

283 Siehe: Ottonis episcopi Frisigensis et Rahewini Gesta Friderici seu rectius Cronica/Bischof Otto von Freising und Rahewin, Die Taten Friedrichs oder richtig Cronica, übersetzt von Adolf Schmidt, hrsg. von Franz-Josef Schmale (Ausgewählte Quellen zur deutschen Geschichte des Mittelalters 17, Freiherr von Stein-Gedächtnisausgabe), Darmstadt 1965; oder Ottonis et Rahewini Gesta Friderici I. imperatoris, hrsg. von Georg Waitz und Bernhard von Simson (Monumenta Germaniae Historica, Scriptores rerum Germanicarum in usum scholarum 46), Reprint der Auflage 1912, Hannover 1978.

284 Vgl. Zeit der Staufer 1, Stuttgart 1977, S. 242/243, Kat. Nr. 337, Abb. 165.

285 Otto/Taten Friedrichs, 1965, S. 58 ff., zu den Miniaturen S. 61/62.

286 Vgl. Petrus Lombardus/Psalmenkommentar, 1986, Faksimile fol. 1^r ff.

formen.[287] Auch die Szenenreihe lebt aus wenigen festgefügten Kompositionstypen, die sich ihrerseits immer wieder festgelegter Figurenkompositionen und Details bedient haben.

Vergleichsweise einfach gestaltet sich die Vorbildsuche bei den aus heilsgeschichtlichen Zusammenhängen herzuleitenden Illustrationen der Genesis, der Sintflut, der Geburt Abrahams und Jesu. Wie ausgeführt, konnten die – wohl zwei –[288] Illuminatoren der Weltchronik in Jena für diese Themen auf die bekannte Ikonographie der Mitte des zwölften Jahrhunderts zurückgreifen, wie sich beispielsweise im Vergleich mit Kompositionen im *Hortus deliciarum* oder anderen Miniaturen und Zeichnungen aus dem regensburgisch-salzburgischen Bereich zeigen läßt.[289]

Auch das Bild des thronenden Herrschers, das als Thema innerhalb des Miniaturenzyklus neunmal auftritt und somit das am häufigsten vertretene Motiv darstellt, ist für sich gesehen eine genau festgelegte Bildformel – ein *image stéréotype* – das nicht nur in der Buchmalerei, sondern auch in repräsentativ-herrschaftlichem Zusammenhang auf Münzen, Siegeln und Kameen der staufischen Epoche geläufig war.[290]

Als reines, isoliert stehendes Repräsentationsbild ist der Typus der Herrscherdarstellung nur einmal – im Bildnis *Ludwigs des Frommen* (fol. 68^r = Abb. 76, vgl. Abb. 65) innerhalb der Miniaturenfolge zu entdecken. Im Kreise ihrer Vasallen und Waffenträger sitzend hat der Miniator sowohl *Ninus* (fol. 10^v = Abb. 67) als auch *Sardanapal* (fol. 11^r = Abb. 68) dargestellt.

Eine inhaltliche Erweiterung, die aus den attributiv beigegebenen Begleitfiguren Teilnehmer eines aktuellen Geschehens macht, haben die Gerichtsszenen entwickelt. Vorbilder für diese Illustrationen können aus zahlreichen Beispielen sakraler Handschriften stammen.[291] Die in ein Ereignisbild eingebundenen Herrscherdarstellungen von Kaiser Augustus (fol. 38^v = Abb. 71), Karl dem Großen (fol. 67^v = Abb. 75) und Otto dem Großen (fol. 78^v = Abb. 77)[292] teilen sich – wie die übrigen Akteure auch – durch eine lebhafte Gebärdensprache der Hände dem Betrachter mit.

---

[287] Vgl. die Listen der Architekturtypen, Sitzgeräte, Kleidungsstücke, Waffen- und Kronenformen, Pflanzen und Gebärden bei Scheidig 1928, S. 42/43. Zur Gebärdensprache auch: Barasch, Moshe, Gestures of Despair in Medieval and Early Renaissance Art, New York 1976, S. 12 ff.

[288] Vgl. zur Frage der Händescheidung Scheidig 1928, S. 44 ff.

[289] Siehe die Vergleichsreihe bei Polaczek 1908 S. 209; zum *Hortus deliciarum* vgl. Green, Rosalie u.a., Herrad of Hohenbourg, *Hortus deliciarum* (Studies of the Warburg Institute 36, hrsg. von J. B. Trapp), London/Leiden 1979. Zur Frage der Abgrenzung der Illustrationen der Chronica zum *Hortus deliciarum* siehe Scheidig 1928, S. 56 ff., zu Regensburg/Salzburg S. 66 ff.

[290] Vgl. Zeit der Staufer 1, Stuttgart 1977, Münzen S. 137 ff., Kat. Nr. 188, Abb. 103 ff., auch Kat. Nr. 27-60 königliche und kaiserliche Siegel und Bullen, Abb. 1 ff. (in Bd. 3); auch: Hoffmann, Hartmut, Buchkunst und Königtum im ottonischen und frühsalischen Reich (Schriften der Monumenta Germaniae Historica 30, 1), Stuttgart 1986, S. 77 ff., S. 37 ff.

[291] Vgl. Swarzenski 2, 1969, Abb. 57, 85, 128, 131, 133, 141, 155, 181, 190, 192.

Da, wie nachgewiesen, ein konkreter Bezug zwischen Bild und Text besteht, hat sich hier nicht nur der Idealtypus des Königs oder Kaisers als *gerechter Richter*, sondern gleichzeitig auch das konkrete Ereignisbild aus der rein repräsentativen Darstellung entwickelt. Vergleichbar sind diesen Zeichnungen besonders einige Illustrationen aus dem *Rolandslied* (Heidelberg, Universitätsbibliothek, Cod. Pal. germ. 122).[293]

Einen weiteren Bildtyp des Herrschers als Städtegründer und -erbauer greift die Bildfolge der *Chronica* zweimal – bei der Errichtung Babylons (fol. 10^{v} = Abb. 67) und Roms (fol. 20^{r} = Abb. 69) – auf.

Die Herrscherbilder der Chronik des *Otto von Freising* enthalten also sehr unterschiedliche Aspekte des Herrschertopos: Sie zeigen den König oder Kaiser allein – als Repräsentationsbild,[294] im Kreise seiner Gefolgsleute – quasi als Lehnsherr, als oberste richterliche Instanz, als Heiler und als Städtegründer. Damit sprechen sie verschiedene idealtypische Rollenbilder des christlichen, kaiserlichen Herrschers an. Eine Sonderform des Herrscherbildes, das die Dualität kaiserlicher und kirchlicher Macht vorführt, die Zeichnung, in der Kaiser Heinrich IV. und Papst Wibert nebeneinander thronen (fol. 79^{r} = Abb. 78/79) ist ebenfalls nur auf den ersten Blick eine Seltenheit. Vergleichbare Doppelbildnisse aus staufischer Zeit, die den Kaiser und einen geistlichen Würdenträger nebeneinander thronend zeigen, existieren beispielsweise auf Münzen: So zeigt eine aus Hersfeld stammende Prägung wohl den Abt Siegfried und Friedrich I. (oder Heinrich VI.?) nebeneinander, ein etwas jüngeres Stück aus Arnstadt präsentiert den Abt Johannes I. (1201-1213) neben Philipp von Schwaben (oder Otto IV.?).[295]

Ein besonderes Augenmerk muß auf die Auswahl der dargestellten Personen gerichtet werden. Anders als beispielsweise die vielfigurige Reihe der deutschen Könige und Kaiser in der *Cambridger Kaiserchronik* (Cambridge, Corpus Christi College, Ms. 373, siehe Abb. 18-33) oder der hauptsächlich auf die Bildnisse staufischer Machthaber festgelegten *Weltchronik aus Sankt Pantaleon* (Brüssel, Bibliothèque Royale, Ms. 467, siehe Abb. 47-56) hat sich die Herrscherfolge im Codex Jenensis entwickelt. Die Traditionsfolge der Herrscher des *Imperium Romanum* beginnt inhaltlich wie auch formal mit Kaiser Augustus, respektive Romulus und Remus. Sie setzt sich mit Karl dem Großen, Ludwig dem Frommen, Otto I. und Heinrich IV. fort, führt also jene Kaiser im Bilde vor, die heute noch als Exponenten der *Translatio imperii* auch von einer mittelalterlichen Herrscherdynastie zur folgenden gesehen werden können.[296]

---

292 Vgl. auch das Schema im Bildnis Innozenz II. (fol. 91^{v} = Abb. 99).

293 Siehe Pfaffe Konrad/Rolandslied, 1970, fol. 5^{v}, 6^{v}, 8^{v}, 19^{r}, 43^{v}, 52^{v}, 109^{v}, 119^{r}; Polaczek 1908, S. 208; Scheidig 1928, S. 81 ff.

294 Ein bis heute in Kopie bekanntes, erhaltenes Darstellungsprinzip, vgl. die Gedenkmünze zum Barbarossa-Jahr 1990.

295 Vgl. Zeit der Staufer 1, Stuttgart 1977, Kat. Nr. 187.16, Abb. 100.12; Kat. Nr. 187.21, Abb. 101.5.

296 Vgl. Goez 1958, S. 104 ff.

Eine weitere Sonderform der Herrscherdarstellung zeigt den Potentaten als Kriegsherrn bei der Eroberung oder Belagerung einer feindlichen Stadt, die zugleich auch ein bestimmtes Weltreich oder das Machtzentrum eines Reichs bedeutet. Innerhalb der Chronikillustrationen kommt dieses stets sehr gleichförmig ausgebildete Kompositionsschema insgesamt fünfmal vor: Ninus belagert eine unbekannte Stadt (fol. 10^v = Abb. 67), der Untergang von Troia (fol. 11^r = Abb. 68), Babylon (fol. 20^r = Abb. 69), Karthago (fol. 20^v = Abb. 70) und Rom (fol. 53^v = Abb. 73). Die Bewegungsrichtung entspricht jeweils der Leserichtung, die Figuren agieren stets von links kommend auf den rechten Bildrand zu, an den die belagerte Stadt herangerückt ist. Einzelne Figuren setzen bisweilen Gegenakzente, wenden sich nach links. Die Architektur entspricht dem festgelegten Typus der Stadt mit zinnenbekrönter, großquadriger Stadtmauer mit Türmen und Toren, vergleichbar jenen Stadtbildern, die in der Kölner Chroniktradition auftreten.[297] Aufsicht, wie sie die Ermordung des Julius Caesar (Abb. 70) zeigt, oder frontale Ansicht, hier wäre beispielsweise die Erbauung Roms (Abb. 69) zu nennen, wechseln einander ab. Eine Stadt oder ein konkreter Ort kann auch durch ein senkrecht im Bildregister stehendes Portal oder Tor signalisiert werden, wie es die Vertreibung aus dem Paradies (fol. 10^r = Abb. 66), die Eroberung Roms durch Odoaker (fol. 53^v = Abb. 73) und die Vertreibung Gregors VII. aus Rom (fol. 79^r = Abb. 78/79) enthält.

Eine weitere Variante stellt das Motiv der miteinander konkurrierenden, frontal aufeinander stoßenden königlichen Kämpfer dar, wie es der Bruderkrieg der Enkel Karls des Großen (fol. 68^r = Abb. 76) und die Schlacht am Regen (fol. 91^v = Abb. 80) abbilden. Und wie anders, wieviel gewalttätiger wurde in dieser Zeichnung der Vater-Sohn-Konflikt geschildert als in der vergleichbaren Szene des *Chronicon universale* des *Ekkehard von Aura* (Berlin, Staatsbibliothek, Ms. lat. fol. 295, fol. 99^r = Abb. 8).

Nicht nur die Jenaer Weltchronik des *Otto von Freising*, sondern auch ein anderes, schon mehrfach zum Vergleich herangezogenes profanes, illustriertes Werk, das *Rolandslied* des *Pfaffen Konrad* (Heidelberg, Universitätsbibliothek, Cod. Pal. germ. 112), hat nicht nur für die Herrscherbildnisse, sondern auch für die Belagerungsszenen ähnliche Schemata benutzt (siehe fol. 57^v).[298] Vergleichbare Bildideen könnten aber auch aus anderem Zusammenhang, etwa der *Psychomachia*, dem Kampf der Tugenden mit den Lastern, beispielsweise im *Hortus deliciarum*[299], oder aus biblischen Kampfszenen stammen.

[297] Vgl. Ramsegger 1943, S. 132 ff.

[298] Da sich die Literatur bereits ausführlich zu diesem Fragenkomplex geäußert hat, kann ein weiterer Einzelvergleich hier unterbleiben. Vgl. Scheidig 1928, S. 81 ff.; Pfaffe Konrad/ Rolandslied, 1970, Einleitung (Werner); Lengelsen 1972, S. 85 ff., S. 90 ff.; Petrus Lombardus/Psalmenkommentar, 1986, S. 36 (Suckale Redlefsen); zum Text: Das Rolandslied des Pfaffen Konrad, Text, Nacherzählung, Wort- und Begriffserklärung, hrsg. von Horst Richter, Darmstadt 1981.

[299] Vgl. Scheidig 1928, S. 56; Green 1979, Abb. 271-276 zu *Hortus deliciarum*, Psychomachia fol. 199^v, 200^r, vgl. auch Abb. 59/60 zu fol. 40^r Josuas Schlacht mit den Amalekitern.

Während das ältere Repräsentationsbild in der *Chronica* zunehmend durch das Ereignisbild verdrängt wurde, setzte gleichzeitig ein weiterer Prozeß ein, der für die Entwicklung nicht nur der deutschen Buchmalerei in der ersten Hälfte des zwölften Jahrhunderts wichtig werden sollte: Aus den Miniaturenfolgen entwickelten sich kurze, narrative Bildzyklen, begann das Bild sich selbst mitzuteilen.[300] Auch hier leben spätantike und byzantinische Prinzipien wieder auf.[301] Auf fol. 11^r (Abb. 68) und fol. 79^r (Abb. 78/79) korrespondieren nicht nur Tituli, Legende und Chroniktext mit den Bildern. Die Illustrationen für sich konzentrieren sich auf ein inhaltliches Zentrum, die Vita einer bestimmten Person. Sie erzählen zyklisch, in Leserichtung aufgebaut, doch für den Betrachter gleichzeitig wahrnehmbar, eine in sich geschlossene, mehrteilige *Kurzgeschichte*.

Neben dem narrativen Prinzip und den *Bildstereotypen* mit den Belagerungsszenen, die beide kompositorisch in Leserichtung angelegt wurden, benutzten die Zeichner für die Kaiserbildnisse ein anderes, zentrierendes Aufbauschema mit einer zentralen Hauptfigur und seitlichen Nebenakzenten durch kleinere Figurengruppen (Abb. 67, 68, 71, 75, 77). Auch sinngemäß umgekehrt ist dieses Bildprinzip angewandt worden, so in der Romulus und Remus-Szene (Abb. 69) oder in der Szene der Christenverfolgung (Abb. 72).

Die Streuungsdichte, das heißt die Anzahl der Szenen, läßt innerhalb der gesamten Weltchronik bis zum vierten Buch nach. Sie steigt dann mit zunehmendem Wirklichkeitsbezug zum Textende hin wieder an. Eine Trennung zwischen Bildform und Bildinhalt ist nicht zu beobachten. Von den für *Otto von Freising* maßgeblichen Gedanken seiner Chronik lassen sich die meisten ganz offensichtlich textparallel zum Bild wiederfinden: Die für die *Chronica* grundlegende Sichtweise einer sich ständig verlagernden geographischen Entwicklung des historischen, wissenschafts- und religionsgeschichtlichen Weltgeschehens von Osten gen Westen[302] – von Babylon über Griechenland und Rom bis in das Frankenreich – ergibt sich durch die topographische Lage der benannten wie auch dargestellten Plätze, Orte und Städte automatisch.

---

300 Vgl. z.B. Usener, Karl Hermann, Le début du style roman dans l'art mosan, in: L'art mosan, hrsg. von P. Francastel, Paris 1953, S. 103-112; Pächt, Otto, The Rise of Pictorial Narrative in Twelfth-Century England, Oxford 1962, S. 12 ff.; Clausberg, Karl, Der Erfurter *Codex aureus* in Pommersfelden (Ms. 249/2869), Biblische Historie im politischen Gewand? Wiesbaden 1986, S. 33 ff.; Kemp, Wolfgang, *Sermon corporeus*, Die Erzählung der mittelalterlichen Glasfenster, München 1987; ders., Hrsg., Der Text des Bildes, Möglichkeiten und Mittel eigenständiger Bilderzählung (Literatur und andere Künste 4, hrsg. von Eberhard Lämmert, Thomas Koebner u.a.), München 1989, S. 116-130: ausführliche Bibliographie zum Thema kommentiert von W. Kemp; siehe auch die in der Einleitung hier zitierte Literatur zu *Bild und Text*.

301 Vgl. Weitzmann, Kurt, Illustrations in Roll and Codex, A Study of the Origin and Method of Text Illustration, zweite Auflage Princeton 1970, S. 120.

302 Vgl. Otto/Chronik, 1980, S. LIV (Lammers); Goetz 1984, S. 158 ff.

Ebenso wie die Chronik aus Sankt Pantaleon hat diese Weltchronik den Gedanken der bildlichen Wiedergabe der vier Weltreiche, der *Regna maxima,* verwirklicht[303], um das Prinzip der *Translatio imperii* darzustellen: Der Illustrator wählte fast die gleichen Personen aus. Statt *Nemroth, Ninus und Semiramis* (Abb. 37) bringt der Jenensis *Ninus, Semiramis und Sardanapal* (Abb. 67, 68), die das babylonische Reich präsentieren.

Das Weltreich der Meder und Perser vertritt in dieser Handschrift nur *Cyrus* (Abb. 69), eine Darstellung des Darius wie im Cod. guelf. 74,3 aug. fol. (Abb. 37) fehlt.

Das griechisch-makedonische Imperium, das die Kölner Handschriftentradition durch ein Bildnis Alexanders des Großen präsentierte (Abb. 37), fehlt ebenfalls in der Chronik des Freisinger Bischofs. Lediglich eine Szene – der Kampf um Troia (Abb. 68) – ist auf die Griechen bezogen.

Erst in der Auswahl der Vertreter des *Imperium Romanum – Romulus* (und Remus), *Augustus und Julius Caesar* – entsprechen sich die unterschiedlichen Chroniktraditionen in ihrer Bildauswahl wieder. Während die Kölner Tradition die additive Reihung von Repräsentationsbildern als Bildprinzip benutzte (Abb. 38, 43), stellte Ottos Chronik die Herrscher der Weltreiche in einen szenischen Bezug. In beiden Traditionssträngen entwickelte sich – wie auch in der *Cambridger Kaiserchronik* (Abb. 18-33) – im Anschluß an die Bildnisse der Beherrscher der vier Weltreiche ein Zyklus von Herrscherbildern. Zahl, Benennung und Darstellungsweise können innerhalb dieser Zyklen wie beschrieben variieren. Wie der betonte Antagonismus zwischen Babylon und Rom im Text dominierte, so wurden auch in der Bildauswahl, der Szenen- und Personenzahl der Darzustellenden diese beiden Reiche verstärkt hervorgehoben, die Informationsdichte und die Bildzahl dabei vielteiliger und enger miteinander verzahnt.

Neben der linearen, eschatologischen Ausrichtung der sich von Osten nach Westen verlagernden Ereignisse der Geschichte der vier *Regna maxima* stand für Otto von Freising auch der Gedanke der *mutabilitas*, der *mutatio rerum*, die den ständigen Wandel aller Dinge kennzeichnet.[304] Im Sinne seines durchaus figural aufgefaßten Geschichtsbildes[305] benutzte er für die bildliche Erfassung jenes elenden Zustandes mangelnder Stabilität das Motiv vom Rad der Fortuna, der *Fortuna labilis.* Diese gilt „seit christlicher Zeit meist als trügerische dämonische Gestalt in Antithese zur göttlichen Gerechtigkeit und als Personifikation des Wechsels von Gunst und Ungunst im Heils-

303 Mehrere Traditionen: Nabuchodonosor (Babylon), Darius (Persien), Alexander (Griechenland), Augustus (Rom); statt der beiden ersten werden auch Ninus und Cyrus, statt des letzten Caesar genannt. Siehe Lexikon der christlichen Ikonographie 4, 1972, Sp. 523/524.

304 Vgl. Otto/Chronik, 1980, S. LI ff. (Lammers); Goetz 1984, S. 86 ff.

305 Vgl. Goetz 1984, S. 80 ff., 172 ff., 219 ff.; grundsätzlich auch die diversen Abhandlungen in: Geschichtsdenken und Geschichtsbild im Mittelalter, Ausgewählte Aufsätze aus den Jahren 1933-1959 (Wege der Forschung 21), Reprint der Ausgabe Darmstadt 1961, Darmstadt 1984; auch: Lammers, Walther, Weltgeschichte und Zeitgeschichte bei Otto von Freising (Sitzungsberichte der wissenschaftlichen Gesellschaft an der Johann Wolfgang Goethe-Universität Frankfurt 14, 3), Wiesbaden 1977.

plan Gottes."[306] In seinem Vorwort an *Isegrimm* beschrieb er bereits – in deutlicher Anlehnung an die *Consolatio philosophiae* des *Boethius* (II, 1 und 2) – die Vorstellung vom kreisenden Rad.[307] Dieses Motiv ist aus späteren Boethius-Fassungen als Miniatur bekannt. Zu nennen wäre beispielsweise eines der Wiener Exemplare (Wien, Österreichische Nationalbibliothek, Cod. 2642, Südfrankreich, Mitte 13. Jahrhundert, fol. 11r) der *Consolatio*.[308] Im zweiten Buch führte *Otto* in dem Bericht über den Gifttod Alexanders des Großen weiter aus: „Wir fallen mit dem Fallenden, wir wanken mit dem Wankenden, wir werden herumgeschleudert mit dem Kreisenden und schließlich gehen wir unter mit dem Untergehenden."[309] Anders als *Lammers*, der die *mutatio rerum* in dem bloßen Gegensatz von Aufstieg und Niedergang der Weltreiche sehen wollte[310], scheint der Verfasser der *Chronica* die künstlerische Idee der *Fortuna labilis* direkt in die Gestaltung der Bilderfolge übernommen zu haben.

Die Bildnisse der thronenden Herrscher – des Ninus, der Semiramis, des Sardanapal, von Romulus und Remus, Augustus, Karl I., Ludwig dem Frommen, Otto I. und Heinrich IV. (Abb. 67, 68, 69, 71, 75, 76, 77, 78/79) lassen diese im Zenit von Macht und Größe wie auf dem höchsten Punkt des Rades der Fortuna thronen.

Der Niedergang der Mächtigen wird analog im Motiv der stürzenden Figur deutlich. Unterschieden werden muß jedoch zwischen der fallenden, noch nicht am Boden liegenden Figur – so König Ninus vor den Toren der Stadt (Abb. 67), Sardanapal, der vom Thron gezerrt wird (Abb. 68) wie auch Julius Caesar (Abb. 70) und den am Boden liegenden Toten beispielsweise in den Belagerungsszenen (Abb. 68-70). Mit gewissen Abstrichen können auch Einzelfiguren aus der Entmachtung Diokletians und Maximians (Abb. 72) und dem Kniefall Berengars vor Otto I. (Abb. 77) zu diesem Typ gezählt werden.

Den absoluten Tiefpunkt dessen, der unter das Rad des Schicksals gefallen ist, kennzeichnen sowohl in vollständigen Darstellungen der *Fortuna* als auch im Bilderzyklus der *Chronica* embryonal zusammengekauerte Figuren, die – scheinbar im freien Fall ins Unendliche befindlich – Arme und Beine grotesk anwinkeln, ohne noch irgendwo Halt finden zu können. Dieser Figurentyp wurde für den Sturz Troias und den Feuertod des Sardanapal (Abb. 68) und auch für die Christenverfolgung (Abb. 72) benutzt.

Den Aufstieg kennzeichnet dagegen das erfolgreiche Heranstürmen, Belagern und Erobern einer Stadt, eines Reiches, wie es die Chronik in verschiedenen schon beschriebenen Varianten vorführt.

---

[306] Vgl. Lexikon der christlichen Ikonographie 2, 1990, Sp. 53; Sp. 54 mit der älteren Literatur, zur Frage des narrativen oder fortlaufenden Elements dieser Darstellung vgl. Kemp 1987, S. 53, 78 ff., Abb. 36, 72.

[307] Vgl. Otto/Chronik, 1980, S. 10/11.

[308] Vgl. Hermann, Hermann Julius, Die deutschen romanischen Handschriften (Beschreibendes Verzeichnis der illuminierten Handschriften in Österreich 8,2), Leipzig 1926, S. 37; Mazal 1978, Abb. 49.

[309] Vgl. Otto/Chronik, 1980, S. 152/153.

[310] Vgl. Lammers 1963, S. 210 ff.

Mag nun diese freie bildliche Assoziation zwischen Figurendetails der Bildreihe und der Bildformel der *Fortuna labilis* zu gewagt erscheinen, so können weitere Beispiele historiographischer Texte genannt werden, die ein vergleichbares Beziehungsmuster zwischen Bild und Text besitzen: Der schon mehrfach zitierte *Liber ad honorem Augusti* des *Petrus de Ebulo* (Bern, Burgerbibliothek, Cod. 120, 1195/1196) enthält auf fol. 146^{r} eine lavierte Federzeichnung des Kaisers Heinrich VI. Während ihm die Tugenden – unter ihnen Fortitudo und Justitia – die Insignien bringen, wird im gleichen Bild zu seinen Füßen sein geschlagener Widersacher *Tankred* vom Rad der Fortuna überrollt. Diese Darstellungsweise ist ausgesprochen ungewöhnlich. Auch der Aspekt des salomonischen Herrschers, des *rex justus* im Kreise seiner Vasallen, kann ebenfalls in dieser Handschrift wie in den Kaiserbildern der Weltchronik *Ottos von Freising* festgestellt werden.[311]

Auch die bereits mehrfach zum Vergleich herangezogene *Augustinus-Handschrift* aus Schulpforta (Ms. lat. A. 10, fol. 3^{r}) führte bereits das Rad des Schicksals als Bildmotiv vor.[312] Ebenso wäre als weiteres frühes Beispiel aus dem zwölften Jahrhundert die entsprechende Zeichnung aus dem *Hortus deliciarum* zu nennen.[313]

Ein weiteres Beispiel eines Glücksrades in einem chronikalischen Text bietet die in Dijon befindliche *Histoire universelle* (Dijon, Bibliothèque municipale, Cod. 562, fol. 171^{v}) aus dem Kreis der eingangs genannten, von *Buchthal* bearbeiteten Handschriften.[314] Die Illustration ist bezeichnet „Coment la royne d'amazone vint a alixandre". Anders als in den anderen Handschriften der Gruppe taucht in dieser das Motiv des Rades auf. Auffälligerweise ist ein bestimmter Herrscher – Alexander der Große – dargestellt, analog zu der zitierten Textstelle über die *Fortuna labilis* bei *Otto*, die sich ebenfalls auf Alexander bezieht.

Die Interpretation der Illustrationen zur Weltchronik des Freisinger Bischofs wäre unvollständig, würde nicht auch das prinzipielle Denkmodel von der *Geschichte der zwei Staaten*, das immer wiederkehrende Leitmotiv der *Historia* im Bild-Text-Bezug analysiert werden. Aber nur auf das engste verbunden mit der Idee der *Translatio imperii* aber auch der *mutatio rerum* ist das dualistische Geschichtsbild *Ottos von Freising* zu verstehen.

Aufbauend auf der Betrachtung des *De civitate Dei* des *Augustinus* durchzieht die gesamte Chronik der bipolare Leitgedanke von den beiden *civitates*, den Reichen, Staaten oder Bürgerschaften, der *civitas terrena* und der *civitas Dei*. Im ständigen Wandel

---

311 Vgl. Zeit der Staufer 1, Stuttgart 1977, S. 647/648, Kat. Nr. 810; 2, Abb. 604; Petrus de Ebulo, Liber ad honorem Augusti sive de rebus Siculis, Codex 120 II der Burgerbibliothek Bern, Eine Bilderchronik der Stauferzeit, hrsg. von Theo Kölzer und Marlis Stähli, Textrevision und Übersetzung von Gereon Becht-Jördens, Sigmaringen 1994, S. 238 ff.

312 Vgl. Jasbar 1980, S. 56-60, Abb. 12.

313 Vgl. *Hortus deliciarum*, ehem. fol. 215^{r}; Green 1979, S. 200, Abb. 285/286.

314 Vgl. Buchthal 1986, S. XXI, S. 148/149, Pl. 121b.

der Geschichte, der *mutatio rerum,* wie auch der Abfolge der Weltreiche durchdringen und bedingen sich die *civitas Dei*, der Gottesstaat, die Ecclesia, und die *civitas terrena* oder *civitas mundi*, das irdische Reich, gegenseitig. Sie bilden eine instabile Koexistenz, die sogenannte *civitas permixta,* aus, die gleichzeitig nicht nur *status quo*, sondern auch die Vorstufe des wahren, ewig währenden, eschatologisch festgelegten Gottesstaates ist.[315]

Zu fragen bleibt zunächst, ob die vorangestellten Zeichnungen vielleicht nur als illustrierende Ereignisbilder des von *Otto* beschriebenen historischen Geschehens zu verstehen sind, wie es sich während der Vorstellung der Miniaturen abgezeichnet haben mag, oder ob das dualistische Prinzip der *civitates* im Bild so ablesbar wird wie im Text. Als erstes bleibt zu bedenken, daß der Ansatz von Lammers, die Reihe der Zeichnungen als eine typologische Zuordnung zu sehen, nicht so stehenbleiben kann.[316] Als eine echte Typologie im Sinne einer *Concordantia Veteris et Novi Testamenti* kann bestenfalls das Bildpaar der Geburt Abrahams (Abb. 67) und der Geburt Jesu (Abb. 72) gesehen werden. Diese beiden Bilder haben aber in der räumlichen Abfolge keine Verbindung zueinander.

Im übrigen kann innerhalb des Zyklus das Bilderplanen und -zuordnen ausschließlich aus einem Denken in Gegensatzpaaren – was keinesfalls gleichzusetzen ist mit typologischen Entsprechungen – begründet werden.

Schon in den ersten Zeichnungen (Abb. 66) folgt auf die Schöpfung die Vertreibung, auf den Beginn der *civitas Dei* jener der *civitas terrena*. Auch in der Zusammenstellung von Sintflut und Arche ist der momentane Niedergang der civitas *mundi* und der Beginn der *civitas Dei*, der *Ecclesia* angekündigt.[317] Und so sind Gut und Böse schon am Beginn der Geschichte des Menschengeschlechts nach göttlichem Plan unabwendbar miteinander verbunden.

Das Prinzip wird in der nächsten Miniatur noch deutlicher (Abb. 67): Der assyrisch-babylonischen Gewaltherrschaft unter Ninus und Semiramis, dem Inbegriff der *civitas terrena*, der Stadt Babylon und dem babylonischen Weltreich, wird als Träger der *civitas Dei* Abraham entgegengesetzt.

Den Niedergang der ruchlosen Weltherrschaft der Babylonier kennzeichnet das Aufkommen der siegreichen Griechen vor Troia (Abb. 68), während Babylon gleich Sardanapal verkommt, verweichlicht und zugrunde geht. Das Gestaltungsprinzip der *civitates* ist in der letztgenannten Zusammenstellung nur bedingt nachvollziehbar. Zwar muß Sardanapal nach *Otto von Freising* als ein besonders übler Vertreter der *civitas mundi* angesehen werden, doch die Griechen als Träger des neu erblühenden griechisch-macedonischen Weltreichs können nicht als Gegenspieler im Sinne der *Zwei-Staaten-Lehre* herangezogen werden.

315 Vgl. Otto/Chronik, 1980, S. XLIV ff.; Goetz 1984, S. 181 ff.

316 Vgl. Lammers 1963, S. 210 ff.

317 Vgl. ebd., S. 179 ff.

Die nächsten Bildpaare am Beginn des zweiten Buchs ergeben wieder ein deutlicheres Bild: Dem Aufbau und Wachsen der Roma (Abb. 69), die parallel zum Himmlischen Jerusalem des ewigen Gottesstaates gesehen wird, entspricht als irdisch-historischer Widerpart die endgültige Zerstörung Babylons durch Cyrus. *Ottos* Ideen von den *civitates*, der *mutatio rerum* und der Folge der vier *Regna maxima* konnte gerade in einer solchen Darstellung bestens miteinander verwoben werden.

Daß Aufstieg und Verfall, Sieg und Niederlage auch innerhalb der römischen Weltmonarchie fortgesetzt werden, führt das nächstfolgende Szenenpaar – die Eroberung Karthagos und die Ermordung Julius Caesars (Abb. 70) – vor Augen.

Das vor dem dritten Buch eingefügte Bildnis des Kaisers Augustus (Abb. 71) steht wie beschrieben einerseits in der Programmfolge der Herrscherreihe und der vier Weltreiche. Andererseits bedeutet innerhalb der civitates-Lehre sein Machtantritt den Beginn der Friedensherrschaft, der *pax romana* innerhalb der *civitas permixta*. Als direkte Präfiguration der Herrschaft Christi und des kommenden Gottesstaates im Sinne einer Typologie kann diese Zeichnung jedoch n i c h t gewertet werden, zumal ihr auch die zugehörige bildliche Entsprechung – etwa eine Darstellung des thronenden Weltenrichters – fehlt.[318]

Die zweiteilige, sich direkt anschließende Zeichnung der *Geburt Christi* und der *Christenverfolgungen* (Abb. 72) zeigt dagegen erneut das vereinfachte Bild der aufblühenden *civitas Dei* und des Untergangs der *civitas mundi*, die selbst ihre Macht aufgibt.

Entsprechend den vorangegangenen Weltreichen geht auch das antik-römische Reich in seiner alten Form zugrunde (Abb. 73), dehnt sich das neue fränkische Reich als Traditionserbe des *Imperium Romanum* aus (Abb. 74). In diesen Darstellungen wurde wieder verstärkt der Gedanke der *mutatio* aufgegriffen, ebenso die geographische Verlagerung des Machtzentrums im direkten Bildsinn durch den Zug Pharamunds gen Westen vorgeführt.

Die Bilder des fünften Buchs bringen verstärkt das Motiv der Weitergabe und des Kampfs um die Macht (Abb. 75-77), indem sie Karl den Großen, Ludwig den Frommen und Otto den Großen nacheinander abbilden und daneben den karolingischen Bruderkampf stellen.[319]

Je näher der Leser dem Ende der *Historia* kommt, desto größer wird das Problem, den Grundgedanken der *civitates* in reiner Form im Bild zu isolieren. Der direkte Wirklichkeitsbezug, der Kampf zwischen *Imperium* und *Sacerdotium* (Abb. 78/79) überlagert diese Bildidee. Er läßt aber gleichzeitig im Gegenpapsttum und in der Vertreibung Gregors VII., dem Bannfluch gegen Heinrich IV. und seinem Kampf gegen den leiblichen Sohn den Niedergang der *civitas permixta* und den Beginn der Weltendzeit erken-

---

318 Anders als Lammers 1963, S. 192.

319 Ebenso, ebd., S. 202/203. Von einer Präfiguration Karls oder Ottos durch Augustus oder einer *Duplizierung* kann durchaus gesprochen werden. Die Zeichnungen folgen eindeutig dem Gedanken der *Translatio imperii* in der Form einer Amtsgenealogie.

nen, wie ihn *Otto* am Schluß seiner Universalchronik in seiner zu diesem Zeitpunkt extrem pessimistischen Weltsicht entworfen hat.[320] Jenen optimistischen Gesinnungswandel, den die *Gesta Friderici* im Werk *Ottos von Freising* vielleicht bereits in der Entstehungszeit der Bilder für die *Historia* aufzeigten, haben die Illustratoren des *Chronicon pictum* jedoch noch nicht aufgegriffen.[321]

Das Bildprogramm der *Chronica sive Historia de duabus civitatibus* des *Otto von Freising* läßt sich nicht auf einen einzigen Interpretationsansatz festlegen. Entsprechend den verschiedenen Argumentationsschwerpunkten des Autors ist auch der Bilderzyklus der Weltchronik nach gängigen Bildtypen im Sinne eines figuralen Geschichtsbildes angelegt. Die Verlagerung von Osten gen Westen, die Abfolge von Weltreichen und Herrscherreihen als lineares Prinzip, die *mutatio rerum* als konzentrisches, zyklisches Prinzip und die *civitas*-Lehre als dualistisches Prinzip brachten die Zeichner neben zunehmenden narrativen Elementen und wirklichkeitsbezogenen Ereignisbildern in die erste vielbildrig illustrierte Weltchronik ein.

b. Der Codex Mediolanensis ambrosianus F. 129 Sup. – Vorlage und Kopie

Bereits in den frühen Editionen der *Monumenta Germaniae Historica* von *Wilmans* 1868[322] und Hofmeister 1912[323] wurde die Existenz einer zweiten illustrierten Handschrift der *Chronica sive Historia de duabus civitatibus* des *Otto von Freising* dokumentiert. Diese Abschrift wurde zunächst kodikologisch respektive textkritisch untersucht, neben den genannten Arbeiten auch bei Bloch 1908 im Anhang I: *Der Cod. Bose q. 6* und die Überlieferung der Chronik *Ottos von Freising*.[324]

Der in Mailand in der Biblioteca Ambrosiana aufbewahrte Codex F. 129 (auch S. P. 48), der bis 1936 der Dombibliothek gehört hat[325], fand in der italienischen Forschung zunächst nur wenig Beachtung. Autoren wie Toesca[326] und d'Ancona[327] beschränkten

---

[320] Vgl. Otto/Chronik, 1980, S. XLIX; Goetz 1984, S. 264.

[321] Vgl. Lammers 1963, S. 214; Goetz 1984, S. 275 ff.

[322] Wilmans in: Monumenta Germaniae Historica 20, Supplementa tomorum I, V, VI, XII, Chronica aevi Suevici, hrsg. von Georg Heinrich Pertz u.a.), Stuttgart 1868 (Nachdruck 1989).

[323] Siehe: Otto/Chronik, 1984 (Hofmeister), S. LVIII-LIX, die Angaben stammen von E. Perels und B. Schmeidlers.

[324] Vgl. Bloch 1908, S. 194-197.

[325] Zur Handschrift: Pergament, 198 fol., 32 x 22 cm, Lagenzählung vgl. Bloch 1908, S. 194/195.

[326] Vgl. Toesca, Pietro, La pittura e la miniatura nella Lombardia dai piu antichi monumenti alla meta del quattrocento, Milano 1912, S. 70/71, auch ebd. Anm. 3.

[327] Vgl. d'Ancona, Paolo, La mostra della miniatura nella Biblioteca Ambrosiana, in: Bollettino d'Arte 27, 1933/1934, S. 64 ff.

sich auf eine kurze Erwähnung der *Historia mundi*. Da Polaczek 1908 die Handschrift n i c h t in seine Überlegungen einbezogen hatte, wurde erstmals mit der Publikation Scheidigs 1928 zu den Illustrationen Grundsätzliches ausgesagt.[328] Scheidig führte teilweise einen minuziösen Detailvergleich des Codex Jenensis mit der Handschrift in der Ambrosiana durch.[329] Zu einer gründlichen Bewertung des Problemkreises von Vorlage und Kopie gelangte er aber nicht.

Eine erste Katalogbearbeitung erfuhr der Codex durch Paredi 1961.[330] Auf dieser baut der Text des neuen *Inventario dei codici* von Gengaro/Guglielmetti auf, der erstmals auch die Szenen ausführlich beschreibt.[331] Ungenügend und wenig informativ wirkt dagegen die Kurzbearbeitung der Handschrift für den Ausstellungskatalog *Die Zeit der Staufer*, die – ohne irgendeine schlüssige Begründung anzugeben – eine extreme Frühdatierung „Anfang dreizehntes Jahrhundert" vorschlägt.[332]

Paredi wollte aufgrund der eingefügten Papst- und Kaiserlisten (fol. 119^r ff.), in der zuletzt Honorius III. (Papst 1216-1227) und Kaiser Friedrich II. (1220-1250) aufgeführt wurden, eine exakte Datierung der Handschrift zwischen 1220 und 1226 festlegen[333], der sich Gengaro/Guglielmetti angeschlossen haben,[334] während Scheidig, Bloch folgend, bereits 1928 eine Datierung nach diesen Listen abgelehnt und für eine Entstehungszeit zwischen 1240 und 1250 plädiert hatte.[335] Eindeutig hat sich schon in der älteren Forschung abgezeichnet, daß der *Codex Mediolanensis ambrosianus F. 129* in jenen Jahren entstanden sein muß, während deren sich seine Vorlage, der Cod. Bose q. 6., in Hagenau im Elsaß befand und dort um das fehlende achte Buch der Chronik und die sogenannten *Marbacher Annalen* erweitert wurde.[336] Diese Feststellung wiederum blieb von der italienischen Forschung bis hin zu Gengaro/Guglielmetti völlig unbeachtet, so daß die Frage einer elsässischen oder italienischen Provenienz des Cod. Mediol. ambros. F. 129 Sup. nach der Analyse der Bilder nochmals kurz aufzugreifen sein wird.

Nach Prolog und Kapiteleinteilung stehen vor dem Beginn des ersten Buchs der *Chronica*[337] vier illustrierte Seiten, die außer ihrer Position vor der Einleitung in ihren

---

[328] Vgl. Scheidig 1928, S. 88-98. Tf. I-V.

[329] Vgl. ebd. S. 89 ff., S. 117, Anlage 2: Tabellarischer Vergleich der „Abweichungen in den metrischen Umschriften der Bilder". Für den Cod. Mediol. ambros. ist lediglich eine Textveränderung in der Beschriftung der *Romulus und Remus-Szene* dokumentiert.

[330] Vgl. Paredi, Angelo, La Biblioteca del Pizolpasso, Milano 1961, S. 112-114, Kat. Nr. 20.

[331] Vgl. Gengaro, Maria Luisa und Gemma Villa Guglielmetti, Inventario dei codici decorati e miniati della Biblioteca Ambrosiana, secolo VII.-XIII., Firenze 1968, S. 100-103, Tav. 97-99.

[332] Vgl. Zeit der Staufer 1, Stuttgart 1977, S. 242, Kat.Nr. 336.

[333] Vgl. Paredi 1961, S. 112; auch Scheidig 1928, S. 119, Anlage 3.

[334] Vgl. Gengaro/Guglielmetti 1968, S. 102 ff.

[335] Vgl. Scheidig 1928, S. 88/89; Bloch 1908, S. 196.

[336] Vgl. Scheidig 1928, S. 89; Bloch 1908, S. 197; Nilgen 1994, S. 100 ff.

Illustrationen bis auf das dritte bebilderte Blatt denen der Vorbilder im Cod. Bose q. 6 entsprechen: Auf fol. 10^r (Abb. 81) folgt der Erschaffung der Eva und der Vertreibung aus dem Paradies im unteren Bildregister die zweigeschossige *Arche*, in der Noah und seine Familie über die Wasser der Sintflut treiben.[338]

Gegenüber dem Vorbild (siehe Abb. 66) verändert wurden die Position der Eva, die jetzt hinter Adam zu knien scheint, das ausgreifende Schritt- und Bewegungsmotiv des Engels und der architektonische Aufbau der Arche, deren Dach jetzt die obere Umschrift durchstößt. Der architektonische Aufbau des Schiffes, den das Vorbild so minuziös vorführt, wurde zugunsten einer stark vereinfachenden Kasten- oder Schreinarchitektur fallengelassen. Der im Wasser treibende Leichnam fehlt, statt des Hasen- wurde ein Pferdekadaver rechts vorne in der Ecke gezeichnet. Wie die Illustrationen seiner Vorlage wurden auch die des Cod. Mediol. ambros. mit brauner Tusche angelegt. Einzelne Farbspuren, wie am Jenensis zu beobachten, fehlen jedoch völlig. Entsprechend dem größeren Format der Pergamentbögen und dem damit veränderten Schriftspiegel (24,5 x 15 cm) konnten die Zeichnungen insgesamt in größerem Maßstab ausgeführt werden, die Bildstreifen auf fol. 10^r der Mailänder Handschrift sind daher gegenüber dem Vorbild leicht gestreckt. Rechts unterhalb des Bildfeldes wurden von anderer, jüngerer Hand ein Kopf und die Umrisse eines Oberkörpers skizziert.

Auf fol. 10^v (Abb. 83) folgt die ganzseitige, dreiregistrige Abbildung, die analog zum Vorbild (siehe Abb. 67) den thronenden König Ninus neben der Geburt Abrahams, darunter den gewaltsamen Tod des Ninus und im unterem Bildregister die thronende Semiramis als Erbauerin Babylons enthält.[339] Kompositionen und Inschriften entsprechen wiederum der Vorlage. Verändert wurden die Haltungsmotive der Kämpfer im oberen und mittleren Bildstreifen. Rüstungen und Details der Tracht wurden aktualisiert respektive modernisiert. So trägt die Frau neben der Wiege Abrahams ein modernes Kopfgebinde, Ninus einen Helm mit Visier und Semiramis ein Gewand mit hochgezogenen Schulterspitzen und tiefem Ärmelausschnitt. Auch sind die Krieger im mittleren Bildstreifen unterschiedlich gerüstet entgegen ihrer uniformen Ausstattung in der Vorlage. Die architektonischen Versatzstücke in den oberen Bildregistern wurden nur geringfügig variiert. Der Betrachter rückt dem Geschehen jedoch deutlich näher.

Im dem Bau der Stadt Babylon ließ der Kopist den Maurer mit der Mörtelmulde fort. Er zeigt statt dessen die hoch aufgerichtete Mauer der Stadt mit drei Rundfenstern.[340] Auch in dieser Illustration zeichnete ein späterer Kopist sowohl den Kopf des Steinmetzen – im Bildfeld – als auch die ganze Figur – links unten auf der Seite – nach. Auf fol. 11^r legte derselbe Zeichner, der diese Kopien in die Bilder hineingezeichnet hatte, das

---

337 Vgl. Otto/Chronik, 1980, S. 60/61.

338 Vgl. Gengaro/Guglielmetti 1968, S. 90, 92/93, Tav. 97.

339 Vgl. Gengaro/Guglielmetti 1968, S. 100/101, Tf. 98.

340 Vgl. Scheidig 1928, S. 90.

zügig entworfene Bildnis eines Reiters mit seinem Pferd an.[341] Die Abbildung gehört also eindeutig nicht zu der ursprünglichen Bildausstattung, sie hat daher auch keine Entsprechung im Cod. Bose q. 6.

Im Original folgte auf die leere Seite fol. 11^{r} auf der nächsten Seite, fol. 11^{v}, jene Miniatur, die den griechischen Sieg über die Troianer und die unrühmliche Geschichte des Sardanapal illustriert. Eine Gruppe von zehn wie in der Vorlage unterschiedlich als Ganz- oder Teilfigur oder nur im Profil angedeuteten Kämpfern belagert die kaum noch verteidigte Stadt Troia, um sie in Brand zu stecken.

Die anschließenden Szenen – Sardanapal thronend zwischen Waffenträger und Vasall, Sardanapal spinnt mit den Frauen Wolle, Sardanapal wird von Arbaces entmachtet und stirbt den Feuertod – lehnen sich in Komposition und Detail eng an ihr Vorbild an (siehe Abb. 68).[342]

Vor dem *Incipit liber secundus*[343] stehen auf fol. 21^{r} (Abb. 83 a/b) und 21^{v} (Abb. 84a/b) entsprechend dem Jenensis insgesamt vier Szenen.[344] In dem Bild Romulus und Remus als Erbauer der Roma (Abb. 83a) fehlt eine der ursprünglich drei Beifiguren (siehe Abb. 69), auch wird statt eines Steinmetzen, der mit einer Spitzfläche arbeitet, hier das Ausmessen eines Quaders mit einem Winkelmaß vorgeführt.[345]

Die Zerstörung Babylons durch Cyrus (Abb. 83b) ist erheblich stärker umgestaltet worden: Die Gruppe der Angreifer steht dicht beieinander. Alle Kämpfer tragen durchgehende Kettenhemden verschiedenster Musterung unter ärmellosen, gegürteten Gewändern (vgl. fol. 10^{v} = Abb. 82 Semiramis). Statt des Tores (vgl. Abb. 69), vor dem ein Erschlagener liegt, wurden Babylons Mauern zweigeschossig dargestellt. Die oben stehende Figur mit dem Rundschild in der Rechten und dem Wurfstein in der Linken wurde in zwei Figuren umgewandelt. Die Kämpferreihe in den tiefer gelegenen Bogenfenstern könnte von ihrer Anordnung her jener der Geretteten auf der Arche Noah (fol. 10^{r} = Abb. 81) entsprechen.

Auf der Versoseite des Blattes (fol. 21^{v} = Abb. 84a/b) wich der Kopist nur geringfügig von der Komposition der Vorlage (siehe Abb. 70) ab.[346] Neben der Aktualisierung der Kostüme und Rüstungen kann hier wie an den anderen Beispielen innerhalb der Bilderreihe beobachtet werden, daß sich die Figuren lebhafter und freier bewegen, die etwas hölzerne Schablonenhaftigkeit des Vorbildes abzulegen beginnen. In der Eroberung Karthagos und der Ermordung Cäsars (fol. 21^{v} = Abb. 84a/b) wurde die Zahl der

[341] Vgl. Gengaro/Guglielmetti 1968, S. 101.

[342] Vgl. dies., ebd.

[343] Vgl. Otto/Chronik, 1980, S. 108/109.

[344] Vgl. Gengaro/Guglielmetti 1968, S. 101; Scheidig 1928, S. 93, Tf. II.

[345] Vgl. Binding/Nussbaum 1978, S. 98, Z. 32, Nr. 10; vgl. S. 94, Z. 28, Nr. 6. (In diesen Umzeichnungen, die keine Tituli angeben, geht jedoch die Feinheit der mittelalterlichen Zeichnung durch breitliniges, undifferenziertes Kopieren verloren.)

[346] Vgl. Scheidig 1928, S. 91, Tf. III; Gengaro/Guglielmetti 1968, S. 101.

beteiligten Personen jeweils verändert, ohne daß Bildaufbau und -inhalt umgestaltet wurden. Auffällig wirkt dagegen, daß die Bildbühne der Ermordungsszene zugunsten einer direkten Aufsicht der Szene entfällt, die Zeichnung lediglich durch seitlich begleitende Mauern eingeengt ist.

Den Prolog des dritten Buchs der Chronik[347] begleitet eine ganzseitige Illustration (fol. 44^{r} = Abb. 85), die in der Vorlage auf zwei einander gegenüberliegende Seiten verteilt worden war (siehe fol. $38^{v}/39^{r}$ = Abb. 71/72). Der Schreiber wie auch der Illustrator des Cod. Bose q. 6 ging also sparsam mit dem verfügbaren Raum für Bild und Text um, die halbe Seite auf fol. 38^{v} wurde nicht einfach freigelassen. Für die Frage nach dem vorbildgebenden Urexemplar der Jenaer Handschrift gibt diese Verhaltensweise des Schreibers, genau abgemessenen Raum zu sparen, die eindeutige Gewißheit, daß es eine illustrierte Redaktion war. Mit anderen Worten läßt sich aus dem Kopiervorgang bestimmen, daß das verschollene Dedikationsexemplar für Friedrich Barbarossa ehemals sicherlich Bilder besaß. Es verhielt sich zu der Handschrift in Jena vielleicht ungefähr so, wie diese zum Mailänder Codex der Weltgeschichte Ottos von Freising.

Auf fol. 44^{r} (Abb. 85) des Cod. Mediol. ambros. F. 129 Sup. thront, analog dem Vorbild, Kaiser Augustus. Personenzahl und Gestik der Szene verwandelte der Zeichner nur geringfügig. Wesentlich weiter entfernte er sich bei der Zeichnung der Geburt Christi und der Verkündigung an die Hirten (siehe Abb. 72) von seinen Vorgaben. Die Geburtsszenen und die Verkündigung tauschten die Seiten, das Hirtenbild wurde auf eine Figur reduziert. Im unteren Bildstreifen findet – wie vorgeprägt – die Christenverfolgung unter Diokletian und Maximian statt, die zuletzt ihrer Kaiserwürden entsagten und die Verfolgungen einstellten.[348] Auch diese Illustration weist am rechten äußeren Bildrand wieder eine Nachzeichnung – diesmal des einzelnen stehenden Hirten – jener bereits mehrfach zu beobachtenden Kopistenhand auf. Auf fol. 50^{v} ist ein kleines geometrisches Motiv am unteren Blattrand eingefügt. Entsprechend dem alten Fehlbestand an Seiten zwischen fol. 59 und 60 – die Folierung erfolgte erst nach dem Textverlust – sind durch Verlust dieses Blattes die Illustrationen zum vierten Buch der Chronik, die Eroberung Roms durch Odoaker und der Einzug Pharamunds in Franken (siehe Abb. 74), verloren.[349]

Auf fol. 77^{r} (Abb. 86) füllt das Bildnis Kaiser Karls des Großen das untere Drittel des Textspiegels. Es entspricht bis hin zu einzelnen Haltungsdetails und Gesten der beschriebenen Vorlage (siehe Abb. 75).[350] Auf fol. 77^{v} vor dem Prolog zum fünften Buch[351] fand

[347] Vgl. Otto/Chronik, 1980, S. 204/205; Paredi 1961, S. 113.

[348] Vgl. Scheidig 1928, S. 90 ff., Tf. IV; Gengaro/Guglielmetti 1968, S. 101/102, Tav. 99.

[349] Vgl. Otto/Chronik, 1984, S. LIX; Bloch 1908, S. 194/195; Paredi 1961, S. 113. – Von den acht Quarterionen fehlen sechs Blätter entsprechend dem Text des dritten Buchs, Kapitel 27 ab … *diser(tissimi)* bis hin zum Prologbeginn des vierten Buchs. Auch in diesem Fall standen die Illustrationen also vor dem Prolog. Auffälligerweise wird das Fehlen der Bilder weder bei Scheidig noch bei Gengaro/Guglielmetti auch nur erwähnt oder gar erläutert.

[350] Vgl. Gengaro/Guglielmetti 1968, S. 102.

[351] Vgl. Paredi 1961, S. 113; Otto/Chronik, 1980, S. 376/377.

das Bild Ludwig des Frommen neben dem des karolingischen Bruderkampfs Platz, das ebenfalls nur geringfügig von seiner Vorlage abweicht.

Vor dem sechsten Buch[352] auf fol. 88^{r} fügte der Zeichner unten die Begegnung zwischen König Berengar und Kaiser Otto I. ein, die ebenfalls in ihrer Komposition und Anlage dem Vorbild (siehe Abb. 77) sehr nahe steht. Auf der Versoseite (fol. 88^{v} = Abb. 87) erscheint der Jenaer Handschrift entsprechend (siehe Abb. 78/79) jenes Doppelbild, in dem oben Kaiser Heinrich IV. und der Gegenpapst Wibert nebeneinander thronen, während Papst Gregor VII. aus Rom vertrieben wird.[353] Im unteren Register erscheint die Kopie der Bannung Kaiser Heinrichs durch den vertriebenen Papst und dessen Tod im Exil in Salerno. Die Variationen gegenüber der älteren Handschrift beschränken sich auch hier auf wenige Details. Da das Format von längsrechteckigen Streifen in hohe Rechteckfelder abgeändert wurde, rückten alle Figuren wesentlich dichter aneinander heran. Teilweise wurden sie regelrecht hintereinander geschoben.

Dieses Phänomen läßt sich auch an der nächstfolgenden Zeichnung (fol. 105^{v} = Abb. 88), die auf der dem Prolog zum siebten Buch zugewandten Seite ausgeführt ist, erkennen.[354] Ungewöhnlicherweise entschied sich der Zeichner, nachdem er bereits vor der erst im unteren Drittel der Seite einsetzenden Schrift auf fol. 106^{r} das Rahmenwerk und die Vorzeichnung für die Szene angelegt hatte, diese auf fol. 105^{v} auszuführen. Auch fol. 105^{r} blieb daher leer. Für die Vorgehensweise des Schreibers läßt sich aus diesen Beobachtungen Folgendes ableiten: Der Schreiber ließ beim Kopieren des Textes großzügige, den Illustrationen der Vorlagen entsprechende Freiräume, meistens ganze Seiten.

In einem zweiten Arbeitsschritt ging der Zeichner ans Werk. Er legte zunächst die Bildrahmen fest, skizzierte die Szenen und führte sie dann wohl auch gleich aus. Die Umschriften und Bezeichnungen im Bild wurden in diesem Beispiel erst im letzten Arbeitsgang abgeschrieben.[355]

Entsprechend dem ursprünglichen Bestand des Cod. Bose q. 6 fehlen auch im Cod. Mediol. ambros. F. 129 Sup. der Text und die Bilder zum achten Buch der *Chronica*, da – wie bereits erläutert – der Text dieses Buches in der Jenaer Handschrift erst hinzugefügt wurde, als die Kopie bereits vorlag. Einige marginale Zeichnungen, die jedoch nicht mit der Bilderfolge zusammenhängen, enthält der Cod. Mediol. ambros. F. 129 Sup. auf fol. 145^{r} und 177^{r}.

Die Kopie des Cod. Bose q. 6, der Cod. Mediol. ambros. F. 129 Sup., ist in der Auswahl der Bildthemen, der Komposition der festgefügten Bildschemata, der Bildinhalte

---

[352] Vgl. Otto/Chronik, 1980, S. 432/433.

[353] Vgl. Gengaro/Guglielmetti 1968, S. 102.

[354] Vgl. Otto/Chronik, 1980, S. 500/501; Paredi 1961, S. 113; Gengaro/Guglielmetti 1968, S. 102.

[355] Vgl. zum Vorgang zum Beispiel: Cohen-Mushlin, Aliza, The Making of a Manuscript, The Worms Bible of 1148, British Library, Ms. Harley 2803/2804 (Wolfenbüttler Forschungen 25), Wiesbaden 1983, S. 52.

und ihrer Tituli gegenüber dem Vorbild weitgehend unverändert. Die Zusammengehörigkeit zwischen Bild und Text blieb erhalten. Lediglich vor dem ersten Buch plazierte der Zeichner die Illustrationen ungewöhnlicherweise erst nach dem Prolog. Es wurden keine weiteren Bilder eingefügt, obwohl die Fülle der in der Chronik angesprochenen Themen durchaus Material hierfür geboten hätte. Gegenüber der Vorlage wurden die Zeichnungen entsprechend dem anderen Folioformat des Mailänder Bandes vergrößert und das Bildfeld einzelner Szenen dadurch gestaucht. Änderungen erfuhren hauptsächlich Details der Kostüme und der Waffen[356], einzelne Gesten und Haltungsmotive, häufig auch die Anzahl der Begleitfiguren einer Personengruppe oder Architekturdetails. Zahlreiche skizzierte Nachzeichnungen am Rand der Bildfelder beweisen, daß diese Handschriftenkopie ihrerseits wieder Übungsfeld und Vorlage für weitere Kopisten war. Von diesen bebilderten, nach der Mitte des dreizehnten Jahrhunderts entstandenen Kopien der vierten Generation blieben, soweit bis heute bekannt, keine Beispiele erhalten.

Besonders auffällig wirkt gegenüber den Detailumsetzungen die Wandlung des Figurenstils: Die Figur hat sich aus der Starre ihres Vorbildes befreit. Beweglich und leicht sind Proportionen und Faltenwürfe bisweilen geworden, wenn auch nicht in allen Bildern. Sie weisen, auch wenn der Variationsreichtum und die neugewonnene Eleganz zum Ende der Bildreihe hin deutlich abnehmen, die Merkmale des großen Stilumbruchs der Jahrhundertmitte auf.

Für eine angenommene Provenienz des Codex aus Italien hat die Forschung bis heute keine einzige stilistisch überzeugende Vergleichshandschrift angeboten.[357] Die vorgestellte historische und kodikologische Zuschreibung in das Elsaß – nach Hagenau – bereitet im stilistischen Vergleich jedoch ebenso Probleme. Während aus den Jahren um 1200 eine ganze Gruppe von elsässischen Handschriften bekannt ist[358], nimmt die Zahl der illustrierten Manuskripte zur Jahrhundertmitte hin ab, läßt sich ein ganz nahe an die Handschrift der Ambrosiana heranzurückendes Vergleichsbeispiel nicht zitieren.[359]

---

356 Vgl. Scheidig 1928, S. 94 ff.

357 Vgl. Toesca 1912, S. 70 ff.; Ancona 1933/1934, S. 64 ff.; Gengaro/Guglielmetti 1968, S. 103.

358 Vgl. zum Beispiel das Lektionar aus Weißenburg (Karlsruhe, Landesbibliothek St. Peter, Cod. perg. 7, um 1200); ein Missale aus Murbach (Colmar, Bibliothèque Municipale, Cod. 429, um 1200); das Lektionar aus Speyer (Karlsruhe, Landesbibliothek, Bruchsal 1, um 1200, aus Weißenburg?); ein Psalter dominikanischer Herkunft (Karlsruhe, Landesbibliothek, Sammelhandschriften, Cod. 410, um 1200; ein Psalter benediktinischer Herkunft (Karlsruhe, Landesbibliothek St. Peter, Cod. perg. 6a, um 1240). Siehe: Cames, Gérard, Dix siècles d'enluminure en Alsace, Straßburg 1989, S. 50/51, S. 53 ff.

359 Zu vergleichen wären vielleicht: Cod. 185, Donaueschingen, Fürstlich-Fürstenbergische Bibliothek, nach 1245 und Cod. 436, Mainz, Stadtbibliothek, nach 1250. Vgl. Mazal 1978, S. 168 ff.

c. Der Codex romanus Casanatense 372 – die unfertige Kopie

Neben dem Codex der Ambrosiana ist eine zweite, wohl etwas ältere Kopie der Redaktion B1 der *Historia mundi* des *Otto von Freising* bekannt: der *Codex romanus Casanatense 372* (Rom, Biblioteca Casanatense). Die entsprechend der letzten Eintragungen der Papst- und Kaiserlisten (*Gregor IX. / Otto V.*, danach von jüngerer Hand *Friedrich* (II.)) wohl zwischen 1227 und 1241 (vielleicht nach einem Zwischenmanuskript) entstandene Abschrift der *Chronica*[360] war von vornherein entsprechend ihrem Vorbild in Jena für eine Bildausstattung angelegt.[361] Diese Tatsache – vergleichbar etwa auch dem Zustand des *Barbarus Scaligeri* (Paris, Bibliothèque Nationale, Cod. lat. 4884) – ist aus den zahlreichen freigelassenen Seiten und Seitenteilen vor den einzelnen Büchern der Weltchronik sofort zu erkennen.

Auch das Ms. 372 in Rom enthält nur die ersten sieben Bücher der *Chronica*, muß also wie die Handschrift der Ambrosiana gefertigt worden sein, bevor das achte Buch und die *Marbacher Annalen* in Hagenau an den Text des zwölften Jahrhunderts, den Cod. Bose q. 6, angefügt wurden.

Neben den alten Bearbeitungen von *Bethmann 1874*[362] und *Pinard 1881*[363] geben besonders die neueren Katalognummern von *Ceresi* ausgiebigere historische und kodikologische Informationen zum Ms. 372.[364] Auf die deutlich eingeplante, aber nicht ausgeführte Illumination der Handschrift ging *Ceresi* bedauerlicherweise ebenfalls nicht ein, obwohl der Zustand der Leerstellen zahlreiche Rückschlüsse zum Kopiervorgang erlaubt: Der vorbedachte Standort der Bilder im Text läßt sich nicht nur durch die Auslassungen nachvollziehen. Vielmehr wird dem Betrachter aus dem Zustand der Hand-

---

[360] Vgl. Otto/Chronik, 1984, S. LVI - LVIII (Hofmeister), Handschrift bearbeitet von E. Perels, I. Schwalm, R. Salomon u.a.).

[361] Vgl. Bloch 1908, S. 197/198; Scheidig 1928, 97/98. Zur Handschrift: Pergament, 147 (1 + 146) fol., 25,2 x 18 cm, Text in zwei Kolumnen, Initialen alternierend in Rot und Grün (z. B. fol. 1^r, 2^r, 2^v, 7^r, 7^v, 8^v, 20^v (2x), 47^r, 49^r, 69^r, 91^v, 108^r), Rubrizierung in Rot. Die Handschrift stammt aus einer französischen Bibliothek der Templer, vgl. den ausradierten, fast unleserlichen Eintrag auf fol. 1^r. Sie wurde 1779 für die Biblioteca Casanatense erworben, alte Signatur A. III. 29.

[362] Vgl. Bethmann, Ludwig, Nachrichten über die für die Monumenta Germaniae Historica benutzten Handschriften, in: Archiv der Gesellschaft für ältere Geschichtskunde (o. Bd.), Hannover 1874, S. 402 ff.

[363] Vgl. Pinard, Guillaume, Catalogue des manuscrits de l'Abbaye cistercienne de la Charité, hrsg. von M. Gauthier, in: Bibliothèque de l'École de Chartres 42, 1881, Nr. 55.

[364] Vgl. Ceresi, Maddalena, Catalogo dei manoscritti della Biblioteca Casanatense, Rom 1961, S. 100/101; dies., Manoscritti dei Templari conservati nella Biblioteca Casanatense, esistenti in riproduzione fotografica presso la filmoteca dell'Istituto di Patologia del Libro „Alfonso Gallo", in: Bolletino dell'Istituto di Patologia del Libro „Alfonso Gallo" 3/4, 1968, S. 154/155, Nr. 2, ebd. weitere ältere Lit.

schrift der Arbeitsvorgang des Schreibers wie auch des Zeichners bestens erkennbar: Auch in diesem Beispiel ließ der Schreiber – entsprechend seiner Vorlage – zunächst Raum für die Bilder frei. Im nächsten Arbeitsgang legte der Schreiber und/oder Zeichner das doppelte Rahmenwerk für die metrischen Umschriften und die Horizontalen, die die Bildregister begrenzen, an. In einem dritten Schritt fügte der Schreiber, ohne daß die Texte verändert wurden[365], die Verse und Tituli in die vorgegebenen Rahmenstreifen und die noch freien Bildfelder ein. Daher ist es auch heute noch problemlos möglich, die jeweils geplante Szene zu benennen, ohne daß auch nur eine einzige Zeichnung vollständig ausgeführt wurde.

Auf fol. 5^{v}, 6^{r} und 6^{v} vor dem *Incipit liber primus* sind jene drei Bildtafeln zu denken, die auch am Beginn des Jenaer Exemplars der Weltchronik des *Otto von Freising* stehen (vgl. Abb. 66-68), die Genesisszenen, die Darstellungen zur Geschichte der assyrisch-babylonischen Herrscher und der Sturz Troias. Auf. fol. 19^{v} vor dem Anfang des zweiten Buchs sollten das Bildnis der Gründerväter Romulus und Remus und die Zerstörung Babylons durch Cyrus, auf fol. 20^{r} die Niederlage der Karthager und der Tod des Julius Caesar angelegt werden (vgl. Abb. 69, 70). Vor dem dritten Buch waren auf fol. 46^{r} und 46^{v} das Augustusbildnis, die Geburt Jesu und die Christenverfolgung unter Diokletian und Maximian entsprechend dem Jenensis (vgl. Abb. 71) oder dem Cod. Mediol. ambros. F. 129 Sup.(Abb. 85) geplant. Vor dem Prolog des vierten Buchs sollte auf fol. 69^{v} Pharamunds Zug in das Frankenreich geschildert werden (vgl. Abb. 74). Auf fol. 90^{v} wollte der Zeichner die Bilder zur karolingischen Herrschergeschichte – Karl den Großen und Ludwig den Frommen und den Kampf der Karlsenkel um das Reich – auf einer Bildseite vor Augen stellen.[366] Im unteren Bildfeld sind Ansätze einer Vorzeichnung zu erkennen. Auch in dieser Handschrift wurde also, wie schon an anderer Stelle zu beobachten war, vor der Ausführung mit der Feder eine zartlinige Vorzeichnung angelegt. Vor dem sechsten Buch, auf fol. 107^{v}, wären die Bilder zur Geschichte Heinrichs IV. und Papst Gregors VII., zur Auseinandersetzung zwischen *regnum* und *sacerdotium*, zu denken (vgl. Abb. 79, 87). Vor dem Prolog zum siebten Buch sollten wie in den beiden anderen illustrierten Codices dieser Weltchronik (vgl. Abb. 80, 88) die Schlacht am Regen zwischen Kaiser Heinrich IV. und seinem Sohn Heinrich V. und der Einspruch Papst Innozens II. gegen die Erneuerung des römischen Senats stehen. Dem *Explicit* des siebten Buchs auf fol. 144^{r} folgen unter Auslassung des achten Buchs die bereits erwähnten, üblichen Kaiser- und Papstlisten.

Insgesamt scheint sich der Kopist, der die Rahmenfelder und die Textübertragungen für den Bildzyklus anlegte, noch sorgfältiger als im Cod. Mediol. ambros. F. 129 Sup.

[365] Vgl. Scheidig 1928, S. 117, Anlage 2: Abweichungen in den metrischen Umschriften der Bilder.

[366] Im Cod. Bose q. 6., fol. 68^{r} (Abb. 99) stehen diese Szenen ebenfalls auf einer Bildseite, im Cod. Mediol. ambros. fol.77^{r} (Abb. 116) und fol. 77^{v} wurden die Zeichnungen auf zwei Seiten verteilt.

zu beobachten, an die Vorgaben des Cod. Bose q. 6 gehalten zu haben. Stilistisch dürften die geplanten Zeichnungen wegen ihrer zeitlichen Nähe zur Handschrift in Mailand eher dieser ähnlich vorzustellen sein, als der frühen Redaktion in Jena.

d. Ergebnisse

Am Schluß der Betrachtungen zu der Gruppe illustrierter Handschriften der *Chronica sive Historia de duabus civitatibus* des *Otto von Freising* bleibt festzuhalten, daß mit dem sicherlich anzunehmenden ebenfalls bereits illustrierten Dedikationsexemplar und der vielleicht vorhandenen illustrierten Zwischenhandschrift (als Vorlage für den Codex in Rom) eine Anzahl von vier respektive fünf illustrierten Exemplaren des zwölften und dreizehnten Jahrhunderts nachgewiesen wurde. Trotzdem kann natürlich von einer Serienproduktion, die eigentlich erst im Spätmittelalter geläufig wird[367], nicht gesprochen werden. Wenn auch bedauerlicherweise keine jüngeren illustrierten Abschriften der *Geschichte von den zwei Staaten* erhalten geblieben sind, so muß angesichts der Kopierspuren im Cod. Mediol. ambros. F.129 Sup. doch damit gerechnet werden, daß die Gruppe der Otto von Freising-Chroniken mit Illustrationen ehemals noch größer gewesen ist.

Mit dem Cod. Bose q. 6 und seinen Abkömmlingen entstand erstmals in der lateinischsprachigen, westlichen Chronikentradition vor der *Kölner Königschronik* respektive der *Pantaleonschronik* (Cod. Guelf. 74,3 Aug. fol.) eine illustrierte Universalgeschichte, die statt der schematischen Genealogien der Ekkehard-von-Aura-Handschriften (Abb. 1-7, 9-12, siehe auch 40/41, 46, 65, 59/60) und der aus diesen entwickelten amtsgenealogischen Herrscherreihen der Kölner Tradition (Abb. 37/38, 49-56) einen textintegrierten, vielteiligen Bilderzyklus ausgebildet hat. Zwar gab es zuvor Folgen von isoliert stehenden *Randillustrationen* in der Art des Cod. hist. fol. 411 (Stuttgart, Württembergische Landesbibliothek, Abb. 14-17) zu Geschehnissen der Alten Geschichte und erste beschreibende, einzelnstehende Szenen oder Ereignisse mit direktem Wirklichkeitsbezug in den Codices des *Chronicon universale* des *Ekkehard von Aura* (Abb. 8, 34/35) und der Kölner *Pantaleonschronik* (Abb. 39, 45, 57/58). Aber die voll ausgebildete, dem Text angemessene Bilderreihe konnte erst in dem hochentwickelten schöpferischen Klima im Umkreis eines Otto von Freising erfunden werden.

Die lineare Genese der Chronikenillustration von den Ekkehard-von-Aura-Handschriften zur Kölner Tradition und der *Historia mundi* des *Otto von Freising* entspricht auch den nachvollziehbaren Texttraditionen und der Rezeptionsgeschichte der Texte. Auffällig bleibt jedoch, daß die jüngeren Otto-von-Freising-Texte einen erheblich weiter entwickelten Bildschmuck ausgebildet haben als die *Pantaleonschronik*, die innerhalb des Prozesses, während dessen sich das Illustrationsprogramm für historiographische Texte

[367] Vgl. Springer,Peter, Modell und Muster, Vorlage und Kopie, Serien, in: Ornamenta ecclesiae 1, Köln 1985, S. 301 ff.; Stamm, Lieselotte Elisabeth, Buchmalerei in Serie, Zur Frühgeschichte der Vervielfältigungskunst, in: Zeitschrift für schweizerische Archäologie und Kunstgeschichte 40, 1983, S. 128 ff.

geformt hat, eine ältere Stufe vertritt. In der vorgestellten Abfolge mußte diese Handschrift daher zwangsläufig entsprechend dem Entwicklungsstand ihrer Bilder und nicht der absoluten Chronologie folgend v o r den illustrierten Ausgaben des *Otto von Freising* vorgeführt werden.

Die enge Verbindung zwischen den Herrscherbildern der *regna maxima* im Cod. Guelf. 74,3 Aug. fol. und der ihr nachfolgenden Handschrift Ms. 467 in Brüssel (Abb. 43) wie auch den Herrscherreihen in dieser Handschrift (Abb. 49-56) und der älteren anonymen *Kaiserchronik* (Cambridge, Corpus Christi College, Ms. 373, Abb. 18-35) mit den Königs- und Kaiserdarstellungen in den Handschriften der *Chronica* ist eindeutig nachzuweisen. Die Herrscherdarstellungen werden bei *Otto von Freising* in einem weiteren Entwicklungssprung nicht nur von einem Schema oder einer festen Reihe befreit, sondern zugleich in ein Ereignisbild des Herrschers als gerechter Richter eingespannt. Trotzdem läßt sich in diesem Bildtyp die Abfolge der thronenden Herrscher im Sinne einer stark verkürzten Amtsgenealogie noch vom Bildgeschehen getrennt erkennen.

Die große Veränderung wird durch die Vielbildrigkeit, das Zusammenwachsen von isoliert stehenden Ereignisbildern und das Entstehen kurzer narrativer Zyklen markiert, wobei auch das alte Prinzip der Herrscherreihe als Relikt der ehemals üblichen Stammtafel noch erhalten bleibt.

So absolut neu, wie die Regeln des Jenaer Bildzyklus zunächst wirken mögen, sind sie jedoch nicht, wenn sie mit den Bildprogrammen der erheblich älteren östlichen Chroniktradition verglichen werden. Zwar ist es bis jetzt nicht gelungen, einen konkreten, direkten Bezug herzustellen, wenn von dem eingangs genannten *Liber ad honorem Augusti* abgesehen wird. Aber die gleiche Bildauswahl von höfischen Ereignissen und Ausübung der herrschaftlichen Gewalt wie auch von militärischen Geschehnissen – besonders Schlachten- und Belagerungsszenen in der Art der *images stéréotypes* – zeigt deutlich eine zeitlich versetzte, aber keinesfalls zu leugnende Parallelentwicklung zu den mittelbyzantinischen Chroniken.[368]

[368] Vgl. Nilgen 1994, S.104ff.

4. Die *Historia scholastica* des Petrus Comestor und das *Compendium historiae in genealogia Christi* des Petrus von Poitier – Ein Exkurs

Die bisher vorgestellten Handschriftengruppen bildeten eine lineare Entwicklungskette vom Schema zum Bildzyklus und eine fortlaufende Texttradition. Aber es gibt auch historiographische Werke wie die *Historia scholastica* (entstanden zwischen 1169 und 1172)[369] des *Petrus Comestor* (auch Petrus Manducator, +1172), die ganz andere Bildformen entwickelt haben.

Petrus Comestor war von 1145-1164 Dekan des Kapitels in Troyes, danach 1164-1168 Kanzler der Kathedralschule der Nôtre-Dame in Paris.[370] Mit seiner *Historia scholastica* hatte er eine sowohl biblische als auch historische Darstellung der universalen Heilsgeschichte vorgelegt, die in zahlreichen Abschriften über lange Zeit als Lehrbuch benutzt worden ist.

Dem Text der *Historia* wurde regelmäßig das *Compendium historiae in genealogia Christi* des *Petrus von Poitier* (Pictaviensis)[371], des Nachfolgers des *Petrus Comestor* an der Kathedralschule, vorangestellt. Mit den Ausführungen seines Vorgängers verschmolz die *Genealogia* zu einem heilsgeschichtlichen Überblick der Menschheitsgeschichte. Die *Historia scholastica* war die Grundlage der späteren *Historienbibeln*.[372] Sie fand auch als Vorgabe für die *Weltchronik* des *Rudolf von Ems* Verwendung und wurde für die *Reimbibeln* des *Jacob van Maerlant* benutzt.[373]

---

369 Petrus Comestor, Historia scholastica, (Patrologia latina 198, hrsg. von Jacques-Paul Migne), Paris 1855, Sp. 1054-1722. Zu den über zweihundert Handschriften der *Historia scholastica* gibt es bis heute keine textkritische Ausgabe mit Übersetzung, ebenso fehlt ein Handschriftenstemma der Textredaktionen. Eine ausführliche Diskussion aller illustrierten Ausgaben würde die exkursartige Abhandlung hier stören und bleibt einer späteren Untersuchung vorbehalten. Ein weiteres Beispiel der *Historia scholastica*, das lediglich mit Linienzeichnungen und Namensmedaillons ausgestattet ist, befindet sich in Wien, Österreichische Nationalbibliothek, Cod. 363, vgl. Hermann 1926, S. 178 ff., Kat. Nr. 96.

370 Zur Person siehe: Lexikon für Theologie und Kirche 8, 1963, Sp. 357/358; Die Religion in Geschichte und Gegenwart 5, hrsg. von Kurt Galling (UTB für Wissenschaft: Große Reihe), dritte, neubearb. Auflage/Studienausgabe, Tübingen 1986, Sp. 252.

371 Zur Person siehe: Lexikon für Theologie und Kirche 8, 1963, Sp. 377; Religion in Geschichte und Gegenwart 5, 1986, Sp. 254. Einzige Textausgabe: M. Petri Pictaviensis Galli Genealogia et chronologia sanctorum patrum ..., hrsg. von U. Zwingli, Basel 1592.

372 Siehe Ms. germ. fol. 516, Berlin, Preußische Staatsbibliothek, vgl. Zimelien, Berlin 1975/1976, S. 154/155, Kat. Nr. 110.

373 Siehe Ms. germ. fol. 622, Berlin, Preußische Staatsbibliothek, vgl. Zimelien, Berlin 1975/1976, S.152/153, Kat. Nr. 101, Ekkart, R. E., De Rijmbijbel van Jacob van Maerlant, En in 1332 voltooid handschrift uit het Rijksmuseum Meermanno-Westreenianum (Monografieën van het Museum van het Boek), 's-Gravenhage 1985, S. 11 ff.

Obwohl der *Liber historiae scholasticae* keine hochrangige universale Chronik wie die *Chronica sive Historia* des *Otto von Freising* enthält, kommt ihm ein gewisser Rang als Textgrundlage für die Entwicklung der voll ausgebildeten spätmittelalterlichen Weltchroniken und ihre Nachbargattungen, die *Historien-* und *Reimbibeln*, zu. Daher wurden die früh illustrierten Redaktionen der *Historia scholastica* in die vorliegenden Betrachtungen aufgenommen, obwohl sie im strengen Sinn nicht in die Gruppe der Universalhistorien gehören und aus der französischen Tradition erwachsen sind.

a. Die frühen Handschriften mit Initialdekor

Frühe erhaltene Abschriften der *Historia scholastica*, wie beispielsweise die beiden belgischen Handschriften aus der zweiten Hälfte des zwölften Jahrhunderts in Köln (Historisches Archiv, Cod. W 247 und Cod. W 254),[374] enthalten noch keinen richtigen Bildschmuck. Sie wurden hauptsächlich mit Initialornamentik wie Ranken-, Drachen- und Flechtbandformen ausgestattet.

Daneben enthält der W 247 auf fol. 2^r bis 7^r in Rot, Grün, Ocker und Blau genealogische Stammtafeln zum *Compendium historiae in genealogia Christi*. Auf fol. 2^r mit den Ureltern beginnend bilden diese entweder genealogische Schemata in Fächerform mit Medaillonreihen, wie sie bereits in den allerfrühsten *Ekkehard-von-Aura*-Illustrationen zu beobachten waren (vgl. Abb. 1/2) oder geometrische Muster aus (auf fol. 2^r, 3^r, 6^r). Auf fol.3^r brachte der Zeichner unter drei farbig angelegten Arkadenstellungen die *mansiones Israelitici populi* unter, ansatzweise vergleichbar jener bildlichen Präsentation der mittelalterlichen Herrscher in der Berliner Ekkehard-von-Aura-Handschrift, dem Ms. lat. fol. 295 (siehe Abb.6/7). Ebenfalls als Schema, noch nicht als Bild, ist die Darstellung der *Arche Noah* (fol. 18^v) anzusprechen, die dem Schema zum Bau der Arche (fol. 11^v) in der Fuldaer Kopie des *Petrus Comestor* (Hs. B. 4, Fulda, Hessische Landesbibliothek) nahesteht.[375] Auch diese Handschrift besitzt neben einem Grundrißschema zum Tempelbau des Königs Salomo (fol. 111^r)[376] lediglich Initialdekor, der teilweise in Rankenleisten angelegt ist (fol. $1^r/1^v$, 74^v, 87^r).

---

[374] Vgl. Vennebusch, Joachim, Die theologischen Handschriften des Stadtarchivs Köln 4 (Mitteilungen aus dem Stadtarchiv Köln, Sonderreihe, Die Handschriften des Archivs 4, hrsg. von Hugo Stehkämper), Köln 1986, S. 134/135, Farb.-Abb. 6 und S. 136/137; auch Monumenta judaica, Köln 1964, Kat. Nr. A3.

[375] Vgl. Köllner, Herbert, Die illuminierten Handschriften der Hessischen Landesbibliothek Fulda 1, Handschriften des sechsten bis dreizehnten Jahrhunderts, Bildband, Stuttgart 1976, S. XXV, Kat. Nr. 64, Abb. 707-722, Arche Abb. 711, Textband Stuttgart 1993, S. 130/131, Kat. Nr. 64. Die französische Handschrift aus dem ersten Drittel des dreizehnten Jahrhunderts stammt aus der Konstanzer Dombibliothek.

[376] Vgl. ebd., Abb. 716.

Einzelne figürliche Initialen hat die Handschrift Cod. 475 in Wien (Österreichische Nationalbibliothek)[377], während der Wiener Cod. 365 aus Mondsee (Wien, Österreichische Nationalbibliothek) nach dem *arbor consanguinitatis* (fol. 1^r) wieder den Stammbaum Christi (fol. 1^v-6^v) in tabellarischer Übersichtsform enthält. Die Texte zur *Historia* sind erneut nur mit Initialdekor versehen.[378] In die gleiche Gruppe der frühen Abschriften der *Historia scholastica* mit dem *Compendium historiae* ohne echten, eigenständigen Bildschmuck gehören auch die Münchener Codices Cod. lat. Mon. 17 128, 5503 und 10 182 (München, Bayerische Staatsbibliothek).[379] Auf fol. 6^v des Cod. lat. Mon. 10 182 legte der Zeichner oder Rubrizist erneut die zur *Genealogia Christi* gebräuchlichen fächerförmigen Schemata[380] an, deren Texte von *Petrus von Poitier* zumeist vor dem Textanfang der *Historia scholastica* stehen.[381] Auch die Münchener Ausgaben der *Historia* des *Petrus Comestor* stammen aus dem ersten Drittel des dreizehnten Jahrhunderts. – Die Gruppe derartiger in Schrift- und Initialdekor qualitätvoller, vergleichbarer Comestor-Handschriften ließe sich sicherlich noch beliebig fortsetzen[382], da es über zweihundert erhaltene Abschriften gibt.

b. Die *Historia scholastica* aus Heiligenkreuz – das Kosmosbild des Wiener Codex 378

Gleichzeitig mit den vielen genannten unbebilderten Petrus Comestor-Kopien entstand im frühen dreizehnten Jahrhundert eine neue, andersgestaltige Generation von Handschriften: Das früheste Beispiel dieser bebilderten Redaktion besitzt heute die Österreichische Nationalbibliothek in der sogenannten *Weltchronik*[383] aus der Zisterzienserabtei Heiligenkreuz in Niederösterreich.[384]

Die in das frühe dreizehnte Jahrhundert zu datierende Handschrift (Wien, Österreichische Nationalbibliothek, Cod. 378) besitzt neben den geläufigen Zierinitialen aus Ranken[385] Medaillonbildchen in der *Genealogie Christi* und eine voll ausgeführte Eingangsminiatur. Während die Texte des Stammbaums (fol. 2^r-7^v) den entsprechenden Passagen in der Abschrift aus Mondsee (Wien, Österreichische Nationalbibliothek, Cod. 365) vergleichbar sind, finden sich in den schematischen Darstellungen erstmals kleine Brust-

[377] Vgl. Gutbrod 1965, Abb. 101. Vgl. auch den Cod. 1799, ebenfalls Wien, Österreichische Nationalbibliothek, fol. 2^r figurierte H-Initiale; siehe Mazal 1978, S. 73.

[378] Vgl. Hermann 1926, S. 178-180, Kat. Nr. 96, Fig. 108-110; Mazal 1978, S. 219.

[379] Vgl. Klemm 1980, S. 115/116, Kat. Nr. 162, Abb. 363/364; S. 183/184, Kat. Nr. 274, Abb. 579-582; S. 215/216, Kat. Nr. 319, Abb. 691-693.

[380] Vgl. ebd. Abb. 691.

[381] Die Handschriften werden sehr häufig nur unter dem Autorennamen *Petrus Comestor* geführt.

[382] Vgl. James, 1912, Kat. Nr. 29; oder Cod. theol. fol. 301 und Cod. theol. fol. 204, Stuttgart, Württembergische Landesbibliothek, vgl. Borries-Schulten 1987, Kat. Nr. 72.

bilder: Auf fol. 2^{r} wurden – namentlich bezeichnet – das Urelternpaar auf blau gerahmten Goldgrund in grünen Gewändern und Noah (bez.: Noe) abgebildet. Ihnen folgt auf fol. 2^{v} das Miniaturbildnis Abrahams (bez.: Abraham), der wie Noah als bärtiger Greis dargestellt wurde. Die Bildnisreihe wird auf fol. 4^{r} mit König David (bez.: David rex) fortgesetzt. Er ist als mittelalterlicher Herrscher mit grünem Gewand, rotem Mantel, Krone und einem Buch dargestellt.[386] Am Schluß der *Genealogia* (auf fol. 7^{r}) stehen segnend – ebenfalls in gleichem Farbklang von Gold und Blau mit Grün – Gottvater (bez.: Deus pater) und unter ihm in einem Medaillonbild in der Bildmitte Jesus (bez.: Christus puer).

Wie die illustrierten Codices des *Ekkehard von Aura* so entwickeln in diesem Codex auch die Abschriften der *Historia scholastica* den Schritt von einem reinen genealogischen Linienschema zum illustrierenden namentlich benannten Brustbild. Genealogien scheinen für die Ausbildung der Illustrationen historiographischer Werke besonders reizvoll, sozusagen als Traditionsketten fast unabdingbar gewesen zu sein. Unabhängig davon, ob es sich um einen *Stammbaum Jesu* oder eine *dynastische Stammtafel* handelt, geht die gleiche Entwicklung wie in den Universalhistorien vom Text zum Bild, vom gezeichneten, beschrifteten Schema zur bildlichen Darstellung, zur Miniatur oder Zeichnung. Ausgewählt wurden bis auf König David jene Hauptpersonen des Alten Testamentes – Adam und Eva, Noah und Abraham –, die auch die *Chronica* des *Otto von Freising* mit Bildern bedacht hat (siehe Abb. 66, 67). Mag die Heiligenkreuzer *Historia scholastica* auch ganz offensichtlich der Entwicklung der Chronikillustration zeitlich nachfolgen, daß sie prinzipiell den gleichen Weg eingeschlagen hat, läßt sich nicht leugnen.

Neben den bereits an älteren Handschriften zu beobachtenden kanontafelartigen Bildern der *Mansiones Israelitici* (fol. 3^{r})[387] entwickelte sich offensichtlich eine Vorliebe für zentrierende Bildsysteme.[388] So erscheint auf fol. 3^{r} des Cod. 378 das Bild der Stämme Israels in einem entsprechend den Himmelsrichtungen orientierten Vierpaßrahmen. Auf fol. 6^{r} legte der Zeichner, entsprechend anderen bereits eingangs beschriebenen Stadtbildern[389], die Stadt Jerusalem mit ihren Toren aufsichtig auf einem rosettenförmigen Grundriß in einem Kreis an.

---

383 Der Begriff *Weltchronik* für diese Handschrift beispielsweise benutzt von: Mazal 1978, S. 295 und Abb. 79.

384 Vgl. Hermann 1926, S. 334-336, Kat. Nr. 223, Fig. 201 und Tf. XXXVII.

385 Auf fol. 8^{v}, vgl. Hermann 1926, S. 336, Fig. 201; fol. 34^{r}, 118^{v}, 180^{r}, 180^{v} 122^{r}.

386 Vgl. Steger 1961, S. 8 ff., 24 ff., 121 ff.

387 Siehe beispielsweise Cod. W 247, Köln, Historisches Archiv, fol. 3^{r}, vgl. Lexikon der christlichen Ikonographie 4, 1990, Sp. 589 ff., Art.: Stämme Israels.

388 Vgl. auch die zentrierenden Bildsysteme im *Hortus deliciarum*, siehe Green 2, 1979, Pl. 5, 9, 18, 46, 118, 119 etc.

389 Siehe Ramsegger 1943, S. 132 ff.

Die künstlerisch wie auch inhaltlich beste Leistung führt jedoch die Eingangsminiatur auf fol. 1ᵛ (Abb. 89) – eine Wind- oder Kosmostafel – vor: Fast ganzseitig angelegt bietet die Miniatur jenes in sich geschlossene Bild der Welt, wie es *Petrus Comestor* und sein Nachfolger *Petrus von Poitier* gesehen haben: Die sieben in Gold und Blau angelegten Sphärenkreise der erschaffenen Welt hinter- und umfängt Christus, der in diesem Fall ohne Kreuznimbus dargestellt wurde. Über einem als Bodenlinie angelegten Wellenband sind auf einem marmorierten Podest seine Füße zu sehen, die geöffneten, quasi segnenden Hände wurden seitlich auf rotem Grund gezeichnet. Das Haupt mit dunkelbraunem Haar und Bart ist oberhalb des äußeren Sphärenrandes sichtbar. Obwohl die Gestalt Gottes hinter den Kreisen des Kosmos verborgen bleibt, umfaßt und trägt er den *Makrokosmos*, das Weltall.[390] Zwischen den inneren Kreisringen wurden die Bezeichnungen der Himmelsrichtungen und die Namen der Winde eingetragen.[391] Ein breiter Zwischenraum nach dem fünften Ring gibt in Medaillons – maskengleich – die bärtigen, kräftig blasenden Winde wider, die den Hauptwindrichtungen seit der Antike zugeordnet sind. Die im Zentrum beginnende Hexameterreihe, die sich in den Bildzwischenräumen fortsetzt, geht auf Texte des *Isidor von Sevilla* zurück.[392] Die paarig zugeordneten Nebenwinde wurden in Dreiviertelkreisen, die an die äußere Kosmosscheibe herangerückt sind, auf Goldgrund gemalt. Krüge und Flügel sind in Altrosa, die Körper in Dunkelbraun, die Lendentücher in Tiefrot oder lichtem Blau gehalten. Ganzfigurig, gehörnt und geflügelt mit Lendentuch und den Krügen oder Urnen in den Händen gleichen sie, so Kroos, eher antiken Flußgöttern oder deren mittelalterlichem Äquivalent, den personifizierten Paradiesströmen.

Innerhalb der Bildkonstruktion haben sich offensichtlich zwei Traditionen überlagert: Dem mittelalterlichen Bild der Schöpfung in Kreis-, Scheiben- oder Kugelform, dem von Gott umfangenen *Makrokosmos*, in dessen Zentrum der *Mikrokosmos* und damit der Mensch steht, ordnete man das antike Bildschema der zwölfteiligen Windrose, wie es von *Isidor von Sevilla* weitergegeben worden ist, zu. Zeitliche und räumliche Koordinaten des Weltbildes sind in einem integralen Bezugssystem erfaßt. Es wird angenommen, daß dieses hochkomplizierte Bildschema sich nicht in der Buchmalereischule von Heiligenkreuz entwickelt hat[393], sondern bereits als fertige Illustration einer Ab-

[390] Vgl. Saxl, Fritz, Macrocosmus and Microcosmus in Medieval Pictures, in: Saxl, Fritz, Lectures I, hrsg. vom Warburg Institute, London 1957, S. 58; Schramm, Percy Ernst, Sphaera, Globus, Reichsapfel, Wanderung und Wandlung eines Herrschaftszeichens von Caesar bis zu Elisabeth II., Ein Beitrag zum Nachleben der Antike, Stuttgart 1958, S. 29 ff., Das christliche Weltbild, vgl. auch Tf. 13-18.

[391] Aufgeführt in: Hermann 1926, S. 334 ff.

[392] Vgl. – wie auch im folgenden: Zeit der Staufer 1, Stuttgart 1977, S. 575 (Renate Kroos).

[393] Vgl. Lexikon der christlichen Ikonographie 4, 1990, Sp. 498 ff. Art.: Weltall; Sp. 532/533 Art.: Winde. Siehe auch: Stückelberger, Alfred, Bild und Wort, Das illustrierte Fachbuch in der antiken Naturwissenschaft, Medizin und Technik (Kulturgeschichte der antiken Welt 62), Mainz 1994, S. 27 ff.

schrift der *Genealogia* des *Petrus Pictaviensis* mit den Texten der *Historia scholastica* aus Frankreich importiert wurde.[394] Auffälligerweise gibt es aber, wie Anton von Euw ausgeführt hat, ohne jedoch den Bezug zu den Petrus Comestor-Handschriften zu sehen[395], Illustrationen zum *Johannesevangelium* (Kap.1, Vers 11), die bereits im elften Jahrhundert vergleichbare Bildkompositionen boten: Genannt wurden das *Evangeliar des Bischofs Bernward von Hildesheim* (Hildesheim, Domschatz, Cod. Nr. 18, fol. 174^{r}, frühes elftes Jahrhundert)[396], das *Evangelistar* der *Äbtissin Uta von Niedermünster* (München, Staatsbibliothek, Cod. lat. Mon. 13 601, fol. 86^{v}, erstes Viertel elftes Jahrhundert)[397] und das *Bamberger Evangeliar* (Bamberg, Staatsbibliothek, Msc. Bibl. 94, aus Köln, Mitte elftes Jahrhundert, fol. 154^{v}/155^{r}).[398]

Das Darstellungsprinzip der Zentralkomposition spielte im zwölften und dreizehnten Jahrhundert aber keinesfalls nur in den Textillustrationen der *Historia* eine Rolle. Auch im *Liber divinorum operum* der *Hildegard von Bingen* (Lucca, Biblioteca Governativa, fol. 9^{r}) findet sich eine vergleichbare Miniatur.[399] Die Lebenskraft Gottes umfaßt den Kosmos, den Wind und Sphären geometrisch darstellen und teilen. Anders als in der kosmischen Windtafel der Heiligenkreuzer Handschrift lassen sich Elemente der Schöpfung – Tier und Land, Wasser und Gestirne – erkennen. Im Zentrum des Kosmos steht eine menschliche Gestalt mit geöffneten Armen wie sie beispielsweise aus den *Glossarium Salomonis*-Handschriften (München, Bayerische Staatsbibliothek, Cod. lat. Mon. 13 002 und 17 403) bekannt ist.[400]

---

394 Vgl. Zeit der Staufer 1, Stuttgart 1977, S. 575.

395 Vgl. Euw, Anton von, *Imago mundi*, in: Monumenta Annonis, Köln 1975, S. 89 ff.; Bernards, Matthäus, Zur Frage des Weltbildes im Mittelalter, in: Rhein und Maas 2, Köln 1973, S. 105 ff.

396 Vgl. Stähli 1984, S. 17 ff., Cod. Nr. 18, Abb. 4.

397 Vgl. Monumenta Annonis, Köln 1975, S. 89 ff.

398 Vgl. Monumenta Annonis, Köln 1975, S. 152-154, mit Abb., S. 162, Kat. Nr. C14, auch S. 90, mit Abb.

399 Vgl. zuletzt: Clausberg, Karl, Kosmische Visionen, Mystische Weltbilder von Hildegard von Bingen bis heute (DuMont-Taschenbuch 98), Köln 1980, S. 71 ff., Abb. 6-13; Mazal, Otto, Himmels- und Weltenbilder, Kleinodien österreichischer Buchmalerei aus der Österreichischen Nationalbibliothek, Wien 1973, S. 94, Farb.-Abb. Tf. 20.; ders., 1978, S. 295, Abb. 79; grundlegend der Aufsatz von: Esmeijer, Anna C., La macchina dell'universo, in: Album discipulorum, aangeboden aan J. G. van Gelder ter Gelegenheid van zijn zestigste Verjaardag (Utrechtse Kunsthistorische Studieën 7), Utrecht 1963, S. 5 ff., besonders S. 12/13. Zuletzt: Hildegard von Bingen, 1098-1179, Katalog der Ausstellung im Bischöflichen Dom- und Diözesanmuseum Mainz 1998, hrsg. von Hans-Jürgen Kotzur, bearb. von Winfried Wilhelmy und Ines Köring, Mainz 1998.

400 Vgl. Klemm 1980, S. 60-64, Kat. Nr. 87, besonders S. 63, Abb. 161; Wittelsbach und Bayern 1,2, Die Zeit der frühen Herzöge, Von Otto I. zu Ludwig dem Bayern, Beiträge zur Bayerischen Geschichte und Kunst, 1180-1350, hrsg. von Hubert Glaser, München/

Besonders nahe kommt dem Kosmosbild des Cod. 378 die Makrokosmosdarstellung des *Thomas a Kempis* im Cod. lat. Mon. 2655 (Bayerische Staatsbibliothek, München, fol. 105^{r}), die das Figurenprogramm um die vier Kardinaltugenden und die vier Elemente bereichert hat und das konzentrische Kreisprinzip durch eingeschobene Quadrate durchdringt[401], zu denen sich unter Umständen in ähnlichen oder vergleichbaren Bildern auch die vier Temperamente ergänzen lassen.[402] In dieser Handschrift kennzeichnete der Illuminator den göttlichen Träger und Bewahrer des Weltalls mit dem Kreuznimbus. Als ein dem Cod. 378 besonders nahestehendes Bild der Welt – auch in Sinne einer *Mappa mundi*[403] wie sie Kaiser Augustus im *Liber floridus* in der Hand hält (Abb.44) – mag zuletzt auf das Kosmosbild des *Pietro di Puccio d'Orvieto* im Camposanto in Pisa (an der Nordwand, Mitte vierzehntes Jahrhundert) hingewiesen werden.[404]

c. Die Historia scholastica aus Baumgartenberg und spätere illustrierte Petrus Comestor-Handschriften

Der Codex 490 der Studienbibliothek in Linz[405] ist ein Miszellancodex, der neben dem genealogischen *Compendium* des *Petrus von Poitier* und dem *Liber scholasticae historiae* des *Petrus Comestor* diverse Exzerpte anderer Autoren – so von Bernhard von Clairvaux, Gregor der Große, Origines – enthält.[406] Der wohl aus dem Zisterzienserkloster Baumgartenberg stammende Codex steht in Text- und Bildausstattung dem Cod. 378 aus Heiligenkreuz sehr nahe. Er muß, wie in der angeführten Literatur seit langem bekannt, als direkte Kopie der Wiener Handschrift gelten. Der auf fol. 9^{r} genannte *Bruder Gerhardus* hat die Abschrift gefertigt.

Neben den Medaillonbildern (fol. 2^{r}-9^{r}) und sehr zahlreichen Zierinitialen verbindet auch die kräftigfarbene Miniatur am Textbeginn (fol. 1^{v} = Abb. 91) gleichwertig den bloßen Pergamentgrund, die dichtfarbene Malerei und das in das Schema hineinkompo-

Zürich 1980, Katalog der Ausstellung auf der Burg Trausnitz in Landshut, München 1980, Kat. Nr. 160, mit Abb. und Kat. Nr. 161, mit Abb.; Ornamenta ecclesiae 1, Köln 1985, S. 327, Kat. Nr. B105/B106; Regensburger Buchmalerei von frühkarolingischer Zeit bis zum Ausgang des Mittelalters, Katalog der Ausstellung der Bayerischen Staatsbibliothek München und der Museen der Stadt Regensburg, bearb. von Florentine Mütherich und Karl Dachs (Ausstellungskataloge der Bayerischen Staatsbibliothek 39), München 1987, S. 50, Kat. Nr. 34, Tf. 24-26, 112.

401 Vgl. Esmeijer 1963, S. 13/14, Abb. 6.

402 Vgl. Liebeschütz, Hans, Kosmologische Motive in der Bildungswelt der Frühscholastik, in: Vorträge der Bibliothek Warburg 3, 1923/1924, Berlin/Leipzig 1926, S. 83 ff., besonders S. 106.

403 Vgl. Brincken, Anna-Dorothee von den, *Mundus figura rotunda*, in: Ornamenta ecclesiae 1, Köln 1985, S. 99-106; auch: Monumenta Annonis, Köln 1975 (Anton von Euw), S. 93 zu den Schemata und den Winden, S. 97 zur Verbindung von Enzyklopädien - beispielsweise des Isidor von Sevilla oder des auf ihm aufbauenden Lambert von Saint Omer.

404 Vgl. Esmeijer 1963, S. 5 ff., Abb. 1.

nierte Schriftbild. Der Beherrscher des Weltalls, der Kosmokrator, wurde in diesem Bild durch die seitlichen Bezeichnungen mit *Alpha* und *Omega* sowie den Kreuznimbus eindeutig als Christus bezeichnet. Die Miniatur breitet sich in wesentlich markanterem Duktus über den Bildraum aus als ihr zudem auch noch beschnittenes Vorbild. Die zu Dreiviertelkreisen aufgeblähten begleitenden Medaillons überschneiden wie die Nimbusscheibe den zarten, gezeichneten Bildrand. Zwar übernahm der Illuminator aus der Vorlage auch die Komposition und die Bild- und Textinhalte, die straffere, ausdrucksstärkere Gestaltung seines Bildes zeugt aber von erheblich größerer künstlerischer Kraft und Qualität.

Daß die beiden Handschriften der *Historia scholastica* entsprechend der großen Verbreitung gerade dieses Lehrbuchs auf eine ehemals erheblich größere Gruppe derartig illustrierter Codices schließen lassen, beweist ein später Nachkömmling, der Cod. 364 aus Klosterneuburg (Wien, Österreichische Nationalbibliothek, zweites Viertel vierzehntes Jahrhundert).[407]

Eine einheitliche Tradition für den Bilderschmuck der *Historia scholastica* scheint es im Hochmittelalter nicht gegeben zu haben. Die bekannte Handschrift aus Scheyern (München, Bayerische Staatsbibliothek, Cod. lat. Mon. 17 405, vor 1241)[408] besitzt außer dem für dieses Zentrum typischen Dedikations- und Madonnenbild (fol. 2^v) mit Engeln und dem *Schreiber Conrad*[409] lediglich einen Miniaturenzyklus der *artes liberales*, die von Gelehrten des jeweils personifizierten Fachs begleitet werden.[410]

---

405 Zur Handschrift: Pergament, 40,6 x 29,5 cm, 180 fol., Mitte dreizehntes Jahrhundert. Seit 1784 befindet sich die Handschrift in Linz.

406 Vgl. Schiffmann, K., Die Handschriften der öffentlichen Studienbibliothek in Linz, Manuskript, Linz 1935, S. 52, Kat. Nr. 26, nennt 22 Zierinitialen; Holter, Kurt, Die romanische Buchmalerei in Oberösterreich, in: Jahrbuch des Oberösterreichischen Musealvereins 101, Linz 1956, S. 237 ff., besonders S. 328, Abb. 12; Romanische Kunst in Österreich, hrsg. von Hans Rupprich, Ausstellungskatalog, Krems an der Donau 1964, S. 84/85, Kat. Nr. 47, Abb. 6; Mazal 1978, S. 222/223; Zeit der Staufer 1, Stuttgart 1977, S. 575/576, Kat. Nr. 747, Abb. 539.

407 Vgl. Gotik in Österreich, Katalog der Ausstellung, dritte, verbesserte Auflage Krems 1967, S. 144, Kat. Nr. 72 mit weiterführender, älterer Literatur. Zur Handschrift: Pergament, 214 fol., 33,5 x 23 cm; auch bez. als *Klosterneuburger Chronik*.

408 Vgl. zuletzt: Kroos, Renate, Die Bilderhandschriften des Klosters Scheyern aus dem dreizehnten Jahrhundert, in: Wittelsbach und Bayern 1,1, Landshut 1980, S. 447, S. 477 ff.; 1,2, S. 131; Kat. Nr. 159, Abb. 132; Ornamenta ecclesiae 1, Köln 1985, S. 244, Kat. Nr. B41, mit Abb. des Dedikationsbildes S. 242. Zur Handschrift: Pergament, 230 fol., 43 x 30 cm. Einzelbeschreibung der Miniaturen und Nennung der Inschriften: Damrich, Johannes, Ein Künstlerdreiblatt des dreizehnten Jahrhunderts aus dem Kloster Scheyern (Studien zur deutschen Kunstgeschichte 52) Straßburg 1904, S. 24-30, Abb. 18-22; Siegel, Julia, Die Darstellung der *septem artes liberales* in der bildenden Kunst als Rezeption der Lehrplangeschichte, München 1985, S. 111, S. 141 ff.

409 Vgl. Boeckler, Albert, Zur Conrad von Scheyern-Frage, in: Jahrbuch für Kunstwissenschaft (o. Bd.), 1923, S. 94 ff.

410 Vgl. Kronjäger, Jochen, Berühmte Griechen und Römer als Begleiter der Musen und der

Möglicherweise wieder an die frühen dekorativen Initialen anknüpfend bildete die eine der Berliner Petrus Comestor-Handschriften (Cod. lat. fol. 24, Preußische Staatsbibliothek, Berlin)[411] historisierte Initialen aus. Auf fol. 9^r brachte der Miniaturenmaler zum Textbeginn des *Incipit prologus epistolaris* in der R-Initiale des *Reverendo patri...* drei Szenen in gerundetem Rankenwerk unter. Die über die gesamte Seitenhöhe gestreckte *In-principio*-Initiale am Anfang der Schöpfungsgeschichte enthält abwechselnd Rankenknoten und Genesisszenen (fol. 9^v = Abb. 91).

Den Schritt zu einem voll ausgeprägten, vielteilig erzählenden Genesiszyklus und zu einer bis zur Josefsgeschichte hin illustrierten *Historia scholastica* nach geläufigen Bildtypen zeigt erst der Cod. Vat. lat. 5697 (Rom, Biblioteca Apostolica Vaticana) aus dem frühen fünfzehnten Jahrhundert.[412] Derartige Schöpfungszyklen mögen vielleicht nicht nur aus Bibelillustrationen herzuleiten, sondern möglicherweise auch langsam aus Genesisinitialen ähnlich der Berliner Handschrift Cod. 863 hervorgegangen sein, da gerade die Bilder zur Genesis für historiographische Texte besonders wichtig sind.[413] Auffällig bleibt, daß auch in dieser späten Fassung der *Historia* das Bild des Kosmos mit dem Zodiak, das der Darstellung des Schöpfers folgt, erhalten geblieben ist (fol. 8^r/9^r).[414]

d. Ergebnisse

Wie die Stammtafeln in den schon vorgestellten Universalchroniken haben sich auch die Schemata der *Genealogia Christi* des *Petrus von Poitier* als Vorspann zur *Historia scholastica* entwickelt und dann eine bestimmte Auswahl von Medaillonbildern als Textschmuck beibehalten.

Die prominente Eingangsminiatur – die Wind- und Kosmostafel – der Handschriften des *Petrus Comestor* zeigen ein ganz anderes Bild der Welt, als es die Weltchroniken bis hin zur *Chronica* des *Otto von Freising* ausgebildet haben. Sie wurden daher als bewußter Widerpart, als Beweis für die Unterschiedlichkeit fast gleichzeitig ausgeprägter Bild-

artes liberales in Bilderzyklen des zweiten bis vierzehnten Jahrhunderts, Phil. Diss. Marburg 1973, S. 296.

411 Vgl. Rose, Valentin, Die Handschriften der Kurfürstlichen Bibliothek und der Kurfürstlichen Lande 2,3 (Verzeichnis der lateinischen Handschriften der Königlichen Bibliothek zu Berlin 2), Berlin 1905, S. 1016-1018, Kat. Nr. 863. Die zweite Berliner Ausgabe des Petrus Comestor, Cod. 864, ist nicht illustriert, vgl. ebd. S. 1018 ff.

412 Vgl. Boyle, Leonhard E., Herbert Leroy und Giovanni Morello, Die Schöpfung, Ein Meisterwerk gotischer Buchmalerei, Stuttgart/Zürich 1987, S. 11 ff. zu den Bildern, S. 57 ff. zur kodikologischen Beschreibung der Handschrift. Ein weiteres spätes bebildertes Beispiel ist der Cod. Barb. lat. 613, Rom, Biblioteca Apostolica Vaticana.

413 Vgl. Koshi, Koichi, Die Genesisminiaturen in der Wiener *Histoire universelle* (Cod. 2576), Phil. Diss. Wien 1971 (Wiener Kunstgeschichtliche Forschungen 1), Wien 1973; Hindmann, Sandra, Dutch Bible Illumination of the Fiftheenth Century and the *Historia scholastica*, Journal of the Warburg and Courtauld Institutes 36, 1974, S. 131-144.

414 Vgl. Boyle/Leroy/Morello 1987, S. 18/19, Abb. IV, S. 20/21, Abb. V.

und Weltvorstellungen in diesem Exkurs vorgeführt. Wenn auch in beiden Fällen ein lineares, eschatologisch geschlossenes Weltbild grundlegend war, so wurde in den echten *Chronikenillustrationen* eine lineare, narrative Bilderreihe mit zunehmendem Wirklichkeits- beziehungsweise Ereignischarakter ablesbar. Erst in den gotischen Handschriften der *Historia scholastica*, beispielsweise dem Berliner Cod. lat. fol. 24 gibt es dagegen echte Illustrationen zur Genesis (Abb. 91), obwohl die Texte selbstverständlich entsprechend den biblischen Ereignissen berichtet wurden und die Chronik des *Otto von Freising* zu diesen Begebenheiten einzelne Illustrationen besitzt (vgl. Abb. 66, 67).

Das konzentrische, direkt von dem auch bildlich gegenwärtigen Gott beherrschte Bild der Sphären und des Menschen wie es am Anfang des dreizehnten Jahrhunderts in der *Historia scholastica* zu beobachten ist, empfindet diesen Menschen, den *Mikrokosmos* und damit wohl letztlich auch die gegenwärtige Geschichte in Raum und Zeit des Kosmos nur als ein winziges Teilchen dieses geschlossenen Systems. Das Prinzip der Zugehörigkeit von Schöpfer, Geschaffenem und Geschöpf wird konzentrisch zusammenfassend dokumentiert, die Details des wirklich Geschehenen interessierten hier im Gegensatz zu den Bilderzyklen echter historiographischer Codices offensichtlich nicht.

Nachzutragen bleibt ein Hinweis auf die enge Verbindung der *Historia scholastica* zum *Chronicon pontificum et imperatorum* des Gnesener Erzbischofs *Martin von Troppau* (Martinus Oppaviensis, auch Polonus).[415] Diese Chronik enthält in ihrer Urform eine doppelsträngige, auf Recto- und Versoseite einander chronologisch kongruent zugeordnete *Tabula chronologia* eher annalistischen Charakters zur Geschichte der Päpste und Kaiser, die hauptsächlich auf *Gilbertus Romanus* aufbaut.

Über die schier unübersehbare Zahl der seit den sechziger Jahren des dreizehnten Jahrhunderts niedergeschriebenen Handschriften diverser Rezensionen gaben schon die Arbeiten von Weiland und Kaeppelli Auskunft.[416] Die neuen, detaillierten Abhandlungen von Anna-Dorothee von den Brincken haben nun endlich zunehmende Klarheit in historisch-textkritischer Hinsicht gebracht.[417]

Eine richtige Illustrationstradition scheint sich trotz der riesigen Menge von über vierhundert erhaltenen handschriftlichen mittelalterlichen Fassungen nicht herausgebildet

---

[415] Zur Person: Potthast 1896, S. 771 ff.; Verfasserlexikon 3, 1943, Sp. 158-166, zur Chronik ibs. Sp. 161 ff. (Anna-Dorothee von den Brincken).

[416] Martini Oppaviensis Chronicon pontificum et imperatorum, hrsg. von Ludwig Weiland (Monumenta Germaniae Historica, Scriptores in folio 22, hrsg. von Georg Pertz), Reprint der Ausgabe Hannover 1872, Hannover 1963 (erneut: Hannover 1986); Kaeppli, Thomas, Scriptores ordinis praedicatorum medii aevi 3, 1980, S. 114-123.

[417] Von den Brincken, Anna-Dorothee, Zur Herkunft und Gestalt der Martins-Chroniken, in: Deutsches Archiv für Erforschung des Mittelalters 37, 1981, S. 694 ff.; dies., Studien zur Überlieferung der Chronik des Martin von Troppau, in: Deutsches Archiv für Erforschung des Mittelalters 41, 1985, S. 460 ff.; dies., Geographisches Weltbild und Berichtshorizont in der Papst-Kaiser-Chronik des Martin von Troppau, in: Ex ipsis rerum documentis, Beiträge zur Mediävistik, Festschrift für Harald Zimmermann zu seinem 65. Geburtstag, hrsg. von Klaus Herbers, Hans-Henning Kortüm und Carlo Servatius, Sigmaringen 1991, S.

zu haben. Von den Brincken verzeichnet in ihren Tabellen zwar über ein Dutzend dekorativer *Q-Initialen*[418], wie viele historiographische Texte hat die Papst- und Kaiserchronik des Gneseners – so beispielsweise der Cod. 355 der Stiftsbibliothek in Einsiedeln[419] – in der Regel nur Initialschmuck erhalten.

Lediglich drei Exemplare mit Illustrationen werden bei von den Brincken nachgewiesen: In der Bibliothèque Nationale in Paris das Ms. lat. 5142, in Hereford in der Cathedral Library das Ms. 0.7 VII (beide Exemplare sind späte, also Ausgaben des vierzehnten Jahrhunderts) und in Pommersfelden in der Gräflich Schönbornschen Bibliothek (o. Nr., aus der Mainzer Kartause).[420] Den von *Paul Clemen* 1890 wegen seiner Illustrationen aufgeführten Codex Egerton 1500 des British Museum (heute British Library) in London[421] führt von den Brincken auffälligerweise nicht an.

Chronologische Papst- und Kaiserlisten, die keine Datenangaben enthalten, sind auch aus wesentlich früheren Chroniken, beispielsweise der *Chronica* des *Otto von Freising*, bekannt. In den Texten des *Martin von Troppau* können die Angaben zu den Kaisern und Päpsten mit einer bildlichen Gegenüberstellung verbunden werden, wie sie besonders die persischen Versionen des *Chronicon*s (vgl. Abb. 192) aus dem frühen vierzehnten Jahrhundert herausgebildet haben.[422] Deutlicher als in diesen Handschriften vermag die Vorstellung von der *Amtsgenealogie*, die letztlich aus den Stammtafelbildern schon beim *Chronicon universale* des *Ekkehard von Aura* entwickelt war, in bildlicher Fassung wohl kaum vorzuführen sein, was wohl der entscheidende Grund für die reiche Nachfolge von Genealogiebildern und Amtsreihen in vergleichbarer Art gewesen ist.[423]

---

[418] Vgl. Brincken 1985, S. 501 ff.

[419] Vgl. Mazal 1978, S. 60.

[420] Vgl. Brincken 1985, S. 481, 510, 520, 524. Eine Einzelbearbeitung dieser Handschriften steht noch aus.

[421] Siehe Clemen 1890, S. 225/226.

[422] Vgl. Jahn, Karl, Die Frankengeschichte des Rasîd ad-Dîn, Einleitung, vollständige Übersetzung, Kommentar und achtundfünfzig Texttafeln (Österreichische Akademie der Wissenschaften, Philosophisch-historische Klasse, Denkschrift 129 = Veröffentlichungen der iranischen Kommission 4, hrsg. von Manfred Mayrhofer), Wien 1977; Brincken 1985, S. 695, S. 730-733.

[423] Vgl. Clemen 1890, S. 226; Brincken 1981, S. 732.

III

ILLUSTRIERTE OROSIUS- UND JOSEPHUS-HANDSCHRIFTEN

Im zwölften Jahrhundert wurden nicht nur viele mittelalterliche Handschriften, sondern auch zahlreiche erheblich ältere Texte nachträglich illustriert.

Stellvertretend für viele Beispiele kann etwa die *Historia naturalis* oder auch *Historia universalis* des älteren *Plinius* genannt werden.[424] Sowohl die mittelalterliche *Plinius-Handschrift* aus Sankt Blasien im Schwarzwald (Wien, Österreichische Nationalbibliothek, Codex Vindobonensis 9, frühes zwölftes Jahrhundert, fol. 1^{v}, 223^{v} = Abb. 92/93)[425] als auch das Ms. 263 der Bibliothèque Municipale in Le Mans (um 1150, fol. 10^{v} = Abb. 94)[426] und die *Historia naturalis* in Florenz (Biblioteca Medicea Laurenziana, Ms. Plut. 82.1, fol. 3^{r} = Abb. 95)[427] enthalten neben illustrierenden, zum Teil historisierten Initialen am Textbeginn jeweils ein sehr gut vergleichbares Dedikationsbild. Trotz zahlreicher Variationen in Komposition, Technik und Stil bleibt die Grundaussage des Dedikationsbildes, in dem *Plinius* seine *Historia naturalis* dem Kaiser Vespasian übergibt, unverändert.

Obwohl das Dedikationsbild selbstverständlich einem bereits lange geprägten, keinesfalls auf historiographische Codices beschränkten Bildtypus folgt[428], hat es sowohl in der westlichen als auch in der östlichen Tradition – so beispielsweise auch in dem Widmungsbild der Weltchronik des *Konstantinos Manasses* (Wien, Cod. Vind. phil. gr. 149, fol. 10^{r}) – durchaus den Charakter des historischen Berichts, des erzählenden Ereignisbildes.

---

424 Vgl. zu C. Plinius secundus, Historia naturalis, Textausgaben, Literaturlage und Handschriftengruppe zusammengestellt bei: Munk Olsen 2, 1985, S. 243-273; 3,2, 1989, S. 110-112.

425 Vgl. Hermann 2, 1926, S. 47-51; Abendländische Buchmalerei, Katalog der Ausstellung der Österreichischen Nationalbibliothek, Wien 1952, S. 22, Kat. Nr. 22; Mazal 1978, S. 91, S. 294, Abb. 71; Mazal 1985, Abb. 18; Munk Olsen 2, 1985, S. 271-273, C.81.

426 Vgl. Les manuscrits à peinture en France du VIIe au XIIe siècle, Ausstellungskatalog der Bibliothèque Nationale Paris, bearb. von Jean Porcher, Paris 1954, Kat. Nr. 231; Cordonnier, Paul, La grande enluminure de Pline l'Ancien (XIIe siècle), in: Revue Historique et Archéologique du Maine 117 = 2^{e} série 41, 1961, S. 101-110; Swarzenski, Hanns, Monuments of Romanesque Art, The Art of Church Treasures in North-Western Art, zweite Auflage London 1974, S. 61, Nr. 293, Pl. 129; Munk Olsen 2, 1985, S. 259; C.38 und 3,2, 1989, S. 111; Propyläen-Kunstgeschichte 5, Das Mittelalter I, Hermann Fillitz u.a., Sonderausgabe/Reprint Frankfurt/Berlin 1990, S. 275, Nr. 392. Die Handschrift wohl von englischer Hand. In der Hauptminiatur erscheint im oberen Bildteil der Autor sitzend an seiner Schreibbank. Er schneidet sich eine Feder, während ein Gehilfe ein Licht hereinbringt.

427 Vgl. Munk Olsen 2, 1985, S. 252/253, C.12; Bologna 1988, S. 112, mit Farb.-Abb.; Lenzuni, Anna, Biblioteca Medicea Laurenziana (Le Grandi Biblioteche d'Italia), Florenz 1986, S. 110-111, Tf. LXIII, Tf. LXII zeigt die Miniatur der Wurzel Jesse (fol. 1^{r}).

428 Procho, J., Das Schreiber- und Dedikationsbild in der deutschen Buchmalerei bis zum Ende des elften Jahrhunderts, Berlin 1929; Bloch, Peter, Zum Dedikationsbild im *Lob des Kreuzes* des Hrabanus, in: Das erste Jahrtausend, Kunst und Kultur im werdenden Abendland an Rhein und Ruhr 1, hrsg. von Victor H. Elbern, Düsseldorf 1962, S. 471-494.

Auch geschichtliche, christlich orientierte Texte der nachklassischen Epoche, die wie die *Historia ecclesiastica gentis anglorum* des *Beda venerabilis* im frühen Mittelalter bestenfalls Initialschmuck oder Einzelillustrationen besaßen[429], wurden im zwölften Jahrhundert mit ersten Vollbildern ausgestattet. Ein besonders schönes Beispiel ist die *Historia ecclesiastica* in Leipzig (Universitätsbibliothek, Ms. Rept. I. 58a/CLXV), die vor 1149 in Groß-Sankt Martin in Köln entstand.[430] Während auf der ersten Seite (fol. 1^r) unter der Ansicht des alten Baus von Groß-Sankt Martin der Kopist und/oder Schreiber die Beda-Abschrift an die Heiligen Martin und Eliphius übergibt, folgt auf der Versoseite eine fast ganzseitig angelegte Miniatur der *Maiestas Domini* (fol. 1^v) thronend über der Weltenscheibe, dem *orbis tripartibus* (vgl. Abb. 44). Besonders auffällig ist die Verbindung von in Rot und Braun gezeichneten Figuren, Architekturen und Rahmenleisten mit den deckfarbenen Hintergründen in Blau und Grün und den goldenen Nimbenscheiben.

Ganz offensichtlich setzte um die Mitte des zwölften Jahrhunderts eine Tendenz ein, die neben theologischen, philosophischen und naturwissenschaftlichen Traktaten auch für historiographische Texte verschiedenster Art eine Bildausstattung forderte und sei es auch nur eine einzeln stehende prunkvolle Eingangsminiatur.

Auch andere spätantike und frühchristliche Texte wurden, nachdem sie über hunderte von Jahren ohne Bildgut tradiert worden waren, in dieser Zeit durch eine Bildausstattung aktualisiert und ausgeschmückt, so beispielsweise die *Historiae adversum paganos* des *Paulus Orosius* und die *Antiquitates judaicae* sowie die Berichte vom *Jüdischen Krieg* des *Flavius Josephus*. Warum nun gerade diese beiden Autoren im Zusammenhang mit den illustrierten hochmittelalterlichen Chroniken zum Vergleich herangezogen werden sollen, kann leicht erklärt werden: Wie die Entwicklung der Chronikillustration bis hierher parallel zur Textrezeption verfolgt wurde, so soll diese Fragestellung des direkten Bild-Text-Transfers nun an die genannten Handschriftengruppen herangetragen werden. Zum einen stellen *Orosius* und *Josephus* neben *Augustinus* wohl die wichtigsten Schriftquellen für die *Chronica* des *Otto von Freising*[431], aber auch schon für die *Frutolf/Ekkehard-Chroniken* dar[432], zum zweiten haben die Abschriften nach *Paulus Orosius*

429 Vgl. Schapiro, Meyer, The Dedication of the Leningrad Manuscript of Bede (1958), in: Late Antique, Early Christian and Medieval Art, Selected Papers by Meyer Schapiro, London 1980, S. 199-224; The Leningrad Bede, An English Eight Century Manuscript of the Venerable Bede's *Historia ecclesiastica gentis anglorum* in the Public Library, Leningrad, bearb. von O. Arnsgart (Early English Manuscripts in Facsimile 2, hrsg. von Bertram Colgrave), Copenhagen 1952. Vgl. aus der gleichen Reihe auch Bd. 9, The Morre Bede, Copenhagen 1959.

430 Vgl. Rothe 1966, S. 193, S. 242, Tf. 22; vgl. auch die Hs. 43 in Augsburg, Bischöfliche Ordinariatsbibliothek.

431 Vgl. Otto/Chronik, 1980, S. XXXIV, die exakten Nachweise der Textvorlagen ebd. in den Anmerkungen.

432 Vgl. Frutolfs und Ekkehards Chroniken, 1972, S. 9. Vgl. die Hinweise ebd. in den Anmerkungen.

und *Flavius Josephus* im zwölften Jahrhundert bebilderte Handschriftengruppen entwickelt. Zu fragen bleibt, ob es möglich sein wird, entsprechend der direkten Textübernahme eine direkte Bildübernahme aus den Textvorlagen nachzuweisen, wie sie innerhalb der textlich voneinander abhängigen Chroniken in den vorangehenden Kapiteln auch für deren Bilder bereits nachgewiesen werden konnte.

1. Illustrierte Handschriften der *Historiae adversum paganos* des Paulus Orosius

Die sieben Bücher der *Historiae adversum paganos*[433] des Presbyters *Paulus Orosius*, die 417/418 entstanden sind[434], stellten mit einem selbst heute noch erhaltenen mittelalterlichen Handschriftenbestand von über 245 Codices[435] eine der Grundlagen der früh- und hochmittelalterlichen Geschichtsschreibung dar, waren aber gleichzeitig ebenso wie die *Historia scholastica* des *Petrus Comestor* ein gebräuchliches Lehrbuch. Die Weltgeschichte des *Paulus Orosius* zeigt den Autor, aufbauend auf *De civitate Dei* von Augustin, als einen Historiographen und Theologen, dem es gelang, mittelalterliche Chronographie und antike Geschichtsschreibung in einer übergreifenden *Geschichtstheologie* zusammenzufassen.[436]

Eine allzu knappe, eher unvollständige, im Detail häufig ungenaue Übersicht der illustrierten mittelalterlichen Abschriften der *Historiae* hat David Ross bereits 1955 vorgelegt.[437] Die drei von Ross ausführlicher vorgestellten Handschriften werden im folgenden noch detailliert zu behandeln sein. Der Autor nennt an weiteren mit einzelnen Zeichnungen versehenen illustrierten Orosius-Handschriften nur die Codices in Trier (Stadtbibliothek, Ms. 1906 <60>), in Rom (Biblioteca Apostolica Vaticana, Ms. Vat. lat. 1976) und in Laon (Bibliothèque de la Ville, Ms. 137 <21>).[438] Nicht hingewiesen wurde auf die mit Initialen versehenen Texte in Schaffhausen (Stadtbiblio-

---

433 Vgl. Orosius/Historiae, 1967; auch Paulus Orosius, Die antike Weltgeschichte in christlicher Sicht, sieben Bücher, 2 Bde.,eingeleitet von Carl Andresen, übersetzt und erläutert von Adolf Lippold, (Die Bibliothek der Alten Welt, Reihe Antike und Christentum), Zürich/München 1985. Siehe ebd., S. 55-57 Quellen und Literatur zu Orosius. Zu den Rezensionen beziehungsweise zu dem Handschriftenstemma gibt es keine Untersuchung.

434 Vgl. Brincken 1957, S. 80 ff.

435 Vgl. Orosius/Weltgeschichte 1, 1985, S. 45; auch: Ross, David J. A.und Janet M. Bately, A Check List of Manuscripts of Orosius, Historiae adversum paganos libri VII, in: Scriptorium 15, 1961, S. 329-334.

436 Vgl. Goetz, Hans-Werner, Die Geschichtstheologie des Orosius (Impulse der Forschung 32), Darmstadt 1980, S. 9 ff.; Lacroix, Benoit M., Orose et ses idées (Université de Montréal, Publications de l'Institut d'Études médiévales 18), Montréal 1965, S. 51 ff.

437 Vgl. Ross, David J. A., Illustrated Manuscripts of Orosius, in: Scriptorium 9, 1955, S. 35-56.

438 Vgl. Ross 1955, S. 50 ff.; Trier, Ms. 1906 (60): Pergament, zehntes Jahrhundert, Federzeichnungen auf fol.47^r, 48^r, 50^r, 55^r, 80^v, Rom, Ms. Vat. lat. 1976: Pergament, Federzeichnungen auf fol. 1^v König David, Augustinus, Gregor der Große, Hieronymus und Cyprian, Hiobs Elend, begleitet von Judith und Esther. Auf. fol. 2^r die zwölf kleinen Propheten; Laon, Ms. 137 (21): Pergament, achtes Jahrhundert, Provenienz Val Saint Pierre, fol. 1^r *Agnus Dei* in griechischem Kreuz umgeben von Evangelistensymbolen.

thek, Cod. min. 60, Mitte zwölftes Jahrhundert)[439], in Mailand (Bibliotheca Ambrosiana, Cod. D. 23. Sup., Ende siebtes Jahrhundert)[440] und in Madrid (Biblioteca Nacional, Ms. 8831, zwölftes Jahrhundert).[441] Ebenso wären das illustrierte Exzerpt der *Historiae* im Cod. lat. Pal. 927 (Biblioteca Apostolica Vaticana, Rom, vgl. Abb. 96)[442] oder das Autorenbild im Clm. 10 292 (München, Bayerische Staatsbibliothek, elftes Jahrhundert, fol.2^{v})[443] erwähnenswert gewesen. Auch die unter *King Alfred* beginnende englische Tradition der *Historiae adversum paganos* wurde bei Ross nur gestreift.[444] Obwohl er die späte Florentiner Handschrift (Florenz, Biblioteca Medicea Laurenziana, Ms. pl. 65. No. 37, vierzehntes Jahrhundert) ausführlich bespricht[445], fehlen auch hier Angaben zu den bekannten nichtlateinischen illustrierten Handschriften der orosianischen Weltgeschichte aus dem späten Mittelalter völlig. Zu nennen wären stellvertretend für diese Gruppe die beiden französischen Handschriften der Bibliothèque Nationale in Paris, das Ms. fr. 301 (um 1390-1410) und das Ms. fr. 64 (um 1460), die beide üppig bebildert sind.[446]

Als Text- und Illustrationsvorbild für die Chroniken des hohen Mittelalters kommen natürlich nur frühe bebilderte Texte der *Historiae adversum paganos* in Frage. Daher werden im folgenden nur die lateinischsprachigen Abschriften bis in das beginnende dreizehnte Jahrhundert hinein berücksichtigt.

---

[439] Vgl. Mazal 1978, S. 161, rote Federzeichnung, Dedikationsbild, am Textende.

[440] Vgl. Gengaro/Guglielmetti 1968, S. 3/4, Tav. 1 = fol. 1^{v}. Die rein ornamental gerahmte konzentrische Bildform mit acht Rosettensegmenten im Bildzentrum hat durch die farblich abgesetzten sphärenartigen Kreise und die Kreismotive in den Zwickeln formale Ähnlichkeit mit den Kosmosbildern in der *Historia scholastica* des *Petrus Comestor* (vgl. Abb.191, 121/122).

[441] Vgl. El arte románico, Exposición organizada por el Gobierno Español bajo los Auspicios del Consejo de Europa, Ausstellungskatalog der Europaratsausstellung, Barcelona/Santiago de Compostela 1961, S. 122, Kat. Nr. 208.

[442] Vgl. Munk Olsen 1, 1982, S. 550, Nr. C37.

[443] Vgl. Lacroix 1965, S. 7/8, mit Abb.

[444] Vgl. The Old English Orosius, hrsg. von Janet M. Bately (Early English Text Society, Supplementary Series 6), London/New York/Toronto 1980; The Tollemache Orosius, British Museum Additional Manuscript 47 967, hrsg. von Alistair Cambell (Early English Manuscripts in Facsimile 3, hrsg. von Bertram Colgrave, Kemp Malone und Knud Schibsbye), Copenhagen 1953.

[445] Vgl. Ross 1955, S. 46-50.

[446] Vgl. Malraux, André, Les manuscrits à peinture en France du XIIIe au XVIe siècle, Supplement au catalogue des manuscrits, Bibliothèque Nationale, Paris 1955, S. 74, Kat. Nr. 148 und S. 126, Kat. Nr. 261.

a. Die illustrierte Orosius-Handschrift aus dem Benevent – Codex Vaticanus latinus 3340

Neben dem nur spärlich mit Bildern versehenen Cod. Vat. lat. 1976 und dem Cod. Pal. lat. 927 besitzt die Biblioteca Vaticana noch eine weitere Abschrift der *Historiae adversum paganos*, die, obwohl nur fragmentarisch erhalten, eine Vielzahl von illustrierenden Zeichnungen enthält.[447]

Der Cod. Vat. lat. 3340 wurde im elften Jahrhundert von beneventanischer Hand in Süditalien geschrieben.[448] Bevor die Handschrift 1604 in die Vatikanische Bibliothek gelangte, befand sie sich im sechzehnten Jahrhundert zunächst im Besitz des Giovanni Gaddi in Florenz, dann in der Bibliothek des Fulvio Orsini.[449] Unbestritten ist die Tatsache, daß die zahlreichen randständigen Federzeichnungen von zweiter Hand nachträglich eingefügt wurden, nachdem die Textabschrift bereits vorlag.[450] Daß die Zeichnungen, häufig hochkant gestellt und ungleichmäßig auf den Textblock verteilt, Textspiegel und Initialen überschneiden und diesen weder in der Tintenkonsistenz noch im Zeichenduktus verwandt sind, macht den angenommenen Entstehungsprozeß unwiderlegbar deutlich. Nach der Betrachtung der Bilderreihe wird jedoch zu überlegen sein, ob die Datierung von Ross *um 1050*[451] oder die alte Zuschreibung von Nolhac in das zwölfte Jahrhundert[452] für die Illustrationen der *Historiae adversum paganos* im Cod. Vat. lat. 3340 zu übernehmen ist.

Der von Ross detailliert beschriebene Zyklus in brauner Federzeichnung beginnt auf fol. 1^{v} (Abb. 97) unten mit einer größtenteils durch einen längsrechteckigen Pergamentstreifen ersetzten Schlachtenszene, in der die Spartaner unter König Leonidas bei den Thermopylen gegen die Perser kämpfen, wie es der Text oberhalb der Zeichnung beschreibt (Orosius/Historiae, Buch II, Kap. 9, 3-9).[453] Zwei Gruppen gerüsteter Kämpfer zu Pferde, die von rechts kommenden von Leonidas geführt, prallen – Waffen und Schilde erhoben – aufeinander. Die Bezeichnungen Alicarnassis Dux und Artemidora Regina gehören nicht zu dieser Szene, sondern zu dem Textabschnitt im zehnten Kapitel des dritten Buchs (§3).[454] Offensichtlich ist der vom Illustrator gewollte Bild-Text-Bezug

[447] Zur Handschrift: Pergament, 95 fol. (Zählung nach dem jetzigen Bestand) 40,2 x 27 cm, Textspiegel 31,5 x 19 cm, Text in zwei Kolumnen zu achtundzwanzig Zeilen. Siehe Ross 1955, S. 36-46.

[448] Vgl. Loew, Elias Avery, The Beneventan Script, A History of the South Italian Minuscule, Oxford 1914, S. 215.

[449] Vgl. Ross 1955, S. 37; Nolhac, Pierre de, La Bibliothèque de Fulvio Orsini (Bibliothèque de l'École des Hautes Études 74), Paris 1887, S. 216/217.

[450] Vgl. Ross 1955, S. 38.

[451] Vgl. ebd., S. 39.

[452] Vgl. Nolhac 1887, S. 217.

[453] Vgl. Orosius/Weltgeschichte, 1985, S. 122-124.

[454] Vgl. ebd., S. 125.

hier in späterer Zeit mißverstanden und die Zeichnung nachträglich falsch beschriftet worden. Die Schreiberhand ist nicht mit jener der anderen Bildtituli identisch. Die zweite noch bei Ross beschriebene, in den gleichen Zusammenhang gehörende Kampfszene (fol. 1^{v}, rechts innen) ist bei der letzten Restaurierung und Neubindung zerstört worden.[455]

Links auf dem unteren Rand von fol. 2^{r} (Abb. 98) wird die Geschichte weitererzählt. König Leonidas, links außen gekrönt auf einem Faldistorium sitzend, tafelt mit zwölf seiner Edlen, die er zuvor aufgefordert hat, so zuzugreifen, als wenn sie ihre nächste Mahlzeit bereits im Hades einnehmen müßten.[456] Rechts neben der Tafelszene fallen aus einem sternenbedeckten, kuppeligen Firmament Flammen, welche die Bevölkerung Roms, Konsuln (bez.: Cuntius und Servilius), Soldaten, Patrizier und einfache Bürger, in einem fürchterlichen Pestzug dahinraffen (Orosius/Historiae, Buch II, Kap. 12, 2/3).[457]

Auf der Versoseite des Blattes (fol. 2^{v} = Abb. 99) wird oben links bildlich über ein Ereignis aus dem Jahr nach dem großen Seuchenzug berichtet: Die Sabiner unter Herbonius dringen in die Stadt Rom ein, erschlagen einige Einwohner und brennen das Kapitol nieder. Vor dem auf Erdhügeln gezeichneten, brennenden Kapitol (bez.: (C)apitolium) liegt ein Erschlagener, dort versammeln sich die sabinischen Krieger (Orosius/Historiae, Buch II, Kap. 12, 5).[458]

Am unteren Bildrand, die Bildecke umgreifend, zieht eine Truppe von gerüsteten Reitern aus, den Quintius Cincinnatus zum Herrscher zu erheben. Cincinnatus, den die Reiter antreffen, während er mit zwei Ochsen ein Feld pflügt, wird auffälligerweise wie ein mittelalterlicher westlicher Herrscher durch eine Krönung in sein Amt bestellt (Orosius/Historiae, Buch II, Kap. 12, 7/8).[459] Die rechts unten anschließende Zeichnung stellt die Einführung des Attischen Gesetzes in Rom durch Appius Claudius (bez.: appius und lex attica dedit) dar (Orosius/Historiae, Buch II, Kap. 13, 1-3).[460] Dem gekrönten Tyrannen und seinen Gefolgsleuten kommt eine Gruppe von aufgebrachten Römern entgegen. Die Vorderen empfangen die Gesetzestafeln. Ihre in Verzweiflung erhobenen Hände drücken die Angst vor Not und Unterjochung aus.

Auf der Gegenseite (fol. 3^{r}, unten links = Abb. 100) setzt sich die Geschichte des tyrannischen Appius fort: Verginius (bez.) erschlägt vor den Augen des Volkes seine leibliche Tochter Verginia, um sie vor Sklaverei und Schändung zu bewahren (Orosius/

[455] Vgl. Ross 1955, S. 40. Die Blätter sind nunmehr mit neuen zum Bindefalz hin angestückten Pergamentstreifen gebunden.

[456] Vgl. Orosius/Weltgeschichte 1, 1985, S. 126/128. Die bei Ross genannte Inschrift *leonidas rex* wurde wohl ebenfalls zerstört, als die Buchseite beschnitten, angestückt und neu gebunden wurde.

[457] Vgl. Orosius/Weltgeschichte 1, 1985, S. 128/129.

[458] Vgl. ebd., S. 129.

[459] Vgl. ebd., S. 129.

[460] Vgl. ebd., S. 129/130.

Historiae, Buch II, Kap. 13, 6).[461] Rechts außen auf der Seite prallen – hochkant gezeichnet – die Fidenaten (bez.: fidenis) und die römischen Truppen (bez.: romani) in heftiger Reiterschlacht aufeinander (Orosius/Historiae, Buch II, Kap. 13, 10).[462]

Auf fol. 4^v unten rechts (Abb. 101) erscheinen drei Schiffe, die mit Gewappneten dicht besetzt sind. Die Szene führt die Niederlage der in die Enge getriebenen Athener durch die Schiffe der Syrakusaner (bez.: athenienses navale prelium) vor Augen. Links werden bereits die ersten elf attischen Schiffe von einem syrakusanischen Krieger in Brand gesteckt (Orosius/Historiae, Buch II, Kap. 14, 20-22).[463]

Auf fol. 6^r, unten links (Abb. 102) werden nach dem Ende des Peloponnesischen Krieges die Stadtmauern Athens geschleift (Orosius/Historiae, Buch II, Kap. 17, 2).[464] Die Trümmerblöcke der von den Spartanern heruntergezogenen Mauerkronen stürzen auf die am Fuß der Stadtmauern liegenden gefallenen Athener (bez.: athenienses).

Die Versoseite dieses Blattes (fol. 6^v = Abb. 103) schließt auch bildlich direkt an das Vorangegangene an. Sie präsentiert unten links die blutige Reiterschlacht des Thyrasybulos (bez.: Trasibulus) und seiner Kämpfer gegen die nach dem Sieg über Athen eingesetzten tyrannischen Regenten (bez.: Tyrannorum athenienses, siehe: Orosius/Historiae, Buch II, Kap. 17, 9-13).[465]

Auf fol. 8^r unten links (Abb. 104) wurde neben einer Landschaftsskizze mit Zelten, Bäumen und gratigen Felsen ein Gebäude oder eine Stadt mit hoher Mauer aus Steinblöcken, Zinnen, einem übergreifenden Dreiecksgiebel und Türmen angelegt, die Ross, obwohl die Szene unbeschriftet blieb, für die Darstellung des von den Römern belagerten Veiji hielt (Orosius/Historiae, Buch II, Kap. 19, 1/2).[466]

Fol. 9^r (Abb. 105) enthält ebenfalls ein Stadtbild ähnlicher, jedoch prächtigerer Art. Die Stadt Rom (bez.: Roma) wird von den siegreichen Galliern (bez.: Galli) besetzt. Sie belagern soeben das Kapitol (bez.: Capitolium), auf dessen Burg sich die restliche römische Mannschaft vor den plündernden und mordenden Galliern zurückgezogen hat (Orosius/Historiae, Buch II, Kap.19, 7-11).[467]

Fol. 10^v (Abb. 106) zeigt am linken äußeren Rand die aneinander herangerückten Stadtmauern der Städte Ebora und Helice (bez.: civitas eucra und civitas lices), die vom Meer verschlungen werden, sie versinken in einem *schalenförmigen* Meeresbecken

[461] Vgl. ebd., S. 130.

[462] Vgl. ebd., S. 131.

[463] Vgl. ebd., S. 134.

[464] Vgl. ebd., S. 139; Ross 1955, S. 41.

[465] Vgl. Orosius/Weltgeschichte 1, 1985, S. 140/141.

[466] Vgl. Ross 1955, S. 41; Orosius/Weltgeschichte 1, 1985, S. 143/144.

[467] Vgl. Ross 1955, Pl. 12c. Die Handschriftennummer ist im gesamten Abbildungsteil bei Ross falsch angegeben – nicht **7**340, sondern **3**340; Orosius/Weltgeschichte 1, 1985, S. 144-145.

(Orosius/Historiae, Buch III, Kap. 3, 1).[468] Am unteren Bildrand erscheint wie auf fol. 2^{r} (Abb. 98) das kuppelförmige Firmament, aus dem die Flammen herniederstürzen, die hier die Stadt Konstantinopel (bez.: Constantinopoli) in Schutt und Asche legen sollen. Aber die Gebete des christlichen Kaisers Arcadius und der christlichen Bevölkerung, die rechts mit erhobenen Händen beten, retten die Stadt (Orosius/Historiae, Buch III, Kap. 3, 2-3).[469]

Auf fol. 11^{v} (Abb. 107) wird das von den Thebanern unter Epaminondas (bez.: thebanus und Epaminonda dux) auf Sparta geführte Reiterheer von den in der Stadt zurückgebliebenen alten Männern und Knaben besiegt. Während die bärtigen Greise zu Fuß einen Ausfall wagen, schleudern die Jungen Steine und Speere von den Zinnen herab, viele getötete Angreifer liegen bereits am Boden (Orosius/Historiae, Buch III, Kap. 2, 5-8).[470]

Wenige Seiten weiter im Text, auf fol. 14^{r} (Abb. 108) wird rechts unten vorgeführt, wie Marcus Curtius gerüstet und zu Pferde in eine Erdspalte vor dem Forum Romanum stürzt (bez.: Roma, Marcus Scurtius, inferna, siehe: Orosius/Historiae, Buch III, Kap. 5, 1-3).[471]

Auf der Rückseite des Blattes (fol. 14^{v} = Abb. 109) ist vielleicht eine der zahlreichen Schlachten der Römer gegen die Gallier und die Etrusker (bez.: Galli und Tuscorum) in eine vielfigurige Zeichnung umgesetzt worden. Hinter Bergen von Leichen und zusammengedrängtem Fußvolk bewegen sich zwei Reiterheere aufeinander zu (Orosius/Historiae, Buch III, Kap. 6, 1-5).[472]

Auf fol. 15^{r} (Abb. 110) wurde unten links jenes fürchterliche Unwetter, das in der Geburtsnacht Alexanders des Großen über die Erde zog und schrecklichen Hagel brachte, gezeichnet (Orosius, Historia, Buch III, Kap. 7, 4/5).[473]

Das nächstfolgende Blatt (fol. 16^{r} = Abb. 111) besitzt insgesamt vier textbezogene Zeichnungen: Unten links tötet Manlius Torquatus seinen eigenen Sohn mit dem Schwert (bez.: Manlius filius suum interfecit). In direktem seitlichem Anschluß steht eine weitere Schlachtenszene, die den Kampf zwischen den Römern und den aufbegehrenden Latinern zeigt (Orosius/Historiae, Buch III, Kap. 9, 1/2). Rechts oben, am äußeren Rand, wird vorgeführt, wie die Vestalin Minncia (bez.: Mucia virgo) wegen angeblicher Unkeuschheit auf dem sogenannten *Frevelfeld* (bez.: Campo sceleratus) lebend begraben wurde (Orosius/Historiae, Buch III, Kap. 9, 5).[474] Direkt unter dieser Szene berichtet der Zeichner von der Denunziation, der Verurteilung und der Hinrichtung zahlreicher

---

[468] Vgl. Orosius/Weltgeschichte 1, 1985, S. 155. Orosius berichtet allerdings davon, daß nicht das dargestellte Meer, sondern die Erde die Städte nach einem Erdbeben verschüttet hätte.

[469] Vgl. ebd., S. 155/156. Der untere Bildrand ist auch hier wieder durch einen neuen, leeren Pergamentstreifen ersetzt, dadurch ist die Illustration nur in ihrer oberen Hälfte erhalten.

[470] Vgl. ebd., S. 153/154; Ross 1955, Pl. 12d.

[471] Vgl. Orosius/Weltgeschichte 1, 1985, S. 157-158.

[472] Vgl. ebd., S. 158/159. Die Interpretation der Szene ist nicht eindeutig.

[473] Vgl. ebd., S. 159. N i c h t wie Ross 1955, S. 41: Orosius/Historiae, Buch III, Kap. **6, 4**.

[474] Vgl. Orosius/Weltgeschichte 1, 1985, S. 162.

römischer Matronen (bez.: indice) während der großen Pestepedemie unter dem Konsulat des Claudius Marcellus und des Valerius Flaccus (Orosius/Historiae, Buch III, Kap. 10, 1-3).[475]

Auf fol. 16^{v} (Abb. 112) – links außen, hochkant gestellt – entwarf der Zeichner das Bild jener Schlacht zwischen den Epiroten und den Samniten (bez.: Samnitis), in der der vorne links liegende epirotische König (bez.: Rex Alexander Epirotarum) zu Tode kam (Orosius/Historiae, Buch III, Kap. 11, 1).[476] Unten wird die illyrische Stadt Larissa (bez.: Larisam urbem) von Philipp von Makedonien (bez.: Philippus Rex) belagert und eingenommen (Orosius/Historiae, Buch III, Kap. 12, 5).[477]

Auf fol. 17^{r} (Abb. 113) sitzen – unten links – an langer Tafel jene Gäste, die zur Hochzeit Philipps von Makedonien (bez.: Philippus Rex) mit Olympias (bez.: Olympiade regina) gekommen sind. Erzählfreudiger als der Autor Orosius hat der Illustrator das herrschaftliche Brautpaar links auf Purpurkissen gekrönt thronend gezeichnet und ihm einen Mundschenk beigesellt (Orosius/Historiae, Buch III, Kap. 12, 8). Neben dem Hochzeitsgelage wird die Belagerung und die Einnahme der Stadt Mothona (bez.: Mothona) dargestellt, während deren König Philipp (bez.: Philippus rex) durch einen feindlichen Pfeil ein Auge verliert. Text und Bild entsprechen einander exakt (Orosius/Historiae, Buch III, Kap. 12, 9).[478]

Auf der nächsten Seite (fol. 17^{v} = Abb. 114) – links oben hochkant – führt der Zeichner den von den Athenern besetzten Paß der Thermopylen (bez.: (Thermop)pilarum) vor. Philipp sieht die Enge versperrt, läßt sein Heer umkehren und wendet sich jetzt gegen die eigenen Bundesgenossen (bez.: Rex Philippus amicis suis necavit), was durch die Einnahme einer Stadt illustriert wird. Das makedonische Heer reitet über die Erschlagenen hinweg in die Stadt (Orosius/Historiae, Buch III, Kap. 12, 15/16).[479] Nach diesem Bündnisbruch beginnt Philipp, seine eigenen Brüder und möglichen Kronprätendenten zu verfolgen. Er (bez.: Philippus Rex) befiehlt einem Henkersknecht, einen seiner Brüder zu enthaupten (bez.: patricidum fecit). Er belagert – in der mittleren Szene – die Stadt Olynthos, die zwei seiner inzwischen geflohenen Brüder Zuflucht zu gewähren sucht und tötet – in der Szene rechts – die zwei jungen, miteinander zerstrittenen Könige Thrakiens, um sich ihrer Reiche gewaltsam zu bemächtigen (bez.: duos reges interemti, siehe: Orosius/Historiae, Buch III, Kap. 12, 19-22).[480]

---

475 Vgl. ebd., S. 162/163.

476 Vgl. ebd., S. 163.

477 Vgl. ebd., S. 164. Von jüngerer Kopistenhand in der linken unteren Ecke ein Kopf.

478 Vgl. ebd., S. 165. Nicht wie Ross 1955: Orosius/Historiae, Buch III, Kap. 12, 15, sondern **9**. Siehe Ross 1955, Pl. 14a. Oben rechts auf fol. 17^{v} hat wohl auch ein Kopist die durchscheinende Zeichnung der Gegenseite nachgezeichnet.

479 Vgl. Orosius/Weltgeschichte 1, 1985, S. 166.

480 Vgl. ebd., S. 166/167.

Am unteren Blattrand von fol. 18^{v} (Abb. 115) treibt Philipps Heer die Menschen und ihre Viehherden hin und her, um sie nach eigenem Gutdünken hier- oder dorthin umzusiedeln, aufzuteilen, fortzujagen (Orosius/Historiae, Buch III, Kap. 12, 29-32).[481]

Auf fol. 19^{r} (Abb. 116) – am unterem Bildrand – wird Philipp (bez.: Philippus rex) während der Schlacht gegen die Triballer schwer verwundet und stürzt vom Pferd (Orosius/Historiae, Buch III, Kap. 13, 8).[482] Am seitlichen äußeren Rand des Blattes erscheint eine halbfigurige *Fortuna* in kurzärmeligem, dunklem Gewand mit aufgelegtem weißen Kreuz, die das Rad des Schicksals beidhändig dreht (bez. im äußeren Rand des Rades: *ad mane panis et folia dicam* (...) ...*era folia ex terris* (?) *cito carebimus malis*).[483] Die Zeichnung besitzt keinen direkten Textbezug und doch paßt sie genau zur Beschreibung des wandelbaren Schlachtenglücks, des Hin- und Hergetrieben-Werdens der Menschen. Daß der Gedanke der *Fortuna labilis*, des ständigen Wandels der Dinge im Sinne der *mutatio rerum* in anderen Chroniken im Bild-Text-Gefüge wichtig ist, wurde bereits bei der Analyse der *Chronica* des *Otto von Freising* deutlich.

Auf der Versoseite unten (fol. 19^{v} = Abb. 117) fand – so die Tituli – die Hochzeitstafel anläßlich der Vermählung zwischen Philipp und Kleopatra (bez.: *philippus rex* und *cleopatram*) Platz. Ganz offensichtlich ist dem Illustrator oder dem Schreiber, der die Beschriftungen anbrachte, ein grundlegender Fehler unterlaufen, der auch bei Ross nicht richtiggestellt wurde.[484] Bei *Orosius* wird ausdrücklich davon berichtet, daß der König seine Tochter Kleopatra mit Alexander vermählen ließ. Außerdem wurde – wie oben beschrieben – auf fol. 17^{r} (Abb. 113.) über die Hochzeit der Olympias, der Schwester dieses Alexanders, mit Philipp berichtet und diese bildlich dargestellt (Orosius/Historiae, Buch III, Kap. 14, 4). Am Tage der Hochzeitsfeier seiner Tochter fand Philipp (bez.: Philippus rex) durch den Speer eines makedonischen jungen Kriegers namens Pausanias (bez.: Pausani) sein unrühmliches Ende (Orosius/Historiae, Buch III, Kap. 14, 7).[485]

Unten auf fol. 20^{r} (Abb. 118) zeichnete der Illustrator die Niederlage der römischen Truppen unter den Konsuln Veturius und Postumius bei den caudinischen Pässen (bez.: Sanites, Poncius dux, romani, Venturius, Postumius). Die siegreichen Samniten unter Pontius führen die ihrer Waffen und ihrer Kleidung entledigten Römer im Triumphzug vor. Dargestellt wurde nicht die Schlacht, sondern die Niederlage und die Schmach der Besiegten (Orosius/Historiae, Buch III, Kap. 15, 2-6).[486]

Das gleiche kompositorische Bildschema benutzte auch die folgende Zeichnung auf der Versoseite (fol. 20^{v} = Abb. 119): Einzelgruppe links, Hauptgruppe der Kämpfer rechts, Gefangene zu Fuß davor. Das Bild zeigt den späteren Sieg der wortbrüchigen Römer

---

481 Vgl. ebd., S. 168; Ross 1955, Pl. 13a.

482 Vgl. Orosius/Weltgeschichte 1, 1985, S. 170. Auch hier der untere Rand der Seite erneuert.

483 Vgl. Ross 1955, S. 42, Pl. 14b.

484 Vgl. ebd., S. 42.

485 Vgl. Orosius/Weltgeschichte 1, 1985, S. 171/172.

486 Vgl. ebd., S. 173.

über die Samniten (Orosius/Historiae, Buch III, Kap. 15, 8/9).[487] Direkt neben dieser Szene steht eine besonders prächtige I-Initiale am Textbeginn der Geschichte Alexanders des Großen (**I**gitur Alexander ...).[488] Blattrankenformen, Flechtband und Drachen wie auch die Farbigkeit und der Charakter der Zeichnung betonen deutlich den großen zeitlichen Abstand zwischen der Anlage des Textes mit den Initialen und dem Bildzyklus der Randillustrationen.

Auf fol. 21^{r} (Abb. 120) wurde der gesamte Seitenrand umlaufend mit Bildern bedeckt. Links unten thront Alexander (bez.: Alexander rex) in mittelalterlichem Königsornat mit dem Stabszepter in der linken Hand auf einem Faldistorium und spricht mit weisender Gebärde der Rechten das Todesurteil über seine Verwandten und Freunde, die rechts (bez.: lede amici sui) von zwei Kriegern mit Schwert und Lanze hingerichtet werden (Orosius/Historiae, Buch III, Kap. 16, 3).[489] Direkt daneben folgt die Belagerung und Eroberung der Stadt Gordion (bez.: Gorgien civitas). Auf die zugehörige Textstelle (Orosius/Historiae, Buch III, Kap. 16, 5)[490] beziehen sich auch die nächstfolgenden Szenen: Das Heer (oben rechts) des Alexander zieht zu dem Fluß Kydnos (bez.: fluvium lycni), um gegen die Truppen des Darius zu kämpfen. Wie diese und auch die nächstfolgende Szene (Mitte, außen) zeigt, entsteht erneut ein Mißverständnis zwischen Text, Illustration und Titel: In beiden Szenen ist der gekrönte König als *Darius rex* bezeichnet, während die Quelle eindeutig davon berichtet, daß Alexander – und nicht sein Gegenspieler Darius – vom langen Ritt erhitzt in das kalte Wasser des Kydnos stieg und daraufhin, wie das Mittelbild es vor Augen stellt, todkrank wurde. Es ist also Alexander und nicht Darius, der in diesem Bild zugedeckt auf seinem Lager liegt und von besorgten Pflegern umdrängt wird.

Fortgesetzt wird die Auseinandersetzung zwischen Alexander und Darius mit der Schlacht von Issus, die das nächste Blatt (fol. 21^{v} = Abb. 121) bringt. Die Reiterheere, geführt von ihren Herrschern (bez.: Alexander und Darius), prallen aufeinander. Rechts wendet sich Darius bereits mit seinen letzten Gefolgsleuten zur Flucht. In der Szene unten werden die weiblichen Angehörigen des Verlierers von Alexander (bez.: Alexander rex) festgenommen (bez.: Capta darii mulier filie et matrem suam vel sorores). Während *Orosius* von fünf Frauen – der Mutter, der Frau, der Schwester und zwei Töchtern – berichtet, wurden im Bild nur vier dargestellt, von denen eine gekrönt auf einem Thron sitzt (Orosius/Historiae, Buch III, Kap. 16, 7-9).[491]

---

[487] Vgl. ebd., S. 174.

[488] Nicht wie Ross 1955, Buch III, Kap. 21, sondern Buch III, Kap. 16, 1; siehe Orosius/Weltgeschichte 1, 1985, S. 174; Orosius/Historiae, 1967, S. 171. Der exakte Quellennachweis anhand der Orosius-Ausgabe von Zangemeister 1967 setzt bei Ross erst mit der Bearbeitung von fol. 21^{r} ein.

[489] Vgl. Orosius/Weltgeschichte 1, 1985, S. 175.

[490] Vgl. ebd., S. 175.

[491] Vgl. ebd., S. 176; Ross 1955, Pl. 11.

Auf fol. 22^{r} (Abb. 122) sieht man links außen die Mauern der von Alexander neugegründeten Stadt Alexandria (bez.: Alexandria in Egypto; siehe: Orosius/Historiae, Buch III, Kap. 16, 14).[492] Links daneben verfolgt Alexander Darius zu Pferde und rechts außen steht Darius mit goldenen Fußfesseln (bez.: compedibus aureis). Unten (Mitte, links) findet Alexander den sterbenden Gegner (bez.: Darius rex suis vulnerat(us) mortuus). Er läßt diesen – in der Szene in der Mitte rechts – in einem prächtigen Sarkophag bestatten (bez.: honorifice sepeliri fecit, siehe: Orosius/Historiae, Buch III, Kap. 17, 6-7).[493]

Anders als die Textvorgabe, in der von Alexander berichtet wird, daß er seinen Freund eigenhändig getötet hat, führt fol. 23^{r} unten links (Abb. 123) dem Betrachter vor, wie der Herrscher seinen Vertrauten Kleitos bei einem Gastmahl umbringen läßt (Orosius/Historiae, Buch III, Kap. 18, 5-9). Ebenso läßt Alexander – oben zu sehen – den Philosophen Kallistenes (bez.: Callistenen philosophus) und andere töten (Orosius/Historiae, Buch III, Kap. 18, 11).[494] Unten rechts werden Alexander (bez.: Alexander rex) und die Königin Kleophylis (bez.: Clefili Regina) im Prunkbett gezeigt. Die Königin kaufte sich und ihr Land auf diese Art frei. Darüber (rechts außen) belagert Alexander (bez.: Alexander rex) die Felsenburg Aornus (bez.: Saxum) und macht viele Gefangene (bez.: populi capti, siehe: Orosius/Historiae, Buch III, Kap. 19, 1/2).[495]

Auf fol. 23^{v} (Abb. 124) sticht Alexander (bez.: Alexander rex) während einer Reiterschlacht den indischen König Poros (bez.: Poro rex indorum) aus dem Sattel (Orosius/Historiae, Buch III, Kap. 19, 4).[496] Mit diesen Bildern enden innerhalb des Cod. Vat. lat. 3340 Text und Illustration der Alexandergeschichte sehr abrupt, da an dieser Stelle die Lage VII fehlt.[497]

Auf fol. 24^{v} (links oben, Abb. 125) beginnen die erhaltenen Illustrationen zum vierten Buch der *Historiae adversum paganos* mit dem vielbildrigen Bericht über den Krieg der Römer gegen die Tarentiner: Zwei römische Schiffe werden von den Tarentinern aufgebracht, die Besatzung versklavt oder ermordet. In der folgenden Darstellung werden die römischen Gesandten, die wegen des Überfalls auf die Schiffe in Tarent Klage führen, aus der Stadt vertrieben (Orosius/Historiae, Buch IV, Kap. 1, 1/2). Direkt darunter weist eine Schreiberszene (bez.: scrives romanorum militiam) – wie Orosius berichtet – darauf hin, daß die Römer für diesen Krieg auch Proletarier einschreiben und unüblicherweise zum Wehrdienst holen ließen (Orosius/Historiae, Buch IV, Kap. 1, 3). In der nächstfolgenden Szene erläutert der Zeichner den Angriff der Römer (bez.: Romani) auf Tarent (bez.: civitas tarenti), der fälschlicherweise als Seeangriff dargestellt

492 Vgl. Orosius/Weltgeschichte 1, 1985, S. 177.

493 Vgl. ebd., S. 178.

494 Vgl. ebd., S. 179/180.

495 Vgl. ebd., S. 180/181; Ross 1955, Pl. 14e.

496 Vgl. Orosius/Weltgeschichte 1, 1985, S. 181; Ross 1955, Pl. 13c.

497 Vgl. Ross 1955, S. 36, 38, 44 und Anm. 13.

worden ist. Von rechts kommen weitere Angreifer (bez.: Romani) auf die Stadtmauern zu. Ihnen stellt sich ein riesiger Kampfelefant (bez.: Elefantus) des Königs Pyrrhos entgegen, der den Belagerten zu Hilfe kommt (Orosius/Historiae, Buch IV, Kap. 1, 5/6).[498]

Das nächste Blatt (fol. 25^{r} = Abb. 126) enthält auf dem unteren Seitenrand das Bild der Schlacht von Herakleia zwischen den Römern (bez.: Romanorum militiam) unter Konsul Laevinus und den griechischen Truppen des Pyrrhos und der Tarentiner (bez.: pirrus cum tarentis). Die von links herandrängenden, hochgerüsteten, zahlreichen Kriegselefanten des Pyrrhos (bez.: Elefantus) führen zum Tode vieler römischer Kämpfer, die hier bereits im Bildvordergrund liegen. Das Bild dokumentiert jenen sprichwörtlich gewordenen, bitteren, verlustreichen *Pyrrhos-Sieg*, den der König rechts im Tempel des Jupiter zu Tarent durch die bekannte Inschrift festhalten läßt (Orosius/Historiae, Buch IV, Kap. 1, 8-15).[499]

Während auf der nächsten Seite links oben (fol. 25^{v} = Abb. 127) ein schreckliches Unwetter die erschöpften Römer überrascht und zu Boden schleudert, die gerade Futter für die Troßtiere schneiden wollten (Orosius/Historiae, Buch IV, Kap. 1, 16-18), fand unten – über den ganzen Seitenrand verteilt – die zweite Schlacht zwischen Pyrrhos und den Römern Platz (Orosius/Historiae, Buch IV, Kap. 1, 19-22).[500] Die Kampfelefanten wurden – wie jener in der Bildmitte – teilweise durch Feuer und Speer zur Umkehr gezwungen. Rechts außen zieht König Pyrrhos in die Stadt Syrakus ein (bez.: pirrus rex und siracusano).

Fol. 26^{r} (Abb. 128) beinhaltet, vergleichbar gestaltet, das dritte Aufeinanderprallen der Gegner. Links beschießen Römer erneut zwei Kampfelefanten mit Feuerpfeilen (bez.: Romani sagittis in igni (…) elefantos). Eines der Tiere ist bereits gestürzt. Rechts stoßen die feindlichen Reiterheere (bez.: Tarentinis, milites, Romani) erneut aufeinander. Viele Erschlagene bedecken bereits den Boden (Orosius/Historiae, Buch IV, Kap. 2, 3-6). Rechts außen wird vom Tod des Königs Pyrrhos berichtet (bez.: Pirrus rex), den die Verteidiger der Stadt Argos (bez.: Achage) in Achaia von den Stadtmauern herab mit Steinen erschlugen (Orosius/Historiae, Buch IV, Kap. 2, 7). Darunter setzte der Zeichner das Bild der Bestattung der Vestalin Sextilia (bez.: Sextilia virgo defossa est), die, der Unzucht überführt, lebendig verscharrt wurde (Orosius/Historiae, Buch IV, Kap. 2, 8).[501]

Die Illustrationen auf fol. 26^{v} unten (Abb. 129) sind einer ganzen Reihe von üblen Vorzeichen gewidmet, von denen *Orosius* zu Beginn des vierten Kapitels des vierten Buchs berichtet. Diese Partien hat Ross fälschlicherweise als arge Vorboten der kommenden Punischen Kriege verstanden, die Geschichte der römisch-karthagischen Aus-

[498] Vgl. Orosius/Weltgeschichte 1, 1985, S. 201/202.

[499] Vgl. ebd., S. 202/203. Inschrift nach Buch IV, Kap. 1, 14: Männer, die bisher unbesiegt waren, gütigster Vater im Olymp, habe ich im Kampf besiegt, und ich wurde von den gleichen Männern besiegt. Vgl. Ross 1955, Pl. 13e.

[500] Vgl. Orosius/Weltgeschichte, 1985, S. 203/204.

[501] Vgl. ebd., S. 205/206.

einandersetzungen beginnt aber erst mit dem sechsten Kapitel des vierten Buchs der *Historiae adversum paganos.*[502] Links zerstört ein Blitzschlag den Salustempel und einen Teil der römischen Stadtmauern (bez.: fulminibus celi casta dirupta und apud formas). In der Bildmitte schleppen drei Wölfe einen zerfetzten Leichnam vor das Forum (bez.: Dira luporum cadavera hominum (...)). Rechts zerstört eine Feuersbrunst und die ihr nachfolgende Dürre die Felder bei Calenum (bez.: apud agrum calenum flamma terre tribus diebus et tribus noctibus devastavit ubertas, siehe: Orosius/Historiae, Buch IV, Kap. 4, 1-4).[503]

Fol. 27ʳ (Abb. 130) erzählt vom Kampf der Römer unter Konsul Sempronius (bez.: Sempronius prefectus Rome) gegen die Picenter (bez.: Picentes, siehe: Orosius/Historiae, Buch IV, Kap. 4, 5-7). Ein weiteres böses Omen ist rechts eingefügt: Vom Himmel herab regnet es Milch (bez.: Nuves lacmanat). Ob auch wie im Text beschrieben aus der Erde quellendes Blut abgebildet war, läßt sich wegen der Ausbesserungen und Pergamenterneuerungen unten rechts an dem Blatt nicht mehr feststellen (Orosius/Historiae, Buch IV, Kap. 5, 1).[504]

Gleichzeitig wird (auf fol. 27ᵛ = Abb. 131) erneut von der Hinrichtung einer wegen Unzucht Verklagten, der Vestalin Ceparronia (bez.: Caparonia virgo), ihres Geliebten (bez.: Corruptor eius) und ihrer Sklaven berichtet (Orosius/Historiae, Buch IV, Kap. 5, 9).[505]

Auf. fol. 28ʳ (Abb. 132) erscheint unten links eine befestigte Stadt (bez.: civita carthagine) mit Türmen, Zinnen und Tor. Mit diesem Bild beginnt der Bericht des Orosius über die Punischen Kriege (Orosius/Historiae, Buch IV, Kap. 6, 1). Seitlich zeigt das Blatt karthagische Priester bei Menschenopfern in einer Architektur, die durch ein schwarzes Teufelchen auf dem Dach als heidnischer Tempel gekennzeichnet wird. (Orosius/Historiae, Buch IV, Kap. 6, 3-5).[506]

Auf fol. 28ᵛ (Abb. 133) läßt der karthagische Feldherr Mazeus (bez.: Mazeus dux) seinen eigenen Sohn, den Heraklespriester Carthalo (bez.: Cartalone) kreuzigen. Carthalo, der nach Orosius die karthagische Priestertracht trug, wurde in Mönchskutte mit Tonsur abgebildet (Orosius/Historiae, Buch IV, Kap. 6, 8).[507] Auf der gleichen Seite wird von der Rückkehr des karthagischen Feldherrn Himelcho aus Sizilien berichtet (bez.: himelco rex und navis). In der mittleren Szene teilt er dem trauernden Volk mit, daß das Heer durch einen schweren Seuchenzug zu Grunde gegangen ist (bez.: Populus iuxta litores).

[502] Vgl. Ross 1955, S. 45.

[503] Vgl. Orosius/Weltgeschichte 1, 1985, S. 207.

[504] Vgl. ebd., S. 207/208.

[505] Vgl. ebd., S. 209; Ross 1955, Pl. 14d. Die dargestellte Hinrichtungsart des Erhängens in einem Gabelbaum geht auf antike Bildformen zurück. Vgl. Ross 1955, S. 45, Anm. 14.

[506] Vgl. Orosius/Weltgeschichte 1, 1985, S. 210/211.

[507] Vgl. ebd., S. 211; Ross 1955, Pl. 14c.

Rechts wird Himelcho nach seinem Selbstmord in einem hausförmigen Sarkophag beigesetzt (Orosius/Historiae, Buch IV, Kap. 6, 10-15).[508]

Mit diesen Zeichnungen bricht die Illustrationsfolge im fortlaufenden Text des Cod. Vat. lat. 3340 unvermutet ab. Auf fol. 39r, 40r und 43r folgen noch einige spätere marginale Ergänzungen des Bilderzyklus, die jedoch nicht direkt mit dem eigentlichen Bildprogramm verbunden werden können.[509] Eine Fortsetzung der Bildreihe mag ursprünglich geplant gewesen sein, wurde aber nie ausgeführt. Entsprechend dem fragmentarischen Zustand des Textes setzen die Illustrationen erst mit Buch II, Kapitel 9 ein. Auch fehlen zwischen Buch III, Kapitel 19, 9 bis zur Einleitung von Buch IV, §6 (Lage VII) entsprechend den Textlücken alle Bilder. Während die Zeichnungen mit fol. 28v aussetzen, läuft der Text – mit diversen Verstümmelungen – bis fol. 95v, dem Ende des siebten Buchs am Schluß der *Historiae adversum paganos*, fort.[510]

Die nachträglich illustrierte Orosius-Handschrift Cod. Vat. lat. 3340 hat wie dargelegt in den erhaltenen illustrierten Textteilen eine narrative Folge von Bildern entwikkelt, die bisweilen auch völlig nebensächliche Details brachten. Die Zeichnungen bleiben räumlich und inhaltlich direkt am Text. Ein nachträgliches Kopieren und Übertragen der Illustrationen aus einer spätantiken Fassung der *Historiae adversum paganos* erscheint völlig unmöglich. Es existiert keine derartige frühe, bebilderte Vorlage. Auffällig ist auch, daß durchgehend jeder Herrscher als gekrönter König in mittelalterlichem Ornat gekleidet wird, wie auch der karthagische Priester die mittelalterliche Tracht, also die gegürtete Kutte und Tonsur, trägt. Eine spätantike Vorlage, beziehungsweise ein wesentlich älteres Vorbild hätte doch wahrscheinlich einige Kenntnisse über spätantike Gewandung widerspiegeln müssen, die dann hätten übernommen werden können. Bis auf die Spitzhelme gibt es auch bei den Rüstungen und Waffen keine Details, die ausschließlich eine Datierung in das elfte Jahrhundert zulassen. Die ständigen Erläuterungen und Beschriftungen in den Randbildern deuten darauf hin, daß der Illustrator diese trotz des engen Bild-Text-Zusammenhangs erklären, daß heißt den Bezug jeweils neu herstellen mußte, als er die Szenenreihe entwarf. Einige zitierte Fehlerstellen und Fehlbeschriftungen haben aufgezeigt, daß diese schriftliche Zuweisung nötig war.

Vergleichbar üppig erzählende Bilderfolgen können einerseits in spätantiken Handschriften und deren östlichen Kopien, andererseits in Codices der zweiten Hälfte des zwölften Jahrhunderts beobachtet werden, fehlen aber in Texten des elften Jahrhunderts. Erst im frühen Hochmittelalter werden erzählende Bilderzyklen für profane, somit auch für historiographische Texte gebräuchlich[511], man denke etwa an die Illustrationen zum

[508] Vgl. Orosius/Weltgeschichte 1, 1985, S. 211.

[509] Vgl. Ross 1955, S. 45-48, Pl. 15a und 13b.

[510] Vgl. ebd., S. 36-37 zur Lagenzählung und den Textverlusten im einzelnen.

[511] Vgl. Sherman, Roger und Laura Hibbard Loomis, Arthurian Legend in Medieval Art, London/New York 1983; Falkenberg, Bettina, Die Bilder der Münchener Tristan-Handschrift, Phil. Diss. Köln 1984 (Europäische Hochschulschriften, Reihe 28: Kunstgeschichte 67),

Rolandslied.[512] Soll ein italienisches Vergleichsbeispiel benannt werden, so könnte hier – wie bereits eingangs in der Einführung – der *Liber ad honorem Augusti* des *Petrus de Ebulo*[513] angeführt werden. Vergleichbare illustrierte Alexanderfolgen gibt es, wie *Ross* 1971 selbst ausgeführt hat, ebenfalls im elften Jahrhundert noch nicht.[514] Auch die Technik, die schnell skizzierte illustrierende Zeichnung, die nicht immer von höchster Qualität sein muß, spricht gegen eine frühe Datierung der Abbildungen in die Entstehungszeit der Textabschrift. Ein noch wesentlich deutlicheres Datierungskriterium ist die Bildauswahl und -form. Wie in der frühen westlichen Tradition der Chronikillustrationen zu beobachten war, enthält auch der Cod. Vat. lat. 3340 hauptsächlich Schlachten- und Belagerungsszenen eines festgelegten Kompositionsschemas. Daneben treten Szenen der Rechtssprechung (beispielsweise fol. 21^r = Abb. 120) oder Rechtssetzung, Verurteilung oder Hinrichtung (vgl. Abb. 72, 75, 77). Auch dynastisch bedeutungsvolle Hochzeits- und Gastmähler (wie fol. 17^r = Abb. 113 oder fol. 19^v = Abb. 117) bildeten – wie bereits mehrfach belegt – einen festen Bestandteil derartiger Bildprogramme. Vergleichend sei beispielsweise auf das Hochzeitsbild von Heinrich und Mathilde in der *Cambridger Kaiserchronik* (Ms. 373, fol. 95^v = Abb. 35) hingewiesen. Bilder mit direktem gegenwartsbezogenen Wirklichkeitscharakter kommen nicht vor, da keine Illustrationen der letzten Bücher der *Historiae* vorhanden sind. Zurückgehend zur Ausgangsfrage des Kapitels kann damit festgehalten werden, daß die gängigen Themenstellungen wie auch die *images stéréotypes* der vorgestellten Tradition auch hier wiederzufinden sind.

Neben den bereits genannten Braut- und Richterszenen sind besonders die zahlreichen Belagerungsdarstellungen des Cod. Vat. lat. 3340 (Abb. 99, 100, 102, 104, 107, 113, 114, 120) mit den anteilig ebenso häufigen Belagerungsdarstellungen des Cod. Bose q. 6 (Abb. 68, 69, 70, 73) in Leserichtung und Aufbau vergleichbar. Dem einzigen Schlachtenbild des Jenensis (fol. 91^v = Abb. 80) stehen viele ähnliche Zeichnungen im Vaticanus entgegen (Abb. 97, 100, 103, 109, 111, 116, 118, 121, 126-128).

Wenn auch nicht dieselben Szenen illustriert wurden und sicherlich auch zahlreiche ähnliche Darstellungen beispielsweise in Bibelillustrationen existiert haben, so ist es trotzdem durchaus denkbar, daß eine ähnlich dem Cod. Vat. lat. 3340 illustrierte Orosius-Handschrift dem *Otto von Freising* nicht nur nachgewiesenermaßen als Textvorlage, sondern auch als mögliche Bildanregung für die Illustrationen der ersten voll bebilderten Weltchronik des zwölften Jahrhunderts, den Cod. Bose q. 6, gedient haben könnte.

Frankfurt am Main/Bern/New York 1986, S. 12; Geyer, Angelika, Die Genese narrativer Buchillustrationen, Der Miniaturenzyklus zur Aeneis im Vergilius Vaticanus (Frankfurter wissenschaftliche Beiträge: Kulturwissenschaftliche Reihe 17), Frankfurt 1989.

512 Vgl. Lejeune, Rita und Jacques Stiennon, Die Rolandssage in der mittelalterlichen Kunst, 2 Bde., deutsche Ausgabe Brüssel 1966; Pfaffe Konrad/Rolandslied, 1970 (Faksimile); Lengelsen 1972; Kern 1972; Werner 1977, S. 9 ff.

513 Siehe Einleitung; vgl. Georgen 1975; Georgen 1981; Zeit der Staufer 1, Stuttgart 1977, S. 647/648, Kat. Nr. 810; Petrus/Liber, 1994.

514 Vgl. Ross 1971, S. 1 ff.

Die bildliche Fassung böser Orakelsprüche und verurteilter Vestalinnen ist dagegen angesichts ihrer Häufigkeit (beispielsweise Abb. 111, 128, 131) eher ein etwas makaberer persönlicher Zug im Werk des Illustrators, mag jedoch dem ursprünglichen Impetus des Autors durchaus entsprochen haben, ebenso die deutlich alexanderfeindlichen Tendenzen des Werks in Bild und Text. Da schon bei *Orosius* erst der Niedergang der verderbten vorangegangenen *Regna maxima*, der ersten drei Weltreiche, den Beginn des christlich-römischen Reichs ermöglicht, eine Idee, der sich wie bereits erläutert besonders *Otto von Freising* später intensiv bedient hat[515], muß der Gedanke des militärischen wie auch moralischen Verfalls natürlich im Bild mehrfach Gestalt gewinnen. Wenn auch illustrierende Randzeichen eigentlich ein Indiz für eine relativ frühe Entwicklungsstufe der Chronikillustration sein können, so fällt dieses Kriterium für den Cod. Vat. lat. 3340 aus, da die Zeichnungen erst viel später eingefügt worden sind, nämlich als seit der Mitte des zwölften Jahrhunderts das abgestimmte Zusammenspiel von Bild und Text zum Thema wurde.

b. Die Stuttgarter Orosius-Handschrift aus Zwiefalten – Codex historicus folio 410

In der Gruppe der illustrierten Codices der Historiae *adversum paganos* aus dem zwölften Jahrhundert sei als nächste Handschrift der Cod. hist. fol. 410 (Stuttgart, Württembergische Landesbibliothek, um 1160/1170) genannt[516], der wie der Cod. hist. fol. 411, eine der schon vorgestellten Ekkehard-von-Aura-Handschriften, aus Zwiefalten (dort ehem. Hs. 170) stammt.

Die Bearbeitung von Ross 1955[517] und die jüngere Vorstellung des Bandes von Borries-Schulten[518] dokumentieren die technischen Angaben und kodikologischen Daten des Cod. hist. fol. 410 ausführlich. Im Zusammenhang mit der Entwicklungsgeschichte historiographischer Texte interessieren weniger die in den genannten Publikationen ausführlich gewürdigten Schmuckinitialen und Dekorationselemente, sondern nur einige Randzeichnungen und die prachtvolle Eingangsminiatur der Handschrift.

Zum *Incipit cronica Orosii hystoriographi* prangt auf der ersten Versoseite (fol. 1^v = Abb. 167) nach dem einleitenden Text von *Gennadius, De viris illustribus* (c.39): *De Orosio* eine ganzseitig, vielfarbig angelegte A-Initiale.[519] Mit dieser beginnt nicht etwa

515 Vgl. Goetz 1980, S. 71 ff.

516 Zur Handschrift: Pergament, 111 fol., 32 x 21,7 cm, Schriftspiegel 25 x 16,5 cm, zweispaltig, sechsunddreißigzeilig, karolingische Minuskel, diverse Schreiberhände (9?).

517 Vgl. Ross 1955, S. 53-56, Pl. 12a; zuvor Löffler 1928, S. 67-69, Tf. 40; Löffler 1931, S. 58; Ars sacra, Kunst des frühen Mittelalters, Ausstellungskatalog der Bayerischen Staatsbibliothek München, München 1950, S. 116, Kat. Nr. 247; auch: Mazal 1978, S. 136.

518 Vgl. Borries-Schulten 1987, S. 116-118, Kat. Nr. 68, Abb. 279-287, mit Literaturübersicht, vgl. auch ebd. S. 19 ff., S. 22 ff.

519 Vgl. Löffler, Karl, Romanische Zierbuchstaben und ihre Vorläufer, Stuttgart 1927, S. 31, Tf. 40 a-d; Boeckler 1924, S. 65, Abb. 279.

wie erwartet der Prolog zum ersten Buch der *Historiae adversum paganos*, sondern eine knappe *computatio*, eine Zusammenschau (fol. 1^v-2^v)[520] der Weltgeschichte bis zum Jahr 452 nach Christi Geburt mit den Worten: „Adam cum esset annorum ..." Der Anfangsbuchstabe, als Spaltleisteninitiale mit Rosetten, umfassenden Löwenmasken und Spangen angelegt, hat ein rundes mittleres Bildfeld und drei begleitende kleine Rundfelder. In einer Berichtfolge und Leserichtung von oben nach unten wurden vier Szenen untergebracht: Die erste Szene im Bild oben zeigt das Urelternpaar (bez.: Eva, Adam) nach der Vertreibung aus dem Paradies, wie es sich seinen Lebensunterhalt mühsam erarbeiten muß. Eva im langen Gewand dreht die Spindel, Adam im kurzen Fellrock bearbeitet mit der Spitzhacke das Feld.

Die Hauptszene hat die Arche Noah (bez.: Archa Noe) zum Thema: Während sich von unten zahlreiche Tiere paarweise über zwei Leitern in die runden Ladeluken des Schiffsbauches drängen[521], stehen Noah und seine Frau gefolgt von ihren Söhnen und deren Frauen rechts und links der Arche (Genesis 6, 14-22). Entsprechend der Bedeutungsperspektive sind die Figuren überdimensional groß gezeichnet. Die Gegenüberstellung der Stammeltern des Neuen Bundes, die aufeinander hinweisen, kann in dieser Art und Weise mit den zugeordneten Paaren genealogischer Schemata beispielsweise aus den Ekkehard-von-Aura-Handschriften (vgl. Abb. 1 und 4) verglichen werden. Im erweiterten Sinn stellt natürlich auch die Reihenfolge Adam und Eva, Noah und seine Frau, Sem, Ham und Japhet mit ihren Frauen eine Genealogie dar, die den Generationsaufzählungen des nachfolgenden Textes durchaus wesensverwandt ist. Die dargestellte Szene der Noahgeschichte wird aber auffälligerweise im Text nicht erwähnt. Im oberen Geschoß der zweistöckigen Arche ist im Dachraum eine Luke aufgestoßen. Erneut erscheint der Erzvater Noah, jedoch ohne Kopfbedeckung, Mantel und Axt. Statt einer ausgesandten Taube haben in diesem Bild bereits sechs Vögel den Weg zurück zur Arche gefunden. Der Vogel links außen bringt den Ölbaumzweig, auf den Noah mit ausgestreckter rechter Hand weist (Genesis 8, 10/11).

Die vierte Szene der historisierten Initiale wurde über die unteren zwei runden Bildfelder hinweg verteilt. Entsprechend dem Bibeltext findet Ham (bez.: Cham), einer der Söhne Noahs, den völlig betrunkenen, entblößten Vater, der lallend am Boden liegt. Eilends weist Ham seine beiden Brüder mit aufdringlich-eindringlichen Gesten auf das Geschehen hin. Sem und Japhet kommen, um den Vater nicht zu beschämen, mit abgewendeten Gesichtern rückwärts schreitend herein. Sie bedecken den Vater mit Tüchern (Genesis 9, 20-25). Über das ganze Geschehen wird in erzählerischer Breite berichtet.

Wie für die heilsgeschichtlichen Szenen in der Jenaer *Weltchronik* des *Otto von Freising* Cod. Bose q. 6 nachgewiesen werden konnte, folgen auch die Eingangsminiaturen

[520] Vgl. zu den Textrezensionen Bern, Stadtbibliothek, Ms. 128 und Ms. 169; siehe Ross 1955, S. 53, auch Anm. 24.

[521] An dieser Stelle ein deutlicher Feuchtigkeitsschaden, der die Bildmitte undeutlich macht.

des Cod. hist. fol. 410 bekannten Vorlagen von Genesisillustrationen.[522] Auch in diesem Fall wird völlig problemlos aus dem Bildfundus theologischer Werke in das Illustrationsprogramm eines historiographischen Textzusammenhangs übertragen, da im hochmittelalterlichen Denken – nicht nur bei *Otto von Freising* – Weltgeschichte als Heilsgeschichte verstanden wird.[523]

Die Szenen der Eingangsinitiale der *Historiae adversum paganos* entsprechen der Erweiterung durch die vorangestellte *computatio*, ohne jedoch einen direkten Bild -Text-Bezug zu besitzen.

Mit dem Beginn des Orosius-Textes setzt eine Fülle von Initial-, Glossen- und Textdekor ein.[524] Textbegleitende figürliche Illustrationen können aber nur in zwei Beispielen nachgewiesen werden: Die erste dieser Randzeichnungen zeigt auf fol. 27^{v} (Abb. 135) den Perserkönig *Cyrus* (Kyros) auf einer Ranke frontal stehend. Das Rankengeflecht wächst aus einer Löwenmaske empor und bildet zwei hochovale Rahmenfelder für die Glossentexte aus.[525] Cyrus ist in ein wadenlanges, bortengeschmücktes Prachtgewand mit Pendilienkrone, Lilienszepter, edelsteinbesetztem, lang herabfallendem Gürtel und Schuhen gekleidet. Er wendet den Kopf leicht nach links, stemmt die linke Hand energisch in die Seite, während seine Rechte das Szepter in Brusthöhe hält. Die Anordnung zum Textbeginn des sechsten Kapitels des zweiten Buchs der *Historiae*, der Glossentext und das fliehende (beschlagene) Pferd links unten identifizieren diese Person eindeutig als König Cyrus, der den Fluß Gyndus eindämmen läßt, in dem sein Pferd ertrunken ist (Orosius/Historiae, Buch II, Kap. 6, 2-4).[526] Drei typische Beispiele für die rein dekorativen Glossenrahmen in Drachen-, Arkaden- oder Rechteckform vervollständigen den Randschmuck der Seite.

Auf fol. 29^{r} (Abb. 136) wurde über einem s-förmig gespannten Drachen als Glossenrahmen König *Xerxes* unter einer hohen Arkadenstellung in ähnlichem mittelalterlichen Ornat wie Cyrus gezeichnet. Er umfaßt mit der Linken die äußere Säule, greift mit der Rechten nach seinem Schwert (Orosius/Historiae, Buch II, Kap. 9, 1).[527]

Während alle anderen Glossenzeichnungen einen rein dekorativen Charakter haben, gehören die beiden Herrscherdarstellungen zu der Gattung der illustrativen Randzeichnugen.

In der Schreiber- und Illuminatorenschule des Klosters Zwiefalten wurden, wie es beispielsweise auch bei den Ekkehard-von-Aura-Handschriften zu verfolgen war, ein-

[522] Vgl. Ross 1955, S. 53, Borries-Schulten 1987, S. 117; siehe: Green 1, 1979, Tf. 13, 24, Hortus deliciarum, fol. 27^{v}; Klemm 1980, S. 34-37, Kat. Nr. 35, Abb. 66, Clm. 14 159, fol. 1^{v}.

[523] Vgl. Goetz 1984, S. 131 ff.; Goetz 1980, S. 45-58.

[524] Vgl. im einzelnen Borries-Schulten 1987, S. 116.

[525] Vgl. Ross 1955, S. 54, Pl. 12a.

[526] Vgl. Orosius/Weltgeschichte 1, 1985, S. 117/118.

[527] Vgl. ebd., S. 122.

zelne stehende Königsbilder eingefügt, eine Illustrationsform, die sich dann – wie bereits *en detail* erläutert – von den Textabschriften des *Ekkehard* bis hin zu den Kölner Chroniken des dreizehnten Jahrhunderts erhalten hat und in den späteren Königsreihen ihre Fortsetzung fand.

Die enge stilistische Verwandtschaft des Cod. hist. fol. 410 mit anderen Zwiefaltener Handschriften, so dem Cod. hist. fol. 415, den *Annales*, dem bereits vorgestellten Cod. hist. fol. 411 mit der Abschrift des *Chronicon universale* des *Ekkehard von Aura* und dem noch zu präsentierenden Cod. hist. fol. 418, einer Kopie der *Antiquitates judaicae* des *Flavius Josephus*, läßt erkennen, daß gerade dieses Zentrum einen deutlichen Arbeitsschwerpunkt in der Bebilderung geschichtlicher Werke durch große Eingangsminiaturen und Randzeichnungen hatte.[528] Hier fand der Übergang von rein dekorativen Elementen zu ersten textbezogenen (Rand-)Zeichnungen problemlos statt.

Die hohe zeichnerische Qualität und der Figurenstil des ganzseitigen Bildes auf fol. 1^v (Abb. 134), das in Ocker, Schwarzbraun, Blau und Grün mit roten Beschriftungen gefertigt wurde, verbindet es auch – so Borries-Schulten – über maasländische Zwischenglieder hinweg mit einer illustrierten Josephus-Handschrift, die aus Sint Truiden stammt (heute Chantilly, Musée Condé, Ms. 1632).

c. Das Londoner Exemplar des Orosius – Manuskript Burney 216

Um die Gruppe der lateinischen, früh illustrierten Codices der *Historiae adversum paganos* zu vervollständigen, sei abschließend das Londoner Exemplar des *Orosius*, das *Ms. Burney 216* (London, British Library, ehem. British Museum, ausgehendes zwölftes – frühes dreizehntes Jahrhundert) vorgestellt.[529] Die Kopie nimmt in einer umfangreichen Miszellanhandschrift den ersten Teil (fol. 2^v-88^v) ein. Sie besitzt fünf illustrierende Zeichnungen.[530]

Am Beginn des vierten Buchs der *Historiae* stehen zwei kleine Bilder, die sich auf den Kampf zwischen den Römern und König Pyrrhos von Epeiros beziehen, der die Stadt Tarent mitverteidigte: Auf fol. 32^v (Abb. 137) wurde Pyrrhos gekrönt in voller Rüstung zu Pferde mit Lanze und Schild bewaffnet präsentiert. Das kleinformatige Bild wurde in die historisierte Eingangsinitiale D – für *Dixisse* ... am Textbeginn des Buchs eingefügt (Orosius/Historiae, Buch IV, Praefatio).[531]

---

528 Vgl. Borries-Schulten 1987, Kat. Nr. 64, 66, 67.

529 Zur Handschrift: Pergament, 103 fol., 25 x 17 cm, Schriftspiegel 20-22 x 13 cm, siebenunddreißig bis neununddreißig Zeilen pro Kolumne.

530 Die Orosius-Abschrift ist in den heutigen Lagen I und II im späten dreizehnten Jahrhundert ergänzt. Vgl. Catalogue of the Burney Manuscripts in the British Museum, New Series, 1,2, The Burney Manuscripts, o.O. (London?) 1834, S. 59, Kat. Nr. 216; Ross 1955, S. 51-53.

531 Vgl. Orosius/Historiae, 1967, S. 204; Orosius/Weltgeschichte 1, 1985, S. 199; Ross 1955, S. 52.

Auf der Gegenseite (fol. 33r = Abb. 138) erscheint rechts außen als Randzeichnung einer der gerüsteten Kriegselefanten des Pyrrhos, die die römischen Truppen so sehr in Panik versetzt haben sollen (Orosius/Historiae, Buch IV, Kap. 1, 5-10).[532] Die Illustrationen zur Geschichte des Pyrrhos in der Londoner Handschrift sind denen des vatikanischen *Orosius* (Cod. Vat. lat. 3340, vgl. Abb. 125-128, auch Cod. hist. fol. 411, vgl. Abb. 14) sicherlich nur ansatzweise vergleichbar, da es sich nicht um Szenen, sondern nur um Einzelfiguren handelt, aber auch hier ist das besondere Interesse an der Geschichte des Pyrrhos bildlich belegt. Der Kampfelefant (fol. 33r = Abb. 138) steht auch in diesem Beispiel neben der Textpartie zur Schlacht von Herakleia, dem sogenannten *Pyrrhos-Sieg*.

Der Annahme von Ross, daß der Illustrator des Ms. Burney 216 genauere Kenntnisse von dem Aussehen und der Anatomie eines Elefanten gehabt habe als der Zeichner des Cod. Vat. lat. 3340[533], muß deutlich widersprochen werden: Die runden Bärenohren, ein völlig überlängter trompetenförmiger Rüssel und die Pferdehufe geben keinesfalls ein wirklichkeitsnahes Bild dieses Tieres. Der Turmaufbau für die mit Kettenhemd, Helm, Schild und Lanze gerüsteten Krieger auf dem Turm ist verhältnismäßig groß ausgefallen. Der Elefantenführer hat sogar einen schützenden Platz im unteren Bereich des Aufbaus gefunden.

Auf fol. 36v wurde jene Riesenschlange abgebildet, die der römische Konsul Regulus während seines Feldzugs gegen Karthago am Ufer des Bagradas von seinen Streitern erschlagen ließ (Orosius/Historiae, Buch IV. Kap. 8, 10-15).[534]

Auf fol. 47v – am linken Rand – erscheint ein menschliches Ungeheuer mit vier Beinen, vier Armen und vier Augen (Orosius/Historiae, Buch V, Kap. 6, 1).[535] Eine vergleichbare Abbildung des *puer quadrupes* war auch im Cod. hist. fol. 411, dem Stuttgarter Ekkehard-von-Aura-Text (Abb. 17) zu beobachten gewesen, könnte also vielleicht eine Übernahme aus einer illustrierten Abschrift der *Historiae* gewesen sein. Andererseits könnte die Zeichnung natürlich auch nur für den Bekanntheitsgrad der Geschichte der in Rom zur Welt gekommenen *Siamesischen Zwillinge* sprechen, vielleicht aber auch ein sehr zeittypischer Ausdruck für die Freude der Künstler gerade des zwölften Jahrhunderts an Monstren, menschenartigen Ungeheuern und den verschiedenartigsten Bewohnern der *Terra incognita* sein.

Am Schluß der Illustrationen des Ms. 216 fügte der Zeichner ein Dedikationsbild in die E-Initiale des Epilogs an Augustin am Ende des siebten Buchs ein (Orosius/Historiae, Buch VII, Kap. 43, 19/20).[536] Im Anfangsbuchstaben des *Explicui adiuvante Christo*

---

532 Vgl. Orosius/Weltgeschichte 1, 1985, S. 202; Ross 1955, S. 53, Pl. 15c.

533 Vgl. Ross 1955, S. 52.

534 Vgl. Orosius/Weltgeschichte 1, 1985, S. 219-221.

535 Vgl. ebd., 2, 1985, S. 19.

536 Vgl. ebd., 2, 1985, S. 232.

kauert im unteren Teil der Spaltleisteninitiale der Mönch Orosius. Er reicht dem ihn segnenden bischöflich gekleideten Augustinus – oben im Bild – das fertige Werk empor. Anders als das große Autorenbild im Clm. 10 209 (Abb. 96) oder in den Dedikationsbildern der Plinius-Handschriften (Abb. 92, 94/95) wurde die Szene hier nur als eher marginale Illustration in die Initiale eingepaßt.

d. Ergebnisse

Als Ergebnis der Überlegungen zu den frühen illustrierten Handschriften der *Historiae adversum paganos* des *Paulus Orosius* läßt sich festhalten, daß es ganz offensichtlich zunächst noch keine ausgeprägte Tradition mit einer festen Bilderfolge gab. Diese Entwicklung setzt wohl erst mit der Handschrift in Florenz (Ms. pl. 65. No. 37)[537] und den spätmittelalterlichen, landessprachlichen Codices – etwa den bereits genannten Manuskripten fr. 64 und 301 der Bibliothèque Nationale in Paris – ein.

Anhand der vorliegenden Analysen lassen sich zunächst drei Typen von Illustrationen für die *Historiae* erkennen: Mit der ältesten Handschrift, dem Cod. Vat. lat. 3340, der die zahlreichen, jüngeren Randillustrationen besitzt, kann lediglich indirekt auf eine Vorstufe für die erste voll ausgebildete Chronikillustration in der *Chronica* des *Otto von Freising*, den Cod. Bose q. 6, rückgeschlossen werden. Wenn auch eine direkte Ableitung der Illustrationen des Jenensis nicht erbracht werden konnte, so ist doch eindeutig vorstellbar, daß der Freisinger Bischof einen vergleichbaren bebilderten Orosius-Text kannte oder besaß, der als Vorbild oder Anregung für die Bilder seiner Weltchronik gedient haben könnte. Es ist also durchaus denkbar, daß parallel zur nachgewiesenen Textrezeption aus einer Abschrift der *Historiae adversum paganos* auch eine direkte Rezeption der Bildformeln erfolgt ist.

Mit der dem Cod. Vat. lat. 3340 chronologisch folgenden Handschrift, dem Cod. hist. fol. 410 in Stuttgart, der gleichzeitig mit dem Text neben einer prachtvollen Eingangsminiatur nur zwei vereinzelt stehende Randillustrationen ausgebildet hat, wurde eine lokale Tradition der Chronikenillustration an historiographischen Codices verschiedener Autoren durch die Schreiber- und Illustratorenschule des Klosters Zwiefalten aufgezeigt.

Der dritte Codex, der innerhalb der relativen Chronologie zu berücksichtigen war, ist das Ms. Burney 216. Es enthält nur einzelne historisierte Initialen und Randillustrationen, stände also entwicklungsgeschichtlich ganz am Anfang der Chronikillustration.

Aus der allgemeinen Kenntnis der Entstehung und Rangfolge der Handschriftenillustrationen kann geschlossen werden, daß die Bildausstattung der vorgestellten Codices der tatsächlichen Entwicklung entgegensteht, da auch hier die Entwicklung nicht linear verlaufen ist. Sie unterliegt auch äußeren, daß heißt finanziellen und lokalen Bedingungen, die ähnlich wie in jeder Epoche die Gleichzeitigkeit unterschiedlicher Stufen und sogar Rücksprünge möglich machen.

---

[537] Vgl. Ross 1955, S. 46 ff.

Der figürliche Initialdekor wäre eigentlich die erste, noch völlig textabhängige Entwicklungs- oder Rangstufe, einzelne Randillustrationen und Miniaturen wären die nächstfolgende. Der mehr- oder vielbildrige Illustrationszyklus aus Bildern am Rand des Textspiegels, der erzählende Szenen- und Ereignisbilder nachträglich zum Text gesellt, bildet eine dritte Entwicklungsstufe, die an anderer Stelle als direktes Vorbild gedient haben könnte. Die eigentliche Bildtradition ist aber erst begründet, wenn jedes szenische Vollbild seinen festen Platz im Textablauf gefunden hat, wie es in der Weltchronik des *Otto von Freising* zu beobachten ist. Solange die illustrierenden Szenen randständige Bilder sind, bleiben sie nur ein Hinzugefügtes, nicht Eingeplantes, bleibt die Bindung von Bild und Text labil.

2. Die Handschriftengruppe der *Antiquitates judaicae* und des *Bellum judaicum* des Flavius Josephus

Als historisches Grundlagen- und Quellenwerk, das sicherlich keinesfalls weniger bedeutend war als die *Historiae adversum paganos* müssen die *Antiquitates judaicae* des Flavius Josephus (37/38 – nach 100 nach Christi Geburt) angesehen werden.[538] Die in den Jahren 93/94 geschriebenen *Jüdischen Altertümer* enthalten die jüdische Geschichte von der Genesis bis zum Ausbruch des sogenannten *Jüdischen Krieges* im Jahre 66 nach Christi Geburt. Wenn auch aus heutiger historisch-kritischer Sicht nicht immer bedenkenlos zu akzeptieren, geben die *Antiquitates judaicae* doch ein prägnantes Geschichtsbild des ersten christlichen Jahrhunderts aus jüdischer Perspektive.[539] Der Text wurde in weiten Teilen paraphrasierend auf dem Bibelwort aufgebaut, benutzte neben dem Alten Testament aber auch Apokryphen, jüdische, griechische und römische Quellen und Urkunden und hat durch die zeitliche und räumliche Nähe des Autors zu den Ereignissen des ersten Jahrhunderts einen tatsächlichen Wirklichkeitsbezug.[540]

Wie bereits mehrfach an anderen Chroniken festzustellen gewesen ist, so haben sich auch für Flavius Josephus und sein schriftliches Werk bereits viele Autoren interessiert. Die vergleichende Analyse der frühen lateinischen illustrierten Josephus-Texte der *Antiquitates judaicae* hat dagegen zunächst wenige Forscher beschäftigt.

Unentschieden scheint bis heute die Frage nach der Existenz eines spätantiken illustrierten Codex der *Jüdischen Altertümer*, den Kurt Weitzmann 1964 nachzuweisen suchte.[541] Andere Autoren – so Gutmann und Deutsch – stehen Weitzmanns Theorie nach wie vor eher kritisch gegenüber.[542]

Textübernahmen aus den Schriften des Flavius Josephus sind für eine Vielzahl von Autoren des ersten bis sechzehnten Jahrhunderts von *Sueton* und *Tacitus* bis hin zu *Hart-*

---

[538] Vgl. zur Person: Lexikon für Theologie und Kirche 5, 1960, Sp. 1141-1143; Religion in Geschichte und Gegenwart 3, 1986, Sp. 868/869; Schreckenberger, Heinz, Bibliographie zu Flavius Josephus, 2 Bde. (Arbeiten zur Literatur und Geschichte des hellenistischen Judentums 1 und 14, hrsg. von K. H. Rengstorf), Leiden 1968/1979, zu den Quellen ibs. 2, 1979, S. 1661 ff.; vgl. auch: Des Flavius Josephus *Jüdische Altertümer*, übersetzt und eingeleitet von Heinrich Clementz, 2 Bde.,Reprint der siebten Auflage, Wiesbaden 1987 (erste Auflage in zwei Bänden: Halle 1899).

[539] Vgl. Schreckenberger, Heinz, Die Flavius Josephus-Tradition in Antike und Mittelalter (Arbeiten zur Literatur und Geschichte des hellenistischen Judentums 5, hrsg. von K. H. Rengstorf), Leiden 1972; Feldmann, Louis H., Flavius Josephus Revised: The Man, His Writings and His Significance (Aufstieg und Niedergang der römischen Welt 2, hrsg. von Hildegard Temporini und Wolfgang Haase = Principat 21,2, Religion, hrsg. von Wolfgang Haase), Berlin/New York 1984, S. 763-862; Flavius Josephus, De bello Judaico / Der jüdische Krieg, eingeleitet und kommentiert von D. Michel und O. Bauernfeind, 4. Bde. München 1963-1982.

[540] Vgl. Schreckenberger 1, 1968, S. XVII, Sachweiser: 9, 13/14, 21.

mann Schedel und *Giovanni Pico della Mirandola* nachzuweisen.[543] Der *Flavius Josephus* gehört – so Weitzmann – „... mehr in die Kategorie einer illustrierten Chronik als eines religiösen Erbauungsbuchs (...), und er bereitet damit jenen Typus historischer Illustrationen vor, der in den Weltchroniken populär wird."[544] So verwundert es keinesfalls, daß jene Autoren, deren bebilderte Chroniken in dieser Abhandlung bereits vorgestellt wurden – man denke an *Orosius* und *Beda venerabilis*, an *Frutolf von Michelsberg* und *Ekkehard von Aura*, an *Otto von Freising* und *Petrus Comestor* – als Rezipienten der Josephus-Texte nachzuweisen sind.[545] Auch in der folgenden Chroniktradition, in der Sächsischen Weltchronik des *Eike von Repgow* und in der Weltchronik des *Rudolf von Ems* läßt sich die Spur des Quellentextes des *Josephus* weiterverfolgen.[546] – Und damit stellt sich erneut die Frage nach der Parallelität von Textrezeption und Bildübernahme aus illustrierten Josephus-Handschriften in die mittelalterlichen Weltchroniken.

Eine erste Übersicht der bebilderten lateinischen Codices der *Antiquitates judaicae* des zwölften und frühen dreizehnten Jahrhunderts stellte Walter Cahn 1966 zusammen.[547] Cahn fiel bereits auf, daß die Rezensionen des siebenbändigen *Bellum judaicum* – des zweiten chronikalischen Werks des Flavius Josephus – kaum illustriert worden sind,

---

541 Vgl. Weitzmann, Kurt, Zur Frage des Einflusses jüdischer Bilderquellen auf die Illustrationen des Alten Testaments, in: *Mullus*, Festschrift für Theodor Klauser (Jahrbuch für Antike und Christentum, Ergänzungsband 1, hrsg. von Alfred Stuiber und Alfred Hermann), Münster 1964, S.406, S.415.

542 Siehe: Gutmann, Joseph, Josephus' Jewish Antiquities in Twelfth Century Art: *Renovatio* or *Creatio*, in: Zeitschrift für Kunstgeschichte 48, 1985, S. 439 ff.; auch: Deutsch, Guy N., Iconographie de l'illustration de Flavius Josèphe au temps de Jean Fouquet, Phil. Diss. Jerusalem 1978 (Arbeiten zur Literatur und Geschichte des hellenistischen Judentums 12, hrsg. von K. H. Rengstorf), Leiden 1986, S. 30 ff. Als die vorliegende Abhandlung konzipiert wurde, lag die Bearbeitung der Josephus-Handschriften von Deutsch noch nicht vor, anders als die spätmittelalterlichen Handschriften wurden die frühen Codices der *Antiquitates* von Deutsch zwar vollständig mit aufgelistet, aber nur sehr summarisch behandelt. Ebenfalls nach Abschluß der Arbeit erschienen ist: Liebl, Ulrike, Die illustrierten Flavius-Josephus-Handschriften des Hochmittelalters(Europäische Hochschulschriften Reihe 28: Kunstgeschichte 304), Frankfurt am Main 1997; vgl. die Rezension von Annelies Amberger, in: Kunstchronik 52, Heft 12, 1999, S.589-600.

543 Vgl. Schreckenberger 1972, S. VI ff.; ders., Rezeptionsgeschichtliche und textkritische Untersuchungen zu Flavius Josephus (Arbeiten zur Literatur und Geschichte des hellenistischen Judentums 10, hrsg. von K. H. Rengstorf), Leiden 1977, S. 13 ff. Zum Stemma der Antiquitates judaicae siehe ebd. S. 114 ff.

544 Vgl. Weitzmann 1964, S. 415.

545 Vgl. Schreckenberger 1972, S. 95, 104, 109, 112, 118, 145, 147; Schreckenberger 1977, S. 26 ff.

546 Vgl. Schreckenberger 1972, S. 158, 160; Schreckenberger 1977, S. 61.

547 Cahn, Walter, An Illustrated Josephus from the Meuse Region in Merton College, Oxford, in: Zeitschrift für Kunstgeschichte 29, 1966, S. 307/308, Anm. 18; Deutsch 1986, S. 32-41, S. 187-191, Liebl 1997, S. 277-229, Abb. 77-86.

während die Abschriften der *Jüdischen Altertümer*, an welche die *Geschichte des Jüdischen Kriegs* meistens angefügt wurde, seit dem Ende des elften Jahrhunderts häufiger mit Bildgut ausgestattet worden sind.[548] Innerhalb der frühen illustrierten Abschriften ließen sich – so Cahn – einige regionale Schwerpunkte ausmachen. So stammen die meisten der hier zu betrachtenden lateinischen Handschriften aus dem Maasland, den Rheinlanden und dem Nordosten Frankreichs.[549]

Auffälligerweise erfaßte Cahn die Handschriften englischer Provenienz und die eher vereinzelt stehenden Handschriften der großen Skriptorien des süddeutschen Sprachraums weniger vollständig. Trotzdem bleibt seine Zuordnung insgesamt hier unwidersprochen. Sie bildet das Gliederungsprinzip der folgenden Überlegungen zu den illustrierten Handschriften des *Flavius Josephus*.

a. Die mosanen Handschriften der *Antiquitates judaicae* – Genesis- und Autorenbilder

Die Handschrift Ms. II 1179: Mit dem frühen illustrierten Codex der *Antiquitates judaicae*, dem Ms. II 1179 in Brüssel (Bibliothèque Royale de Belgique)[550], aus dem letzten Jahrzehnt des elften respektive dem frühen zwölften Jahrhundert setzen die bebilderten Josephus-Texte im Maasgebiet ein. Die Handschrift stammt wie Kolophon (fol. 255^{r}), Stil und Bibliothekskatalog eindeutig beweisen, von der Hand des Schreibers *Goderan* aus Sankt Remaklus in Stavelot.[551] Von 1847 bis 1888 – vor dem Ankauf durch die Königliche Bibliothek – befand sich die Handschrift im Besitz von Sir Thomas Phillipps in Cheltenham.

Die Illustrationen: Wie die meisten Abschriften der Geschichtswerke des Flavius Josephus enthält auch dieser Codex nach den zwanzig Büchern der *Antiquitates judaicae* (fol. 1^{v}-179^{v}) den Text der sieben Bücher des *Bellum judaicum* (fol. 179^{v}-254^{v}). Während am Beginn jedes Buchs beider Texte eine prachtvolle Rankeninitiale angelegt wurde, haben nur das *Incipit* des Prologs der *Jüdischen Altertümer* (fol. 2^{v} = Abb. 139) und der Textanfang des *In principio* (fol. 3^{v} = Abb. 140) des Ms. II 1179 Bildinitialen.

---

548 Vgl. Cahn 1966, S. 297.

549 Vgl. Cahn 1966, S. 296.

550 Zur Handschrift: Pergament, 255 fol., 48 x 32 cm, zwei Kolumnen, 51-54 Zeilen, karolingische Minuskel. Vgl. Gheyn 5, 1907, S. 5, Kat. Nr. 3062; Blatt, Franz, The Latin Josephus 1, Introduction and Text, The Antiquities: Book 1-5 (Acta Jutlandica, Aarskrift for Aarhus Universitet 31, Humanisk Serie 44), Copenhagen 1958, S. 82/83, Nr. 144; Arte románico, Barcelona 1961, S. 55, Kat. Nr. 83; Le livre illustré en Occident, Du haut moyen-âge à nos jours, Katalog der Ausstellung, Bibliothèque Royale Albert Ier, Bruxelles 1977, S. 22-23, Kat. Nr. 14, Pl. 11; Gaspar/Lyna 2, 1984, S. 66-69, Pl. XIIIb.; Vgl. ebd. S.67 Abschrift des Kolophons; Deutsch 1986, S. 32 ff., 67, 149 ff., 158 ff., Fig. 5; Liebl 1997, S. 1778-180, Abb. 14/15.

Die Eingangsminiatur des Textes (fol. 2^v = Abb. 139) enthält in der historisierten Initiale H ein Autorenbild des Flavius Josephus, das sich besonders glücklich mit dem Buchstabenkörper verbindet: Den Hintergrund zwischen den Senkrechten des Initials füllt innen in Grün und Blau abgestuft eine Architekturnische, deren seitliche Türmchen sich an den Buchstaben anlehnen. Ein Zinnenkranzbogen überfängt die Figur. Josephus sitzt auf einem Kissen fast frontal zum Betrachter hin ausgerichtet, die Füsse auf eine Bank gestützt, auf dem Querbalken der Initiale. Mit seiner Rechten taucht er eine Feder in ein Tintenhorn, mit der Linken zieht er ein Messer über die offene Schriftfläche eines Buchs. Er trägt ein bodenlanges tunikaartiges Gewand, dessen Faltenzüge in Blautönen angelegt sind. Sein bordürengeschmückter, über die Schulter geschlagener Mantel leuchtet tiefrot. Josephus, dessen Kopf ins Dreiviertelprofil gedreht ist, hat rötliches Haar und einen Vollbart. Er besitzt eine kappenartige Kopfbedeckung mit breitem Stirnband, wie sie bisweilen Patriarchen des Alten Testaments tragen.[552]

Die zweite Miniatur des Ms. II 1179 ist eine fast die Schriftspiegelhöhe erreichende I-Initiale (54 cm, fol. 3^v = Abb. 140).[553] Entsprechend dem bibelgleichen Textanfang füllt – wie bei vielen Bibeln auch – eine Folge von Genesisszenen den Buchstabenstamm des Initials in strenger Rhythmik und Komposition.[554]

Im oberen, runden Bildfeld erscheint halbfigurig angelegt Gottvater mit streng weisender Gebärde, in der linken Hand ein Spruchband: *Adam ubi es*. Darunter stehen, einander leicht zugewandt, Adam und Eva zu seiten des Baumes der Erkenntnis, um dessen Stamm sich die Schlange windet. Die Ureltern bedecken mit den Händen ihre Scham und blicken empor zu Gott. Im mittleren Bildrund wurde auf die Verbannten herabschauend der Engel mit dem Schwert dargestellt. Unter ihm stehen, in wadenlangen Fellkleidern, die Hände klagend erhoben, Adam und Eva. Das letzte Bild der Reihe zeigt die Personifikationen zweier Elemente, der Terra mit dem Busch und des Mare als männliche Figur mit einem Fisch in der Hand. Der Farbklang des Bildes entspricht dem der Eingangsminiatur vor blauem und grünem Grund.

---

[551] Vgl. L'art mosan et l'art ancien du pays de Liège, Ausstellungskatalog der Exposition international par l'A.S.B.L., bearb. von Jean Lejeune, Liège 1951, Kat. Nr. 395; Masai, François, Les manuscrits à peinture de Sambre et Meuse aux XIe et XIIe siècle. Pour une critique d'origine plus méthodique, in: Cahiers de civilisation médiévale 3, Poitiers 1960, S. 179 ff.; Romanische Kunst an der Maas, bearb. von Suzanne Collon-Gevaert, Jean Lejeune und Jacques Stiennon, deutsche Ausgabe von *L'Art mosan*, Brüssel 1961, übersetzt von Gisela und Peter Bloch, Brüssel 1962, S. 172-174, Kat. Nr. 12, Farb.-Abb. S. 173; Trésor de l'art, Saint Remacle, Saint Lambert, Ausstellungskatalog des Musée de l'ancienne Abbaye de Stavelot, Stavelot 1965, Kat. Nr. 24; Rhein und Maas 1, Köln 1972, S. 232/233, Kat. Nr. F28, mit Abb. fol. 3^v.

[552] Vgl. zum Beispiel Chartres, mittleres Westportal.

[553] Vgl. Swarzenski, H. 1974, S. 55, Pl. 96, Fig. 222.

[554] Vgl. zur Zuordnung: Skulptur und Buchmalerei an Rhein und Maas in zwölften Jahrhundert, in: Rhein und Maas 1, Köln 1972, S. 280 ff., ibs. Kat. Nr. J18, J27, J28; auch: Rhein und Maas 2, Köln 1973, S. 346 ff., S. 350 ff.; S. 36 ff.

Außer diesen beiden größeren Illustrationen besitzt die Brüsseler Handschrift noch zwei kleine figürlich geschmückte Initialen: Auf fol. 124^{r} in der A-Initiale das Bild der Königin Alexandra und auf fol. 142^{v} (Abb. 141) zu Beginn des sechzehnten Buchs der *Antiquitates* eine Darstellung des jüdischen Königs Alexander in Tracht und Aufmachung des thronenden mittelalterlichen Herrschers.

Das Ms. 317 aus Oxford: Die zweite, chronologisch anschließende mosane Josephus-Handschrift – das Ms. 317 (Merton College, Oxford) – ist erst mit der ausführlichen Würdigung durch Walter Cahn bekannt geworden.[555]

Der etwa fünfzig Jahre nach dem Brüssler Ms. II 1179 entstandene Codex – Cahn datierte die Handschrift auf 1140-1150 – enthält neben einer Reihe von ornamentalen Rankeninitialen sechs bebilderte Eingangsbuchstaben erzählenden Inhalts.[556] Daß die Handschrift ehemals auch ein Dedikations- oder Autorenbild oder vielleicht Genesisillustrationen besaß, läßt sich nur vermuten, da das erste Blatt des ursprünglichen Textbestandes mit dem Prolog und dem *In principio* der *Antiquitates judaicae* fehlt. Der erhaltene Text beginnt mit „... creavit Deus caelum et terram ...".

Während also höchstwahrscheinlich mindestens eine Illustration am Anfang der Handschrift verloren gegangen ist, steht eingangs des zweiten Buchs eine P-Initiale (fol. 7^{v} = Abb. 142), die sechsunddreißig Schriftzeilen hoch ist.[557] Im Bogen des Buchstaben steht, prächtig gekleidet, vor dem auf einem erhöhten Thron sitzenden Pharao in mittelalterlich-königlicher Tracht. Heftig gestikulierend deutet Joseph den *Traum Pharaos*. Im gespaltenen Stamm der Initiale erscheint Joseph erneut, hier als Dreiviertelfigur mit einem Nimbus. Das Bild bezieht sich nicht direkt auf den Textbeginn des zweiten Buchs, wie man vermuten möchte, sondern auf das Ende des vierten und den Anfang des fünften Kapitels des Buchs.[558] Dort wird die erste Begegnung zwischen dem Pharao und Joseph beschrieben. Bild und Text stehen also nicht in direktem räumlichen Zusammenhang.

Auf fol. 13^{v} am Beginn des dritten Buchs wurde Aaron, der Bruder des Moses, als Priester mit dem Aaronstab abgebildet[559], die zugehörige Textpartie setzt aber erst mit dem achten Kapitel dieses Buchs ein.[560]

---

[555] Vgl. Cahn 1966, S. 295 ff., ibs. S. 297-330; auch: Blatt 1958, S. 63, Nr. 101; Alexander, Jonathan James Graham und Elzbieta Temple, Illuminated Manuscripts in Oxford College Libraries, the University Archives and the Taylor Institution, Oxford 1985, S. 80, Kat. Nr. 802.

[556] Zur Handschrift: Pergament, 159 fol., 40,2 x 30,5 cm, Schriftspiegel 31,9 x 23,1 cm, zwei Kolumnen, 55-63 Zeilen, Lagenzählung / Fehlstellen etc. vgl. Cahn 1966, Anm. 2.; vgl. auch: Sevenhundred Years of Merton College, 1264-1964, Katalog der Ausstellung, Oxford 1964, Kat. Nr. 23; Powicke, Frederick Maurice, The Medieval Books of Merton College, Oxford 1931, S. 122, Kat. Nr. 270; Deutsch 1986, S. 35-40, 78, 84, 93 101 ff., 123, 132, 137 ff., 189, Fig. 48, 76, Liebl 1997, S. 227 ff., Kat. Nr. 20.

[557] Vgl. Cahn 1966, S. 297/298, Abb. 1. Cahn zieht zum Vergleich die Josephus-Szenen der Wiener *Histoire universelle* heran. Vgl. dazu Koshi 1973, S. 25 ff.

[558] Vgl. Josephus/Altertümer 1, 1987, S. 85 ff.

Den Anfang des vierten Buchs (fol. 19^{v} = Abb. 143) schmückt ebenfalls eine historisierte Initiale. Diese zeigt (entsprechend Kapitel 3, Vers 2 und 3) oben *Moses*, der zum Herrn betet, unten *Korah, Dathan und Aliram*, die schon zu Boden gestürzt sind und nun vom Erdboden verschlungen werden.[561] Während Moses mit gebeugten Knien die Hände flehend himmelwärts hebt, weist Gott, der halbfigurig mit Kreuznimbus in einem Rundfeld steht, mit strenger Gebärde auf die bereits zusammenbrechenden Aufrührer. Entsprechend dem ersten Bild wird auch in diesem Beispiel der Oxforder Handschrift die Hauptfigur zweifach dargestellt. Moses erscheint sitzend mit Nimbus und Spruchband erneut rechts neben der Szene.

Auch das fünfte Buch der *Antiquitates judaicae* im Merton College besitzt eine einführende Miniatur (fol. 31^{r} = Abb. 144) zur Geschichte der Israeliten.[562] Aus der Initiale ist ein fast quadratisches Bildfeld geworden: Vor einer Stadtarchitektur – wohl der Stadt Apheka – wird links das grausame Gemetzel dargestellt, das die Philister unter den waffenlosen, unbekleideten Juden anrichten (Josephus/Antiquitates, Buch 5, Kap. 11,1/2).[563] Rechts bringen die siegreichen Philister die während der Schlacht eroberte Bundeslade nach Azot, wo sie die Lade neben ihrem Gott Dagon aufstellen. Dagon steht unter dem Mittelbogen einer Architekturkulisse auf einem juwelengeschmückten Piedestal. Er ist nur mit einer phrygischen Kappe oder einem Helm und einem Lendenschurz bekleidet und hält in der rechten Hand einen Speer, links einen auf den Boden gestützten Langschild mit seinem Namenszug (Josephus/Antiquitates, Buch 6, Kap. 1,1).[564] Der Sturz des Idols, der der Aufstellung der Bundeslade im Dagontempel textgetreu folgt, ist noch nicht angedeutet. Trotzdem hat Cahn zu Recht darauf hingewiesen, daß das Zusammenfügen mehrerer Szenen in diesem Beispiel natürlich, wie anderswo schon mehrfach beobachtet, das Wiedergewinnen narrativer Bildzusammenhänge beinhaltet.[565]

Die Initiale H am Textanfang zum zehnten Buch (fol. 58^{r} = Abb. 145) zeigt König Hiskia inmitten einer prachtvollen Tempelanlage (dem Templum Salomonis ?) kniend vor einem edelsteingeschmückten Altar mit einem Widder, möglicherweise einem Opfertier (Josephus/Antiquitates, Buch 10, Kap. 1,3).[566]

Die letzte historisierte Initiale des Oxforder Josephus Ms. 317 enthält auf fol. 67^{v} (Abb. 146) eine Illustration zum Tod Alexanders des Großen (Josephus/Antiquitates, Buch 12, Kap. 1,1).[567] Im unteren Teil des Initials A blickt der Betrachter auf die aufge-

---

559 Vgl. Cahn 1966, S. 302.

560 Vgl. Josephus/Altertümer 1, 1987, S. 167 ff.

561 Vgl. Cahn 1966, S. 298/299, Abb. 2; Josephus/Altertümer 1, 1987, S. 200-203.

562 Vgl. Cahn 1966, S. 299/300, Abb. 3.

563 Vgl. Josephus/Altertümer 1, 1987, S. 313 ff.

564 Vgl. Josephus/Altertümer 1, 1987, S. 317 ff.

565 Vgl. Cahn 1966, S. 300.

566 Vgl. Cahn 1966, S. 300/301, Abb. 4; Josephus/Altertümer 1, 1987, S. 600.

567 Vgl. Cahn 1966, S. 301/302, Abb. 5; Josephus/Altertümer 2, 1987, S. 59.

bahrte, halbnackte Leiche Alexanders. Während seine Seele – als kleines Figürchen über seinem Haupt gezeichnet – den Körper verläßt, umstehen trauernd Philosophen den Sarkophag. Diese Komposition und Machart einer Bestattungsszene ist eine festgelegte Bildformel, die auch im Cod. Vat. lat. 3340, den *Historiae* des Paulus Orosius, für das Krankenlager Alexanders des Großen gewählt (fol. 21^r = Abb. 120), in gleicher Art aber auch für die Bestattungsszene Gregors VII. in der *Chronica* des Otto von Freising benutzt wurde (fol. 79^r = Abb. 79).

Der Sarkophag trägt die Inschrift: *Omnia mundana misere sunt subdita sorti/vivere quicquid habet habet et succumbere morti.* Über dem Toten thront, durchaus in der Attitude eines Alexander präsentiert (vgl. Gent, Liber floridus, fol. 138^v = Abb. 44), der Erstbenannte seiner Nachfolger, der neue Herrscher Asiens, Antigonus.

In diesem Bild begegnet der Betrachter erneut einer jener häufig bildlich gefaßten und im Vorangegangenen bereits mehrfach beschriebenen Bildidee, die Walter Cahn – ohne den Zusammenhang mit anderen historiographischen, illustrierten Texten zu sehen – ebenfalls als Darstellung der *fortuna labilis*, der ständigen mutatio rerum des fortwährend rotierenden Schicksalsrades erkannt hat.

Mit dem Alexanderbild enden die Illuminationen des Ms. 317. Allen Miniaturen der Handschrift ist gemeinsam, daß es sich um unselbständige Initialbilder handelt, die meistens nicht direkt neben dem zugehörigen Text stehen. Die Bildaussage ist stets an eine direkt dargestellte, bisweilen zweifach gezeigte Hauptperson gebunden, führt Sieg und Niederlage des Volkes Israel auf verschiedene Weise vor und zeigt innerhalb sehr großtaktiger Abstände in den Szenen erste narrative Elemente der Chronikillustration.

Das Ms. 774/775 in Chantilly: Die dritte mosane Josephus-Handschrift, die chronologisch innerhalb der Gruppe zu benennen ist, das Ms. 774/775 des Musée Condé in Chantilly[568], gewann wegen seiner prachtvollen Eingangsinitiale innerhalb der maasländischen illustrierten Codices des zwölften Jahrhunderts erhebliche Beachtung.[569] Die Handschrift wurde wohl um 1170/80 in Sint Truiden (Saint Trond) im heutigen Belgien hergestellt, wie ein Besitzvermerk (fol. $133^v/134^r$) nachweist.

Das Manuskript befand sich im neunzehnten Jahrhundert im Besitz des Amboise Firmin-Didot. Es wurde 1881 für die Sammlung des Duc d'Aumale erworben und kam dann mit anderen seiner Schenkungen über die *Bibliothèque de l'Institut* an das Musée Condé in Chantilly. Die Buchanfänge der *Antiquitates* aus Sint Truiden[570] schmücken

568 Zur Handschrift: Alte Manuskript-Nr.: 1632, Pergament, 350 fol., 49,5 x 29,5 cm. Vgl. Meurgey, Jacques, Les principaux manuscrits à peinture du Musée de Condé à Chantilly, Paris 1930, S. 8-11, Pl. VI; Blatt 1958, S. 68, Nr. 114; Deutsch 1986, S. 38 ff., S. 60 ff., 142, 162, 187, Fig. 22, Leibl 1997, S. 189 ff., Kat. Nr. 8, Abb. 24-28.

569 Vgl. zur stilistischen Einordnung der Handschrift: Köllner, Herbert, Zur Datierung der Bibel von Floreffe, Bibelhandschriften als Geschichtsbücher? In: Rhein und Maas 2, Köln 1973, S. 361 ff., ibs. S. 370/371, Farb.-Tf. 17; Romanische Kunst an der Maas, Brüssel 1961, Kat. Nr. 41.

570 Vgl. Handschrift gleicher Provenienz: Lüttich, Bibliothèque de l'Université, Ms. 224/225, Bibel von Sint Truiden, um 1120,; vgl. Rhein und Maas 1, Köln 1972, S. 299, Kat. Nr. J30.

Blattrankeninitialen, von denen einige figürliche Details enthalten (fol. 97^{r}, 134^{r}, 145^{v}, vgl. Abb. 148).[571]

Bedeutend und bekannt ist die ganzseitige *In principio*-Initiale (fol. 3^{r} = Abb. 147) am Textbeginn.[572] Die kräftigfarbene Miniatur in Grün-, Rot- und Blautönen rahmt ein breites ehemals silbern gefaßtes Blattrankenband mit dreiviertelrunden, goldgerandeten Bildfeldern. Ein rotes Rautenmuster mit weißen Ringen bildet den Hintergrund, vor dem – in Gold gehalten – das I und das N des *In principio creavit Deus c(a)elum et terram* … prangt, dessen Text unter dem Bildfeld fortläuft. Das I steht achsial im Bild, der Buchstabenkörper des N liegt vor dem I. Blattranken und Blattreihen füllen die Buchstabenstämme. An jedem Endpunkt der beiden Buchstaben und im Bildmittelpunkt, in dem sich die Diagonale und die Senkrechte überlagern, ist ein goldgerahmtes Rundfeld eingefügt. Goldranken mit Blattknollen schließen das innere Bildfeld nach oben und unten ab. Zwei weitere Medaillonbilder und vier Zwickelfiguren füllen die Flächen zwischen den Buchstaben und den aufgelegten Rundbildern. Die Hintergrundfarbe wechselt im diagonalen Sprung von Rot auf Grün.

Die sieben größeren Rundflächen enthalten die primäre Bildbotschaft mit direktem Textbezug: Entsprechend den Worten der Genesis sind die sieben Tage der Schöpfung dargestellt. Dem zentralen Bild des Schöpfers ordnete der Illuminator zwei thronende gekrönte Figuren mit Szeptern zu, die wohl König Salomon und die Königin von Saba sind.[573] Dem Alten Bund und somit der zweiten Sinnebene der Miniatur sind die oberen Rahmenbilder zuzuordnen, die zwei Propheten – Aaron bei der Mannalese und Abraham bei der Opferung seines Sohnes Isaak – vor Augen führen. Als Erfüllung von Prophetie und Präfiguration des Alten Testaments fügte der Miniator am unteren Bildrand in den Rahmen die Kreuzigung, die thronende *Ecclesia*, den in Leichenbinden gewickelten toten Lazarus und Christus in der Vorhölle, der Adam dem Höllenrachen entreißt, ein. Neben die narrativ angelegten Genesisbilder tritt ein typologisches Programm, dessen Zuordnung jedoch noch nicht systematisch angelegt ist.

Eine niedere Bedeutungsebene nehmen die vier Paradiesflüsse in den Buchstabenzwickeln ein. Sie vermitteln zwischen reiner Dekoration und bedeutungsgefülltem Figurenbild. Die verdichtete Durchdringung von Komposition und Bedeutungsebenen hat der Illustrator des Josephus in Chantilly nicht alleine entwickelt. Einen vergleichbaren, wohl aus englischen Quellen herzuleitenden Aufbau[574] mit Bildmedaillons besitzen

[571] Vgl. Stiennon, Jacques, La Pologne et le pays mosan au moyen-âge, A propos d'un ouvrage sur la porte de Gniezno, in: Cahiers de civilisation médiévale 4, 1961, S. 467 ff., Fig. 3, 6, 11.

[572] Vgl. Alexander 1978, S. 88, Kat.Nr.25, mit Farb.-Abb.

[573] Die Annahme, es könne sich um eine typologische Zusammenstellung, um *Ecclesia* und *Synagoge* handeln, die mehrfach in der zitierten Literatur auftaucht, kann nicht akzeptiert werden, da es sich eindeutig um ein Paar handelt. Die obere Figur trägt Kleid und Schleier, die untere männliche Tracht und einen Bart.

[574] Vgl. London, British Library, ehem. British Museum, Additional Manuscript 34 895.

auch die *In-principio*-Seiten der Bibel aus Saint Hubert (Brüssel, Bibliothèque Royale, Ms. II 1639 um 1085 oder zweites Viertel zwölftes Jahrhundert)[575] und der Bibel aus Parc (London, British Library, ehem. British Museum, Additional Manuscript 14 788, fol. 6^v, 1148 entstanden).[576]

Ebenso wie diese beiden Beispiele um die zentrale Figur des Schöpfers Genesisbilder respektive Personifikationen von Elementen stellten, hatte bereits die frühe Brüsseler Handschrift Ms. II 1179 Szenen aus der Schöpfungsgeschichte und Personifikationen (fol. 3^v = Abb. 140). Während die äußere Form, der Aufbau der Ligaturen der genannten Handschriften des zwölften Jahrhunderts durchaus vergleichbar ist, bleibt die Mehrschichtigkeit der typologischen Initiale dem Ms. 1632 in Chantilly vorbehalten. Das maasländische Prinzip, typologische Bezugssysteme zu entwickeln und diese in kombinierten Vielpaßformen zuzuordnen[577], hat sich offensichtlich auch in der Josephus-Handschrift des Musée Condé durchgesetzt.

Das Ms. Plut. 66/5: Das Ms. Plut. 66/5 (Florenz, Biblioteca Medicea Laurenziana, Ende zwölftes Jahrhundert), das wohl späteste illustrierte Beispiel der frühen mosanen Josephus-Codices, enthält wie viele dieser Handschriften nicht nur die *Antiquitates judaicae* sondern auch das *Bellum judaicum*. Während Alari die Illustrationen der Handschrift für italienisch mit nordalpinen Einflüssen hielt, ordneten Blatt und Cahn den Codex wohl zu Recht in die Gruppe der mosanen Rezensionen der *Antiquitates* ein.[578]

Die Illustrationen: Der florentinische Josephus besitzt neben dem geläufigen Initialdekor zwei Initialminiaturen am Textbeginn. Auf fol. 1^v (Abb. 149) steht am Anfang der *Historia* die Initiale H, vor deren Mittelbalken der Autor frontal thronend mit Feder und Buch versehen in einem umlaufenden Schriftrund sitzt. Die durch das runde Figurenfeld entstandenen Zwickel füllen Blattrankenspiralen, die aus den Enden der Spaltleisten-

[575] Vgl. Rhein und Maas 1, Köln 1972, S. 290/291, Kat. Nr. J17, mit Abb.

[576] Vgl. Rhein und Maas 2, Köln 1973, S. 369/370, Abb. 15.

[577] Vgl. beispielsweise das Bogenfeld des zerstörten Remaklus-Retabels, wie es die Nachzeichnung in Brüssel im Archiv Générale du Royaume wiedergibt, siehe: Rhein und Maas 1, 1972, S. 249, Kat. Nr. G 10/10a, mit Abb. Vgl. zu den Bildsystemen: Meier, Claudia Annette, Zu Leserichtung und Bildsystematik in der *art mosan*, in: RückSicht, Festschrift für Hans-Jürgen Imiela zum 5. Februar 1997, hrsg. von Daniela Christmann, Gabriele Kiesewetter, Otto Martin uns Andreas Weber, Mainz 1997, S. 33-41.

[578] Vgl. Bandini, Angelo Mar., Catalogus codicum latinorum Bibliothecae Mediceae Laurentianae, Florenz 1775, S. 784/785; Alari, Anna Maria, Codici miniati inediti die secoli XI e XII della Biblioteca Laurenziana, in: La Bibliofilia 39, 1937, S. 98, Fig. 1 (fol. 1^v); Blatt 1958, S. 82 ff., S. 85, Nr. 149; Cahn 1966, S. 269 ff., S. 307/308, Anm. 18; Garrison, Edward, Early Italian Painting, Selected Studies 2: Manuscripts, London 1984, S. 149, Anm. 56 (auch dort Kritik an der falschen Zuschreibung nach Norditalien); Deutsch 1986, S. 62, Anm. 11, S. 188; Lenzuni, Anna, Biblioteca Medicea Laurenziana (Le Grandi Biblioteche d'Italia), Florenz 1986, S. 92, Tav. XLIV, Farb.-Abb. fol. 2^v, hier falsch bezeichnet: *sec. XI*. Zur Handschrift: Pergament, 49,5 x 33,6 cm, Leibl 1997, S. 196-198, Kat. Nr. 10, Abb. 33/34.

initialen herauswachsen, vergleichbar den Rankenanschlüssen des Ms. 774/775 in Chantilly (fol. 3^r = Abb. 148). Die Anordnung der Figur zum Prologbeginn verbindet diese sehr deutlich mit dem Bildnis des Josephus in der Brüsseler Abschrift der *Antiquitates* (fol. 2^v = Abb. 139), wo der Autor ebenfalls frontal im Eingangsinitial sitzt.

Die zweite, ebenfalls kräftigfarbene Miniatur des Cod. Plut. 66/5,6 (fol. 2^v = Abb. 150) enthält in Schriftspiegelhöhe das hochrechteckige Rahmenfeld der Initiale I des *In principio*, bleibt also auch in der Auswahl des zweiten Bildes dem frühen Codex der Bibliothèque Royale vergleichbar (vgl. Abb. 140).

Anders als dieser enthält das Ms. Plut. 66/5,6 jedoch wie die späteren Handschriften der *Jüdischen Altertümer* in mehreren Medaillonbildchen Szenen zur Genesis. Während Initialgrund und -rahmen in Blau, Grün und Ocker abwechseln, bedecken in Rot gezeichnete Ranken die Zwickel zwischen den sieben Medaillonbildchen, die das Sechstagewerk und den thronenden Schöpfergott enthalten. Wie die Szenen so ist auch das hier einsetzende Schriftbild sehr reizvoll vielfarbig angelegt.

Neben der Handschrift in Chantilly (vgl. Abb. 148) kann zusätzlich auf eine zweite Handschrift in Brüssel (Bibliothèque Royale, Ms. II 991) verwiesen werden, die aus der ersten Hälfte des dreizehnten Jahrhunderts stammt und auf fol. 1^v (Abb. 151) sechs Szenen der Schöpfungsgeschichte trägt.[579] Auffälligerweise geriet die Abfolge der Szenen aus dem Leben des ersten Menschenpaars dem Illuminator durcheinander: Der Vertreibung folgt der Sündenfall, dann das Gespräch zwischen Gottvater und Adam. Danach ist die Szenenfolge wieder stimmig. Den Arbeiten des Urelternpaars folgt das Opfer des ersten Brüderpaars und zuletzt der Brudermord. Diese Szenenauswahl verbindet die Darstellung mit der Initiale in der Handschrift in Chantilly (vgl. Abb. 147), wo ebenfalls der Brudermord am Ende der Bildreihe steht.

b. Die rheinischen Handschriften in Berlin und Köln – Vorlage und Kopie

Gegen die stilistisch, inhaltlich und auch regional zusammen zu sehende Gruppe der maasländischen illustrierten *Antiquitates judaicae* läßt sich eine rheinische Tradition abgrenzen, die durch zwei Handschriften vertreten wird, den Cod. lat. fol. 226 der Berliner Staatsbibliothek und die Handschrift W 276 des Historischen Archivs in Köln.

Das Ms. lat. fol. 226 in Berlin: Durch die 1991 publizierte sorgfältige Neubearbeitung von Fingernagel[580] wie auch durch diverse neuere Katalogbeiträge wird die Berli-

[579] Vgl. Gaspar/Lyna 1, 1984, S. 191/192; 2, 1984, S. 38, Notice 82, Pl. XXXIX.; Deutsch 1986, S. 41, Anm. 36, S. 68, S. 162, Anm. 11, 12, S. 187, Fig. 23. Zur Handschrift: Pergament, 308 fol., 47,2 x 31,2 cm.

[580] Vgl. Fingernagel 1991, S. 116-118, Kat. Nr. 106. Vgl. auch: Rose 2,3, 1905, S. 1318, Kat. Nr. 1027; Blatt 1958, S. 83/84, Nr. 146, S. 110; Schreckenberger 1972, S. 15; Heinrich der Löwe 1, 1995, S. 584 ff., Kat. Nr. G83, mit Farb.-Abb.; Leibl 1997, S. 168 ff., Kat. Nr. 2.

ner Josephus-Handschrift gut dokumentiert.[581] Sie stammt aus Sankt Luidger in Werden an der Ruhr und entstand während der Amtszeit des Abtes Wilhelm (1151-1160), der die Handschrift gestiftet hat, wohl vor 1159 am Nieder- oder Mittelrhein.[582]

Die Illustrationen: Die prunkvoll ausgestattete Handschrift besitzt neben zahlreichen Rankeninitialen und einigen eher dekorativen Randzeichnungen[583] einige illustrierte Initialen mit Figuren oder Szenen und zwei Eingangsbilder.

Die wohl schönste Miniatur bietet fol. 3^r (Abb. 152): Am Anfang der *Antiquitates judaicae*[584] steht auch hier ein Genesisbild zum *In principio* – doch welcher Unterschied zu den bisher besprochenen meistens völlig unselbständigen Initialbildern. Das hochrechteckige Bildfeld, gefaßt von roten Rahmenlinien und roter Schrift gibt im oberen Drittel das Bildnis des Schöpfers über flammenden blauen Sphären und Gestirnen, Sol und Luna in seinen ausgebreiteten Händen haltend. Ein Blumenteppich, der in Rot, Weiß und Grün erblüht, umfängt mandorlenartig das jugendliche Bildnis Gottes, dem der Kreuznimbus und die Taube des Heiligen Geistes beigegeben sind (bez.: Ego Dominus Creavi Omnia Hec). Vor blau-hellblau gestreiftem Grund, der vielleicht Tag und Nacht oder Himmel und Erde andeuten könnte, steht das Urelternpaar zu seiten des lichtumflossenen Baumes der Erkenntnis, um den sich die Schlange windet. Eva nimmt und ißt von den Früchten, Adam streckt die Hand danach aus. Vögel füllen die Luft, Tiere die Erde und das Meer im Garten Eden. Die Hirsche mit den erhobenen Köpfen sind wohl auf Psalm 42, Vers 1 zu beziehen und weisen damit auf die *fons vitae* hin.

Das ganze Geschehen der Schöpfungsgeschichte vom ersten Tage an bis zum Sündenfall ist wie in einem Zeitraffer in einer einzigen simultanen Miniatur zusammengefaßt und nicht wie üblich in mehreren Szenen nacheinander angeordnet. Schöpfung und Sündenfall, Lebensquelle und Vergebung wurden in einer einzigen Darstellung vereint.

Auf fol. 21^r (Abb. 153) am Beginn des dritten Buchs der *Antiquitates* (Josephus/ Antiquitates, Buch 3, Kap. 3,1)[585] wurden dem Text entsprechend Moses und seine Nachfolger – Aaron im Priesteramt und Josua als militärischer Führer der Israeliten – als Illustrationen hinzugefügt (bez.: Moises, Aaron, Josue). In einem hochrechteckigen, um-

---

[581] Vgl. Plotzek, Joachim M., Zur rheinischen Buchmalerei im zwölften Jahrhundert, in: Rhein und Maas 2, Köln 1973, S. 320; Zimelien, Berlin 1975/76, S. 89/90, Farb.-Abb. S. 121; Strüwer, W., Zur Geschichte einer rheinischen Handschrift, in: Aus kölnischer und rheinischer Geschichte, Festgabe für Arnold Güttsches zum fünfundsechzigsten Geburtstag, hrsg. von H. Blum (Veröffentlichungen des Kölnischen Geschichtsvereins 29), Köln 1969, S. 163-178; Deutsch 1986, S. 38 ff., S. 69, 133, Anm. 9, 137, Anm. 8, 187; Leibl 1997, S. 202 ff., Kat. Nr. 12, Abb. 36/37.

[582] Siehe: Besitzeinträge auf fol. 1^v/2^r, zur Handschrift: Pergament, 259 fol. (drei Doppelzählungen), 44 x 32 cm, Schriftspiegel 36 x 25 cm in zwei Kolumnen von 46 Zeilen.

[583] Die Rankeninitialen wie üblich hauptsächlich an Beginn der einzelnen Bücher, Randillustrationen: 7^v Lots Frau, 25^r Gefäß, Leuchter, Altar, Glocke.

[584] Vgl. Josephus/Altertümer 1, 1987, S. 18 ff.

[585] Vgl. Josephus/Altertümer 1, 1987, S. 136 ff.

rankten Bildfeld mit roter Außenzeichnung und grün eingelegtem Rahmen steht vor blau marmoriertem Grund oben Moses mit den Gesetzestafeln, in der Mitte Aaron im priesterlichen Ornat und unten im kurzen Gewand mit dem gegürteten Schwert Josua.

Technisch kann diese Illustration mit dem Genesisbild verglichen werden: Deckfarben und farbig variierende Hintergründe wurden mit in brauner Tusche gezeichneten Figuren und Pflanzenformen kombiniert. Stilistisch und qualitativ steht die Initialminiatur auf fol. 21^{r} (Abb. 153) jedoch nicht auf gleicher Höhe mit dem Eingangsbild – es stammt sicherlich von anderer, schwächerer Hand.

Neben den zahlreichen, höchst qualitätvollen Rankeninitialen mit zoomorphen oder antropomorphen Details sind fünf historisierte Initialen mit Szenen und Figuren anzuführen: Auf fol. 69^{r} (Abb. 154) eingangs des achten Buchs (Josephus/Antiquitates, Buch 8, Kap. 1)[586] umfängt die Q-Initiale – eine Spaltleisteninitiale mit Spiralranke und nach innen gezogenen Blattknospen – vier fast gleich große runde Bildfelder an kurzen Diagonalleisten. Oben links thront König David, zu seiner Rechten steht sein Waffenträger mit Rundschild und Lanze. David wendet sich dem im nächsten Rund knienden Salomon zu, dem er die Krone auf das Haupt setzt und das Szepter überreicht. Hinter dem Knienden tritt eine weitere Figur mit dem Krönungsmantel heran.

Die eindeutige Zuordnung der Szene erfolgt durch ihre Stellung im Text und jene Prophetenfigur im linken unteren Rundfeld, die auf den Gekrönten weist und mit ihm durch ein aufsteigendes Spruchband (bez.: Vivat Rex Salomon) direkt verbunden ist. Entsprechend dem Text des ersten Buchs der Könige sind der Prophet Nathan und die Mutter des neuen Königs, Bathseba, unter der Krönungsszene abgebildet. Bathseba, weil sie vor David die unrechtmäßige Thronfolge des Adonia beklagte und die Krone für ihren Sohn Salomon forderte, Nathan, weil er den neuen König salbte und die allerersten Lob- und Huldigungsrufe an ihn gerichtet hat.

Die Komposition der Szene in Rundfeldern, die die Figuren durch ihre Aktionen überwinden, konnte prinzipiell bereits an einem völlig andersartigen chronikalischen Text – den *Historiae adversum paganos* des Paulus Orosius in Stuttgart (Cod. hist. fol. 410, fol. 1^{v} = Abb. 134) – festgestellt werden.

Die Szene hier deutet die vollgültige Rechtsetzung der Handlung an. Sie ist daher in Anlage und Anordnung den Richterszenen und Rechtsakten beispielsweise in der *Chronica* des Otto von Freising (Jena, Cod. Bose q. 6, fol. 78^{v}) oder im *Rolandslied* (Heidelberg, Cod. Pal. germ. 112) verwandt. Sie grenzt sich deutlich gegen die reine Insignienübergabe in dem Berliner *Chronicon universale* des Ekkehard von Aura (Staatsbibliothek, Ms. lat. 295, fol. 99^{r} = Abb. 8) ab.

Am Beginn des neunten Buchs (Josephus/Antiquitates, Buch 9, Kap. 1)[587] steht – als figürliche I-Initiale eingefügt (fol. 80^{v} = Abb. 155) – Josaphat gekrönt in kurzer Tunika mit Mantel, das Szepter in der Linken, ein aufsteigendes Spruchband (2. Par. 20, 17) in der rechten Hand, vor seinem Kastenthron.

---

[586] Vgl. Josephus/Altertümer 1, 1987, S. 467.

[587] Vgl. Josephus/Altertümer 1, 1987, S. 544.

Auf fol. 88^{r} (Abb. 156) eingangs des zehnten Buchs der *Antiquitates judaicae* (Josephus/Antiquitates, Buch 10, Kap. 1)[588] legte der Zeichner erneut eine Rundinitiale – hier das C – mit vier inneren rankenverbundenen Rundfeldern an. Der Aufbau greift auf die Komposition der David-Salomon-Initiale (fol. 69^{r} = Abb. 154) zurück. Oben erscheint halbfigurig mit Kreuznimbus, Buch und Segensgestus Gott (bez.: Deus), unten prunkt Sol im Strahlenkranz. Rechts erhebt sich Hiskia (bez.: Ezechias) vom Krankenlager, ihm gegenüber erscheint der Prophet Jesaia (bez.: Propheta Jesaias), dessen auf dem Spruchband zitierte Weissagung sich in der Genesung des kranken Königs erfüllt (Js. 38).

Fol. 103^{r} (Abb. 157) enthält in einer belaubten Spiralranke im Zentrum einen königlichen Reiter, der eine Bannerlanze mit einem aufgespießten Haupt trägt und tief hinter den Schild geduckt über die abgeschlagenen, blutenden Köpfe einer Volksmenge hinwegstürmt. Auch die Blattranken sind voller Gesichter, seitlich der A-Initiale liegen zwei Bügelkronen. Das Bild des kämpferischen, mittelalterlich gerüsteten Streiters steht am Anfang des Alexandertextes (Josephus/Antiquitates, Buch 12, Kap. 1).[589] Dieses ist eine Textstelle, die, wie bereits mehrfach festzustellen war, besonders häufig in Chroniken bebildert wurde, da sie den Beginn eines neuen Zeitalters, eines neuen Weltreichs markiert.

Ebenfalls in den Bereich der profanen Illustrationen gehört der gerüstete Ritter im Kettenhemd mit Fahnenlanze und Schild (fol. 182^{v} = Abb. 158). Auch die ihn umfangende Initiale füllt eine spiralige Blattranke, aus deren Laub Gesichter (im Kampf Erschlagener?) auf ihn blicken. Diese Initiale schmückt den Textanfang des *Bellum judaicum* und ist wie alle Initialen außer den beiden Eingangsminiaturen in rot und braun gezeichnet.

Der Cod. W 276: Wie an den Ekkehard von Aura-Handschriften und den Codices der *Historia de duabus civitatibus* des Otto von Freising zu beobachten, besitzt auch die Gruppe der illustrierten Jüdischen Altertümer ein Beispiel, das erneut die direkte Parallelität von Bild- und Textrezeption belegt, den Codex W 276 des historischen Archivs in Köln.[590] Die Datierung schwankt innerhalb der zitierten Literatur von „letztes Viertel des zwölften Jahrhunderts“ bis „um 1200“. Der Initialstil der Handschrift – so Renate Kroos – läßt sich mit den Schulen von Groß-Sankt-Martin und Sankt Pantaleon in Köln vergleichen.[591]

---

588 Vgl. Josephus/Altertümer 1, 1987, S. 598.

589 Vgl. Josephus/Altertümer 2, 1987, S. 59.

590 Zur Handschrift: Pergament, 247 fol., 43,5 x 31 cm. Vgl. Monumenta judaica, Köln 1964, Kat. Nr. A51; Abb. 25; Plotzek 1973, in: Rhein und Maas 2, Köln 1973, S. 319/320; Abb. 28, S. 327, 330; Mazal 1978, S. 181; Ornamenta ecclesiae 2, Köln 1985, S. 312/313, Kat. Nr. E88, mit acht Farb. - Abb; Vennebusch, Joachim, Die theologischen Handschriften des Stadtarchivs Köln 4 (Mitteilungen aus dem Stadtarchiv Köln, Sonderreihe, Die Handschriften des Archivs 1-4, hrsg. von Hugo Stehkämper), Köln 1986, S. 155/156. Vennebusch bietet eine sehr sorgfältige kodikologische Dokumentation der Handschrift, geht jedoch auf die Illustrationen der Handschrift kaum ein. Deutsch 1986, S. 162, Anm. 11, S. 187 erwähnt die Handschrift nur kurz. Leibl 1997, S. 202 ff., Kat. Nr. 12, Abb. 36/37. Der Josephus der Kölner Dombibliothek, Cod. 162/163, ist nicht bebildert, die kölnische Josephus-Handschrift der John Rylands Library in Manchester besitzt lediglich ornamentalen Schmuck; vgl. James, Montague Rhodes, A descriptive Catalogue of the Latin

Im fünfzehnten Jahrhundert befand sich die Handschrift gemäß Besitzervermerk (fol. 246^{v}) in Wedinghausen bei Arnsberg. Sie gelangte 1583 in die Bibliothek des Schlosses Blankenheim.[592] Die bereits bei Fingernagel vermerkten engen Bezüge zwischen dem Initialdekor der Kölner Handschrift und dem älteren Berliner Cod. lat. fol. 226 liegen nicht nur in der Gleichartigkeit der Ranken-Spaltleisteninitialen.[593]

Die drei Bildinitialen entsprechen denen des Josephus aus Werden: Auf fol. 19^{v} (Abb. 159) wird das Bild mit Moses, Aaron und Josua übernommen. Auf fol. 78^{r} steht wie eingangs des neunten Buchs der Berliner Handschrift Josaphat mit dem Spruchband. Die auffällige Lanzenreiterdarstellung der Alexanderinitiale ist in dem Kölner Codex W 276 an den Beginn des siebzehnten Buchs in den thematischen Zusammenhang mit Antipater gerutscht (fol. 143^{v} = Abb. 160)[594], die Alexanderinitiale auf fol. 100^{v} hat lediglich die spiralige Form des Berliner Vorbildes beibehalten.

Neben dem Nachweis der direkten Übernahme von Bild und Text innerhalb dieser Handschriftenfamilie muß auch festgehalten werden, daß Szenen während des Rezeptionsvorgangs offensichtlich auch problemlos in einen anderen Textzusammenhang eingebracht werden konnten.

c. Die süddeutschen Zentren – Zwiefalten – Weingarten – Scheyern

Neben Josephus-Abschriften mit eher marginalen Illustrationen – beispielsweise in Admont[595] und Bern[596] haben eine ganze Reihe der großen Schreiber- und Illuminatorenschulen des südwestdeutschen Sprachraums illustrierte Rezensionen der *Antiquitates judaicae* hervorgebracht. So sind die Zentren Zwiefalten, Weingarten, Salzburg und Scheyern mit je einer bebilderten Ausgabe des zwölften oder frühen dreizehnten Jahrhunderts vertreten.

Manuscripts in the John Ryland Library in Manchester, Manchester 1921, S. 102, Fig. 101; Deutsch 1986, S. 187/188. Der in Rhein und Maas 2, Köln 1973, S. 369 genannte Beitrag von Usener, Karl Hermann, The Provenance of the John Rylands Manuscript of Flavius Josephus, in: Bulletin of the John Rylands Library 34, Nr. 2, 1952, S. 274 ff. ist innerhalb des genannten Reihenwerks nicht auffindbar.

591 Vgl. Kroos, in: Ornamenta ecclesiae 2, Köln 1985, S. 312; dagegen die Spätdatierung in den Monumenta judaica, Köln 1964, Kat. Nr. A51 und bei Vennebusch 1986, S. 156.

592 Vgl. Vennebusch 1986, S. 156.

593 Vgl. Fingernagel 1991, S. 116 ff., Rankeninitialen jeweils an den Buchanfängen.

594 Vgl. Josephus/Altertümer 2, 1987, S. 437.

595 Admont, Benediktinerabtei, Stiftsbibliothek, Cod. 140 und 25, vgl. Buberl 1911, S. 52, Fig. 50; Blatt 1958, S. 57, Nr. 84; Deutsch 1986, S. 187.

596 Bern, Burgerbibliothek, Cod. 50, vgl. Homburger, Otto, Die illustrierten Handschriften der Burgerbibliothek Bern, Bern 1962, S. 91-93; Cahn 1966, S. 308, Anm. 18; Deutsch, Guy N., Un portrait de Flavius Josèphe dans un manuscrit du XIe siècle, in: Revue de l'Art 53, 1981, S. 53-55, Abb. 1/2.

Die Zwiefaltener Handschrift: Zwiefalten, das bereits durch die illustrierten Geschichtswerke des Ekkehard von Aura (Cod. hist. fol. 411) und des Paulus Orosius (Cod. hist. fol. 410) als ein Zentrum für die Entwicklung allererster Illustrationen historiographischer Schriften betrachtet wurde, besitzt eine frühe Abschrift des Josephus, den Codex historicus folio 418 (Stuttgart, Württembergische Landesbibliothek, ehem. Zwiefalten, Cod. perg. 168, um 1160/1170) mit dem gebräuchlichen Initialdekor an den Buchanfängen und vier historisierten Initialen.[597]

Wie bei den anderen bebilderten Abschriften der *Antiquitates judaicae* so steht auch in der Stuttgarter Handschrift die Hauptminiatur (fol. 3^r = Abb. 162) am Textbeginn, ein Charakteristikum, das – wie schon dargelegt – zahlreiche Zwiefaltener Codices aufweisen. Das *In principio* der *Jüdischen Altertümer* legte der Zwiefaltener Illustrator als ganzseitige Schmuckseite an. Die Höhe des Initials I füllt den gesamten Schriftspiegel, die weiteren zehn Buchstaben der Eingangsworte der Genesis wurden alle fortlaufend als voll ausgebildete Leisteninitialen mit Rankenwerk und zoomorphen Elementen angelegt und bedecken die gesamte Seite. Das Bild am Textanfang wurde als Zeichnung in roter und dunkelbrauner Tusche gefertigt, ist also den Initialbildern der Berliner Handschrift Cod. lat. fol. 226 vergleichbar.

Die Hauptinitiale beginnt ihren Bilderkreis mit der Darstellung des Sündenfalls (bez.: Adam, Eva). Das Ranken- und Astwerk der Initiale ist hier nicht nur Schmuckelement, sondern gleichzeitig auch als der Baum der Erkenntnis zu verstehen, um den sich die Schlange ringelt. Vergleichbar der Szenenreihe in der *Chronica* des Otto von Freising folgt das Bild der Arche Noahs, zu der die Taube mit dem Ölzweig gerade zurückkehrt (vgl. auch Orosius/Historiae, Cod. hist. fol. 410, fol. 1^v, Abb. 134). Unter Sündenfall und Neuem Bund steht Moses (bez.: Moyses), der hier wie im Cod. hist. fol. 411, fol. 5^v (Abb. 13) mit Judenhut, Mantel und Stab dargestellt wurde. Ihm gegenüber ist die Errichtung der ehernen Schlange (bez.: Serpens Eneus) angebracht. Auch an dieser Stelle bleibt das Astwerk Bedeutungsträger und wird nicht nur dekorativ verwendet.

Möchte man die ersten drei Szenen noch als eine chronologische Folge von Bibelillustrationen lesen können, so gibt die nächste Szene den eigentlichen, typologischen Sinn der Zeichnung wider: Als Typus zur Präfiguration der *ehernen Schlange* muß der *gekreuzigte Christus* erscheinen. Aus den Ranken des Initials wächst der Kreuzesstamm in der Form eines frühen Baumkreuzes[598] (darunter bez.: Psalm 68,5). Seitlich des Kreu-

[597] Zur Handschrift: Pergament, 173 fol., 48 x 29 cm, enthält Buch 1-12 der Antiquitates judaicae und eine Auflistung der Könige der Alten Reiche, der *regna maxima*. Vgl. Löffler 1927, S. 32, Tf. 37a/b; Löffler 1928, S. 65-67, Tf. 38/39; Löffler 1931, S. 57; Boeckler 1930, S. 118, Tf. 74; Ars sacra, München 1950, S. 116, Kat. Nr. 248; Blatt 1958, S. 40, Nr. 37; Gutbrod 1965, S. 162, Abb. 107; Cahn 1966, S. 307/308, Anm. 18; Suevia sacra, Frühe Kunst in Schwaben, Ausstellung des *International Council of Museums* im Rathaus, Augsburg 1973, S. 183, Kat. Nr. 183; Mazal 1978, S. 136; Deutsch 1986, S. 38 ff., 69, 115, S. 142, Anm. 4, S. 191; Borries-Schulten 1987, S. 114-116, Abb. 271-278 – mit weiterer Literatur und ausführlichen Darlegungen zu den Schmuckinitialen.

zes steht links die Witwe von Sarepta (bez.: Mulier Viduna Colligens Duo Ligna) und rechts der zum Isaakopfer gehörige Widder (bez.: Aries Abrahe), der im Geäst hängt. Zu Füßen Jesu – unter dem Kreuz – werden erneut Adam und Eva gezeigt.

Der Zeichner hat in dieser Initiale, ausgehend von Sündenfall, Noahs Bund und Moses, an die erzählenden Szenen der Genesis ein typologisches Programm angeschlossen. Die Vorgaben der Rankeninitiale wurden integrativer Teil des Bildprogramms, doch um die äußere Form nicht zu sprengen, wurden die unteren beiden Präfigurationen des Kreuzes- und Opfertodes Jesu in einfiguriger, abgekürzter Form gegeben.

Für die Entwicklung typologischer Bildprogramme in Initialen muß sicherlich auf mosane Bildvorlagen verwiesen werden, stellvertretend sei das Programm der Anfangsseite des Flavius Josephus aus Sint Truiden (Chantilly, Musée Condé, Ms. 1632, fol. 3^{r})[599] genannt, dem allerdings die stringente Systematik des Cod. hist. fol. 418 noch fehlt. Das Programm könnte möglicherweise aus den von Borries-Schulten erörterten Salzburger Einflüssen herzuleiten sein.[600]

Die noch folgenden historisierten Initialen des Cod. hist. fol. 418 sind etwas weniger spektakulär: Auf fol. 107^{r} (Abb. 163) wird die Szepterübergabe König Davids an seinen Sohn Salomon am Beginn des achten Buchs der *Antiquitates* dargestellt[601], in anderer Art, aber doch der Szene im Cod. lat. fol. 226 (fol. 69^{r} = Abb. 154) vergleichbar. [602]

Auch die Hervorhebung Alexanders des Großen scheint für die Illustrationsentwicklung ein markanter Punkt im Text: Auf fol. 160^{r} (Abb. 164) thront Alexander in königlichem Habit im Initial A des Kapitelanfangs des zwölften Buchs[603], vergleichbar anderen Alexanderdarstellungen beispielsweise im Ms. II 1179 (Abb. 141) oder im Ms. lat. fol. 226 (vgl. Abb. 157). Damit bestätigt sich der Eindruck, die relative Häufigkeit bestimmter Bildtypen – Autorenbilder, Genesisinitiale, David und Salomon und Alexanderillustrationen, Moses- und Aarondarstellungen – könnte der allererste Ansatz zu einem sich langsam ausbildenden szenischen Bildprogramm sein, das sowohl in der mosanen als auch in der rheinischen Tradition eine der Zwiefaltener Handschrift ähnliche erste Bildauswahl zeigt.

Die Handschrift C 1 aus Fulda: Die chronologisch anschließende Handschrift, der zwischen 1181 und 1188 entstandene Codex C 1 aus Weingarten (Fulda, Hessische Landesbibliothek)[604], kann dieser Tradition nicht zugeordnet werden. Neben den übli-

598 Vgl. Borries-Schulten 1987, S. 115.

599 Vgl. Rhein und Maas 1, Köln 1972, Kat. Nr. J27; Rhein und Maas 2, Köln 1973, S. 361 ff.

600 Vgl. Borries-Schulten 1987, S. 116.

601 Vgl. Josephus/Altertümer 1, 1987, S. 467.

602 Vgl. auch München, Bayerische Staatsbibliothek Clm. 15 841 , vgl. Klemm 1, 1980, S. 170/171, Kat. Nr. 283, Abb. 660.

603 Vgl. Josephus/Altertümer 2, 1987, S. 59.

604 Vgl. Blatt 1958, S. 41, Nr. 38; Swarzenski, H. 1974, S. 10, Fig. 9; Suevia sacra, Augsburg 1973, S. 185, Kat. Nr. 187, Abb. 176; Köllner 1976, S. XX, Kat. Nr. 47; Abb. 441-451; Köllner/Jakobi-Mirwald 1993, Kat. Nr. 47; Oexle 1978, S. 210, Anm. 38; auch Köllner,

chen, den einzelnen Büchern beigefügten einfachen Initialen besitzt der Codex ein vorgelegtes ganzseitiges Deckblatt mit einer zweigeteilten sehr qualitätvollen Miniatur, die in Dunkelbraun, Rot, Blau und Olivgrün mit etwas Gold gehalten, teilweise aber auch gezeichnet oder laviert ist.

Den oberen Teil des Bildes, das von einem breiten Rahmen mit vegetabilen Ornamenten umfaßt wird, füllt das Dedikations- oder Autorenbild (fol. 1^v = Abb. 165). Der Titulus des Bildes lautet: *Tempora seculorum notat hic pro laude suorum*, was allerdings aus jüdischer Sicht nicht immer so beurteilt worden ist. Der während des *Jüdischen Kriegs* als Statthalter amtierende Josephus wurde nach dem Kampf um die Festung Jotapata von Vespasian festgesetzt. Seine Prophezeiung, der Römer werde einst den Imperatorenthron besteigen, rettete Josephus das Leben.[605] Nach der Erfüllung dieser Prophezeiung wurde Josephus, der in späten Jahren stark prorömische Tendenzen entwickelt hatte, zum *Protegé* des Vespasian und nahm sogar den Namen der Gens Flavia an.

In der Fuldaer Handschrift sitzen sich Josephus und Kaiser Vespasian (beide bez.), dem das Werk gewidmet ist, auf schweren Kastenthronen gegenüber. Josephus schreibt, ins Dreiviertelprofil gedreht, an seinem Lesepult in einem Rotulus. Er trägt ein bunt gemustertes Gewand und, wie die fünf hinter ihm stehenden, heftig gestikulierenden Begleitfiguren, einen Judenhut. Vespasian wendet sich, fast frontal sitzend, dem Autor leicht zu und weist mit der Rechten auf Josephus. Der römische Imperator wurde wie ein mittelalterlicher Kaiser aufgefaßt: Er trägt Szepter, Bügelkrone und mittelalterlichen kaiserlichen Ornat und wird von seinem Schwertträger und einem Vasallen begleitet.

Während das eben beschriebene, obere Bild eines historischen Ereignisses den Betrachter nur durch die zeitgemäße Tracht des zwölften Jahrhunderts an die Entstehungszeit dieser Abschrift der *Antiquitates judaicae* erinnert, gibt die untere Miniatur einen direkten Wirklichkeitsbezug: Abt Werner von Weingarten (1181-1188 im Amte, bez.: Wernherus) und ein unbenannter Schreibermönch bringen den großformatigen, metallbeschlagenen Codex vor den Klosterpatron, den Heiligen Martin (bez.: Sanctus Martinus), der sich den beiden Überbringern des Werks mit einem Segensgestus zuwendet, der von folgenden Worten begleitet wird: *Sancte quod offerimus amborum suscipe munus*.

Mit gewissen Variationen entsprechen beide Szenen anderen standardisierten Dedikationsbildern, ähnlich denen in der *Historia naturalis* des Plinius (vgl. Abb. 92, 94, 95) oder des Leipziger *Beda Venerabilis* (vgl. Abb. 96). Auffällig bleibt, daß die Hauptakteure der oberen Szenen einander gegenüber sitzen, der Autor nicht vor dem Herrscher kniet oder zumindest steht, wie es etwa in den genannten Beispielen Plinius vor Vespasian tut.

Herbert und Eva Maria Thole, Die Schausammlung der Hessischen Landesbibliothek Fulda, Ein Begleitbuch (Veröffentlichungen der Hessischen Landesbibliothek Fulda 2), zweite Auflage Fulda 1981, S. 25; Deutsch 1986, S. 38, 61 ff., S. 188; Liebl 1997, S. 199-201, Kat. Nr. 11, Abb. 35. Zur Handschrift: Pergament, 170 fol.

605 Vgl. Flavius Josephus, Geschichte des judäischen Krieges, übersetzt von Heinrich Clementz, hrsg. und eingeleitet von Heinz Kreissig, Reprint Wiesbaden/Leipzig 1978, S. 232, S. 272.

Der Clm. 15 841: Während sich aus den Jahren um 1200 nur die bereits zitierte Münchener Josephus-Handschrift, der Codex latinus Monacensis 15 841, mit dem üppigen Initialdekor erhalten hat[606], besitzt die Bayerische Staatsbibliothek noch einen weiteren frühen, illustrierten Codex, den Codex latinus Monacensis 17 404 der *Antiquitates judaicae* und des *Bellum judaicum*, der aus dem Kloster Scheyern aus der Zeit kurz vor 1241 stammt.[607]

Während das Eingangsblatt mit der Genealogie Christi (fol. 1^r^) und der Segnung und Marienkrönung (fol. 1^v^) nachträglich eingefügt wurde[608] und die Texte der *Antiquitates* bis auf den üblichen Initialschmuck unbebildert sind, steht unerwarteterweise am Textbeginn des *Jüdischen Krieges* eine ganzseitige Miniatur (fol. 203^v^ = Abb. 166).[609] Fünf gerüstete Reiter stürmen von links über einen bereits Gefallenen und sein Pferd hinweg auf das Tor einer mächtigen Burg zu. Einzelne Verteidiger werfen Steine und schießen mit der Armbrust auf die Angreifer, die versuchen, mit Steigeisen die steile Quadermauer zu erklimmen. Gleichzeitig legen die Angreifer Feuer an die Burg, während ein Gerüsteter der Festungsmannschaft den Brand mit einem kleinen Wasserfaß löschen will. Im Hintergrund links oben erscheinen – wie auf einer Bühnenschiene – ein Wehrturm, ein Graben und ein bepflanzter Wall.

Die Gestaltung der Szene entspricht dem standardisierten Typ der Schlachten- und Belagerungsszenen, wie diese sowohl in biblischen als auch profanen Textzusammenhängen bereits vielfach zu beobachten waren, so etwa in dem frühen Orosius der Vaticana (vgl. Abb. 97 ff.), bei Otto von Freising (vgl. Abb. 80) und im Rolandslied.

Da innerhalb der *Geschichte des Jüdischen Krieges* ausführlich von der Eroberung Jerusalems durch Titus und Vespasian berichtet wird (Josephus/Bellum, Buch 5 und 6)[610], ist es wohl möglich, diese Belagerungsszene mit der Niederlage und Eroberung Jerusalems durch die Römer zu identifizieren.[611]

Das einzige weitere Eingangsbild des *Bellum judaicum*, das sich überhaupt vergleichen ließe, enthält der Berliner Codex Ms. lat. fol. 226 (fol. 182^v^ = Abb. 158). Er kennzeichnet diese Textstelle wie beschrieben mit einem einzelnen gerüsteten Krieger in der Hauptinitiale.

---

606 Vgl. Blatt 1958, S. 59, Nr. 89; Cahn 1966, S. 307; Deutsch 1986, S. 188 (Handschrift genannt); Leibl 1997, S. 216 ff., Kat. Nr. 17, Abb. 44.

607 Zur Handschrift: Pergament, 303 fol., 51 x 35 cm.

608 Vgl. Damrich 1904, S. 31-34; Boeckler 1923, S. 83 ff., S. 96 ff.; Blatt 1958, S. 58, Nr. 88, Kroos 1,1, 1980, S. 477-495, ibs. S. 486/487, Abb. 170; 1,2, 1980, S. 130/131, Kat. Nr. 158; Deutsch 1986, S. 188; Leibl 1997, S. 219 ff., Kat. Nr. 18, Abb. 45-50. Auffälligerweise ist die Handschrift bei Cahn 1966 nicht dokumentiert.

609 Vgl. Damrich 1904, S. 32/33. Deutschs Angabe (1986, S. 188), alle Zeichnungen seien „sans rapport" mit dem Text, ist also inkorrekt.

610 Vgl. Josephus/Jüdischer Krieg, 1978, S. 355 ff., zur Belagerung ibs. Buch 5, Kap. 6,1ff.

611 Vgl. Kroos 1,2, 1980, S. 131.

Der untere Teil des Bildes in dem Scheyerner Josephus clm. 17 404 enthält eine Miniatur der Fortuna, die von fünf konzentrierten Kreisen, die das eigentliche Rad ersetzen, umfangen wird. Fortuna thront in der Mitte. Mit der rechten Hand krönt sie einen Aufsteiger, mit der linken hat sie gerade einem ins tiefste Unglück stürzenden Selbstmörder die Krone vom Haupt genommen. Auf dem Kopf der Schicksalsgöttin sitzt eine gekrönte Figur, die – gleich einem Hampelmann – mit ausgestreckten Armen ihre labile Position auszugleichen sucht. Im äußeren breiten Farbring spinnen die drei Parzen den Lebensfaden. Die Zuordnung der Parzen zu der Gestalt der *Fortuna labilis* ist ebenso treffend wie ungewöhnlich. Den unwandelbaren zyklischen Lauf der Dinge, die *mutatio rerum*, kennzeichnen auch die Personifikationen der vier Jahreszeiten in den Bildfeldzwickeln. Links oben ist jugendlich der Frühling mit grünenden Zweigen gezeigt, der Sommer rechts oben beim Schneiden der Weinstöcke, der Herbst beim Einschlagen eines Faßreifens links unten und der greisenhafte Winter rechts unten am wärmenden Feuer. Hier wie auch in dem Herrscherbild der Kölner Pantaleonschronik (vgl. Abb. 43) wurde die Darstellung der abgestuften Lebensalter im Bild als Angabe für den unverrückbaren Wandel allen Geschehens benutzt.

Wie die Belagerungsszene, so ist auch das *Rad des Schicksals* ein Bildthema, das im Zusammenhang mit der Chronikillustration schon mehrfach zu beobachten war (vgl. Abb. 116).

Mit dem Codex Clm. 17 404 und dem bereits zitierten Clm. 17 405, einem illustrierten Codex der *Historia scholastica* des Petrus Comestor tritt das Kloster Scheyern wie Zwiefalten als eines jener Schreiber- und Illuminatorenzentren des süddeutschen Sprachraums hervor, die auch profane Texte historiographischen Inhalts schon im zwölften und dreizehnten Jahrhundert mit einer ersten Bildausstattung versahen. Wie schon an mehreren Handschriftengruppen zu beobachten war, beginnt die Ausfertigung von narrativen Vollbildern und Szenen auch in der Tradition der illuminierten lateinischen Texte des Flavius Josephus erst gegen Ende des ersten Drittels des dreizehnten Jahrhundert.

d. Die französische Handschriftengruppe – erzählende Initialbilderzyklen

Auch auf französischem Territorium entstanden verstreut in den Zentren der hochmittelalterlichen Buchmalerei sehr unterschiedliche frühe illustrierte Redaktionen der Josephus-Texte. Fast alle erhaltenen bebilderten Fassungen französischer Provenienz aus der Entstehungszeit der ersten Illustrationen befinden sich heute in der Bibliothèque Nationale in Paris.[612]

Der Ms. lat. 5058: Der wohl früheste illuminierte, deutlich vor 1100 entstandene französische Codex, der Ms. lat. 5058 (Paris, Bibliothèque Nationale), stammt aus Moissac oder Toulouse. Zahlreiche Präsentationen auf großen Ausstellungen[613] und häufige Erwähnungen – auch in der neueren Literatur – haben dieser Handschrift einen gewissen

[612] Vgl. Cahn 1966, S. 308, Anm. 18; Deutsch 1986, S. 189-191.

Bekanntheitsgrad verliehen.[614] Das Ms. 5058 gehört zu jenen Rezensionen der lateinischen Josephus-Kopien, die nur eine Abschrift des *Jüdischen Kriegs* ohne den Text der *Antiquitates* enthalten; die übliche Zusammenstellung der beiden Werke des Josephus wurde hier aufgelöst.[615]

Um so erstaunlicher ist die üppige Ausstattung der Handschrift mit einem doppelseitigen, großformatigen Dedikationsbild und den im zwölften Jahrhundert geläufigen Schmuckinitialen an den Buchanfängen (fol. 4ʳ· fol. 7ʳ, auch fol. 45ᵛ, 75ʳ, 93ᵛ, 115ʳ, 134ᵛ). Während die Initialen zoomorphe und antropomorphe Elemente, aber keinen thematisierten Bildsinn enthalten, zeigen die Dedikationsseiten einen faßbaren Wirklichkeitsbezug: Auf fol. 2ᵛ (Abb. 167) thronen frontal zwei gekrönte Herrscher auf architektonisch geformten Kastenthronen in – wie es auch der zugehörige Text betont[616] – vollem mittelalterlich-königlichen Habit unter dem Titulus: Stemate vestitutus prefulget/cum patre Titus.

Mit sehr kräftigem Zeichenduktus hatte der Illuminator ein Repräsentationsbildnis des Kaisers Titus und seines kaiserlichen Vaters Vespasian angelegt. Anders als die Gegenüberstellung gleichrangiger Herrscher – so beispielsweise von Romulus und Remus

---

613 Vgl. beispielsweise: Manuscrits à peinture, Paris 1954, Kat. Nr. 313; Dix siècles d'enluminure et de sculpture en Languedoc, VIIᵉ au XVIᵉ siècle, Ausstellungskatalog, bearb. von Jean Porcher und Paul Mesplé, Toulouse 1954/55, Kat. Nr. 15; Byzance et la France médiévale, Manuscrits à peinture du XIIᵉ auch XVIᵉ siècle, Ausstellungskatalog der Bibliothèque Nationale, bearb. von Jean Porcher, Marie Louise Concasty und Charles Astruc, Paris 1958, S. 63, Kat. Nr. 114, Pl. XXXI; Arte románico, Barcelona 1961, S. 51, Kat. Nr. 71; Leibl 1997, S. 237 ff., Kat. Nr. 24, Abb. 92.

614 Vgl. Delisle, Léopold Victor, Le cabinet des manuscrits de la Bibliothèque Nationale 1, Reprint der Ausgabe Paris 1868, Amsterdam 1969, S. 518 ff., ibs. S. 521, Nr. 4, Delaruelle, Étienne, Une miniature de Moissac et la *Maiestas Domini*, in: Extraits des Annales du Midi (o.Bd.), 1956, S. 153 ff.; Porcher Jean, L'enluminure francaise, Paris 1959, S. 26/27, Farb.-Abb. PL. XIX; Vezin, Jean, Observations sur l'emploi des réclames (Bibliothèque de l'École de Chartres 125), 1967, S.37; Gaborit-Chopin, Danielle, La décoration des manuscrits à Saint-Martial de Limoges et en Limousin du IXᵉ au XIIᵉ siècle (Mémoires et Documents, publ. par La Societé de l'École de Chartres 17), Paris/Genève 1969, S. 76, 82, 106; Dufour, Jean, La bibliothèque et le *scriptorium* de Moissac (Hautes Études Médiévales et Modernes 15), Genf/Paris 1972, S. 140/141, Nr. 89, Pl. XLV, auch S.40, Anm. 11, S. 41, Anm. 15 und 22, S. 43, Anm. 35/36, S. 76, Anm. 15, S. 78, S. 81, Anm. 6, S. 83; Seebass, Tilman, Musikdarstellung und Psalterillustration im frühen Mittelalter, Studien ausgehend von einer Ikonologie der Handschrift Paris, Bibliothèque Nationale, Fonds latin 1118, Phil. Diss. Basel 1970, Bern 1973, S. 77 ff., ibs. S. 79, Pl. 62; Mazal 1978, S. 294, Abb. 68; Deutsch 1986, S. 32, 38, 61, 63, 190, Fig. 2/3.

615 Vgl. die Auflistung der alleinstehenden Texte des *Bellum judaicum* bei: Blatt 1958, S. 112/113. Zur Handschrift: Pergament, 169 fol., 36,5 x 24,5 cm, Schriftspiegel 27 x 17 cm, 32-34 Zeilen. Die Handschrift stammt eindeutig aus Moissac, doch wird in der vorangehend genannten Literatur heftig diskutiert, ob die Handschrift auch in Moissac oder vielleicht doch eher in Toulouse geschaffen wurde.

616 Vgl. Byzance et la France, Paris 1958, S. 63; Weitzmann 1964, S. 117.

in der Weltchronik des Otto von Freising (Cod. Bose q. 6, fol. 20^{r} = Abb. 69, vgl. auch Abb. 83a/b) – sind die beiden Figuren deutlich voneinander unterschieden.[617] Die rechte sitzt auf einem Thron mit Rückenlehne, Knäufen und Sitzkissen, der Kastenthron links wurde lediglich mit Löwenköpfen ausgestattet. Die rechts sitzende Figur trägt über der bodenlangen Tunika einen gegürteten, an allen Säumen üppig mit Pelz verbrämten Mantel mit weitgeschnittenem, dreiviertellangen Arm, dazu eine breite Schulterkette und eine Bügelkrone. Der längere Bart kennzeichnet diese Figur als den Älteren der beiden Dargestellten. Sein Sohn – links – wurde wesentlich bescheidener eingekleidet. Er trägt über dem bodenlangen Gewand nur das übliche einfache Manteltuch über den Schultern und hat einen eher kappenartigen Kronreif mit Aufsätzen. In seiner Rechten hält Titus ein doppelköpfiges Stabszepter. Blick und Gestik wendet er direkt dem Betrachter zu, während gleichzeitig das Gesicht im Dreiviertelprofil nach links zu seinem Gegenüber gewandt ist. Wesentlich deutlicher läßt sich die Interaktion des Titus erfassen: Blickführung und Handbewegung sind direkt auf den Sohn hin orientiert. Während Vespasian die linke Hand gewährend und zugleich weisend öffnet, reicht er mit der rechten den Reichsapfel zu Titus hinüber.

Das Bild beinhaltet für sich gesehen also zwei Aspekte, die aus den bereits dargelegten Untersuchungen zu den Chronikillustrationen schon vertraut erscheinen müssen. Zum einen gibt das Doppelbildnis bereits den ersten verkürzten Ansatz einer Amtsgenealogie oder Herrscherreihe wieder wie sie etwa in der Cambridger Kaiserchronik (Abb. 18-32), der Weltchronik aus Sankt Pantaleon (Abb. 37/38, Abb. 47-56) oder der Kölner Königschronik (Abb. 43) zu beobachten war.

Zum anderen enthält die Zeichnung auch eine Herrschafts- oder Insignienübergabe, dokumentiert also jenen rechtssetzenden Akt, der sowohl in der Tradition der Josephus-Handschriften – so im Cod. hist. fol. 418 (fol. 107^{r} = Abb. 163) und im Ms. lat. fol. 226 (fol. 69^{r} = Abb. 154) – als auch im *Chronicon universale* des Ekkehard von Aura (Ms. lat. fol. 295, fol. 99^{r} = Abb. 8) und, wenn auch unter anderem Aspekt, in der Kaiserchronik (Ms. 383, fol. 83^{r} = Abb. 34) zu sehen ist. Obwohl Porcher seinerzeit bemüht war[618], für Details der Figuren byzantinische Vorbilder zu finden, zeigt ein Blick, daß auch in der reichsfernen Region von Moissac oder Toulouse im ausgehenden elften Jahrhundert westliche Bildformeln als Motiv für das Übertragen von Herrschergewalt benutzt wurden.

Gegenüber dem Kaiserbild auf der folgenden Rectoseite (fol. 3^{r} = Abb. 168) kommt Flavius Josephus, in übergroßem Maßstab gezeichnet, um sein *Opus* vom *Jüdischen Krieg* zu überreichen. Auf dem gequaderten Fußboden schreitet der Autor mächtig aus. Über dem kurzen, taillierten Gewand trägt er einen kurzen Mantel, mit dessen Saumenden er seine Hände, die das Buch halten, verhüllt. Die Perspektive des Buchs öffnet sich nach hinten. Auch die senkrechte Linie, die jene vielköpfige Gruppe nachdrängender Begleit-

[617] Anders als Weitzmann 1964, S. 118. Weitzmann sieht die Wertigkeit der Figuren umgekehrt, stimmt jedoch der Situationsbeschreibung „Insignienübergabe" zu.

[618] Vgl. Byzance et la France, Paris 1958, S. 63.

personen seitlich überschneidet, bringt einen zusätzlichen räumlichen Aspekt in die Zeichnung. Die Nebenfiguren greifen das fast aggressive Schreitmotiv des Josephus erneut auf und verstärken es damit. Die Spannung der Szene bleibt von den anderen Autoren- und Dedikationsbildern der *Antiquitates judaicae* völlig unerreicht (vgl. Abb. 139, 149, 161, 165).

Am nächsten steht den Illustrationen des Ms. lat. 5058 – ohne selbstverständlich einen direkten Bezug zu besitzen – das Dedikationsbild im Ms. C 1 in Fulda (fol. 1^v = Abb. 165), da es ebenfalls ein ganzseitiges szenisches Geschehen als Vollbild mit einem auf die Entstehungszeit der Handschrift zurückgreifenden Wirklichkeitsbezug in kräftig lavierter Zeichnung vorführt. Die Zeichnung im Ms. lat. 5058 in fast schwarzer Tinte vervollständigte der Buchmaler mit deckenden Lavierungen in Ocker und Olivgrün, in den Kaiserbildnissen ergänzt durch ein helles Blau, im Autorenbild durch einen kräftigen Rotton. Damit kann auch an diesem Beispiel, wie schon an anderen Illustrationen zu historiographischen Texten, der Übergang von der Zeichnung zur deckfarbenen Miniatur nachgewiesen werden.

Das Ms. lat. fol. 5047: Chronologisch folgt in der Reihe der bebilderten lateinischen Josephustexte französischer Provenienz das Ms. lat. 5047 (Paris, Bibliothèque Nationale), das wohl aus dem späten elften oder bereits dem frühen zwölften Jahrhundert stammt.[619] Neben einer Reihe von Schmuckinitialen hat die Handschrift zwei Initialen, die über einen inhaltlichen Bildsinn verfügen.[620]

Auf fol. 2^r (Abb. 169) prangt eine Genesisinitiale am Textbeginn des *In principio*. In eine kreuzförmige Grundfläche eingebunden, bildet die Figur des segnenden Schöpfers in der Vertikalachse der Miniatur den Buchstaben I aus. Die Figur ist in sich streng geschlossen. Gott steht auf der Erdscheibe, Sphären umgreifen seinen Kreuznimbus. Die Buchstabenstämme des N brachte der Illuminator zu beiden Seiten der Hauptfigur an und fügte in den rhythmischen Wechsel von glockenförmigen und runden Bildfeldern die Szenen des Hexaemeron ein. Die Zwickelfelder füllen s-förmige Ranken. Der schmale Diagonalbalken des N erweitert sich vor der Gottesgestalt zu einem Medaillonfeld, in dem mit erhobenen Händen eine weibliche Figur (Maria?) sitzt. Die Farbigkeit der Miniatur beherrschen eher gebrochene Blau- und Rosatöne und ein kräftiges Grün.

Innerhalb der Entwicklungsgeschichte der Genesisinitialen nimmt dieses Beispiel eine Mittlerposition ein: Von dem älteren, lange noch weiter zu verfolgenden Prinzip der Schöpfungsgeschichte in einer senkrechten Medaillonkette hat sich der Buchmaler hier gelöst, die hochkomplizierte Kompositionsdichte der *In-prin*cipio-Initiale des Josephus in Chantilly (Ms. 774/775, fol. 3^r = Abb. 147) hat er noch nicht erreicht.

---

619 Zur Handschrift: Pergament, 189 fol., 49 x 34,5 cm, 2 Kolumnen zu je 56 Zeilen.

620 Vgl. Lauer 1927, S. 81/82, Pl. XLIII, 3/4, und Pl. LXXXV, 1; Blatt 1958, S. 64, Nr. 103, Cahn 1966, S. 307/308, Anm. 18,; Deutsch 1986, S. 38 ff., 61, 67, 123, Anm. 2, S. 144, 162, Anm. 12/13, S. 177, S. 189, Fig. 21 und 133; Liebl 1997, S. 230-232, Kat. Nr. 21, Abb. 87-88.

Die zweite interessante Darstellung des Ms. lat. 5047, das Bildnis des stehenden Autoren (fol. 2^r, links = Abb. 170) führt eine richtige Figureninitiale vor.[621] Während die Figur den Stamm des Buchstaben P markiert, bildet ein halbkreisförmig nach rechts gespanntes Spruchband (bez.: Josephus Antiquitatum) die Bauchung des Buchstaben aus. Das Innenfeld füllt eine s-förmige Blattranke. Josephus trägt zeitgenössische Tracht, einen langen Bart und einen großen, spitzen Judenhut. Obwohl er in den Rahmengrund der Initiale eingebunden ist, sprengt er durch sein energisches Verweisen und Zuschreiten auf den Textblock wie auch durch sein kraftvolles Emporreißen des Schriftbandes die Strenge der Komposition.

Mit den beiden beschriebenen Illustrationen bewegt sich das Ms. lat. 5047 innerhalb des bereits seit dem ausgehenden elften Jahrhundert standardisierten Bildprogramm am Textbeginn der *Antiquitates judaicae*.[622]

Das Ms. lat. 8959: Wohl aus dem mittleren zwölften Jahrhundert stammt das Ms. lat. 8959 (Paris, Bibliothèque Nationale), das neben drei historisierten Initialen viele prachtvolle Eingangsbuchstaben mit figürlichen Drolerien enthält (vgl. fol. 101^v = Abb. 174, fol. 200^v = Abb. 175).[623]

Auf fol. 1^v (Abb. 171) füllt eine Prachtinitiale fast zwei Drittel der ersten Textkolumne vor dem Beginn des ersten Buchs der *Antiquitates judaicae* mit dem *In principio*. Der Rahmenschmuck des hochrechteckigen Bildfeldes besitzt Doppelleisten und ornamentale Füllungen. Drei rahmenübergreifende Medaillons tragen Bildnisse aus der Genesis – die Erschaffung Adams, die Belehrung des Urelternpaars und den Sündenfall. Die äußeren Zwickelfelder füllen Darstellungen von Drachen und Böcken, die Zwischenfelder des Bildinnengrunds enthalten die vier Paradiesströme, ähnlich der typologischen Initiale des Ms. 774/775 in Chantilly (fol. 3^r = Abb. 147). Möglicherweise ist allein das Bild der vier Paradiesströme in sich durch die Zahlensymbolik bereits als ein typologischer Verweis auf die vier Evangelisten und das Neue Testament zu verstehen.

Auch diese sehr qualitätvolle Initiale wurde als Miniatur gearbeitet: Blaugrundig mit weißen Pünktchenmustern wird der Farbklang von kräftigem Rot, Grün, Blau und Gold dominiert.

---

621 Vgl. Gutbrod 1965, S. 106/107, Abb. 65.

622 Siehe Brüssel, Ms. II 1179, fol. 2^v = Abb. 175, fol. 3^v = Abb. 176; Florenz, Cod. Plut. 66,5, fol. 1^v = Abb. 187, fol. 2^v = Abb. 188; Stuttgart, Cod. hist. fol. 418, fol. 1^r = Abb. 199, fol. 3^r = Abb. 200.

623 Vgl. Delisle 1974, S. 15, Nr. 8959; Delisle 2, 1969, S. 286; Blatt 1958, S. 62, Nr. 99; Leclercq, Jean, *Joculator et saltator*, Saint Bernhard et l'image du jongleur dans les manuscrits, in: *Translatio studii*, Manuscript and Library Studies honoring Oliver L. Kapsner, hrsg. von Julian G. Plante, Collegeville/Minnesota 1973, S. 141 und Anm. 68; Deutsch 1986, S. 36, 40, 75-77, 79, Anm. 18, S. 137, 144, 174, Anm. 14, 190, Fig. 7 und 77; Liebl 1997, S. 240-244, Kat. Nr. 25, Abb. 93-95. Zur Handschrift: Pergament, 219 fol., 48 x 31 cm, zwei Kolumnen zu je 50-52 Zeilen. Lagen- und Textfolge nicht mehr korrekt, siehe im einzelnen: Blatt 1958, S. 62.

Während die meisten figürlichen Initialen des Ms. lat. 8959 keinen Bild-Text-Bezug und damit keinen direkten Sinnzusammenhang erkennen lassen (vgl. Abb. 174/175), können zwei Initialen dem Text zugeordnet werden: Auf fol. 9r (Abb. 172) am Beginn des zweiten Buchs stehen Jakob und Esau.[624] Gerade ist das Linsengericht zubereitet und der Tauschhandel der Brüder im Bild festgehalten.

Auf fol. 89r (Abb. 173) erscheint – in der bereits aus anderen, Kölner Abschriften der *Antiquitates* bekannten Bildformel des gekrönten Reiters mit der Bannerlanze (vgl. Abb. 157, 160) – König Cyrus am Anfang des elften Buchs der *Jüdischen Altertümer*.[625]

Während die Initialen mit den Drolerien deutlich von anderer Hand sind, weisen diese beiden historisierten, textbezogenen Initialbilder jene Farbigkeit und den sehr fest gefügten ornamentalen Charakter auf, den auch das Eingangsbild der Handschrift besitzt. Ähnlich wie mehrere der mosanen Fassung der *Antiquitates judaicae* besitzt der Ms. lat. 8959 lediglich das Standardprogramm aus Genesisbildern und einzelnen verstreuten textbezogenen Darstellungen, das für die Entwicklung echter Illustrationszyklen von Chroniken nur eine untergeordnete Rolle gespielt haben dürfte.

Das Ms. lat. 16 730: In das letzte Drittel des zwölften Jahrhunderts gehört jene Josephus-Handschrift, das Ms. lat. fol. 16 730 (Paris, Bibliothèque Nationale), das wohl aus Corbie stammt und sich lange in der Bibliothèque de Nôtre-Dame befand.[626]

Wie Deutsch in seinen Untersuchungen deutlich machen konnte, ist nach einem gewissen Einbruch in der Entwicklung der Illustrationen zu den *Antiquitates judaicae* und dem *Bellum judaicum* im dreizehnten und vierzehnten Jahrhundert[627] ein deutlicher Bezug zwischen bebilderten Ausgaben aus der Zeit des Jean Fouquet – dem Ms. fr. 247 und

[624] Vgl. Josephus/Altertümer 1, 1987, S. 72.

[625] Vgl. Josephus/Altertümer 2, 1987, S. 1 ff.

[626] Vgl. Delisle 2, 1969, S. 437; Delisle 1974, Nr. 16 730; Boutemy, André, Un trésor injustement oublié: les manuscrits enluminés du Nord de la France (période pré-gothique), in: Scriptorium 3, 1949, S. 117, Anm. 3; ders., De quelques enlumineurs de manuscrits de l'abbaye de Corbie dans la seconde moitié du XIIe siècle, in: Scriptorium 4, 1950, S. 248, 250/251; Blatt, 1958, S. 73, Nr. 123; The Year 1200, A Centennial Exhibition at the Metropolitan Museum of Art, hrsg. und bearb. von Konrad Hoffmann (The Cloisters Studies in Medieval Art 1), New York 1970, S. 142/143, Kat. Nr. 165; Samaran, Charles und Robert Marichal, Catalogue des manuscrits en écriture latine portant des indications de date, de lieu ou de copiste, Bd. 3, Bibliothèque Nationale, Fonds latin Nr. 8001-18 613, Paris 1974, S. 713; Merindol, Christian de, La production des livres peints à l'Abbaye de Corbie au XIIe siècle, Phil. Diss. Paris 1975 (Service de Reproduction des Thèses 3), Lille 1976, S. 986-989, Abb. 265-267; Stirnemann, P., Nouvelles pratiques en matière d'enluminure, in: La France de Philippe Auguste, Actes du Colloque, Paris 1980, S. 955, 980, Kat. Nr. 1; Deutsch 1986, S. 190, S. 218.

[627] Vgl. Deutsch 1986, S. 41 ff., S. XI Carte de la répartition des manuscrits de Josèphe au XIIe, XIIIe et XIVe siècle.

dem Ms. nouvelle aquisition fr. 21 013 (beide: Paris, Bibliothèque Nationale) – und dem Ms. lat. 16 730 nachzuweisen.[628]

Die Illustrationen: Der Codex aus Corbie besitzt achtzehn historisierte, deckfarbene Initialen, die neben zahlreichen dekorativen Schmuckinitialen wie gebräuchlich die Buchanfänge der Josephus-Texte schmücken.

Auf fol. 2ʳ (Abb. 176) steht am Beginn des Prologs der Historia ein Doppelbild: Im oberen Teil des Buchstabenfelds spricht Gottvater zu Adam und Eva über den Baum der Erkenntnis, der in der Mitte angelegt wurde. Unten vertreibt der Engel Adam und Eva, die ihre Blößen bedecken, aus dem Paradies (vgl. Abb. 66 und 81).[629]

Fol. 3ʳ (Abb. 177) führt – analog zum Text – die geläufige Genesisdarstellung in einer Medaillonkette vor, wie sie am Beginn des ersten Buchs der *Antiquitates* so häufig anzutreffen ist.[630] Das Sechstagewerk wurde auf nur fünf Bildfelder verteilt. Im dritten, dem mittleren, vergrößerten Rund wurden simultan der dritte und der vierte Schöpfungstag dargestellt.

Am Beginn des dritten Buchs der *Antiquitates* folgt, während die Josephusgeschichte hier – anders als im Oxforder Ms. 317 (fol. 7ᵛ = Abb. 142) – unbebildert blieb, das Bild des Moses (fol. 20ʳ) in einer I-Initiale.[631] In einem rankengeschmückten Bildinnenfeld vor gepünkteltem Grund steht Moses, Strahlen um das Haupt, die Gesetzestafeln in der linken, den Stab mit der ehernen Schlange in der rechten Hand. Er wendet sich dem Textblock zu.

Vergleichbare I-Initialen konnten als festgelegte Bildformeln auch innerhalb der Chronikillustration bereits vielfach beobachtet werden.[632] Sie können in einfacher Form wie im Ms. 164, der Admonter *Chronica* des Otto von Freising (Kaiser Konradin, fol. 51ᵛ = Abb. 65), dem Ms. lat. 5047 der *Antiquitates* (Flavius Josephus, fol. 2ʳ = Abb. 170) oder dem Berliner Josephus Ms. lat. fol. 226 (Josaphat, fol. 80ᵛ = Abb. 155) auftreten, kommen aber auch in kombinierter oder szenisch erweiterter Form vor. Beispielsweise sind die *Historia* des Plinius (Cod. Vind. 9, fol. 223ᵛ = Abb. 93) oder die Genesisinitialen des Josephus in Chantilly (Ms. 774/775, fol. 3ʳ = Abb. 147) und des Pariser Josephus Ms. lat. 8959 (fol. 1ᵛ = Abb. 171) zu nennen.

Wesentlich interessanter wirkt dagegen die Verbindung zu den Mosesbildern im szenischen Zusammenhang im Ms. 317 in Oxford (fol. 19ʳ = Abb. 143) und in der vertikalen Reihung mit Aaron und Josua in Berlin (Ms. lat. fol. 226, fol. 21ʳ = Abb. 153) und im

---

628 Vgl. Deutsch 1986, S. 45 ff.; siehe zu diesen Handschriften bereits: Omont, Henri, *Antiquités* et *Guerre des juifs* de Josèphe, Reproduction des 25 miniatures des manuscrits français 247 et nouv. aqc. 21 013 de la Bibliothèque Nationale, Paris o. J. (1906).

629 Vgl. Merindol 1976, S. 987 und Abb. 265.

630 Vgl. Josephus/Altertümer 1, 1987, S. 18 ff.; Deutsch 1986, S. 65 ff.; Abb. 24.

631 Vgl. Josephus/Altertümer 1, 1987, S. 136 ff.; Deutsch 1986, S. 83 ff., ibs. S. 84, Abb. 10.

632 Vgl. Gutbrod 1965, S. 74 ff.

Kölner W 276 (fol. 19ᵛ = Abb. 159). Text und Bild verbinden sich zunehmend enger miteinander. Deutlich kristallisiert sich am Anfang des dritten Buchs der *Antiquitates* ein Schwerpunkt heraus, die Mosesbilder gehören unabhängig von ihrer Form zu den frühen quasi obligatorischen Illustrationen der *Jüdischen Altertümer*.

Erst eingangs des siebten Buchs wurde die nächste textorientierte Initiale eingefügt: Im Bildinneren kniet jener amalekitische Krieger vor König David (fol. 55ʳ = Abb. 178) nieder, der in der vorangegangenen Schlacht König Saul erschlagen hat.[633] Er bringt, um seine Worte zu belegen, die Krone (und dem Text zufolge auch die Armspangen) des Königs mit, die er in der linken Hand hält.

Eine Verbindung zu den David-Szenen in anderen Josephus-Abschriften – so am Anfang des achten Buchs, im Ms. lat. fol. 226 (fol. 69ʳ = Abb. 154) und im Cod. hist. fol. 418 (fol. 107ʳ = Abb. 163) – läßt sich im übergreifenden Gesamtthema erkennen. In allen drei Miniaturen geht es, auf König David bezogen, um das Übertragen herrschaftlicher Macht verknüpft mit einer Insignienübergabe. Wenn auch unterschiedliche Ereignisse für die Illustrationen ausgewählt wurden, so ist darin dennoch ein gemeinsamer Überbegriff für die Bilder erkennbar.

Eingangs des achten Buchs des Ms. lat. 16 730 zeigt eine Szene ein königliches Paar (fol. 66ᵛ = Abb. 179), das von Deutsch für Bathseba und Salomon gehalten wurde[634], während Merindol glaubt, in dieser Szene (nach Buch 8, Kap. 2,1) Salomon und seine Gemahlin, die Pharaonentochter, sehen zu können.[635] Da sich die vorangegangenen Szenen des Ms. lat. 16 730 jeweils direkt auf den folgenden Text bezogen und die Initiale ganz offensichtlich einen jugendlichen, bartlosen König und eine heftig auf ihn einredende verschleierte, wohl ältere Frau zeigt, dürfte Deutsch in diesem Fall recht haben. Gemeint wäre dann jene heftige Szene, die Bathseba ihrem Sohn Salomon wegen seines Halbbruder Adonias machte. Eine auffällige Parallele zu diesem Bild bietet die entsprechende Zeichnung im Ms. lat. fol. 226 (fol. 69ʳ = Abb. 154), die Bathseba bittend vor König David vorstellt. Auch hier geht es um die Sicherung von Thronrechten, denn Bathseba kniet vor David, um die Thronfolge ihres Sohnes zu sichern.

Auf fol. 79ʳ erscheint, umfangen von üppig umrankten Stäben eingangs des neunten Buchs der *Antiquitates judaicae*, Josaphat in königlichem Habit.[636] Auch dieses Bildbeispiel läßt sich direkt dem Berliner Josephus Ms. fol. lat. 226 vergleichen, wo an ebendieser Textstelle König Josaphat in gleicher Art und Weise präsentiert wird (fol. 80ᵛ = Abb. 155).

Auf fol. 87ʳ, dem Anfang des zehnten Buchs, wurde eine Belagerungsszene gemalt, die allen bisher besprochenen Darstellungen und *images stéréotypes* dieses Themas völlig widerspricht. König Sanherib von Assyrien belagert den jüdischen Herrscher Hiskia

---

[633] Vgl. Josephus/Antiquitates 1, 1987, S. 390 ff.; Deutsch 1986, S. 107 ff., Abb. 53.

[634] Vgl. Deutsch 1986, S. 115 ff. Abb. 8; Josephus/Altertümer 1, 1987, S. 467-469.

[635] Vgl. Merindol 1976, S. 987; Josephus/Altertümer 1, 1987, S. 470.

[636] Vgl. Deutsch 1986, S. 123, Abb. 12; Josephus/Altertümer 1, 1987, S. 544.

in Jerusalem (nach Jesaias 36).[637] Die Auseinandersetzung wurde als ein heftiger, über Stadtmauern und Tore hinweg geführter Disput aufgefaßt. Der Illustrator des Berliner Codex hatte dagegen die Szenen der Heilung des Hiskia ausgewählt (fol. 88^{r} = Abb. 156), der Illustrator des Oxforder Ms. 317 den betenden König im Tempel (fol. 58^{r} = Abb. 145).

Auch das folgende Thema, das Bildnis des Königs Cyrus (fol. 94^{v}) gehört zu jenen Darstellungen, die in den unterschiedlichsten Chroniken und historiographischen Texten auftauchen: Während Cyrus im Ms. lat. 16 370 in aktivem Tun, sozusagen als Vortäter auftritt, indem er dem jüdischen Volk den Wiederaufbau des Tempels gestattet[638], präsentiert ihn die *Chronica Sancti Pantaleonis* als einen der Herrscher der *regna maxima* (fol. 1^{v} = Abb. 37), die Weltchronik des Otto von Freising (Cod. Bose q. 6, fol. 20^{r} = Abb. 69, vgl. auch Abb. 83a/b) bereits in einer Szene als Zerstörer Babylons, der Stuttgarter Orosius (Cod. hist. fol. 410, fol. 27^{v} = Abb. 135) ebenfalls in erzählendem, szenischem Zusammenhang mit seinem Pferd. In der Gruppe der frühen bebilderten *Antiquitates judaicae* besitzen nur das Ms. 317 (Oxford, Merton College, fol. 63^{r})[639] und das Ms. lat. 8959 (Paris, Bibliothèque Nationale, fol. 89^{r} = Abb. 173) eine Miniatur des Königs Cyrus.

In der Initiale auf fol. 113^{r} (Abb. 180) am Anfang des dreizehnten Buchs erscheint Jonathan betend mit erhobenen Händen in bischöflicher Gewandung vor einem Altar, der in oder vor einer Kirche steht.[640] Diese Miniatur könnte mit der Szene des im Tempel betenden Hiskia des Ms. 317 (fol. 58^{r} = Abb. 145) verglichen werden. Die liturgische Gewandung des *prince-pontife* Jonathan stellt seine priesterlich-geistliche Führungsrolle über die Würde des vom Bruder ererbten Königtums.[641]

Am Beginn des folgenden, vierzehnten Buchs der *Antiquitates* (fol. 123^{v}) bedrohen einander mit erhobenem Schwert und vor den Körper gezogenem Langschild die beiden Söhne der Königin Alexandra, Aristobul und Hyrkan. Wie Deutsch zu recht betont hat, wurde hier eine konkrete Kampfsituation gezeichnet und keinesfalls eine Drolerie, wie sie beispielsweise die Kampfspiele im Ms. lat. 8959 (fol. 200^{v} = Abb. 175) vorstellen.[642]

Das nächstfolgende Bild (fol. 134^{v} = Abb. 181) eingangs des fünfzehnten Buchs enthält eine Hinrichtungsszene, möglicherweise: Antonius tötet nach dem Fall Jerusalems in Antiochia den jüdischen König Antigonus. Anders als im zugehörigen Text, aber der Auffassung im Orosius der Vaticana vergleichbar (Ms. Vat. lat. 3340, fol. 21^{r} = Abb. 120), greift auch hier der gekrönte Herrscher persönlich zur Waffe, um das Todesurteil zu vollstrecken. Bild und Text entsprechen einander nicht völlig, auch wurde, falls die Szene richtig benannt ist, die historisierte Initiale hier ausnahmsweise nicht in direktem

[637] Vgl. Josephus/Altertümer 1, S. 598; Deutsch 1986, S. 130 ff.

[638] Vgl. Deutsch 1986, S. 135 ff; Josephus/Altertümer 2, 1987, S. 3 ff.

[639] Vgl. Deutsch 1986, Abb. 76, vgl. Abb. 77/78.

[640] Vgl. Josephus/Altertümer 2, 1987, S. 130 ff.

[641] Vgl. Deutsch 1986, S. 146/147, Abb. 11.

[642] Vgl. Deutsch 1986, S. 149, Abb. 90; Josephus/Altertümer 2, 1987, S. 206.

räumlichen Zusammenhang mit der Textstelle (Josephus/Antiquitates, Buch 15, Kap. 2) angeordnet[643], denn die dargestellten Ereignisse werden erst im zweiten Kapitel dieses Abschnitts beschrieben. Da die Illustrationen des Ms. 16 730 meistens einen direkten Bild-Text-Zusammenhang haben, bleibt zu überlegen, ob nicht doch die Szene des ersten Kapitels des fünfzehnten Buchs gemeint war. In dieser Textpassage wird berichtet, wie Herodes die Anhänger des Antigonus hinrichten ließt, während die Stadttore bewacht wurden, damit niemand entfliehen oder seinen Besitz aus der Stadt schaffen konnte. Die Begleitfigur und die Zinnenarchitektur wie auch die Bildauswahl jüngerer Handschriften an ebendieser Bildstelle würden entgegen Merindol und Deutsch für die zweite thematische Zuordnung der Initialminiatur sprechen.[644]

Die Initiale für das achtzehnte Buch (fol. 164ʳ = Abb. 182) führt einen Rechtssetzungsakt vor[645], wie er beispielsweise auch aus dem Rolandslied (Cod. Pal. germ. 112, fol. 43ᵛ) oder der *Chronica* des Otto von Freising (Cod. Bose q. 6, fol. 78ᵛ = Abb. 77) vertraut ist. Kaiser Augustus, übermächtig groß und auf einem Faldistorium sitzend, ernennt Cyrenius zum Regenten in Syrien.

Ungewöhnlicherweise besitzt das achtzehnte Buch der *Antiquitates* auf fol. 165ᵛ im dritten Kapitel (Josephus/Antiquitates, Buch 18, Kap. 3,3)[646] eine zweite Miniatur, ein Bildnis des thronenden *Christus*. Entgegen dem Illustrationsprinzip des Ms. lat. 16 730, ausschließlich an den Buchanfängen Illustrationen auszubilden, wurde an dieser besonderen Stelle des Flavius Josephus als Zeitzeuge des Lebens Jesu durch die Initiale Rechnung getragen, der Text durch dieses Bild im Mittelalter sozusagen „christianisiert".

In der vorletzten narrativen Initiale der *Jüdischen Altertümer* (fol. 175ᵛ) am Anfang des neunzehnten Teils wird die Ermordung des Caligula durch Cassius ins Bild gesetzt.[647] Der Caesarenmord ist ebenfalls ein Bildthema, das in der Weltchronik des Otto von Freising (Cod. Bose q. 6, fol. 20ᵛ = Abb. 70) illustriert worden ist. Das Abrutschen der Krone vom Kopf des Opfers und das aggressive Zupacken des Angreifers in die vorderen Haarsträhnen seines Opfers vor dem tödlichen Stoß oder Schlag sind durchaus vergleichbar.

Die letzte Illustration zu den *Antiquitates* (fol. 184ᵛ) ist ebenfalls eine Hinrichtungsszene: Der römische Regent Fadus hatte wegen innerer Unruhen in Judäa drei vornehme Juden – Annibas, Amaram und Eleaszar – festnehmen und den Erstgenannten töten lassen, die anderen beiden in die Verbannung geschickt. Abgebildet wurde jener Moment, in dem ein Scherge mit dem Schwert den ersten der drei festgesetzten Juden köpft.

643 Vgl. Josephus/Altertümer 2, 1987, S. 291.

644 Vgl. Merindol 1976, S. 987; Deutsch 1986, S. 153 ff., Abb. 95.

645 Vgl. Josephus//Altertümer 2, 1987, S. 504; Deutsch 1986, S. 162 ff., Abb. 106.

646 Vgl. Josephus/Altertümer 2, 1987, S. 515/516. Nicht wie Merindol 1976, S. 987: Buch XVIII, Kap. VIII; Deutsch 1986, S. 162 ff., Abb. 110.

647 Vgl. Josephus/Antiquitates, S. 574 ff.; Deutsch 1986, S. 164 ff., Abb. 112. Die Szene ist bei Merindol (s.o.) nicht verzeichnet.

Anders als alle anderen Abschriften der Josephus-Texte des zwölften Jahrhunderts enthält die Pariser Kopie Ms. lat. 16 730 auch eine mehrteilige Bildausstattung des *Bellum judaicum*. Während der Textbeginn keine inhaltlich interpretierbare Szene trägt, fängt das dritte Buch des *Jüdischen Kriegs* mit einer historischen Szene, erneut mit einem Rechts- und Befehlsakt an: Kaiser Nero erteilt Vespasian den Oberbefehl über seine Truppen in Syrien (fol. 228^{v} = Abb. 183), um gegen die Juden Krieg zu führen.[648]

Auf fol. 245^{r}, den Beginn des fünften Buchs markierend, werden Zacharias(?) und ein weiterer Priester von den aufbegehrenden Zeloten enthauptet.[649]

Den Anfang des sechsten Buchs (fol. 251^{r}) schmückt das Bildnis des Kaisers Titus zu Pferde vor dem Tempel von Jerusalem. Eine vergleichbare Darstellung eines Streiters enthält – als Illustration zum Textbeginn des *Bellum judaicum* – das Ms. lat. fol. 226 (fol. 182^{v} = Abb. 158).[650]

Die Belagerung und der Fall Jerusalems (fol. 262^{v}) wurden am Beginn des siebten Buchs gestaltet.[651] Während die Belagerung der Stadt hier durch nur einen Kämpfer (Titus?) angedeutet, im gängigen Schema von links nach rechts aufgefaßt ist, wie auch die gleiche Szene in dem erheblich jüngeren Münchener Josephus (Clm. 17 404, fol. 263^{v} = Abb. 166), wurde innerhalb der Stadtmauer jene gräuliche Geschichte ins Bild gesetzt, in der die Maria von Bethezuba während der grausamen Hungersnot in der belagerten Stadt ihr Kind tötet und verschlingt. Diese Begebenheit wird im *Bellum judaicum* bereits im sechsten Buch geschildert (Josephus/Bellum, Buch 6, Kap. 3,4) und erscheint hier stellvertretend für die entsetzliche Not in ganz Jerusalem vor der Einnahme durch die Römer.[652] Mit dieser Illustration endet der Zyklus historisierter Initialen im Ms. 16 730.

Nachzutragen bliebe in der französischen Gruppe das Ms. 533/534 aus Dijon (New York, Pierpont Morgan Library), das jedoch bereits in das dreizehnte Jahrhundert gehört und daher auf die ganz frühe Entwicklung der Chronikillustration beispielsweise in der Weltchronik des Otto von Freising keinen Einfluß gehabt haben kann.[653]

Ebenso sollte auch kurz auf den Codex Ms. 29 (Chartres, Bibliothèque Municipale, aus Saint Père) hingewiesen werden, der zahlreiche Federzeichnungen, teilweise auch als Randzeichnungen, besaß. Bedauerlicherweise verbrannte die Handschrift während des Bombenangriffs 1944 und kann daher zu einem näheren Vergleich nicht mehr herangezogen werden.[654]

---

[648] Vgl. Josephus/Jüdischer Krieg, 1978, S. 232/233; Deutsch 1986, S. 171-173, Abb. 125.

[649] Vgl. Josephus/Jüdischer Krieg, 1978, S. 355 ff.; Deutsch 1986, S. 175-177, Abb. 129 (Identifizierung umstritten).

[650] Vgl. Josephus/Jüdischer Krieg, 1978, S. 417 ff.; Deutsch 1986, S. 177/178, Abb. 134.

[651] Vgl. Josephus/Jüdischer Krieg, 1978, S. 463 ff.; Deutsch 1986, S. 179, Abb. 143.

[652] Vgl. Josephus/Jüdischer Krieg, 1978, S. 437-439; vgl. auch S. 400.

[653] Vgl. Ricci, Seymour de und W. J. Wilson, Census of Medieval and Renaissance Manuscripts in the U.S.A. and Canada, New York 1935/37, S. 1467; Deutsch, S. 189, S. 217, Abb. 45 und 55.

e. Ergebnisse

Zusammenfassend ergeben sich für die analysierten Josephus-Illustrationen folgende Ergebnisse: Die frühen, mosanen Handschriften besitzen analog zu Bibeltexten zumeist mehrszenige Genesisbilder. Daneben treten Autoren- respektive Dedikationsbilder vergleichbar der byzantinischen Tradition mit Herrscherdarstellungen, wie sie inzwischen aus den lateinischen Weltchroniken bestens vertraut sind. Die rheinischen Codices haben dieses allererste Programm um Figurenbilder des Alten Testaments erweitert, während die anderen deutschen Skriptorien weitere Bildelemente – so beispielsweise aus der alten Geschichte – einbringen und die typologischen Ideen der mosanen Handschriften bisweilen wieder aufgreifen.

Festzuhalten bleibt, daß sich erst an der französischen Gruppe der mittelalterlichen Abschriften des Flavius Josephus der Weg zum ausgebildeten Illustrationszyklus in romanischer Zeit gut aufzeigen läßt. Die frühesten Beispiele wie das Ms. lat. 5058 und das Ms. lat. 5047 haben nur Dedikations- respektive Autorenbilder und/oder Genesisdarstellungen. Mit dem Ms. lat. 8959 kommen im mittleren zwölften Jahrhundert erste historisierte Initialen hinzu. Mit dem chronologisch folgenden Ms. lat. 16 730 wird ein weiterer Schritt zur narrativen Bilderreihe erreicht: ein vielteiliger, eng textgebundener Miniaturenzyklus in den Initialen begleitet fortlaufend das geschriebene Wort und wird – wie Deutsch hinreichend belegt hat – zu einem der Ausgangspunkte der später nachfolgenden vielbildrigen Illustrationszyklen der *Antiquitates judaicae* und des *Bellum judaicum*. Narrative Vollbilder werden – durchaus den lateinischen Weltchroniken vergleichbar – erst mit dem ersten Drittel des dreizehnten Jahrhunderts geläufig.

[654] Vgl. Delaporte, Yves, Les manuscrits enluminés de la Bibliothèque de Chartres, Chartres 1929, S. 11/12, Nr. 31; Blatt 1958, S. 47, Nr. 51; Deutsch 1986, S. 187, S. 216; Liebl 1997, S. 194/195, Kat. Nr. 9, Abb. 29-32.

IV

DIE ENTWICKLUNG
VON DEN
FRÜHEN CHRONIKILLUSTRATIONEN
ZU DEN
NARRATIVEN BILDERZYKLEN

1. Vom Wort zum Bild

Die vier vorangegangenen Kapitel haben über die unterschiedlichen Handschriftengruppen der westlichen mittelalterlichen Chronikillustration sowie über die frühen, erst im zwölften Jahrhundert illustrierten historiographischen Texte des Plinius, des Paulus Orosius und des Flavius Josephus berichtet. Den Bogen der Vergleichsbeispiele für das *Chronicon pictum* oder die *imago mundi*, die hochmittelalterliche bebilderte Weltchronik so weit zu spannen, war notwendig, um verschiedenste Vorbildbereiche erfassen zu können. Zusammenschauend soll die Analyse der präsentierten Handschriftengruppen die Entwicklungsparallelen und Rückbezüge dieser teilweise sehr unterschiedlichen Chroniken belegen. Wie bestimmte Bildstrukturen erworben und tradiert wurden, soll, soweit dies nicht bereits in den vorangestellten Untersuchungen erfolgt ist, ebenso bestimmt werden, wie die Kontinuität im Verhältnis von Bild und Text.

Der Weg von der Zeichnung zur Miniatur und die Frage, wie Vorgaben dabei übernommen wurden, erscheint ebenso wichtig, wie die Überlegungen zur politischen Bildbotschaft der „Chronikenillustrationen" in ihrem direkten, zeitgenössischen Wirklichkeitsbezug.

a. Der Beginn der Entwicklung – Schema statt Illustration

Wie die vorliegenden Untersuchungen bewiesen haben, setzte die Illustration chronikalischer Manuskripte im deutschen Reich erst mit den Zeichnungen der Stemmata zum *Chronicon universale* des Frutolf von Michelsberg im Cod. Bose q. 19 (Jena, Universitätsbibliothek) ein. Davor kann nur von einer schriftlichen Überlieferungstradition in Form von Namenslisten ausgegangen werden, wie sie auch die Genealogien des Alten Testaments oder die Papst- und Kaiserlisten vieler Chroniken besitzen. Am Anfang stand auch hier das Wort, eine Bildausstattung zur ersten Textrezension gab es nicht.

Die wohl früheste Stufe, zeichnerisch gestaltend eine Struktur für ein Genealogiestemma auszubilden, vertritt beispielsweise der Karolingerstammbaum aus dem elften Jahrhundert im Lorscher Palimpsest. Weitgeschweifte, unsicher gezeichnete, sich auffächernde Linien verbinden Namen und Generationen der männlichen Nachkommen des fränkischen Hauses miteinander. Der erste Schritt, aus einer geschriebenen Namensreihe zu einer Stammtafel, einem festen zeichnerischen Konzept zu gelangen, ist hier vollzogen.[655]

---

[655] Vgl. auch Forrer, Robert, Unedierte Federzeichnungen, Miniaturen und Initialen des Mittelalters 2, Straßburg 1907, Tf. I. Der heutige Verbleib des Blattes ist unbekannt, da - nach freundlicher brieflicher Auskunft von Frau Schäfer-Forrer - die Handschriftenbestände nach dem letzten Weltkrieg alle in den Verkauf gingen. Zuletzt: Chlumsky, Milan, Ins Graben und Ergründen vernarrt, Grenzenlosen Leidenschaft: Das Archäologische Muse-

Ein weiteres Beispiel dieser Art ist das Ms. K 504 (Karlsruhe, Badische Landesbibliothek)[656], das schon als mögliches Textvorbild des *Chronicon universale* zitiert wurde. Weitere Vorgaben, die Frutolf oder der Zeichner des Ms. Bose q. 19 benutzt haben könnten, wären stellvertretend in jener Rezension des *Chronicon Wirziburgense*[657] zu suchen, auf der die erste Fassung des *Chronicon universale* teilweise aufbaut, ebenso wäre auch auf die schon weiter oben aufgeführten frühen Handschriften der *Historia scholastica* des Petrus Comestor erneut hinzuweisen, die ebenfalls Strichzeichnungen mit genealogischen Namensfolgen enthalten.

Der eigentliche Sprung vom reinen Schema zur ersten Illustration erfolgte, wie innerhalb der Entwicklungskette der bebilderten Universalhistorien ausführlich dargelegt, in der frühesten Fassung des *Chronicon universale* und geht damit wohl auf Frutolf von Michelsberg zurück: Statt des Namenszuges allein erscheinen kleine Medaillonbildchen, die bestimmte, benannte Personen meinen und deren verwandtschaftliche Beziehungen auch bildlich unmißverständlich dokumentieren.

Diese prägende Art der Darstellungsweise wird – wie im folgenden auszuführen ist – für lange Zeit maßgebend sein und parallel zu andersartigen genealogischen Schemata und Bilderreihen weiter existieren.

b. Zur frühen Bildausstattung der Chroniken – Bildnismedaillons und Stammtafeln

Den Ausgangspunkt der narrativen Bilderfolgen in den hochmittelalterlichen Chroniken hatte schon Paul Clemen in illustrativen Schemata gesehen.[658]

In der ersten Entwicklungsstufe der Handschriften des Frutolf von Michelsberg und des Ekkehard von Aura in Jena (Abb. 1, 2), Paris (Abb. 4), Gotha (Abb. 9) und Stuttgart (Abb. 11) wird das Schema des Karolingerstammbaums mit dem ganzfigurig dargestellten Stammelternpaar fast durchgehend weitergegeben. Der Cod. Bose q. 19 (Abb. 2/3), der Memb. I 92 (Abb. 10) und der Cod. hist. fol. 411 (Abb. 12) wiederholen auch das Bild des ottonischen Hauses – wie beschrieben – von Textrezension zu Textrezension fortlaufend.

Lediglich die Berliner Fassung des *Chronicon universale* (Ms. lat. fol. 295, siehe Abb. 5-8) fällt aus dem vorgegebenen Rahmen und aktualisiert das Bildgeschehen, indem die zusätzlich eingebrachte Zeichnung (fol. 99^r = Abb. 8) den direkten Wirklichkeitsbezug des politischen Ereignisbildes faßt. Da nun tatsächlich die Rechtsnorm deutlicher

---

um in Straßburg zeigt im Palais Rohan die Sammlung Robert Forrers, In: Frankfurter Allgemeine Zeitung 71, 24.3. 2000, S. 49.

656 Die Handschrift stammt aus dem Kloster Michelsberg bei Bamberg, vgl. Oexle 1978, S. 223; Dengler-Schreiber 1979, S. 36 ff., 71 ff., 207-210.

657 Vgl. Frutolfs und Ekkehards Chroniken, 1972, Einleitung (Schmale), S. 9.

658 Vgl. Clemen 1890, S. 219.

durch das Gesehene, also den Text und das Bild, fixiert wird, wie Schadt dies für die genealogischen Tafeln der *arbores consanguinitatis* und der *arbores affinitatis* ausgeführt hat[659], so dokumentieren die Stammtafeln der Chroniken selbstverständlich diesen juristischen Anspruch.

Vegetabile, rein dekorative Elemente, also Blatt- oder Rankenformen einer *stirps*, trägt nur der Pariser Codex der ekkehardinischen Chronik (fol. 194^r = Abb. 4), der auch die Medaillons stark verformt.

Während das Ms. lat. fol. 295 (fol. 81^v = Abb. 7) einerseits die formale, jedoch seitenverkehrte Anordnung des ottonischen Stemmas auf das salische Geschlecht überträgt, bietet es andererseits auch deutlich den direkten, bildhaften Bezug zur *domus*, zum mit Architekturelementen versinnbildlichten Herrscherhaus (Abb. 5-7). Auch die bildliche Anwesenheit der Herrscherfamilie in den benannten kleinformatigen Brustbildnissen stellte ein Novum dar. Während die architektonischen Elemente keine Wiederaufnahme in der nächstfolgenden Entwicklungsstufe fanden, setzte das Prinzip des Stammelternbildnisses mit namentlich bezeichneten Brustbildnissen der Nachkommenschaft in genealogischer Reihung seinen Siegeszug in der *Chronica Sancti Pantaleonis* fort (fol. 90^v = Abb. 40, fol. 114^v = Abb. 41). Das ehemals durch übergreifende Bögen und Bänder verdeutlichte verwandtschaftliche Beziehungsgeflecht wurde nun jedoch streng systematisiert und in feste Rasterstrukturen und vorgegebene Figurenrahmen eingefügt.

Auch die Miniaturen der königlichen Stammbäume in der *Chronica Sancti Pantaleonis* (Brüssel, Ms. 467, vgl. Abb. 46 und 48) und der Düsseldorfer Sammelhandschrift G. V. No. 2 (Abb. 59/60) hielten sich an dieses streng regularisierte Prinzip. Bis hin zu Details in der Haltung und der Tracht wurde exakt kopiert.

Neben dem im ersten Abschnitt dieses Kapitels vorgeführten Prinzip der Strichzeichnung mit Namenslisten gab es im zwölften Jahrhundert eine Fülle von unterschiedlichen historiographischen Schriften, die sich ebenfalls der kleinformatigen Rundbilder in genealogischer Folge als Darstellungsprinzip bedienten,[660] während die im vorangegangenen untersuchten Abschriften der Texte des Paulus Orosius und des Flavius Josephus keine genealogischen Schemata enthalten.

Stellvertretend für viele andere Beispiele sei die Weltchronik des Jordanus in der Biblioteca Vaticana (Rom, Ms. Vat. lat. 1960) aufgeführt.[661] Während die zahlreichen randständigen Federzeichnungen mit Szenen (fol. 49^r ff.) nicht zum ursprünglichen Bestand der Handschrift gehören, sind die streng regularisierten Schemata der ersten Sei-

---

659 Vgl. Schadt 1982, S. 32/33.

660 Vgl. Clemen 1890, S. 229 ff.

661 Vgl. Cerulli, Enrico, Il *Libro della scala* e la questione delle fonti arabo-spagnole della *Divina Commedia* (Studi e testi 150), Vatikan/Rom 1949; Clemen 1890, S. 220, Anm. 6; Fabre, Paul, Note sur un manuscrit de la *Chronique de Jordanus*, in: Mélanges de l'École Française 68,5 x 34 cm, Pergament, 2-4 Kolumnen. Siehe: Jordanis Romana et Getica, hrsg. von Theodor Mommsen (Monumenta Germaniae Historica, Scriptores/Auctores antiquissimi 5,1), Reprint der Ausgabe 1882, München 1982.

ten von fol. 1^r bis 14^v, die die Stammbäume der Nachkommen des Urelternpaars (fol. 1^r-2^v, vgl. Abb. 184), der Propheten (fol. 3^r = Abb. 185), der alttestamentarischen Könige und der weltlichen Herrscher (fol. 12^v ff., vgl. Abb. 186) abbilden, mit dem Text entstanden.

Eine äußerlich anders gestaltete Bildnisreihe enthält eine jüngere Weltchronik der Miszellanhandschrift der Vaticana, der *Codex latinus reginae Suevicae 507* aus der Bibliothek der Königin Christina von Schweden (Bd. 1, fol. 1^r-27^r), in dem Propheten, alttestamentarische, römische und oströmische Herrscher nebeneinander gestellt wurden (fol. 2^v, fol. 3^r).[662] Die als Miniaturen angelegten Rundbildnisse wurden durch breite, senkrechte Farbleisten miteinander verbunden.

Mit diesen Beispielen wird der fließende Übergang zu den charakteristischen, gotischen Stammbäumen der französischen Tradition deutlich: Parallel zu den Kolumnen stehen senkrechte Triebe, die im Wechsel Medaillons mit kleinen, aber ganzfigurigen Königsdarstellungen und paarige, efeuartige Blattstände ausbilden. Seitliche Verzweigungen des Stammbaums wurden in Rundbildern gefaßt und durch horizontale Striche oder Quertriebe mit dem Stamm verbunden (Abb. 187).

Innerhalb der deutschen Tradition mag dieses Darstellungsprinzip vielleicht im bereits ausführlich beschriebenen *Chronicon pontificum et imperatorum* des Martin von Troppau seine Entsprechung gehabt haben.[663]

Die Stemmata der deutschen Königs- und Kaiserhäuser sehen – wie vorgeführt – seit dem zwölften Jahrhundert schon ganz anders aus und es bleibt zu fragen, welche Vergleichs- und Vorbildbereiche für diese so festgefügten Schemata herangezogen werden könnten.

Sowohl von der Form als auch vom Inhalt her gibt es zwei Themen, die sich deutlich mit den Stammtafeln in Beziehung setzen lassen: zum einen sind das die *arbores consanguinitatis* beziehungsweise die *arbores affinitatis* und die *arbores bigamiae*, zum anderen die *Genealogia Christi*, häufig dargestellt durch den Bildtypus der Wurzel Jesse. Innerhalb der Wurzel Jesse-Darstellungen wurde sowohl der Gedanke des *arbor* oder der *stirps* integriert, als auch die genealogische Folge der Generationen dokumentiert. Aus der großen Zahl der Beispiele innerhalb der Glasmalerei sei stellvertretend das Jesse-Fenster des Freiburger Doms mit seiner aufsteigenden Rundbilderfolge angeführt.[664] Die

---

[662] Vgl. Clemen 1890, S. 220, Anm. 1; Beissel 1893, S. 55; Delisle, Léopold Victor, Le Chroniqueur Girard d'Auvergne ou d'Anvers, in: Journal des Savantes, Mai 1900, S. 289, Nr. V; Lieftinck, Gerard Jsaac, Bisschop Bernold (1027-1054) en zijn Geschenken aan de utrechtse Kerken, Groningen 1948, S. 13 ff., Anm. 28. Zur Handschrift: Die Chronik in den zwei Bänden der Handschrift, 27 fol., 31,5 x 22 cm, Ende dreizehntes, Anfang vierzehntes Jahrhundert. Die Handschriftenteile größtenteils in schlechtem Zustand, Provenienz: Provinz Groningen, mit den Beständen aus der Königlichen Bibliothek der Christina von Schweden im siebzehnten Jahrhundert in die Biblioteca Vaticana gelangt.

[663] Vgl. Martin von Troppau/Chronicon, 1986; siehe weitere Beispiele bei Clemen 1890, S. 220 ff.

[664] Vgl. Becksmann, Rüdiger, Das Jesse-Fenster aus dem spätromanischen Dom des Frei-

ansteigende Reihe der ganzfigurig angelegten, sitzenden Vorfahren Jesu, die namentlich benannt sind und im emporrankenden Stamm- und Lebensbaum die Generationsfolge abbilden, sind dem Bildgedanken der Stammtafel durchaus nahe verwandt, wie überhaupt ein dichtes Beziehungsgeflecht zwischen den allgemeinen Abstammungs- und Verwandtschaftsschemata und konkreten Genealogien selbstverständlich ist.[665]

Auch in der Buchmalerei war das Thema der *Wurzel Jesse* im zwölften und dreizehnten Jahrhundert geläufig. Als besonders auffällig muß sicherlich die *Genealogia Christi* im *Hortus deliciarum* (fol. 84^r) gelten: Christus hält an einer Angelschnur die Bildnisreihe der Patriarchen und Propheten sowie die gekreuzigte *Ecclesia*[666], um den Leviathan zu fangen. Der eigentliche Stammbaum Jesu im *Hortus deliciarum* (fol. 80^v) ist ein richtiger Baum, den Gottvater in Erfüllung seiner Verheißung an Abraham pflanzt.[667] Über dem Haupt des Stammvaters Abraham folgen in kleinen Bildnissen auf Etagen paarweise zugeordnet die direkten Vorfahren, während weitere im Rankenwerk zusammengefaßte Gruppen die Verästelungen des Baumes füllen. Die ansonsten als Vergleichsstück für die Stammtafeln in der *Weltchronik* grundsätzlich nur wenig geeignete Miniatur besitzt in der horizontalen An- und Zuordnung der Vorfahrenbilder einen deutlichen Bezug zu der ansonsten vorbildlosen Illustration des Karolingerstemmas in der Berliner Ekkehard-von-Aura-Handschrift (Ms. lat. fol. 295, fol. 80^v = Abb. 5).

Daß gerade historiographische Schriften und Übersichtswerke fast zwangsläufig den Gedanken der Genealogie in bildlicher Form vorführen wollten, beweist auch die prunkvolle Eingangsminiatur der Wurzel Jesse in der *Historia naturalis* des Plinius in Florenz (Biblioteca Medicea Laurentiana, Ms. Plut. 82.1, fol. 1^r = Abb. 188).

Nicht als Wurzel Jesse, sondern als Abfolge von Rundbildern, die sich aus reinen, bezeichneten Kreisschemata ohne illustrativen Charakter entwickelt haben und häufig mit Schemata der *arbores consanguinitatis* gemeinsam angelegt worden sind, müssen auch die bebilderten Fassungen der *Historia scholastica* des Petrus Comestor erwähnt werden.[668] In ihrer Zusammenstellung mit dem *Compendium historiae in genealogia Christi* des Petrus von Poitiers ist die Entwicklung von schmückenden, in Bild und Text aufeinander abgestimmten Übersichtstafeln zum Stammbaum Jesu folgerichtig enthalten und in den beschriebenen Handschriften Cod. 378 (Wien, Österreichische National-

burger Münsters, Ein Beitrag zur Kunst um 1200, in: Zeitschrift des deutschen Vereins für Kunstwissenschaft 23, 1969, S. 8 ff., vgl. ibs. Abb. 6/7 zur Rekonstruktion des Jesse-Fensters.

665 Vgl. Schadt 1982, S. 86.

666 Vgl. Green 1, 1979, fol. 84^r = Pl. 49, Nr. 101, zugehöriger Text fol. 83^v, siehe S. 134, Erläuterungen in Bd. 2, S. 134.

667 Vgl. Green 1, 1979, fol. 80^v, siehe Pl. 48, S. 126/127; 2, 1979, S. 133.

668 Vgl. Hermann 1926, S. 178 ff., Kat. Nr. 96, Cod. 363, fol. 1^r; Kat. Nr. 64, Cod. 354, fol. 147^r ff.; Kat. Nr. 59, Cod. 2136, fol. 167^r ff.

bibliothek, fol. 2^{v}-7^{r}) aus Heiligenkreuz und Cod. 490 aus Baumgartenberg (Linz, Studienbibliothek, fol. 2^{r}-9^{r}) auf das sorgfältigste angelegt und gemalt.

Während diese Vergleiche über allgemeine Merkmalsbezüge jedoch nicht hinauskommen, gibt es innerhalb der nicht heilsgeschichtlichen, sondern juristisch festgelegten Illustrationstypen Bilder, die den genealogischen Schemata der frühen bebilderten Weltchroniken wesentlich näher stehen. Auch sie verzichten nämlich innerhalb der Generationsfolgen auf das vegetabile Element, stellen in großformatigen ganz- oder halbfigurigen Bildern die Stammeltern oben im Stemma dar, legen die Filiationen in Medaillonketten an, die aus den Händen der Stammeltern erwachsen und geben eine Leserichtung von oben nach unten vor. Schadt hat den Typus dieser Handschrift, die sogenannten *arbores affinitatis*, die nicht wie die *arbores consanguinitatis* die Blutsverwandtschaft, sondern die Schwägerschaft in ihren unterschiedlichen Verwandtschaftsgraden schematisieren, ausführlich vorgestellt.[669]

Das inzwischen wohlvertraute Motiv des Stammvaters, aus dessen Hand die Nachkommenschaft erwächst (siehe Abb. 3, 7, 10) ist auch in den *arbores affinitatis* vereinzelt aufgenommen worden, so beispielsweise in einer Handschrift, die sich ehemals in Frankfurt befand.[670] Ebenso können jüngere Vergleichsbeispiele aus der Handschriftengruppe der erst nach 1253 entstandenen *arbores bigamiae* nach der *Summa decretalium* des Henricus de Segusio (Henricus Hostiensis)[671] angeführt werden, die dieses Kompositionsschema benutzt haben: Neben dem Cod. lat. Mon. 28 160 (München, Bayerische Staatsbibliothek, um 1290/1300, fol. 59^{r}) wäre auch das Ms. lat. 4000 (Paris, Bibliothèque Nationale, um 1380/1390, fol. 36^{v}) zu nennen.[672]

Festzuhalten bleibt also, daß die Bilder der genealogischen Stammtafeln und der Verschwägerungsschemata nicht nur im Inhaltlichen, sondern auch in der Entwicklung illustrierender Schmuckbilder deutliche Parallelen aufweisen, daß der Sprung vom reinen gezeichneten Schema zu ersten kleinformatigen Teilbildern gleichzeitig in unterschiedlichen chronikalischen Schriften erfolgte.

---

[669] Vgl. Schadt 1982, S. 176 ff., 230 ff., Abb. 76-82, Abb. 129-136.

[670] Ehemals Sammlung J. Baer, Frankfurt, Lagerkatalog 750, II, Nr. 411, siehe Schadt 1982, Abb. 79.

[671] Vgl. Schadt, Hermann, Die *arbores bigamiae* als heilsgeschichtliche Schemata, Zum Verhältnis von Kanonistik und Kunstgeschichte, in: Kunst als Bedeutungsträger, Gedenkschrift für Günter Bandmann, hrsg. von Werner Busch, Reiner Haussherr und Eduard Trier, Berlin 1978, S. 129-147, vgl. ibs. S. 130 ff.

[672] Vgl. Schadt 1978, S. 136 ff., S.141/142, Abb. 5/6. Wie in den Kosmosbildern der *Historia scholastica* des Petrus Comestor wird der Bildgedanke dem Betrachter durch Gott – die *divina anima* – direkt vorgeführt.

c. Universalhistorie und Geschlechterchronik – zum gattungsübergreifenden Vergleich

Der entwicklungsgeschichtliche Abriß, der in der vorliegenden Untersuchung exemplarisch dargelegt wurde, ließe sich sicherlich auch auf andere historiographische Texte übertragen, da sich die Bildgeschichte parallel zur textlich gefaßten Geschichtsschreibung weiterentwickelt hat. Stellvertretend für die lokalgeschichtliche oder regionale Geschichtsschreibung sei – neben der bereits oben vorgestellten *Deutzer Chronik* – auf den *Freisinger Traditionscodex* des Kanonikus Konrad aus dem Ende des zwölften Jahrhundert hingewiesen (Cod. lit. 3c, München, Bayerisches Hauptstaatsarchiv, nach 1187). Im Sinne einer echten Amtsgenealogie wurden in die chronikalischen Texte und Urkundenabschriften Federzeichnungen der jeweils unter einer Arkade stehenden Freisinger Bischöfe neben Rundbilderreihen der deutschen Könige und Kaiser angebracht. So wurden neben dem in der Entstehungszeit der Handschrift amtierenden Freisinger Bischof Otto II. die Zeichnungen Kaiser Friedrichs I., Heinrichs VI., Philipps von Schwaben und Ottos IV. angelegt.[673] Auffällig ist es schon, daß gerade dieses Traditionsbuch aus dem eher unbedeutenden Freisinger Skriptorium[674] ungewöhnlicherweise illustriert wurde und die Bildidee der stehenden Bischofsreihe und der kaiserlichen Rundbilder aufgegriffen hat, die in den frühen universalen Chroniken wie auch dem Cod. Vat. lat. reg. Suev. 507 auftreten und in der bebilderten *Historia mundi* des Bischofs Otto I. *von Freising* zum narrativen Illustrationszyklus weitergeführt worden sind. Auch wenn die Weltchronik, allein schon aus stilistischen Gründen, sicherlich nicht in Freising bebildert wurde, wären möglicherweise Nachklänge ihrer illustrierenden Zeichnungen und ihrer Entwicklung im Freisinger Traditionscodex erkennbar.

Ebenso deutlich und bis heute wenig überdacht sind sicherlich auch die Verbindungen zwischen den großen Universalhistorien und den Geschlechter- oder Fürstenchroniken. An einem sehr bekannten Beispiel, der *Historia Welforum* aus Weingarten (ehemals Altdorf; Fulda, Hessische Landesbibliothek, Cod. D 11), die – wohl auch wegen ihres Besitzerwechsels aus welfischem in staufischen Familienbesitz und der berühmten Miniatur Friedrich Barbarossas und seiner Söhne, die in keinem deutschen Geschichts-Schulbuch oder kunsthistorischen Handbuch fehlen darf[675] – schon immer Aufmerksamkeit erregt hat[676], sollen die gattungsübergreifenden Verbindungen exemplarisch besprochen werden.

[673] Vgl. Wittelsbach und Bayern 1,2, Landshut 1980, S. 65/66, Kat. Nr. 74, mit Abb.

[674] Vgl. Klemm 1988, S. 21-23, Kat. Nr. 1/2; Boeckler, Albert, Zur Freisinger Buchmalerei des zwölften Jahrhunderts, in: Zeitschrift des deutschen Vereins für Kunstwissenschaft 8, 1941, S. 1-16.

[675] Vgl. Propyläen-Kunstgeschichte 5, Das Mittelalter 1, 1990, S. 281, Nr. 413.

[676] Zur Handschrift: Pergament, 150 fol., 32,5 x 22 cm, entstanden im letzten Viertel des zwölften Jahrhunderts (um 1180/1185?), wohl im Auftrag Welfs VI.

Die wie so viele Codices allzuweit gereiste Welfenchronik wurde in München (1950), Barcelona (1961), Augsburg (1973), Stuttgart (1977), Landshut (1980) und Braunschweig (1995) präsentiert.[677]

Besonders durch die Forschungen von Otto Gerhard Oexle wurde der Codex von historischer Seite ausführlich gewürdigt[678] und auch – wie bereits eingangs gesagt – mit der Tradition der frühen illustrierten Weltchroniken verknüpft. Auch die Filiationskette der Welfenchronik mit genealogischen Strich-Schemata hat Oexle erläutert: Die Codices in München (Bayerische Staatsbibliothek, Cod. lat. Mon. 12 202, fol. 7ᵛ) und Stuttgart (Württembergische Landesbibliothek, Cod. hist. fol. quarto 261, S. 1) vertreten diese frühe, unentwickelte Stufe der Zeichnung mit Namensbenennung[679], ebenso der Cod. lat. Mon. 12 631 (ebenfalls München, Bayerische Staatsbibliothek, fol. 44aᵛ)[680] und die verschollene Handschrift aus Altomünster (ehemals Berlin, Preußische Staatsbibliothek, Ms. lat. quarto 795).

Außer der Fuldaer Handschrift ist momentan nur eine weitere illustrierte, jedoch fragmentarische Rezension der *Historia Welforum* aus dem zwölften Jahrhundert bekannt, die bei Forrer 1907 abgebildet worden ist, aber wohl auch das schlimme Schicksal der Sammlung teilen mußte und bis heute verschollen blieb.[681] Das zwischen 1196 und 1197 ebenfalls in Weingarten entstandene Schema enthielt „in schwarzer und roter Tinte auf gelbem Grund“[682] in einem hochrechteckigen Rahmenfeld ein nicht ganz regelmäßiges, flächendeckendes Flechtbandmuster (Abb. 189). Die annähernd runden Binnenfelder enthielten die Namen der Angehörigen des welfischen Hauses bis hin zu Welf VI., wobei die leicht vergrößerten Felder der Mittelachse die Hauptlinie des Mannesstammes markierten. Die breiten Bänder des Flechtwerks verschlingen sich miteinander und be-

677 Vgl. Ars sacra, München 1950, S. 117, Kat. Nr. 254; Arte románico, Barcelona 1961, S. 40, Kat. Nr. 46; Suevia sacra, Augsburg 1973, S. 186, Kat. Nr. 186, Abb. 175, VI.; Zeit der Staufer, Stuttgart 1977, S. 244/245, Kat. Nr. 339, Bd. 2, Farb-Abb. 166; Wittelsbach und Bayern 1,2, Landshut 1980, S. 10/11, Kat. Nr. 8; vgl. des weiteren Heinrich der Löwe 1, Braunschweig 1995, S. 67-70, Kat. Nr. B3.

678 Vgl. Oexle 1978, S. 203 ff., ibs. S. 223 ff., vgl. zuvor Steinberg 1931, S. 135, Nr. 86; Swarzenski, H. 1943, S. 12 ff., S. 24 ff.; Boeckler 1952, S. 43.

679 Vgl. Oexle 1978, S. 228 ff.

680 Vgl. Klemm 1980, S. 139, Kat. Nr. 226, Abb. 527 = fol. 1ʳ. Die Handschrift aus dem zweiten Viertel des zwölften Jahrhunderts stammt aus Ranshofen und enthält die Ethymologien des Isidor von Sevilla. Der Welfenstammbaum (fol. 44aᵛ) und die vorangestellte bayerische Adelsgenealogie sind aus dem Anfang des dreizehnten Jahrhunderts.

681 Vgl. Forrer 2, 1907, S. 6/7, Tf. II und III, ehemals zwei Pergamentblätter, 21,5 x 15,5 cm. Auf der Rückseite war eine Zeichnung eines *arbor consanguinitatis*, das zweite Blatt zeigte Gott als *Locus* umgeben von den vier Elementen und zwei Waagen, siehe auch Oexle 1978, S. 228 ff., zur Datierung : S. 229/230.

682 Vgl. Forrer 1907, S. 6; Heinrich der Löwe 1, Braunschweig 1995, S. 66, Kat. Nr. *B1, mit Abb.

tonen das vegetabile Element des organisch wachsenden Stammbaums, indem sie die verbleibenden Zwickelfelder mit dicklichen Blattranken füllen. Eine derartige Komposition – alternativ auch mit kleinen Bildnissen statt mit Namenszügen – ist für die Zeit keineswegs ungewöhnlich: Im *Hortus deliciarum* etwa wird ein solches Flechtbandraster im rechteckigen Bildfeld als Rahmenwerk für die (hier) neun Musen gewählt (fol. 31^r)[683], im Berliner Codex *De temporum ratione* des Beda Venerabilis (Preußische Staatsbibliothek, Ms. theol. lat. fol. 337, fol. 124^v) für Figuren, die die Fingerzahlen vorführen.[684] Und daß sich dieses Kompositionsmodell bis weit in die Gotik hinein erhalten hat, führt der Cod. lat. Mon. 7018 (München, Bayerische Staatsbibliothek) in seinem *arbor consanguinitatis* deutlich vor (fol. 144^r).[685]

Die stilistische Zugehörigkeit des oben beschriebenen Handschriftenfragments aus der Sammlung Forrer zum Weingartener Skriptorium des späten zwölften Jahrhunderts hatte schon 1943 Hanns Swarzenski betont.[686] Er ordnete die zwei Blätter einer einheitlich bis 1197 fortgeführten Sammelhandschrift, der Hs. B 3 zu, die die Weltchronik des Hugo von Sankt Victor, die *Imago mundi* des Honorius von Autun, eine *Chronica pontificum* (bis zu Innozenz III.) und eine Kaiserchronik bis zu Heinrich VI. enthielt.[687] Durch diese Zusammenstellung wird selbstverständlich der enge Bezug zwischen den Illustrationen zur Welfenchronik und dem universalhistorischen Aspekt betont. Die historiographischen Texte des Codex Aa 39 (Fulda, Hessische Landesbibliothek) enthalten keine weiteren, selbständigen Illustrationen, sondern waren, wie viele frühe Geschichtswerke, nur mit Initialdekor ausgestattet. Und doch hielt Swarzenski es für sinnvoll, nicht nur den gezeichneten Welfenstammbaum, sondern auch die Darstellung des *Locus* mit diesem Miszellancodex zu verbinden, das allumfassende Gottes- und Schöpferbild (Abb. 190) als Eingangsbild für den Honorius oder den Hugo von Sankt Victor anzusehen.

Die auffällige Verwandtschaft der Zeichnung mit den einführenden Kosmosdarstellungen zur *Historia scholastica* des Petrus Comestor (siehe Abb. 89, 90) macht eine derartige Zuordnung nur noch wahrscheinlicher.

Gegen die sicherlich bekannteste und bedeutendste bebilderte *Historia Welforum* aus Weingarten, den Codex D 11 (Fulda, Hessische Landesbibliothek)[688] treten die etwas

---

683 Vgl. Green 1, 1979, S. 55, Pl. 17; 2, 1979, S. 103, Nr. 32S.

684 Vgl. Glanz alter Buchkunst, Berlin 1990, S. 82, Kat. Nr. 35, mit Farb-Abb.

685 Vgl. Schadt 1982, Abb. 156.

686 Vgl. Swarzenski, H. 1943, S. 25, Abb. 38.

687 Vgl. Köllner 1976, S. XXI, Kat. Nr. 52, Abb. 505-516; Köllner/Jacobi-Mirwald 1993, Kat. Nr. 52.

688 Vgl. Swarzenski, H. 1943, S. 12 ff., S. 25 ff., Abb. 14/15; Oexle 1978, S. 209 ff.; Köllner 1976, S. XX, Kat. Nr. 48, Abb. 452-470; Köllner/Thole 1981, S. 24; Köllner/Jacobi-Mirwald 1993, Kat. Nr. 48.

späteren Blätter der Sammlung Forrer natürlich zurück. Der Fuldaer Cod. D 11 enthält eingangs einen Nekrolog mit Kalendarium (fol. 1^{v}-13^{r}), dem ein ganzseitig gezeichneter Stammbaum des welfischen Hauses (fol. 13^{v} = Abb. 191) folgt. Vor dem *Incipit cronica generationis ...*, dem eigentlichen Beginn der *Historia Welforum* (fol. 14^{v}) wurde die berühmte Miniatur der Staufer (fol. 14^{r}) eingefügt. Den *Annales Welfici* und dem Reliquienverzeichnis der Marienkapelle in Weingarten (fol. 29^{r}-31^{r}) schließen sich die Vita des Bischofs Konrad von Konstanz, ein *Passionale* mit Schmuckinitialen, und spätere Nachträge zur staufischen Geschichte unter Friedrich I. (fol. 46^{r} ff.) an.[689]

In dem hochrechteckigen Bildfeld mit zahlreichen Rahmenauszügen für erläuternde Textbeigaben füllt die gemalte Genealogie der Welfen eine ganze Pergamentseite. Am unteren Ende markiert – wie häufig auch bei Wurzel Jesse – oder Urelternbildern mit Stammtafeln – ein Erdhügel den Ausgangspunkt des Stammbaums. Den eigentlichen Stamm, die Hauptlinie der Genealogie, bildet eine breite, flächig angelegte, s-förmige, farbig abgesetzte Bahn. Seitliche Verzweigungen der Nebenlinien legte der Zeichner in Rundfeldern in jenem etwas dicklichen Rankenwerk an, das auch für die Initialen des nachfolgenden *Passionales* und des Stemma aus der ehemaligen Sammlung Forrer (Abb. 189) charakteristisch ist.

Auch die Farbigkeit in Olivgrün mit Rot und zartem, lavierten Ocker, dazu dunkelbrauner Tusche für die Zeichnungen, zeigt jene Farbpalette, die für die Weingartener Handschriften des ausgehenden zwölften Jahrhunderts charakteristisch ist.[690] Farblich und stilistisch besonders gut vergleichbar ist das Dedikationsbild des Fuldaer Flavius Josephus (Cod. C 1, Fulda, Hessische Landesbibliothek, fol. 1^{v} = Abb. 165).[691]

Der ältere Weingartener Welfenstammbaum des Cod. D 11 (fol. 13^{v} = Abb. 191) geht nur vom Stammvater des Geschlechts, Welf I., aus, der vor einem Erdhügel unter einer Arkadenstellung namentlich benannt und gezeichnet wurde. Zwar nur in einer Nebenlinie, aber deutlich durch seine Insignien und seine Größe hervorgehoben, wurde zu Seiten der ersten namentlich nachweisbaren Welfen Kaiser Karl der Große in das Schema eingefügt.

Bereits nach der dritten Stufe teilt sich die Hauptlinie der Genealogie in Doppelarkaden, in denen Paare einander zugeordnet sind. Das Motiv der Doppelbüsten gilt innerhalb der genealogischen Schemata als ein sehr geläufiges Darstellungsprinzip. In den *arbores consanguinitatis* war es ganz besonders häufig.[692]

Das Arkadenmotiv in vielfacher horizontaler Staffelung ist ganz eindeutig ein architektonisches Element, das sich der *domus* im direkten wie auch im übertragenen Wort-

---

[689] Vgl. Köllner 1976, Abb. 452 Beginn der Welfenchronik; Abb. 453/454 ergänzende Texte des zwölften und dreizehnten Jahrhunderts.

[690] Vgl. Köllner 1976, Abb. 458-470; Swarzenski, H. 1943, Abb. 16, 41-43.

[691] Vgl. schon Swarzenski, H. 1943, S. 12 ff.; Oexle 1978, S. 210, Anm. 38.

[692] Vgl. Schadt 1982, S. 31 ff., S. 51, S. 87 ff., Abb. 21, 27/28.

sinn eng verbunden zeigt.[693] Als Bildmotiv bereits geläufig, trat es auch im Karolingerstammbaum des Berliner *Chronicon universale* des Ekkehard von Aura auf (Berlin, Preußische Staatsbibliothek, Cod. lat. fol. 295, fol. 80^{v} = Abb. 5). Es läßt sich aber auch – verbunden mit Doppelbildnissen – an mancher Konsanguinitätstafel, beispielsweise dem Cod. Mon. lat. 13 031 (München, Bayerische Staatsbibliothek, fol. 102^{v}), einer Handschrift der *Etymologiae* des Isidor von Sevilla, beobachten, wo es ebenfalls als betonte Senkrechte den Hauptstrang der Blutlinie kennzeichnet.[694] Neben der von Oexle so betonten Bildidee des *arbor* oder der *stirps*[695], die durch das belaubte, ansteigende Rankenwerk verdeutlicht wurde, trat der Bildgedanke der *domus*, der die Hauptachse des Stemmas prägt.

Der Zeichner bemühte sich also erfolgreich, unterschiedliche bildliche und textliche Gedanken, vegetabile und architektonische Elemente zu verbinden. Er fügte diese in energischem Zugriff zusammen, um diesem Stemma, anders als dem der ehemaligen Sammlung Forrer, einen wesentlich stärkeren politischen Impuls zu verleihen, sozusagen eine politische Ikonographie zu schaffen.[696]

Während der Stamm des Stammbaums sich nach links neigt, bis er in den Brustbildern Welfs VII. und Heinrichs des Löwen seinen Endpunkt findet, setzt sich die ansteigende Linie in einer Verzweigung senkrecht fort, die zwischen rankenumspannten Bildern Herzog Friedrichs von Schwaben und seiner Gemahlin Judith ein großes, namentlich bezeichnetes Bildfeld für die Darstellung Kaiser Friedrichs I. reserviert. Wenn auch das Porträt Barbarossas nur in einer Vorzeichnung angedeutet und nie vollständig ausgeführt wurde, so ist der Gedankengang trotzdem stringent: Die welfische Genealogie stellt die direkte Verbindung zwischen Karl dem Großen und Friedrich Barbarossa her. Sie ist als Bildträger des *Traditio*-Gedankens[697] unabdingbar und bezieht aus dieser Tatsache

---

[693] Vgl. zum Beispiel: Schmid, Karl, Welfisches Selbstverständnis, in: Adel und Kirche, Festschrift für Gerd Tellenbach zum fünfundsechzigsten Geburtstag, hrsg. von Josef Fleckenstein und Karl Schmid, Freiburg/Basel/Wien 1968, S. 389-416; ders., Zum Haus- und Herrschaftsverständnis der Salier, in: Salier und Reich 1, 1991, S. 21-54.

[694] Vgl. Klemm 1 1980, S. 64/65, Kat. Nr. 89; 2, 1980, Abb. III, 167/168; Regensburger Buchmalerei, Regensburg 1987, S. 49/50, Kat. Nr. 33, Farb-Abb. Tf. 23; Schadt 1982, S. 93, S. 98, S. 130, Anm. 421.

[695] Vgl. Oexle 1978, S. 226 ff., ebd. macht Oexle auch der vorliegenden Untersuchung entsprechende Verweise auf Bezüge der Stammtafel zu Bildern der Wurzel Jesse, Verwandtschaftstafeln u.ä.

[696] Siehe zur Frage der politischen Propaganda durch Genealogien und Chroniken: Moeglin, Jean-Marie, Les ancêtres du prince, Propagande politique et naissance d'une histoire nationale en Bavière au moyen-âge, 1180-1500 (École pratique des hautes études IVe section, Siences historiques et philologiques 5 = Hautes études médiévales et modernes 54), Paris 1985, S. 2 ff.

[697] Vgl. Schmid 1968, S. 410; Goez 1958, S. 40.

auch ein entsprechendes quasi dynastisches Selbstverständnis, das als *regio more*[698] aufgefaßt wurde.

Anders als Oexle, der das Stemma als Illustration zum vorangehenden Nekrolog, als bildliche *memoria* verstanden wissen will[699], scheint der Verfasserin doch eindeutig der genealogische Gedanke im Vordergrund zu stehen, der die Illustration mit der *Historia Welforum* verknüpfte und sie inhaltlich und formal den Stammtafeln der königlichen Häuser ebenbürtig machte.[700]

d. Von der formalen Struktur zum Bild – die ersten Szenen im historiographischen Text

Die zweite Miniatur des berühmten Cod. D 11 (fol. 14ᵛ), das bekannte Bild Friedrichs I. und seiner Söhne, wird von einer Ornamentbordüre gerahmt, die – wie der Bildhintergrund und die Figuren – schwarze Konturen mit weißen Absetzungen, helles und dunkles Ocker, Olivgrün sowie kräftige Rot- und Blautöne in alternierender Folge enthält. Der Miniaturenmaler benutzte auch hier die Farbpalette der frühen Weingartener Handschriften (vgl. Cod. C 11, fol. 1ᵛ = Abb. 165, Cod. D 11, fol. 13ᵛ = Abb. 191), doch die Farbigkeit ist kräftiger und deckender geworden. Sie nimmt bereits die akzentuierten Farbwerte des Berthold-Missales und anderer Handschriften aus dessen Umkreis an.[701]

Im Bild thront vor einer Arkadenreihe erhöht im Bildzentrum in kaiserlichem Ornat mit Reichsapfel, Lilienszepter und Bügelkrone mit aufgesetzten Kreuzen Kaiser Friedrich I. Barbarossa (bez.: Fridericus Rex). Zur Rechten des kaiserlichen Vaters steht der ältere Sohn Heinrich VI. (bez.: Henricus Rex) in herrscherlichem Habit mit der Königskrone, kurzer Tunika und Mantel, jedoch ohne weitere Insignien. Sein jüngerer Bruder Friedrich, Herzog von Schwaben (bez.: Fridericus Dux) erscheint zur Linken des Kaisers. Zum herrschaftlichen Gewand trägt er lediglich die Herzogsmütze. Beide Söhne wenden sich, einen Fuß auf das Piedestal gestützt, in gleicher Weise dem Vater zu.

---

698 Welfenchronik/1938, S. 1.

699 Vgl. Oexle 1978, S. 216, S. 218 ff.

700 Weiterführend zum Problem der bildlichen *memoria*: Memoria, Der geschichtliche Zeugniswert des liturgischen Gedenkens im Mittelalter, hrsg. von Karl Schmid und Joachim Wollasch (Münsterische Mittelalter-Schriften 48 = Bestandteil des Quellenwerks Societas et Fraternitas), München 1984, zu Chroniken ibs. Freise, Eckhard, Kalendarische und annalistische Grundformen der Memoria, S. 441 ff. und Oexle, Otto Gerhard, Memoria und Memorialbild, S. 384 ff. Festzuhalten bleibt, daß bildliche Memorien oder Memorialbauten allgemein nicht in der Form eines festgelegten vielfigurigen Schemas präsentiert werden, vielmehr betonen gerade diese sehr häufig das Individuum, dessen persönlich und namentlich gedacht werden soll, so wie auch gerade die von Oexle bemühten Naumburger Stifterfiguren künstlerisch einen ausgesprochen individuellen Charakter besitzen. Vgl. Sauerländer, Willibald und Joachim Wollasch, Stiftergedenken und Stifterfiguren in Naumburg, ebd., S. 354 ff.

701 Vgl. Swarzenski, H. 1943, S. 7 ff., S. 12 ff.

Auch ihre sich spiegelbildlich entsprechende Gestik ist ausschließlich auf die Hauptfigur hin ausgerichtet, somit die Komposition des Bildes symmetrisch angelegt.

Die Prachtminiatur eingangs der *Historia Welforum* sucht den direkten Anschluß an den bildlichen Schlußpunkt der voranstehenden Genealogie (fol. 13^{v} = Abb. 191): Erschien dort der Sohn – Friedrich I. – zwischen seinen Eltern, so wurde auf der nächsten Seite (fol. 14^{r}) folgerichtig der Vater zwischen seinen Söhnen vorgestellt.

Die Bildidee an sich ist alt. Schon im Krakauer Evangeliar aus Regensburg (Krakau, Bibliothek des Domkapitels, Ms. 208) wurde Kaiser Heinrich IV. – allerdings stehend – zwischen seinen königlichen Söhnen Heinrich V. und Konrad gemalt (fol. 2^{v}).[702] Darunter stehen – wieder im Sinne einer Amtsgenealogie – drei Äbte aus Sankt Emmeram. Doch entsprechend der ursprünglichen Idee legte der Miniaturist die Reihe möglichst gleichförmig an und hob Kaiser Heinrich IV. nur durch die Individualisierung in der Haar- und Barttracht und das etwas längere, albenartige Gewand hervor. Auch Kaiser Friedrich I. (Cod. D 11, fol. 14^{r}) trägt zur bodenlangen Albe eine Prachttunika mit weiten, bortengeschmückten Ärmeln. Und auch er besitzt durch die Bart- und Haartracht eine Identität, wobei das Differenzierungssystem *jugendlich-bartlos und schlicht gekleidet* gegen *älter, bärtig und üppiger gekleidet* zwischen Sohn und Vater auch aus dem Berliner *Chronicon universale* (Cod. hist. fol. 295, fol. 99^{r} = Abb. 8) bereits vertraut ist.

Einerseits muß die Barbarossa-Miniatur als eine direkte, historisch logische Fortsetzung des Welfenstammbaums gesehen werden, andererseits gibt sie durchaus wie das Schema unterschiedliche Grade der Wichtigkeit von Personen an, gewinnt durch die ungleichen Größenverhältnisse der Dargestellten eine Bedeutungsperspektive.

Die Gleichwertigkeit von Herrschern müßte innerhalb eines Bildes, wie im Krakauer Evangeliar (fol. 2^{v}) oder der *Chronica Sancti Pantaleonis* (fol. 1^{v} = Abb. 37, fol. 3^{r} = Abb. 38), durch gleiche Größe und gleichartiges Sitz- oder Standmotiv dokumentiert werden. In getrennten Herrscherbildern können die Könige – wie in der Cambridger Kaiserchronik (Ms. fol. 373, siehe Abb. 18-33) – einheitlich sitzend oder, was wesentlich seltener ist, in unregelmäßigem Wechsel stehend und sitzend abgebildet werden wie in der Kölner Königschronik in Brüssel (Ms. 467, siehe Abb. 47,49-56). Indem er innerhalb des Stauferbildes differenzierte, gab der Maler auch eine Hierarchie an, die sich eben nicht nur an zugehörigen Titeln und Insignien ablesen ließ, sondern wesentlich aufmerksamer durch die Variation in der Größe und der Haltung bildlich dokumentiert wurde.

Friedrich Barbarossa wird einerseits innerhalb des genealogischen Vorstellungsbereichs als Ausgangspunkt und *pater familias* des staufisch-kaiserlichen Hauses verstanden, andererseits als *pater imperialis* mit den Söhnen in einer abgekürzten herrschaftlichen

702 Vgl. Swarzenski 2, 1969, S. 179, Tf. 33-35; Prochno 1929, S. 95 ff., Abb. 95/96; Schramm/Mütherich 1962, S. 177, 487; Schramm 1928, S. 249, Abb. 173, 183; Ornamenta ecclesiae 1, Köln 1985, S. 54, Kat. Nr. A4; Regensburger Buchmalerei, Regensburg 1987, S. 38, Kat. Nr. 26, Tf. 18-21, 105; Reich der Salier, Speyer 1992, S. 306, mit Farb-Abb.

Amtsfolge gesehen. Amts- und patriarchale Familienhierarchie werden so mit der Amtsgenealogie auf einer weiteren Ebene verbunden.

Die Miniatur muß ganz eindeutig als königliche Repräsentationsdarstellung gewertet werden. Sie bietet innerhalb des direkten historischen Zusammenhangs einen besonders schönen, zeitlich nahe liegenden Beweis für die dargelegte Entwicklung der Chronikillustration: Direkt an die benannten größeren Rundbilder der genealogischen Schemata anschließend folgt auch im Cod. D 11 das ganzfigurige Repräsentationsbild in einer genealogischen Reihe. Damit nimmt das Bildnis Friedrich Barbarossas die Mittlerposition zwischen den bildlich entwickelten Stemmata und der ersten echten Königsreihe ein, führt also von der formalen Struktur, dem Schema, zur Einbringung des ganzfigurigen Bildes in einen Textzusammenhang. Daß sich gerade diese Tendenz – auch wenn sich keine spätmittelalterlichen Belege erhalten haben – durchsetzen sollte, wäre in der Forschung schon lange bekannt, wenn die bis heute unpublizierten Handschriften der *Historia Welforum* aus dem sechzehnten Jahrhundert einmal beachtet worden wären, die durchgehend mit Bilderreihen ganzfiguriger Darstellungen der Welfen ausgestattet worden sind.[703]

[703] Zum Beispiel Cod. hist. quart. 584, Stuttgart, Hessische Landesbibliothek, um 1500 und Cod. B 515a/b, Stuttgart, Hauptstaatsarchiv, um 1550. Die weitere Untersuchung dieser Zusammenhänge bleibt einer späteren Publikation der Verfasserin vorbehalten.

2. Die gebundene Zeichnung

Mit dem Auftreten von Herrscherreihen in der Kaiserchronik (Cambridge, Corpus Christi College, Ms. fol. 373, vgl. Abb. 18-33) und der *Chronica Sancti Pantaleonis* (Wolfenbüttel, Cod. Guelf. 74,3 Aug. fol., vgl. Abb. 37-39) sowie der Entstehung der ersten szenischen Illustrationen im *Chronicon universale* (Berlin, Preußische Staatsbibliothek, Ms. lat. fol. 295, fol. 99^{r} = Abb. 8) und der besagten Kaiserchronik Ms. 373 (fol. 83^{r} = Abb. 34, fol. 95^{v} = Abb. 35) vollzogen die Illustratoren historiographischer Texte den Sprung vom schematischen Beibild zum szenischen Voll- oder Repräsentationsbild.

Auch der Zwiefaltener Zeichner des Cod. hist. fol. 411 (Stuttgart, Württembergische Landesbibliothek) kam – entsprechend der lokalen Tradition – indem er Vollbilder an den Textanfang stellte und Randillustrationen textparallel einfügte, zu einer bebilderten Rezension des Ekkehard von Aura.

Die meisten illustrierten Chroniken des zwölften Jahrhunderts – und dies gilt nicht nur für die hier besprochenen Weltchroniken, Plinius-, Orosius- und Josephus-Abschriften, sondern für praktisch jede Art historiographischer Texte, wurden zunächst mit gezeichneten Bildern versehen. Diese vereinzelt auftauchenden, dann fortlaufend eingearbeiteten Zeichnungen waren stets textabhängig. Sie verloren, aus dem Text- und Sinnzusammenhang isoliert, ihre konkrete, übergeordnete Bildbotschaft im illustrativen Rückbezug auf das geschriebene Wort. Damit sind sie nach der Definition von Dengelhart „gebundene Zeichnungen".[704]

Das Beziehungsgeflecht zwischen Bild und Text formt eine neue Qualität aus, in der auch die Technik, die Technik des Bildes, der Illustrationszeichnung, ein Zuordnungskriterium sein kann. Die deutliche Affinität zwischen der Technik und dem erzählenden Moment verstärkt die Abhängigkeit zwischen illustrierender Zeichnung und berichtender Schrift.[705]

---

[704] Vgl. Degenhart, Bernhard, Autonome Zeichnungen bei mittelalterlichen Künstlern, in: Münchener Jahrbuch der bildenden Kunst, N. F. 3, Bd. 1, München 1950, S. 98 ff. zur zweckgebundenen Zeichnung; S. 107 ff. zur Illustrationszeichnung.

[705] Vgl. Pächt, Otto, Der Weg von der zeichnerischen Buchillustration zur eigenhändigen Zeichnung, in: Wiener Jahrbuch für Kunstgeschichte 24, 1971, S. 178 ff., ibs. S. 180.

a. Zeichnung contra Miniatur – Zur Wertigkeit gezeichneter Buchillustrationen

In den vorangegangenen Überlegungen wurden immer wieder Autoren zitiert, die die gezeichnete Illustration im profanen Textzusammenhang gegenüber der Miniatur in liturgischen oder biblischen Schriften als minderwertiges, zweitrangiges Bildgut ansehen. Dagegen muß angeführt werden, daß beispielsweise so hochrangige Handschriften wie der Utrecht-Psalter und seine Nachfolge bis in das zwölfte Jahrhundert hinein gezeichnete Illustrationen bekamen, die – in einem nicht-profanen Textzusammenhang – höchste künstlerische Qualität entwickelten.[706] Schon ein Blick auf die bedeutende englische Tradition der erzählenden, gezeichneten Illustration widerlegt das Vorurteil von der Zweitrangigkeit der Zeichnung.[707]

Auf die deutschen Skriptorien etwa in Hirsau oder Zwiefalten, Weingarten, Salzburg oder Regensburg übertragen angewendet, ist das negative Urteil ebenfalls nicht zu rechtfertigen, letztlich sogar schon im Ansatz falsch: Es kann nicht richtig sein, völlig undifferenziert nur zwischen den Gattungen Zeichnung und Miniatur unterscheiden zu wollen. Schon die textgebundene, illustrierende Zeichnung allein birgt in sich viele unterschiedliche Stufen und Qualitäten: So existiert neben der Vorzeichnung die unfertige Zeichnung, die vollendete Illustrationszeichnung als neugeschaffenes Original oder als abgezeichnete Kopie neben der Randzeichnung, die einfache Kopie in brauner oder schwarzer Tusche neben mehrfarbigen Zeichnungen, die in unterschiedlichen farbigen Tuschen angelegt worden sind. Ebenso können häufig genug Zeichnungen mit partiellen Lavierungen oder Teililluminationen in deckenden Farbtönen beobachtet werden.

Während die ältere, textgebundene Illustrationszeichnung den Gegenpol zur Entwurfszeichnung einerseits wie auch zur völlig verselbständigten, bildgleichen autonomen Zeichnung[708] andererseits einnimmt, haben gezeichnete und gemalte Illustrationen stets nebeneinander existiert, sind teilweise – wie im *Antiphonar* von Sankt Peter (Wien, Österreichische Nationalbibliothek, Cod. Vind. ser. nov. 2700) sogar eine künstlerisch ausgesprochen reizvolle Symbiose eingegangen.[709]

Auch innerhalb der großen Gattung der Chroniken lassen sich die verschiedensten Arten von gezeichneten Bildausstattungen nachweisen: Das unfertige Eingangsbild des Moses (fol. 5^v = Abb. 13) des Stuttgarter *Chronicon universale* des Ekkehard von Aura (Cod. hist. fol. 411) führt die erste Stufe der Entwicklung vor.[710] Ebenso zeigen auch die Ansätze der Vorzeichungen zum nicht ausgeführten Illustrationszyklus des Cod.

[706] Vgl. Swarzenski, H. 1974, S. 37, Pl. 2/3, Abb. 2-5.

[707] Vgl. Dodwell, Charles Reginald, The Canterbury School of Illumination, 1066-1200, Cambridge 1954, S. 98 ff.; Pächt 1962, S. 12 ff.; Pächt 1971, S. 179 ff.; Lewis 1987, Pl. I-XV.

[708] Vgl. Degenhart 1950, S. 115 ff.

[709] Siehe Antiphonar von Sankt Peter, 1974/1975.

[710] Vgl. Borries-Schulten 1987, Abb. 265.

Casanat. 372[711] der *Historia mundi* des Otto von Freising die Entwicklung von der Vorzeichnung zur Illustrationszeichnung.

Wie die meisten andersartigen historiographischen Codices mit einer Bildausstattung besitzen auch die frühen ausgemalten Universalchroniken des Ekkehard von Aura[712], des Plinius (Cod. Vind. 9, siehe Abb. 92/93), des Otto von Freising und des Paulus Orosius nur gezeichnete Darstellungen, ebenso die *Chronica Sancti Pantaleonis* in Wolfenbüttel und die Cambridger Kaiserchronik. Vergleichend sei auch auf die Sammelhandschrift Cod. Pal. lat. 927 (Rom, Biblioteca Vaticana, fol. 6^{r}, fol. 18^{r}, fol. 3^{v}), das Heidelberger Rolandslied (Cod. Pal. germ. 112) oder die *Anonymi Treverensis Historia* hingewiesen, um nur einige der bereits in die vorliegende Untersuchung einbezogenen Handschriften anderer Gattungen der Geschichtsschreibung nochmals zu zitieren.

Auffälligerweise ist das künstlerisch und ikonographisch am weitesten ausgebildete Programm der bebilderten Otto-von-Freising-Abschriften (Admont, Ms. 164, fol. 51^{v} = Abb. 65; Jena, Cod. Bose q. 6; Mailand, Biblioteca Ambrosiana, Cod. Mediol. Ambros. F.129 Sup.) auf die schlichteste Art und Weise in schwarzbrauner oder brauner Tusche mit der Feder angefertigt. Nur die Jenenser Kopie trägt sehr vereinzelt Farbakzente in Rot, Grün und Gold (vgl. Abb. 78).

Neben der ausgebildeten zyklischen Reihe von Vollbildern existiert – wie oben erläutert – auch die einfache, gezeichnete textparallele Randzeichnung.

Die nächste Stufe der technischen Differenzierung bietet dem Betrachter Zeichnungen, die mit dem Farbkontrast Rot und Dunkelbraun Akzente setzen. Nicht nur innerhalb der Gruppe der beschriebenen Handschriften haben sich viele Illustratoren dieser zweifarbigen Zeichentechnik bedient: Die Ekkehard-von-Aura-Handschriften in Berlin (Cod. hist. fol. 295, vgl. Abb. 5, 7/8) und Jena (Cod. Bose q. 9), die anonyme Kaiserchronik (Cambridge, Ms. 373), die rheinischen Josephus-Abschriften in Köln (Ms. W 276, vgl. Abb. 159/160) und Berlin (Ms. lat. fol. 226, vgl. Abb. 158) und die prachtvolle Zwiefaltener Rezension der Jüdischen Altertümer (Cod. hist. fol. 418, vgl. Abb. 162) zählen ebenso dazu wie die Wiener Handschrift der *Historia naturalis* (Cod. Vind. 9, siehe Abb. 93).

Noch weiter entwickelt wurde die mehrfarbige Zeichnung, indem die Meister drei oder noch mehr Tintenfarben benutzten. Treffend für den Dreifarbenklang ist das Stemma des *Chronicon universale* der Bibliothèque Nationale in Paris (Ms. lat. 4889, siehe Abb. 4), das in Braunschwarz-Rot-Violett entworfen worden ist.

Das Titelblatt der Stuttgarter *Historia* des Orosius (Cod. hist. fol. 40, fol. 1^{v} = Abb. 50) zeichnete der Illustrator sogar in fünf Farben: Er benutzte Braun, Schwarz, Rot, Grün und Blau und erzielte durch Parallelschraffuren sogar eine gewisse Flächenwirkung der Farbigkeit. Auch der Zeichner der *Chronica Sancti Pantaleonis* (Wolfenbüttel, Herzog

[711] Siehe Kap. II. 3. c.

[712] Einzige Ausnahme ist Gotha, Forschungsbibliothek, Cod. memb. I 92, fol. 138^{v} = Abb. 23, fol. 153^{r} = Abb. 25. Die Stammtafeln sind als ganzseitige Deckfarbenminiaturen angelegt.

August-Bibliothek, fol. 3^{r} = Abb. 38, fol. 3^{v} = Abb. 39) bediente sich dieser Mehrfarbentechnik in der Zeichnung.

Neben der Vielfarbenzeichnung steht die Zeichnung mit Lavierungen, in der auch gelegentlich Deckfarben benutzt wurden, eine echte Mischtechnik also, die den Übergang von der Zeichnung zur Miniatur markiert. Die Möglichkeiten dieser Technik sind vielfältig variabel; so können beispielsweise die Hauptfiguren farbig angelegt, das Rahmenwerk gezeichnet und teilweise laviert sein und der Hintergrund pergamentsichtig bleiben, wie es auf einer der Seiten der *Chronica Sancti Pantaleonis* (fol. 1^{v} = Abb. 37) oder dem Fuldaer Flavius Josephus Ms. C 1 (fol. 1^{v} = Abb. 165) und der Pariser Handschrift Ms. lat. 5058 (fol. $2^{v}/3^{r}$ = Abb. 167/168) der Fall ist. Ebenso können – wie in dem schönen Genesisbild der Jüdischen Altertümer in Berlin (Ms. lat. fol. 226, fol. 3^{r} = Abb. 152) – gezeichnete Figuren mit Vielfarbigkeit umgeben werden oder wie das erwähnte Beispiel der *Historia Angelorum* des Beda Venerabilis gezeichnete Figuren vor einfach in Blau oder Grün laviertem Grund erscheinen (Leipzig, Universitätsbibliothek, Ms. Rep. 58a, fol. 1^{r}).

Diese Liste ließe sich selbstverständlich beliebig fortsetzen, denn neben dem Figurenstil ist natürlich die jeweils unterschiedliche Farbigkeit jeder Form von Buchausstattung charakteristisches, individuelles und unverwechselbares Merkmal der unterschiedlichen Skriptorien, Zeichner und Illuminatoren.

Neben den vielgestaltigen Spielarten der gezeichneten Illustrationen existierten im späten zwölften und im dreizehnten Jahrhundert dann auch Bilderzyklen mit Miniaturen in den Chroniken. Entweder wurden diese, wie in der Kölner Chronik in Brüssel (Ms. 467, vgl. Abb. 43-45, 46-56) als textzugeordnetes Vollbild in einer Bilderreihe angelegt oder standen als historisierte Initialen vor dem jeweiligen Textabschnitt, wie die Abbildungen zu den *Antiquitates judaicae* in Oxford (Ms. 317, siehe Abb. 144-147) und Paris (Ms. lat. 8959, siehe Abb. 171-175) und Ms. lat. 16 730, siehe Abb. 176-183) nachzuweisen war. Diese ausgemalten Rezensionen stammen fast immer aus der zweiten oder dritten Generation der zunächst mit Federzeichnung ausgestatteten Abschriften. Als Beleg sei auf die Urfassung des *Chronicon universale* des Frutolf von Michelsberg und des Ekkehard von Aura in Jena (Cod. Bose q. 9, fol. $152^{v}/171^{v}$, vgl. Abb. 1-3) im Verhältnis zu der mit Miniaturen ausgestatteten jüngeren Redaktion in Gotha (Cod. memb. I 92, fol. 138^{v} = Abb. 9, fol. 153^{r} = Abb. 10) verwiesen. Auch die anonyme Kaiserchronik und die Chronik aus Sankt Pantaleon lassen sich zu der Brüsseler *Chronica regia Coloniensis* in ein ähnliches Bezugssystem einfügen. Und – um über den Entwicklungsstand der untersuchten Codices weiterzublicken – auch die frühen deutschsprachigen Fassungen der Weltchronik des Rudolf von Ems aus dem späten dreizehnten Jahrhundert (München, Bayerische Staatsbibliothek, Cod. germ. Mon. 8345) schmücken randständige lavierte Federzeichnungen[713], während die Berliner Fassung aus dem frühen vierzehnten

[713] Vgl. Erwerbungen aus drei Jahrzehnten, 1948-1978, Abendländische und orientalische Handschriften, Inkunabeln und seltene Drucke, Noten und Landkarten, bearb. von Karl

Jahrhundert (Berlin, Preußische Staatsbibliothek, Ms. germ. fol. 623) prachtvolle Deckfarbenminiaturen enthält.[714]

Wenn auch die Zeichnungen die preiswertere Bebilderung darstellten[715] und der Weg zunächst von der Illustrationszeichnung zur Miniatur und wohl nicht umgekehrt von der Deckfarbenmalerei zur preisgünstigeren Zeichnung führte, bleibt festzuhalten, daß die Zeichnung als Bildmittel chronikalischer Texte der Miniatur weder in ihrer Wertigkeit noch in ihrer Qualität nachstand. Erst auf dem Weg zur beliebigen Vervielfältigung, die letztlich zur druckgraphischen Technik hinführen mußte, und der zahlenmäßigen Zunahme übergreifender Universalchroniken wird im ausgehenden vierzehnten und im fünfzehnten Jahrhundert der erschreckende Qualitätsverlust der handgearbeiteten Massenproduktion sichtbar.[716]

b. Vorlage und Kopie – Zum Problem der Rezeption

Lange bevor die technische Möglichkeit einer Vervielfältigung des Bildes vom Holzschnitt über die Photographie bis zum Scanner erforscht wurde, war die Kopie von Hand das einzige Reproduktionsmedium.[717] Anders als die wiederholende Reprographie blieb die mittelalterliche Kopie auch als gebundene Zeichnung nach einer Vorlage ein Original, das zwar Bildwert und Komposition, Ikonographie und Textposition übernahm, Bildcharakter, Stil und Qualität aber der Hand des Zeichners verdankte.

Innerhalb der großen Gruppe der untersuchten bebilderten Chroniken spielte das Phänomen der Bildkopie parallel zur Textrezeption eine ganz entscheidende Rolle: Für fast alle untersuchten mittelalterlichen Weltchroniken, die Frutolf/Ekkehard-Chronik, die Kölner Weltchronik und ihre Nachfolge und die Abschriften der *Chronica sive Historia* des Otto von Freising hat sich in den vorliegenden Untersuchungen eine fortlaufende Kopienfolge entsprechend der Textweitergabe nachweisen lassen, obwohl die Abschriften zueinander nicht immer in einem direkten Vorlage-Kopie-Verhältnis gestanden haben können.

Dachs und Erwin Arnold (Ausstellungskataloge der Bayerischen Staatsbibliothek München 16), Wiesbaden 1978, S. 27, Kat. Nr. 8, Abb. 3.

714 Vgl. Zimelien, Berlin 1975/1976, S. 140/141, Kat. Nr. 93; Rudolf/Weltchronik, 1980.

715 Vgl. Pächt 1971, S. 180; Degenhart 1950, S. 107 ff.

716 Vgl. Ott, Norbert, Typen der Weltchronik, Ikonographie, Bemerkungen zur Illustration, Anspruch und Gebrauchssituation volkssprachlicher Chronistik aus überlieferungsgeschichtlicher Sicht, in: Jahrbuch der Oswald von Wolckenstein-Gesellschaft 1, hrsg. von Hans Dieter Mück und Ulrich Müller, 1980/1981, S. 29 ff.

717 Vgl. Degenhart 1950, S. 98 ff.; Ott 1980/1981, S.29; Stamm 1983, S. 129; Springer 1985, S. 301 ff.

Einen direkten Filiationsbezug vertreten die beiden rheinländischen Abschriften der Jüdischen Altertümer und des Jüdischen Kriegs in Köln (Ms. W 276) und Berlin (Ms. lat. fol. 226) und die Weltchroniken des Otto von Freising in Jena (Cod. Bose q. 6) und Mailand (Cod. Mediol. Ambros. F.129).

Die genannten mosanen Josephus-Texte haben im Vergleich dagegen ein eher lockeres Beziehungsgeflecht erkennen lassen, das eine verwandte Themenauswahl des Titelbildes – Dedikations- und Autorenbilder respektive Genesisszenen – und stilistische Gemeinsamkeiten besitzt, ohne direkte Kopienfolgen greifbar werden zu lassen. Für die untersuchten Orosius-Handschriften konnten keine Kopienfolgen aufgezeigt werden, was sicherlich auch mit der eher spärlichen Überlieferungsdichte zusammenhängt.

Daß die Bildausstattung von Chroniken prinzipiell nicht nur durch vorgegebene Zeichnungen und Miniaturen, sondern auch durch die prägende Kraft eines entwickelten Skriptoriums gestaltet werden konnte, ließen wohl die Zwiefaltener Handschriften (Stuttgart, Cod. hist. fol. 410, 411 und 418) am besten erkennen. Das Verhältnis dieser Zwiefaltener Handschriften zueinander wird durch quasi parallel-horizontale, stilistische und prinzipielle Übereinstimmungen deutlich, während Kopienfolgen durch ein sozusagen genealogisches, vertikales Beziehungsprinzip charakterisiert werden. Das Hauptgestaltungsprinzip der Geschichtswerke aus dem Zwiefaltener Skriptorium – ein ganzseitiges Eingangsbild in mehreren Tuschfarben und einfarbige, textbegleitende Randillustrationen – wäre eine derartige Parallelerscheinung. Aber auch die recht einheitlichen mit variierenden historisierten Initialen ausgestatteten frühen Josephus-Handschriften französischer Provenienz (Paris, Ms. lat. 5058, 8959, 16 730) bildeten ein derartiges, hier für eine gleichartige Textgruppe durchgängiges Prinzip, das sich – wie vorgeführt – bis zur Entwicklung erster narrativer Bilderzyklen in den *Antiquitates judaicae* und dem *Bellum judaicum* erhielt.

Während die Illustrationsübernahme unabhängig von der gewählten Technik stattfand – man vergleiche etwa nochmals die gezeichneten Chronikbilder im Ekkehard von Aura mit der Erfurter Abschrift des *Chronicon universale* (Gotha, Forschungsbibliothek, Cod. memb. I. 92) oder die Chronik aus Sankt Pantaleon (Wolfenbüttel, Cod. Guelf. 74,3 Aug. fol.) und die anonyme Kaiserchronik (Cambridge, Ms. fol. 373) mit der *Chronica regia Coloniensis* (Brüssel, Ms. 467) – erfolgt die Rezeption aus der Vorlage in sehr ähnlicher Art und Weise gleich der Übernahme aus nicht-historiographischen Schriften.[718] Schon die Untersuchungen zu den Rezensionen der Weltchroniken des Otto von Freising haben bewiesen, daß der Rezeptionsvorgang nach der Entwicklung des illustrierten Mutterexemplars stets vergleichbar blieb. Der Schreiber ließ entsprechend dem Vorbild während seiner Abschrift im Textfluß Lücken stehen, die der Rubrikator – wie ein Blick auf die unter den Zeichnungen liegenden Linien beispielsweise im Rolandslied zeigt[719] – keinesfalls immer schon eingeplant hatte.

[718] Vgl. Cohen-Mushlin 1983, S. 74.

[719] Vgl. Pfaffe Konrad/Rolandslied, 1970.

Die Bildfelder erhielten als Nächstes gezeichnete Rahmen für die Bildumschriften. Danach folgte die Beschriftung und dann das Vorzeichnen der Szene, wie besonders gut im Cod. roman. Casanat. 372 aber auch im Bildnismedaillon Friedrich I. im Welfenstammbaum der Fuldaer *Historia Welforum* (Cod. D 11, fol. 14^{v} zu beobachten war. Erst im letzten Arbeitsschritt entschied sich, ob der Illustrator eine kunstvolle Zeichnung oder eine farbige Miniatur über die Vorzeichnung legte. Daß ein weiterer, späterer Kopist dann seinerseits in der nun zur Vorlage gewordenen Kopie Probezeichnungen am Bildrand machte, ist im Mailänder Codex der *Chronica sive Historia* (Cod. Mediol. Ambros. F.129, fol. 10^{v} = Abb. 82, fol. 105^{v} = Abb. 88) erkennbar. Bedauerlicherweise werden derartige „Kopierspuren" bei der Abbildung der Illustrationen fast immer retuschiert oder abgeschnitten und die Dokumentation des fortlaufenden Rezeptionsprozesses damit erschwert.

Erst im neunzehnten Jahrhundert kommen die mittelalterlichen Illustrationen dann teilweise in kunstvollen Nachdrucken, zumeist *Lithographien*, wieder zutage, so die Bilder zum Havelberger *Chronicon universale* (Berlin, Preußische Staatsbibliothek, Ms. lat. fol. 295) 1840 bei Riedel[720], einige Zeichnungen zu Otto von Freisings Jenenser Weltchronik (Cod. Bose q. 6) 1820 in Goethes Ausführungen über die Handschrift[721] und natürlich in den Tafelwerken der *Monumenta Germaniae Historica*.

[720] Vgl. Riedel 1840, S. 185 ff., Tab. I-IV.

[721] Vgl. Goethe 1820, S. 302 ff., mit vier Lithographien.

3. Politische Ikonographie und direkter Wirklichkeitsbezug

Neben der besonderen Bedeutung der Technik einerseits und der formalen Entwicklung der Chronikillustrationen andererseits, welche die letzten zwei Abschnitte nochmals zusammenfassend dargestellt haben, steht als drittes Element die inhaltliche Komponente. Der Charakter der sich entwickelnden Bildprogramme ist schon vom Ansatz her durch die Verbindung mit den jeweiligen Chroniktexten aktuell, vielleicht sogar politisch. Wie der Text, so ist auch das Bild den Vorstellungen seines Schöpfers unterworfen und dadurch in einen direkten zeitgenössischen Wirklichkeitsbezug gestellt.

a. Amtsgenealogie und Herrscherdarstellung – Zur Frage einer staufischen Ikonographie

Als Ergebnis der Untersuchungen zu den unterschiedlichen Handschriften und Handschriftengruppen wurde deutlich erkennbar, daß sich der Übergang von der genealogisch verketteten Medaillonbildreihe zum ganzfigurigen Zyklus von Königsbildern mit dem Ausgang der salischen Epoche und dem Beginn der Blütezeit des staufischen Imperiums vollzogen hat. Ausgehend von der Herrscherreihe der anonymen Kaiserchronik (Cambridge, Corpus Christi College, Ms. 373, siehe Abb. 18-35) zeichnete sich die Tradition fortlaufend in der *Chronica regia Coloniensis* (Brüssel, Bibliothèque Royale, Ms. 467, siehe Abb. 47, 50-56)[722] ab und endet in den bereits in einen szenischen Zusammenhang integrierten Herrscherdarstellungen in der *Chronica* des Otto von Freising (Jena, Cod. Bose q. 6, siehe Abb. 66, 68-80).[723] Die erstgenannten beiden Handschriften vertreten den Illustrationstypus der textgebundenen, isolierten Herrscherfigurenfolge oder Sukzessionsreihe im Sinne einer Amtsgenealogie des *Sacrum Imperium*[724], die durch eine getrennte Abfolge von repräsentierenden Einzelfiguren vor zugehörigen Textabschnitten charakterisiert ist. Vergleichbar wären – wie bereits erläutert – etwa die Bilder im *Liber floridus* des Lambert von Saint Omer (Gent, Universitätsbibliothek, Ms. 92, siehe zum Beispiel fol. 38^{v} = Abb. 44) und die persischen Nachfolgehandschriften der Papst- und Kaiserchronik des Martin von Troppau (Abb. 192).[725]

Den zweiten, gleichzeitig auftretenden Typ prägt das herrschaftliche Gruppenbild, wie es die *Chronica Sancti Pantaleonis* (Wolfenbüttel, Herzog August-Bibliothek, Cod.

---

722 Siehe Kap. II. 2. b.

723 Siehe Kap. II. 3. a.

724 Vgl. Lexikon der christlichen Ikonographie 3, 1990, im Artikel *Reich* der Abschnitt 5 *Sukzessionsreihe*. Es werden in einer ungeordneten Zusammenstellung diverse Beispiele für Amtsgenealogien aufgeführt, der Abschnitt entbehrt jedoch jeglicher Systematik, Zuordnung und Vollständigkeit.

725 Vgl. Jahn 1977, Tf. 8-35, Tf. 46.

Guelf. 74,3 Aug. fol., fol. 1^v = Abb. 37, fol. 3^r = Abb. 38)[726] und die sie kopierende *Kölner Königschronik* (Brüssel, Bibliothèque Royale, Ms. 467, fol. 2^r = Abb. 43)[727] aber auch die Welfenchronik (Fulda, Hessische Landesbibliothek, Cod. D 11) und das Krakauer Evangeliar in zwei unterschiedlichen Varianten vorführten.[728]

Da sich seit dem Ende des ersten Drittels des zwölften Jahrhunderts die lateinischsprachigen historiographischen Handschriften mit gemalten Amtsgenealogien der Könige und Kaiser des *Sacrum Imperium* vermehrt haben finden lassen, muß die Frage aufgeworfen werden, ob diese Sukzessionsreihen in den hochmittelalterlichen Weltchroniken sozusagen eine herrschaftliche-staufische Ikonographie, ein typisch stauferzeitliches Bildverständnis, wie es aus anderen Themenzusammenhängen durchaus geläufig ist[729], ausgebildet haben. Daß derartige Reihungen unumstritten – ebenso wie die Genealogien von Herrscherhäusern – hochpolitisch zu verstehen und bewußt propagandistisch genutzt wurden, ist bei dieser These selbstverständlich vorauszusetzen und durch die Überlegungen zu den Stammbaum-Schemabildern, der illustrierten Welfenchronik und anderen Herrscherbildern auch hinreichend belegt.

Die langen Aufzählungen der größtenteils schon bei Ursula Nilgen zusammengestellten[730], in allen Gattungen der Bildkünste nachweisbaren Herrscherfolgen vermehren sich seit der zweiten Hälfte des zwölften Jahrhunderts: Neben dem Armreliquiar für die Reliquie Karls des Großen (Aachen, Münsterschatz) sind der nicht mehr existierende Arnulf-Schrein in Metz[731], der berühmte Karlsschrein in der Aachener Pfalzkapelle[732], der Fensterzyklus im Obergaden des Straßburger Münsters[733], der Buchdeckel des *Liber aureus* in der Reichsabtei im Benediktinerkloster in Prüm (1101-1106)[734] und die Wandmalereien in der Doppelkapelle in Schwarzrheindorf[735] erneut anzuführen.

---

726 Siehe Kap. II. 2. a.

727 Siehe Kap. II. 2. b.

728 Siehe Kap. IV. 1. d.

729 Vgl. Kaplan, Paul H. D., Black Africans in Hohenstaufen Iconography, in: Gesta 26,1, 1987, S. 29-41; Vgl. zum Beispiel auch die Diskussion um den Cappenberger Barbarossakopf, vgl. Zeit der Staufer 1, Stuttgart 1977, S. 393 ff., Kat. Nr. 535.

730 Vgl. Nilgen 1985, S. 218 ff.; siehe Kap. II. 2. b.

731 Vgl. Stephany 1969, S. 21 ff.; Grimme 1972, S. 66 ff.; Nilgen 1985, S. 231; Kroos, Renate, Der Schrein des Heiligen Servatius in Maastricht und die vier zugehörigen Reliquiare in Brüssel (Veröffentlichungen des Zentralinstituts für Kunstgeschichte in München 8), München 1985, S. 60, Anm. 372.

732 Vgl. Grimme 1957, Abb. 8-17; ders. 1972, S. 66 ff.; ders. 1972, 2., S. 70 ff., S. 172; Stephany 1969, S. 21 ff., Nilgen 1985, S. 218 ff.

733 Vgl. Zschokke, Fridtjof, Die romanischen Glasgemälde des Straßburger Münsters, Basel 1942, S. 63 ff.

734 Vgl. Reich der Salier, Speyer 1992, S. 376/377, Vitrine 12.

735 Vgl. Clemen 1916, S. 323; Verbeek 1979, S. 46 ff.

Auch außerhalb des eng abgesteckten Kreises der Chroniken lassen sich die beschriebenen Typen nachweisen: Die bereits erwähnten vier Könige in Schwarzrheindorf wären dem Illustrationstyp des herrschaftlichen Gruppenbildes zuzuordnen. Das Aachener Armreliquiar wie auch der Metzer Schrein könnten, da sie nur Brustbilder oder Köpfe tragen beziehungsweise trugen, mit der älteren Tradition der genealogischen Rundbilderkette verknüpft werden. Im zwölften Jahrhundert haben nur der Herrscherzyklus im Straßburger Obergaden und die Königsreihen an den Schreinwänden des Karlsschreins sowie auf dem Prümer Buchdeckel eine echte, ganzfigurige, fortlaufende Sukzessionsfolge der Herrscher des Reichs ausgebildet, die sich den Bilderfolgen der Cambridger Kaiserchronik oder der *Chronica regia Coloniensis* vergleichen ließen.

Daß der Stiftergedanke oder die Idee der *memoria* in gleichem Maße ausschlaggebendes Prinzip der Handschriftenillustrationen gewesen wäre, wie es für die anderen aufgezählten Beispiele teilweise nachweisbar war, kann nicht bestätigt werden. Die Herrscherfolgen erscheinen hier – anders als die in kirchlich-liturgische Zusammenhänge eingebundenen Vergleichsstücke – als Repräsentationsbilder im profanen, historischen Bericht.[736]

Dieser leugnet selbstverständlich nicht die Amtsheiligkeit des Königtums, doch besitzen die Bilder auch eine politische Aussagekraft. Es handelt sich also um Bildgut ohne direkten Sakralbezug.

Mit dem nächsten Entwicklungsschritt der Chronikillustration – dem Einbringen des Königsbildes in eine Szene – wie es in der *Chronica* des Otto von Freising geschah, wurden die Wirklichkeit und historische wie auch aktuelle Ereignisse direkt mit dem Herrscherbild zusammengebracht. Damit ging die Sakralität der *Imitatio Christi*, die die Königsdarstellung im liturgischen Kontext besessen hatte[737], teilweise verloren. Vergleichbar wäre etwa der Darstellungsmodus des Kaisers im Rolandslied). Der Entwicklungsprozeß, der Profanität und direkten Wirklichkeitsbezug an die Herrscherdarstellungen heranführte, setzte demzufolge nicht mit den kaiserlichen Stiftungen Friedrich Barbarossas anläßlich der Kanonisierung Kaiser Karls des Großen – dem Armreliquiar und dem Schrein für den neuen Staatsheiligen – ein.[738] Politische Propaganda wurde im geschriebenen wie im abbildenden Teil von Chroniken erstmals kombiniert bereits im *Chronicon universale* des Ekkehard von Aura benutzt. Die entscheidenden Stufen der Entwicklung markierten die Berliner Handschrift (Ms. lat.

[736] Zur Frage der Profanisierung des Herrscherbildes im Hochmittelalter vgl. auch: Georgen 1975, S. 3 ff. Vgl. auch das Faksimile der Lebensbeschreibung der Mathilde von Tuscien: Vita comitissae Mathildis, Cod. Vat. lat. 4922, mit einer Einführung von Canusinus Donizo, übersetzt von Axel Janeck (Belser-Faksimile-Edition aus der Biblioteca Apostolica Vaticana = Codices ex Vaticanis selecti quam simillime expressi 62), o.0. 1984.

[737] Vgl. Kantorowicz, Ernst, Die zwei Körper des Königs: Eine Studie zur politischen Theologie des Mittelalters, deutsche Erstauflage (dtv Wissenschaft 4465), München 1990.

[738] Vgl. Nilgen 1985, S. 217 ff.

fol. 295) und die Anonyme Kaiserchronik (Cambridge, Ms. 373), die im Auftrag Kaiser Heinrichs V. entstanden ist.[739]

Während die ältere ottonische Tradition der Amtsgenealogie, vertreten durch Beispiele wie das Reichsschwert in Wien und den Krönungsmantel Heinrichs II.[740] oder die Ingelheimer Wandmalereien[741], den König nicht aus seiner amtsgebundenen, liturgisch-christlichen Fixierung lösten, sondern diese bewußt zu verstärken suchten[742], besitzt das Herrscherbild im geschriebenen Kontext eines Geschichtswerks einen anderen, zugleich profanen, aber auch dokumentierenden Charakter.

Derartige Wesensveränderungen der Illustration ließen sich auch an den zeitgleichen, historisierten Initialen in den *Chroniken* des Josephus Flavius beobachten (Ms. lat. 5058, 8959, 16 730).

Die Idee, das Bild nicht nur im kirchlich-imperialen Gebrauch zu nutzen, sondern es im profanen, historiographischen Textzusammenhang als Propagandamittel anzuwenden, geht also zunächst nicht auf staufische Bemühungen zurück. Bereits in den heftigen Auseinandersetzungen zwischen Heinrich V. und seinem kaiserlichen Vater wurde das Mittel der „politischen Bildpropanganda" im Chronikentext benutzt, danach – mit einem wohl eher fließenden Übergang – in der *Chronica* des Otto von Freising zum vollen, erzählenden Bildprogramm mit politischer Aktualität umgesetzt.

b. Vom Repräsentationsbild zum Ereignisbild – Politische Propaganda und zeitgenössische Wirklichkeit

Symbolisiert die einzeln stehende Herrscherdarstellung das *Sacrum Imperium*, so versinnbildlicht die Königs- und Kaiserreihe die *translatio imperii*, während die aneinandergefügten Stammbäume oder die *domus*-Bilder die Dynastienfolge beinhalten. Blickt man auf den nächstfolgenden Entwicklungsschritt, so bleibt festzuhalten, daß fast gleichzeitig mit der repräsentativen monofiguralen Gestaltung von Chronikillustrationen in denselben Codices allererste vollwertige Ereignisbilder als Textbeigabe konzipiert worden sind.

Diese szenischen, erzählenden Zeichnungen traten ebenfalls in den bildtechnisch stark innovativen, bekannten Handschriften, dem Berliner *Chronicon universale* des Ekkehard von Aura (Berlin, Preußische Staatsbibliothek, Ms. lat. fol. 295, fol. 99^r = Abb. 8) und der Anonymen Kaiserchronik (Cambridge, Corpus Christi College, Ms. 383, fol. 83^r = Abb. 34, fol. 95^v = Abb. 35) auf. Alle drei hier anzuführenden Szenen illustrieren wie beschrieben politisch-dynastische Ereignisse aus dem Leben Kaiser Heinrichs V. und

739 Siehe Kap. II. 1. c. und II. 1. f.

740 Vgl. Schramm/Mütherich 1962, Nr. 159 und Nr. 132, Schramm 1928, Nr. 160 und Nr. 126.

741 Vgl. Lammers 1972, S. 226 ff.

742 Vgl. auch Künzel, Susanne, Denkmale der Herrschaftstheologie Kaiser Heinrichs II. (Schriften aus dem Institut für Kunstgeschichte der Universität München 43), München 1989.

seines Vaters. In Berlin folgt wie beschrieben auf die Stammtafeln die Insignienübergabe (fol. 99^r = Abb. 8), in der Kaiserchronik am Ende der Amtsgenealogie nach der Zeichnung Heinrichs IV. als thronender Herrscher die päpstliche Inthronisation seines Sohnes (fol. 83^r = Abb. 34) und die Hochzeit Heinrichs V. mit Mathilde von England (fol. 95^v = Abb. 35). Diese Themenauswahl entspricht ansatzweise jener der byzantinischen Chroniken, die von vergleichbaren offiziellen Hofereignissen in Form der vielfach schon erwähnten *images stéréotypes* berichteten.

Derartige Chronikillustrationen müssen unabdingbar als politische, propagandistische Ereignisbilder mit direktem Wirklichkeitsbezug gewertet werden. Ganz offensichtlich entwickelte sich parallel zum Bericht des Historiographen das Rechtsansprüche darlegende, dokumentierende Bild. Der zeitgenössische Wirklichkeitsbezug darf hierbei sicherlich nicht im Sinne eines Augenzeugenberichts gewertet werden. Gemeint ist wohl eher die Zeitspanne des direkt persönlich Erlebbaren oder des durch direkte Zeitzeugen noch mündlich Tradierbaren. Den absolut unvoreingenommenen, objektiven Betrachter, den die neuzeitliche Rechtssetzung als fiktive Person kennt, gab es jedoch im zwölften Jahrhundert ebensowenig wie in der heutigen Berichterstattung. Der Autor wie der Illuminator brachten ihre eigenen Positionen und Vorstellungen ein – und selbst diese müssen nicht zwangsläufig miteinander identisch sein.

Den Heinrichs-Bildern vergleichbar und ebenfalls eine Historie politischer Wirklichkeit ist selbstverständlich auch die bekannte Miniatur des kaiserlichen Kniefalls vor der Markgräfin Mathilde von Tuscien[743], nur um die Bildeindrücke zur Vita Heinrichs IV.[744] an einem weiteren Beispiel vorzuführen.

Neben dem zeitgenössischen Wirklichkeitsbezug dieser frühen Szenen steht natürlich der historische wie auch der heilsgeschichtliche Wirklichkeitsbezug[745], der seinerseits keinesfalls unpolitisch sein muß, nur weil der direkte Gegenwartsbezug vielleicht fehlt oder die biblische Geschichte nicht mehr als wirkliche, erlebte Vergangenheit gesehen wird. Besonders deutlich wurde dieser geschichtliche Wirklichkeitsbezug narrativen Charakters aus jüdischer Sicht in den unterschiedlichen Rezensionen der *Antiquitates judaicae* und des *Bellum judaicum* des Josephus Flavius. Diese ließen in ihrer Bildentwicklung deutlich den Sprung von den einzelnen führenden Bildschema[746] über die isoliert stehenden, szenischen Initialbilder[747] zur historisierten Initialbilderfolge[748] als

[743] Vgl. Mathilde/Vita, 1984, fol. 49^r.

[744] Vgl. Fontes historiarum Heinrici IV., 1974, S. 1.

[745] Vgl. Haussherr 1982, S. 211 ff.; Clausberg, Karl, Der Erfurter *Codex aureus* in Pommersfelden (Ms. 249/2869), Biblische Historie im politischen Gewand? Wiesbaden 1986, S. 13 ff.

[746] Vgl. Ms. II 1179, fol. 3^v = Abb. 176; Ms. 774/775, fol. 3^r = Abb. 183; Cod. Plut. 66,5, fol. 2^v = Abb. 188; Cod. hist. fol. 418, fol. 3^r = Abb. 200, auch Abb. 191 und 197.

[747] Vgl. Abb. 177, 178-182, 192-196, 201/202.

[748] Vgl. Ms. lat. 8959, siehe Abb. 212-213; Ms. lat. 16 730, siehe Abb. 218-234.

Vorläufer des narrativen Bilderzyklus erkennen. Da die Illustrationen zur jüdischen Geschichte des Flavius Josephus aus dem zwölften Jahrhundert stammen, geben die Szenen, die Titus, Vespasian, Josephus und den Kampf um Jerusalem abbilden, nur eine historische, für den Zeichner nicht erlebte Wirklichkeit wieder.[749] Das zugehörige Bild erscheint in den romanischen Josephus-Handschriften noch immer als Vorspann zum Text. Dies wird durch die Bindung der erzählenden Miniatur an die Initiale besonders deutlich.

Eine fortlaufende profane Bildergeschichte, wie sie beispielsweise der Teppich von Bayeux schon im elften Jahrhundert formuliert hat, bringt erst die stauferzeitliche Weltchronistik hervor, wobei sie sich allerdings deutlich bestimmter Prinzipien bedient, die die randständigen Orosius-Illustrationen des Ms. Vat. lat. 3340 bereits besitzen.[750] Das erweiterte, integrierende Geschichtsbild der *Chronica sive Historia de duabus civitatibus* des Otto von Freising brachte biblische, alte und mittelalterliche Geschichte in einen zusammenfassenden, zwangsläufigen, letztlich heilsgeschichtlichen Ablauf.[751]

Aus heutiger Sicht ist im Bilderzyklus der *Chronica* zwischen heilsgeschichtlicher Wirklichkeit, historischer Realität und zeitgenössischer Wirklichkeitsdarstellung zu unterscheiden. Aus der Sicht eines Otto von Freising sind demzufolge alle Illustrationen zu seinen Texten Ereignisbilder.

Biblische Geschichte illustrieren nur die Zeichnungen zum ersten Buch der Chronik (Cod. Bose q. 6, fol. 10^r und 10^v = Abb. 66 und 67), die Genesis, Sintflut und Szenen zum historischen Werdegang des babylonischen Reichs enthalten, und die Geburtsszene mit der Verkündigung an die Hirten vor dem Textbeginn des dritten Buchs (fol. 39^r = Abb. 72). Themen der alten Geschichte bis in die Völkerwanderungszeit hinein greifen insgesamt dreizehn Szenen auf. Zehn Einzelbilder zur mittelalterlichen Geschichte seit Karl dem Großen hat der Illustrator ausgeführt (Abb. 75-79). Zeitgenössische Wirklichkeit im eigentlichen Sinne dokumentieren nur die letzten Szenen zur Geschichte Heinrichs IV. (Abb. 78-80, auch 87/88). Szenen zum verlorenen achten Buch der Chronik und Bildvorstellungen von der zukünftigen, apokalyptischen Weltgeschichte sind leider aus diesem Zusammenhang nicht erhalten.

Durch das Einreihen in eine stringente heilsgeschichtliche Ereignisreihe wie auch in die königliche Amtstradition wird einerseits der eschatologische Aspekt der Genesisillustrationen erhalten und andererseits der Gedanke der *translatio imperii* versinnbildlicht und damit innerhalb seines historischen Kontextes realer und konsequenter für den Leser. Neben den herrschaftlich-dynastischen Ereignissen wie Eheschließungen, die genealogische Kontinuität bedeuteten, und Schlachtenszenen, die für den Machterhalt stehen, erscheint das Herrscherbild des *rex justus*. Neben den traditionellen Rollenbildern

[749] Vgl. Ms. C1, fol. 1^v = Abb. 203, Clm. 17 404, fol. 263^v = Abb. 204, Ms. lat. 5058, fol. 2^v/3^r = Abb. 205/206; Ms. lat. 16 730, fol. 251^r = Abb. 233, fol. 262^v = Abb. 234.

[750] Siehe Kap. III. 1. a., vgl. Abb. 130-166.

[751] Vgl. Goetz 1984, S. 62 ff., S. 131 ff.

steht das Abbild der aktuellen, erlebten Wirklichkeit. Und hier besteht ein Sprung im System; das schöne, vorgegebene Herrscherbild zerbricht, da es der Wirklichkeit nicht entspricht. So könnte man beispielsweise aus den Szenen der Kaiserchronik (Abb. 33-35), des *Chronicon universale* (Abb. 8), des Krakauer Evangeliars, der Vita der Mathilde von Tuscien (fol. 49^{r}), der Kölner Königschronik (Abb. 53) und der Chronik des Otto von Freising (Abb. 78-80, auch Abb. 87/88) eine bebilderte Lebensbeschreibung Kaiser Heinrichs IV. und seines Sohnes Heinrichs V. zusammenfügen. Analog dazu wären auch die Illustrationen zu Titus, Vespasian und Josephus aus den *Antiquitates judaicae* für eine illuminierte Vita des Autors kombinierbar, um vergangener Realität nachzuspüren.

Das Ereignisbild als Dokumentationsmittel zeitgenössischer Wirklichkeit nimmt in den Chroniken nur jeweils einen abschließenden Teilbereich der Codices ein, während gleichzeitig im Text die Chronik zum zeitgenössischen Bericht wird. Die Bildauswahl erfolgt nach jenen Prinzipien selektiver Dokumentation, die – wie ausführlich erläutert – die imperialen Aspekte der ausgewählten Bildthemen hervorheben. Die textgebundene Zeichnung vor dem zugehörigen Textabschnitt – in der nächstfolgenden Entwicklungsstufe erscheint sie textparallel – dient nicht der Dekoration, sondern der politischen Information respektive Propaganda. Das politische Ereignisbild kann Machtansprüche dokumentieren, aber auch politische Verhältnisse kritisieren. Dieses Prinzip setzt sich in der Weltchronik des Rudolf von Ems, aber auch in der Sächsischen Weltchronik oder dem *Liber ad honorem Augusti* des Petrus von Ebulo fort. Der Anteil von Bild und Text und die Position der Illustration im Text verändern sich. Die eben genannten späten Geschichtswerke gewinnen durch die Üppigkeit und Vielzahl des Bildguts, doch tritt durch Qualitätsverlust und Standardisierung recht bald auch das rein illustrative Moment stärker hervor.[752]

c. Conclusio: Der narrative Bilderzyklus – Vom Wort zum Bild

Entsprechend den eingangs erhobenen Fragestellungen und theoretischen Ansätzen hat die vorliegende Arbeit die Entwicklungsgeschichte der illustrierten Weltchroniken dargelegt und bewiesen, daß die Bildtradition der Textrezeption folgt. Der Weg von den frühen bebilderten Ekkehard-von-Aura-Handschriften über die Kölner Chroniken bis hin zu den narrativen Bilderzyklen in den ersten illustrierten Fassungen der Weltchronik des Otto von Freising ist die Hauptschiene hin zum *Chronicon Pictum*, zu den vielbildrigen – später in der jeweiligen Landessprache gehaltenen – erzählenden Bilderchroniken. Dieser Weg führt direkt vom Text zum Bild.

Parallelen in dieser Entwicklung ließen vergleichbare Bildthemenauswahl und Bildschemata wie auch Illustrationsprinzipien auch die im zwölften und frühen dreizehnten Jahrhundert illuminierten Redaktionen des Flavius Josephus und des Paulus Orosius er-

[752] Vgl. Stamm 1983, S. 129 ff.

kennen. Fortlaufende, textbegleitende Randillustrationen oder historisierte Initialenreihen sind als Vorläufer der Vollbilderchronik greifbar geworden, auch wenn sie neben dieser noch lange weiterexistiert haben. Entgegen den direkten Textübernahmen und dem Ideentransfer konnte eine unmittelbare Übernahme von Einzelbildern aus den *Antiquitates judaicae* respektive den *Historiae adversum paganos* in die Entwicklungsreihe der illustrierten lateinischen Weltchroniken nicht nachgewiesen werden. Übereinstimmungen ergaben sich in den Darstellungsprinzipien und dem Bild-Text-Bezug, nicht im szenischen Detail.

Die zahlreichen hier vergleichend betrachteten unterschiedlichen Gattungen und Schulen haben das Bild der illustrierten Chroniken des hohen Mittelalters weit aufgefächert vorgeführt und die Vielzahl der Illustrationsmöglichkeiten belegt.

Vom Schema über das reine Repräsentationsbildnis bis hin zum Ereignisbild spannte sich der Bogen. Die Entwicklung einer linearen, narrativen Bilderreihe mit zunehmendem Wirklichkeits- beziehungsweise Ereignischarakter zeichnete sich ab. Das einzelne Ereignisbild als Träger historischer und damit selbstverständlich auch politischer Wirklichkeit gibt ein exemplarisches Geschichtsbild. Und damit sind die illustrierten Weltchroniken des Otto von Freising nicht nur die ersten Beispiele des *Chronicon Pictum* und der Ausgangspunkt der illuminierten erzählenden Bilder- und Reimchroniken, sondern auch – beispielsweise über die späteren bildreichen Redaktionen der *Historia scholastica* oder der Historienbibeln hinaus – die allererste Vorstufe des neuzeitlichen Historienbildes.

V

QUELLEN- UND LITERATURAUSWAHL

1. Quellen und Primärliteratur

a. Schriftquellen und Textausgaben:

ANNALES MARBACENSES, 1979. Annales Marbacenses, hrsg. von Hermann Bloch (Monumenta Germaniae Historica, Scriptores rerum Germanicarum in usum scholarum seperatim editi 9), Reprint der Ausgabe Hannover 1907, Hannover 1979, S. 142-180

BURCHARD/CHRONICON, 1916. Burchardi praepositi Urspergensis Chronicon/Die Chronik des Propstes Burchard von Ursberg, hrsg. von Oswald Holder-Egger und Bernhard von Simson (Monumenta Germaniae Historica, Scriptores rerum Germanicarum in usum scholarum separatim editi 16), Hannover 1916

CHRONICA AEVI SUEVICI, 1989. Supplementa tomorum I, V, VI, XII, Chronica aevi Suevici (Monumenta Germaniae Historica 20), Stuttgart 1868 (Nachdruck 1989)

CHRONICA MINORA, 1981. Chronica minora saec. IV, V, VI, VII, Teil 1, hrsg. von Theodor Mommsen (Monumenta Germaniae Historica, Scriptores/Auctores antiquissimi 9), Reprint der Ausgabe 1892, München 1981

CHRONICA REGIA COLONIENSIS, 1978. Chronica regia Coloniensis (Annales maximi Colonienses), bearb. und hrsg. von Georg Waitz (Monumenta Germaniae Historica, Scriptores rerum Germanicarum in usum scholarum seperatim editi 18), Reprint der Ausgabe Hannover 1880, Hannover 1978 und 1999

EKKEHARD/CHRONICA, 1980. Ekkehardi Uraugiensis Chronica, bearb. und übersetzt von Georg Waitz, in: Chronica et annales aevi salici (Monumenta Germaniae Historica, Scriptores in folio 6, hrsg. von Georg Heinrich Pertz), Reprint der Ausgabe Hannover 1844, Hildesheim 1980

ELSÄSSISCHE ANNALEN: siehe Bloch 1908

FONTES HISTORIARUM HEINRICI IV., 1974. Fontes historiarum Heinrici IV. imperatoribus illustrantes/ Quellen zur Geschichte Kaiser Heinrichs IV., bearb. und übersetzt von Franz-Josef Schmale und Irene Schmale-Ott (Ausgewählte Quellen zur Deutschen Geschichte des Mittelalters, Freiherr vom Stein-Gedächtnisausgabe 12, hrsg. von Rudolf Buchner u. a.), Reprint der dritten unveränderten Auflage 1963, Darmstadt 1974

FRUTOLF/CHRONIK, in Vorbereitung: Die Chronik des Frutolf von Michelsberg und ihre Fortsetzungen, hrsg. von Franz-Josef Schmale und Christian Lohner (Monumenta Germaniae Historica, Scriptores in folio 33), Druck noch immer in Vorbereitung

FRUTOLFS UND EKKEHARDS CHRONIKEN, 1972. Frutolfs und Ekkehards Chroniken und die anonyme Kaiserchronik/Frutolfi et Ekkehardi Chronica necon anonymi Chronica imperatorum, bearb. und eingeleitet von Franz-Josef Schmale und Irene Schmale-Ott (Ausgewählte Quellen zur Deutschen Geschichte des Mittelalters, Freiherr vom Stein-Gedächtnisausgabe 15, hrsg. von Rudolf Buchner), Darmstadt 1972

JORDANES/CHRONIK, 1982. Jordanis Romana et Getica, hrsg. von Theodor Mommsen (Monumenta Germaniae Historica, Scriptores/Auctores antiquissimi 5,1), Reprint der Ausgabe 1882, München 1982

JOSEPHUS: siehe auch Blatt 1958

JOSEPHUS/ALTERTÜMER, 1987. Des Flavius Josephus *Jüdische Altertümer*, übersetzt und eingeleitet von Heinrich Clementz, 2 Bde., Reprint der siebten Auflage, Wiesbaden 1987 (erste Auflage in zwei Bänden: Halle 1899)

JOSEPHUS/JÜDISCHER KRIEG 1-4, 1963-1982. Flavius Josephus, De bello Judaico/Der jüdische Krieg, eingeleitet und kommentiert von D. Michel und O. Bauernfeind, 4 Bde., München 1963-1982

JOSEPHUS/JÜDISCHER KRIEG, 1978. Flavius Josephus, Geschichte des judäischen Krieges, übersetzt von Heinrich Clementz, hrsg. und eingeleitet von Heinz Kreissig, Reprint Wiesbaden/Leipzig 1978

KÖLNER KÖNIGSCHRONIK, 1996. Kölner Königschronik, hrsg. von Carl August Lückerath (Ausgewählte Quellen zur deutschen Geschichte des Mittelalters, Freiherr von Stein-Gedächtnisausgabe 21, begr. von Rudolf Buchner, fortgeführt von Franz-Josef Schmale), Darmstadt 1996

KÖLNER KÖNIGSCHRONIK, 1896. Die Kölner Königschronik, hrsg. von Wilhelm Wattenbach, übersetzt von Karl Platner, (Geschichtsschreiber der Vorzeit 69), vierte Auflage, Leipzig 1896

MARTIN VON TROPPAU/CHRONICON, 1986. Martini Oppaviensis Chronicon pontificum et imperatorum, hrsg. von Ludwig Weiland (Monumenta Germaniae Historica, Scriptores in folio 22, hrsg. von Georg Pertz), Reprint der Ausgabe Hannover 1872, Hannover 1963 (erneut: Hannover 1986)

OROSIUS/HISTORIAE, 1953. The Tollemache Orosius, Britsh Museum Additional Manuscript 47 967, hrsg. von Alistair Cambell (Early English Manuscripts in Facsimile 3, hrsg. von Bertram Colgrave, Kemp Malone und Knud Schibsbye), Copenhagen 1953

OROSIUS/HISTORIAE, 1967. Paulus Orosius, Historiae adversum paganos, hrsg. von Carl Zangemeister (Corpus Scriptorum Ecclesiasticorum Latinorum 5), Reprint der Ausgabe Wien 1882, Hildesheim 1967

OROSIUS/HISTORIAE, 1980. The Old English Orosius, hrsg. von Janet M. Bately (Early English Text Society, Supplementary Series 6), London/New York/Toronto 1980

OROSIUS/WELTGESCHICHTE, 1985. Paulus Orosius, Die antike Weltgeschichte in christlicher Sicht, sieben Bücher, 2 Bde., eingeleitet von Carl Andresen, übersetzt und erläutert von Adolf Lippold, (Die Bibliothek der Alten Welt, Reihe Antike und Christentum), Zürich/München 1985

OTTO/CHRONIK, 1980. Otto von Freising, Chronik oder die Geschichte der zwei Staaten/Ottonis episcopi Frisigensis Chronica sive Historia de duabus civitatibus, übersetzt von Adolf Schmidt, hrsg. von Walter Lammers (Ausgewählte Quellen zur deutschen Geschichte des Mittelalters, Freiherr von Stein-Gedächtnisausgabe 16, hrsg. von Rudolf Buchner), vierte unveränderte Auflage Darmstadt 1980

OTTO/CHRONIK, 1984. Ottonis episcopi Frisigensis Chronica sive Historia de duabus civitatibus, hrsg. von Adolf Hofmeister (Monumenta Germaniae Historica, Scriptores rerum Germanicarum in usum scholarum seperatim editi 45), Reprint der Ausgabe Hannover/Leipzig 1912, Hannover 1984

OTTO/TATEN FRIEDRICHS, 1965. Ottonis episcopi Frisigensis et Rahewini Gesta Friderici seu rectius Cronica/Bischof Otto von Freising und Rahewin, Die Taten Friedrichs oder richtig Cronica, übersetzt von Adolf Schmidt, hrsg. von Franz-Josef Schmale (Ausgewählte Quellen zur deutschen Geschichte des Mittelalters 17, Freiherr von Stein-Gedächtnisausgabe), Darmstadt 1965

OTTO/TATEN FRIEDRICHS, 1978. Ottonis et Rahewini Gesta Friderici I. Imperatoris, hrsg. von Georg Waitz und Bernhard von Simson, (Monumenta Germaniae Historica, Scriptores rerum Germanicorum in usum scholarum 46) Reprint der Auflage von 1912, Hannover 1978 (jetzt auch Nachdruck 1997)

PETRUS COMESTOR/HISTORIA SCHOLASTICA, 1855. Petrus Comestor, Historia scholastica, (Patrologia latina 198, hrsg. von Jacques-Paul Migne), Paris 1855, Sp. 1054-1722

PETRUS VON POITIER/COMPENDIUM HISTORIAE, 1592. M. Petri Pictaviensis Galli Genealogia et chronologia sanctorum patrum ..., hrsg. von U. Zwingli, Basel 1592

PFAFFE KONRAD/ROLANDSLIED, 1981. Das Rolandslied des Pfaffen Konrad, Text, Nacherzählung, Wort- und Begriffserklärungen, Wortliste, hrsg. von Horst Richter, Darmstadt 1981

RASÎD AD-DÎN/FRANKENGESCHICHTE: siehe Jahn 1977

RUPERT/VITA HERIBERTI, 1976. Rupert von Deutz, Vita Heriberti, Kritische Edition mit Kommentar und Untersuchungen, hrsg. und bearb. von Peter Dinter, Phil. Diss. Bonn 1974, (Veröffentlichungen des Historischen Vereins für den Niederrhein insbesondere das Erzbistum Köln 13), Bonn 1976

WELFENCHRONIK, 1938. Historia Welforum/Welfenchronik, übersetzt, erläutert und hrsg. von E. König (Schwäbische Chroniken der Stauferzeit 1), Stuttgart/Berlin 1938

b. Bildquellen und Faksimiles

ANTIPHONAR VON SANKT PETER, 1974/1975. Das Antiphonar von Sankt Peter, Teil 1: Vollständige Faksimile-Ausgabe des Codex Vindobonensis series nova 2700 der Österreichischen Nationalbibliothek, Teil 2: Kommentarband von Otto Demus und Franz Unterkirchner (Codices selecti phototypice impressi XXI), Graz 1974

BEDA/HISTORIA ECCLESIASTICA, 1952. The Leningrad Bede, An English Eight Century Manuscript of the Venerable Bede's *Historia ecclesiastica gentis anglorum* in the Public Library, Leningrad, bearb. von O. Arnsgart (Early English Manuscripts in Facsimile 2, hrsg. von Bertram Colgrave), Copenhagen 1952

BEDA/HISTORIA ECCLESIASTICA, 1959. The Morre Bede (Early English Manuscripts in Facsimile 9, hrsg. von Bertram Colgrave), Copenhagen 1959

BILDERCHRONIK, 1968. Bilderchronik – Chronicon Pictum – Chronica de gestis Hungaorum, hrsg. von Dezsoe Dercsényi, Teil 1: Faksimile der Hs. Clmae. 404 der Széchényi-National-Bibliothek in Budapest, Teil 2: Kommentar von Dezsoe Dercsényi, o. O. (Budapest?) 1968

CHRONIQUES DE JHERUSALEM, 1979. Les Chroniques de Jherusalem Albregies, Faksimile der Handschrift Codex 2533 der Nationalbibliothek Wien, München 1979

GRANDES CHRONIQUES, 1987. Jean Fouquet, Die Bilder der *Grandes Chroniques de France*, Wiedergabe der einundfünfzig Miniaturen des Ms. fr. 6465 der Bibliothèque Nationale in Paris, hrsg. und bearb. von François Avril u. a., Graz 1987

KAISERCHRONIK, 1953. Die Kaiserchronik des regulierten Chorherrenstiftes Vorau in der Steiermark (Handschrift 276/1), vollständige Faksimile-Ausgabe der Steiermärkischen Landesbibliothek, Graz 1953

LAMBERT/LIBER FLORIDUS, 1968. Lamberti S. Andomari canonici Liber floridus, Codex autographus Bibliothecae Universitatis Gaudavensis, eingeleitet und kommentiert von Aegid J. Strubbe und Albert Derolez, hrsg. von Albert Derolez, Gent 1968

MATHILDE/VITA, 1984. Vita comitissae Mathildis, Cod. Vat. lat. 4922, mit einer Einführung von Canusinus Donizo, übersetzt von Axel Janeck (Belser-Faksimile-Edition aus der Biblioteca Apostolica Vaticana = Codices ex Vaticanis selecti quam simillime expressi 62), o. O. 1984

OROSIUS/HISTORIAE, 1953. The Tollemache Orosius, British Museum Additional Manuscript 47 967, hrsg. von Alistair Cambell (Early English Manuscripts in Facsimile 3, hrsg. von Bertam Colgrave, Kemp Malone und Knud Schibsbye), Copenhagen 1953

PETRUS/LIBER, 1994. Petrus de Ebulo, Liber ad honorem Augusti sive de rebus Siculis, Codex 120 II der Burgerbibliothek Bern, Eine Bilderchronik der Stauferzeit, hrsg. von Theo Kölzer und Marlis Stähli, Textrevision und Übersetzung von Gereon Becht-Jördens, Sigmaringen 1994

PETRUS LOMBARDUS/PSALMENKOMMENTAR, 1986. Der Buchschmuck zum Psalmenkommentar des Petrus Lombardus, Bamberg, Staatsbibliothek, Msc. Bibl. 59, bearb. und kommentiert von Gude Suckale Redlefsen, Wiesbaden 1986

PFAFFE KONRAD/ROLANDSLIED, 1970. Das Rolandslied des Pfaffen Konrad, Faksimile des Codex Palatinus germanicus 112 der Universitätsbibliothek Heidelberg, mit einer Einführung von Wilfried Werner und Heinz Zirnbauer (Facsimilia Heidelbergensia 1, hrsg. von Siegfried Joost und Walter Koschorreck), Wiesbaden 1970

RUDOLF/WELTCHRONIK, 1980. Rudolf von Ems, Weltchronik, Der Stricker, Karl der Große, Teil 1: Einleitung von Wolfgang Irtenkauf, Teil 2: Faksimile des Ms. germ. fol. 623 der Staatsbibliothek Preussischer Kulturbesitz in Berlin, Stuttgart 1980

2. Literaturnachweise

a. Sekundärliteratur

Alari, Anna Maria: „Codici miniati inediti die secoli XI e XII della Biblioteca Laurenziana", *La Bibliofilia* 39, 1937, S. 97-113

Alexander, Jonathan James Graham: *Initialen aus großen Handschriften*, München 1978

Alexander, Jonathan James Graham und Temple, Elzbieta: *Illuminated Manuscripts in Oxford College Libraries, the University Archives and the Taylor Institution*, Oxford 1985

Althoff, Gerd: „*Causa scribendi* und Darstellungsabsicht. Die Lebensbeschreibung der Königin Mathilde und andere Beispiele", in: Borgolte, Michael und Spilling, Herrad (Hg.): *Litterae medii aevi. Festschrift für Johanne Autenrieth zu ihrem fünfundsechzigsten Geburtstag*, Sigmaringen 1988, S. 117-134

d'Ancona, Paolo: „La mostra della miniatura nella Biblioteca Ambrosiana", *Bollettino d'Arte* 27, 1933/1934, S. 56-68

Angenendt, Arnold: „Der eine Adam und die vielen Stammväter, Idee und Wirklichkeit der *origo gentis* im Mittelalter", in: Wunderli, Peter (Hg.): *Herkunft und Ursprung. Historische und mythische Formen der Legitimation* (Akten des Gerda Henkel Kolloquiums in Düsseldorf 1991), Sigmaringen 1994, S. 27-52

Arbusow, Leonid: *Liturgie und Geschichtsschreibung im Mittelalter. Otto von Freising*, Bonn 1951

Avery, Mytilla: *The* Exultet *Rolls of South Italy*, 2 Bde., Princeton 1936

Bandini, Angelo Mar: *Catalogus codicum latinorum Bibliothecae Mediceae Laurentianae*, Florenz 1775

Barasch, Moshe. *Gestures of Despair in Medieval and Early Renaissance Art*, New York 1976

Becksmann, Rüdiger: „Das Jesse-Fenster aus dem spätromanischen Dom des Freiburger Münsters. Ein Beitrag zur Kunst um 1200", *Zeitschrift des deutschen Vereins für Kunstwissenschaft* 23, 1969, S. 8-48

Beissel, Stephan: *Vaticanische Miniaturen, Quellen zur Geschichte der Miniaturenmalerei*, Freiburg 1893

Beitz, Egid: *Rupert von Deutz. Seine Werke und die bildende Kunst*, Köln 1930

Belting, Hans: *Das illuminierte Buch in der spätbyzantinischen Gesellschaft* (Abhandlungen der Heidelberger Akademie der Wissenschaften, Philosophisch-historische Klasse Bd.1), Heidelberg 1970

Bernards, Matthäus: „Zur Frage des Weltbildes im Mittelalter", *Rhein und Maas* 2, Köln 1973, S. 103-113

Bethmann, Ludwig: „Nachrichten über die für die Monumenta Germaniae Historica benutzten Handschriften", *Archiv der Gesellschaft für ältere Geschichtskunde* (o. Bd.), Hannover 1874, S. 402-407

Binding, Günther (Hg.): *Romanischer Baubetrieb in zeitgenössischen Darstellungen* (Zweite Veröffentlichung des Kunsthistorischen Instituts der Universität Köln), Köln 1972

Binding, Günther und Nußbaum, Norbert: *Der mittelalterliche Baubetrieb nördlich der Alpen in zeitgenössischen Darstellungen*, Darmstadt 1978

Blatt, Franz: *The Latin Josephus 1, Introduction and Text. The Antiquities: Book 1-5* (Acta Jutlandica, Aarskrift for Aarhus Universitet 31, Humanistisk Serie 44), Copenhagen 1958

Bloch, Hermann: *Die elsässischen Annalen der Stauferzeit. Eine quellenkritische Einleitung* (Regesten der Bischöfe von Straßburg 1, hg. von der Komission zur Herausgabe elsässischer Geschichtsquellen), Innsbruck 1908

Bloch, Peter: „Das Steinfeld-Missale", *Aachener Kunstblätter* 22, hg. von Hans Feldbusch und Peter Ludwig, Aachen 1961, S. 37-60

Bloch, Peter: „Zum Dedikationsbild im *Lob des Kreuzes* des Hrabanus", in: Elbern, Victor H. (Hg.): *Das erste Jahrtausend, Kunst und Kultur im werdenden Abendland an Rhein und Ruhr* 1, Düsseldorf 1962, S. 471-494

Bloch, Peter: „Eine Dialogdarstellung des frühen zwölften Jahrhunderts", in: Ladendorf, Heinz (Hg.): Festschrift Eduard Trauscholdt zum siebzigsten Geburtstag, Hamburg 1965, S. 54-61
Boeckler, Albert: „Zur Conrad von Scheyern-Frage", *Jahrbuch für Kunstwissenschaft* (o. Bd.), 1923, S. 83-94
Boeckler, Albert: *Die Regensburg-Prüfeninger Buchmalerei des zwölften und dreizehnten Jahrhunderts* (Miniaturen aus der Bayerischen Staatsbibliothek 8), München 1924
Boeckler, Albert: „Die romanischen Fenster des Augsburger Doms und die Stilwende zum zwölften Jahrhundert", *Zeitschrift des deutschen Vereins für Kunstwissenschaft* 10, 1943, S. 153-182
Boeckler, Albert: „Beiträge zur Kölner Buchmalerei", *Festgabe zum sechzigsten Geburtstag von Hermann Degering*, Leipzig 1926, S. 19 ff.
Boeckler, Albert: *Abendländische Miniaturen bis zum Ausgang der romanischen Zeit* (Tabulae in usum scholarum 10, hg. von Johannes Lietzmann), Berlin/Leipzig 1930
Boeckler, Albert: „Zur Freisinger Buchmalerei des zwölften Jahrhunderts", *Zeitschrift des deutschen Vereins für Kunstwissenschaft* 8, 1941, S. 1-16
Boeckler, Albert: *Deutsche Buchmalerei vorgotischer Zeit* (Die Blauen Bücher), Königstein i.Ts. 1952
Bologna, Giulia: *Illuminated Manuscripts. The Book before Gutenberg*, London 1988
Bonnet, Anne-Marie: *Rodenegg und Schmalkalden. Untersuchungen zur Illustration einer ritterlich-höfischen Erzählung und zur Entstehung profaner Epenillustrationen in den ersten Jahrzehnten des dreizehnten Jahrhunderts* (tuduv Studien, Reihe Kunstgeschichte 22), München 1986
Borries-Schulten, Sigrid: *Die illustrierten romanischen Handschriften der Württembergischen Landesbibliothek 2,1, Provenienz Zwiefalten*, (Katalog der illuminierten Handschriften der Württembergischen Landesbibliothek Stuttgart 2,1 = Denkmäler der Kunst 8), Stuttgart 1987
Boutemy, André: „Un trésor injustement oublié: les manuscrits enluminés du Nord de la France (période pré-gothique)", *Scriptorium* 3, 1949, S. 110-122
Boutemy, André: „De quelques enlumineurs de manuscrits de l'abbaye de Corbie dans la seconde moitié du XIIe siècle", *Scriptorium* 4, 1950, S. 246-252
Boyle, Leonard E., Leroy, Herbert und Morello, Giovanni: *Die Schöpfung. Ein Meisterwerk gotischer Buchmalerei*, Stuttgart/Zürich 1987
Brandhorst, J. P. J.: *De verluchte handschriften en incunabelen van de Koninklijke Bibliotheek. Een overzicht voorzien van een iconografische index*, 's-Gravenhage 1985
Bresslau, Harry: „Bamberger Studien", *Neues Archiv der Gesellschaft für ältere deutsche Geschichtskunde* 21, Hannover/Leipzig 1896, S. 139-234
Breuer, Norbert: *Geschichtsbild und politische Vorstellungswelt in der Kölner Königschronik sowie der* Chronica Sancti Pantaleonis, Phil. Diss. Würzburg 1966, Düsseldorf 1966
Brincken, Anna-Dorothee von den: *Studien zur lateinischen Weltchronistik bis in das Zeitalter Ottos von Freising*, Düsseldorf 1957
Brincken, Anna-Dorothee von den: „Zur Herkunft und Gestalt der Martins-Chroniken", in: *Deutsches Archiv für die Erforschung des Mittelalters* 37, 1981, S. 694-735
Brincken, Anna-Dorothee von den: „Mundus figura rotunda", in: *Ornamenta ecclesiae* 1, Köln 1985, S. 99-106
Brincken, Anna-Dorothee von den: „Studien zur Überlieferung der Chronik des Martin von Troppau", in: *Deutsches Archiv für Erforschung des Mittelalters* 41, 1985, S. 460-531
Brincken, Anna-Dorothee von den: „Geographisches Weltbild und Berichtshorizont in der Papst-Kaiser-Chronik des Martin von Troppau", in: Herbers, Klaus, Kortüm, Hans-Henning und Servatius, Carlo (Hg.): *Ex ipsis rerum documentis. Beiträge zur Mediaevistik. Festschrift für Harald Zimmermann zu seinem 65. Geburtstag*, Sigmaringen 1991, S. 91-101
Broszinski, Hartmut: *Kasseler Handschriftenschätze. Pretiosa Casselana*, hg. vom Präsidenten der Gesamthochschule, Kassel 1985
Brou, Charles de: *Catalogue des manuscrits de la Bibliothèque des Ducs de Bourgogne 2*, Brüssel/Leipzig 1842
Buberl, Paul: *Die illustrierten Handschriften in der Steiermark* (Beschreibendes Verzeichnis der illustrierten Handschriften in Österreich 4), Leipzig 1911
Buchthal, Hugo: *Historia Troiana. Studies in the History of the Medieval Secular Illustration* (Studies of the Warburg Institute 32), London/Leiden 1971

Buchthal, Hugo: *Miniature Painting in the Latin Kingdom of Jerusalem*, zweite Auflage London 1986
Butz, Annegret: *Die romanischen Handschriften der Württembergischen Landesbibliothek 2: verschiedene Provenienzen* (Katalog der illuminierten Handschriften der Württembergischen Landesbibliothek 2,2 = Denkmäler der Buchkunst 8), Stuttgart 1987
Caenegem, Raoul Charles van: *Encyclopedie van de Geschiedenis der Middeleeuwen*, Ghent 1962
Caenegem, Raoul Charles van und Ganshof, François Louis: *Guide to the Sources of Medieval History* (Europe in the Middle-Ages, Selected Studies 2, hg. von Richard Vaughan), zweite Auflage Amsterdam/New York/Oxford 1979
Cagiano de Azevedo, Michelangelo: „Storiografia per immagini", *La Storiografia altomedievale* 1 (Settimane di Studio del Centro di Studie sull' Alto Medioevo 17), Spoleto 1970, S. 19-138
Cahn, Walter: „An Illustrated Josephus from the Meuse Region in Merton College, Oxford", in: *Zeitschrift für Kunstgeschichte* 29, 1966, S. 295-310
Cahn, Walter: *Die Bibel in der Romanik*, München 1982
Cames, Gérard: *Allégories et symboles dans „l'Hortus deliciarum"*, Leiden 1971
Cames, Gérard: *Dix siècles d'enluminure en Alsace*, Straßburg 1989
Catalogue of the Burney Manuscripts in the British Museum, New Series 1,2, The Burney Manuscripts, o. O. (London?), 1834
Ceresi, Maddalena: *Catalogo dei manoscritti della Biblioteca Casanatense*, Rom 1961
Ceresi, Maddalena: „Manoscritti dei Templari conservati nella Biblioteca Casanatense, esistenti in riproduzione fotografica presso la filmoteca dell'Istituto di Patologia del Libro *Alfonso Gallo*" in: *Bolletino dell'Istituto di Patologia del Libro „Alfonso Gallo"* 3/4, 1968, S. 151-171
Cerulli, Enrico: *Il „Libro della scala" e la questione delle fonti arabo-spagnole della* Divina Commedia (Studi e testi 150), Vatikan/Rom 1949
Cessi, Roberto: „Di due miscellanee storiche medioeval", in: *Archivo Muratoriano* 13, 1913, S. 71-96
Classen, Peter: „Die Geschichte der Königspfalz Ingelheim", in: Authenrieth, Johanna (Hg.): *Ingelheim am Rhein. Forschungen und Studien zur Geschichte Ingelheims*, Ingelheim am Rhein 1964, S. 87-146
Clausberg, Karl: *Kosmische Visionen. Mystische Weltbilder von Hildegard von Bingen bis heute* (DuMont-Taschenbuch 98), Köln 1980
Clausberg, Karl: *Der Erfurter „Codex aureus" in Pommersfelden (Ms. 249/2869). Biblische Historie im politischen Gewand?* Wiesbaden 1986
Clemen, Paul: „Die Anfänge der *Chronikenillustration*", Exkurs in: *Die Porträtdarstellungen Karls des Großen*, Aachen 1890, S. 219-228
Clemen, Paul: *Die romanischen Wandmalereien der Rheinlande* (Publikationen der Gesellschaft für rheinische Geschichtskunde 25), Düsseldorf 1905
Clemen, Paul: *Die romanische Monumentalmalerei in den Rheinlanden* (Publikationen der Gesellschaft für Rheinische Geschichtskunde 32), Düsseldorf 1916
Cohen-Mushlin, Aliza: *The Making of a Manuscript. The Worms Bible of 1148. British Library, Ms. Harley 2803/2804* (Wolfenbüttler Forschungen 25), Wiesbaden 1983
Cordonnier, Paul: „La grande enluminure de Pline l'Ancien (XIIe siècle)", in: *Revue Historique et Archéologique du Maine* 117 = 2[e] série 41, 1961, S. 101-110
Curtius, Ernst Robert: *Europäische Literatur und lateinisches Mittelalter*, achte Auflage Bern/München 1973
Dahlmann, Friedrich und Waitz, Georg: *Quellenkunde der deutschen Geschichte*, hg. von Hermann Heimpel und Herbert Geuss, zehnte Auflage Stuttgart 1969 ff.
Damrich, Johannes: *Ein Künstlerdreiblatt des dreizehnten Jahrhunderts aus dem Kloster Scheyern* (Studien zur deutschen Kunstgeschichte 52), Straßburg 1904
Dawson Hedemann, Anne: *The Royal Image. Illustrations of the „Grandes Chroniques de France", 1274-1422* (California Studies in the History of Art 28), Berkeley/Los Angeles/Oxford 1991
Déer, Josef: „Byzanz und die Herrschaftszeichen des Abendlandes", *Byzantinische Zeitschrift* 50, 1957, S. 405-436
Degenhart, Bernhard: „Autonome Zeichnungen bei mittelalterlichen Künstlern", *Münchener Jahrbuch der bildenden Kunst*, N. F. 3, Bd. 1, München 1950, S. 93-158
Degenhart, Bernhard: „Die mittelalterlichen Zeichnungen in der Biblioteca von Siena", *Scritti in onore di Lionello Venturi* 1, o. O. 1965, S. 175-189

Delaporte, Yves: *Les manuscrits enluminés de la Bibliothèque de Chartres*, Chartres 1929
Delaruelle, Étienne: „Une miniature de Moissac et la *Maiestas Domini*", *Extraits des Annales du Midi* (o. Bd.), 1956, S. 153 ff.
Delisle, Léopold Victor: *Inventaire des manuscrits conservés à la Bibliothèque Imperiale*, Paris 1864
Delisle, Léopold Victor: „Le Chroniqueur Girard d'Auvergne ou d'Anvers", *Journal des Savantes*, Mai 1900, S. 232-242 und S. 285-294
Delisle, Léopold Victor: *Le cabinet des manuscrits de la Bibliothèque Nationale*, 4 Bde., Reprint der Ausgabe Paris 1868-1881, Amsterdam 1969
Delisle, Léopold Victor: *Inventaire des manuscrits latins conservés à la Bibliothèque Nationale sous les numéros 8823-18 613*, Reprint der Ausgabe Paris 1863-1871, Hildesheim/New York 1974
Demus 1974/1975: siehe Antiphonar von Sankt Peter, 1974/1975
Dengler-Schreiber, Karin: *Scriptorium und Bibliothek des Klosters Michelsberg in Bamberg*, Phil. Diss. Würzburg 1975 (Studien zur Bibliotheksgeschichte 2, hg. von Wolfgang Milde), Graz 1979
Dercsényi 1968: siehe auch Bilderchronik, 1968
Dercsényi, Dezsoe und Vajay, S. de: „La genesi della cronaca illustrata ungherese", in: *Acta Historia Artium* 23, 1977, S. 3-20
Derolez, Albert: *Lambertus qui librum fecit. Een codicologische studie van de Liber floridus-Autograaf, Gent, Universiteitsbibliotheek, Handschrift 92* (Verhandelingen van de Koninklijke Academie voor Wetenschappen, Letteren en Schone Kunsten van Belgie, Klasse der Letteren XL/89), Brüssel 1978
Deutsch, Guy N.: „Un portrait de Flavius Josèphe dans un manuscrit du XIe siècle", *Revue de l'Art* 53, 1981, S. 53-55
Deutsch, Guy N.: *Iconographie de l'illustration de Flavius Josèphe au temps de Jean Fouquet*, Phil. Diss. Jerusalem 1978 (Arbeiten zur Literatur und Geschichte des hellenistischen Judentums 12, hg. von K. H. Rengstorf), Leiden 1986
Dodwell, Charles Reginald: *The Canterbury School of Illumination, 1066-1200*, Cambridge 1954
Doering, Oscar: *Deutschlands mittelalterliche Kunstdenkmäler als Geschichtsquelle*, Leipzig 1910
Dufour, Jean: *La bibliothèque et le* scriptorium *de Moissac* (Hautes Études Médiévales et Modernes 15), Genf/Paris 1972
Duby, Georges: *History of Medieval Art, 980-1440*, zweite, einbändige Ausgabe New York 1986
Ehl, Heinrich: *Die ottonische Kölner Buchmalerei. Ein Beitrag zur Entwicklungsgeschichte der frühmittelalterlichen Kunst in Westdeutschland* (Forschungen zur Kunstgeschichte Westeuropas 4, hg. von Eugen Lüthgen), Bonn/Leipzig 1922
Ekkart, R. E.: *De Rijmbijbel van Jacob van Maerlant. En in 1332 voltooid handschrift uit het Rijksmuseum Meermanno-Westreenianum* (Monografieën van het Museum van het Boek), 's-Gravenhage 1985
Elbern, Victor H. (Hg.): *Das erste Jahrtausend. Kunst und Kultur im werdenden Abendland an Rhein und Ruhr 1*, Düsseldorf 1962
Enders, Josef Anton: „Romanische Deckenmalereien und ihre Tituli in Sankt Emmeran in Regensburg", *Zeitschrift für christliche Kunst* 15, 1902, S. 205-210, 235-240, 276-282, 297-306
Erffa, Hans Martin von: *Ikonologie der Genesis. Die christlichen Bildthemen aus dem Alten Testament und ihre Quellen 1*, München 1989
Esmeijer, Anna C.: „La macchina dell'universo", in: *Album discipulorum, aangeboden aan J. G. van Gelder ter Gelegenheid van zijn zestigste Verjaardag* (Utrechtse Kunsthistorische Studieën 7), Utrecht 1963, S. 5 ff.
Euw, Anton von: „Imago mundi", in: *Monumenta Annonis*, Köln 1975, S. 89-102
Fabre, Paul: „Note sur un manuscrit de la *Chronique de Jordanus*", in: *Mélanges de l'École Française de Rome* 5, 1885, S. 295-302
Falkenberg, Bettina: *Die Bilder der Münchener Tristan-Handschrift*, Phil. Diss. Köln 1984 (Europäische Hochschulschriften, Reihe 28: Kunstgeschichte 67), Frankfurt am Main/Bern/New York 1986
Feldmann, Louis H.: *Flavius Josephus Revised: The Man, His Writings and His Significance* (Aufstieg und Niedergang der römischen Welt 2, hg. von Hildegard Temporini und Wolfgang Haase = Principat 21,2, Religion, hg. von Wolfgang Haase), Berlin/New York 1984, S. 763-862

Fingernagel, Andreas: *Die illuminierten lateinischen Handschriften deutscher Provenienz der Staatsbibliothek Preussischer Kulturbesitz Berlin, 8.-12. Jahrhundert, Text- und Bildband* (Staatsbibliothek Preussischer Kulturbesitz, Kataloge der Handschriftenabteilung, Reihe 3,1, hg. von Tilo Brandis), Wiesbaden 1991

Folda, Jaroslav: *Crusader Manuscript Illumination at Saint Jean d'Acre, 1275-1291*, Princeton 1976

Forrer, Robert: *Unedierte Federzeichnungen, Miniaturen und Initialen des Mittelalters*, 2 Bde., Straßburg 1902 und 1907

Fromms, Hans, Harms, Wolfgang und Ruberg, Uwe (Hg.): *Verbum et signum, Beiträge zur mediävistischen Bedeutungsforschung 1, Festschrift für Friedrich Ohly zum sechzigsten Geburtstag*, München 1975

Frühmorgen-Voss, Hella E.: *Text und Illustration im Mittelalter. Aufsätze zu den Wechselbeziehungen zwischen Literatur und bildender Kunst* (Münchener Texte und Untersuchungen zur deutschen Literatur des Mittelalters 50), München 1975

Gaborit-Chopin, Danielle: *La décoration des manuscrits à Saint-Martial de Limoges et en Limousin du IXe au XIIe siècle* (Mémoires et Documents publ. par La Societé de l'École de Chartres 17), Paris/Genève 1969

Gaedeke, Nora: *Zeugnisse bildlicher Darstellungen der Nachkommenschaft Heinrichs I.* (Arbeiten zur Frühmittelalterforschung 22, hg. von Hagen Keller), Berlin 1992

Galvaris, Georg: *The Illustrations of the Liturgical Homilies of Gregory Nazianzenus* (Studies in Manuscript Illumination 6, hg. von Kurt Weitzmann), Princeton 1969

Garrison, Edward: *Early Italian Painting. Selected Studies 2: Manuscripts*, London 1984

Gaspar, Camille und Lyna, Frédéric: *Principaux manuscrits à peinture de la Bibliothèque Royale de Belgique 1*, 2 Bde., Reprint der Ausgabe Paris 1937, Bruxelles 1984

Gengaro, Maria Luisa und Guglielmetti, Gemma Villa: *Inventario dei codici decorati e miniati della Biblioteca Ambrosiana, secolo VII.-XIII.*, Firenze 1968

Georgen, Helga: *Studien zu den Bildquellen und zum Erzählstil eines illustrierten Lehrgedichts des Peter von Eboli*, Manuskript Phil. Diss. Wien 1975

Georgen, Helga: *Der Ebulo-Codex als Ausdruck des Konflikts zwischen Städten und staufischem Hof* (Bau- und Bildwerk im Hochmittelalter) Gießen 1981, S. 145-167

Patze, Hans (Hg.): *Geschichtsschreibung und Geschichtsbewußtsein im späten Mittelalter* (Vorträge und Forschungen, hg. vom Konstanzer Arbeitskreis für mittelalterliche Geschichte 21), Sigmaringen 1987

Geyer, Angelika: *Die Genese narrativer Buchillustrationen. Der Miniaturenzyklus zur Aeneis im Vergilius Vaticanus* (Frankfurter wissenschaftliche Beiträge: Kulturwissenschaftliche Reihe 17), Frankfurt 1989

Gheyn, Joseph van den (Hg.): *Cataloque des manuscrits de la Bibliothèque Royale de Belgique 7*, Bruxelles 1907

Goethe, Johann Wolfgang von: „Beschreibung einer Chronik des Otto von Freysingen" (mit vier Lithographien), *Archiv der Gesellschaft für ältere Geschichtsforschung* 2, 1820, S. 301-305

Goetz, Hans-Werner: *Die Geschichtstheologie des Orosius* (Impulse der Forschung 32), Darmstadt 1980

Goetz, Hans-Werner: *Das Geschichtsbild Ottos von Freising. Ein Beitrag zur historischen Vorstellungswelt und zur Geschichte des zwölften Jahrhunderts*, Habilitationschrift Bochum 1981/1982 (Archiv für Kulturgeschichte, Beiheft 19), Köln/Wien 1984

Goetz 1985: siehe Schmale 1985

Goez, Werner: *Translatio imperii. Ein Beitrag zur Geschichte des Geschichtsdenkens und der politischen Ideen im Mittelalter und in der frühen Neuzeit*, Tübingen 1958

Goez, Werner: *Gestalten des Hochmittelalters. Personengeschichtliche Essays im allgemeinhistorischen Kontext*, Darmstadt 1983

Goldkuhle, Fritz: *Die mittelalterlichen Wandmalereien in Sankt Maria Lyskirchen*, Düsseldorf 1954

Goldschmidt, Adolph: „Frühmittelalterliche Enzyklopädien", *Vorträge der Bibliothek Warburg* 3, 1923/1924, S. 215-226

Green, Rosalie u. a.: *Herrad of Hohenbourg, „Hortus deliciarum"* (Studies of the Warburg Institute 36, hrsg. von J. B. Trapp), London/Leiden 1979

Grimme, Ernst Günther: *Aachener Goldschmiedekunst im Mittelalter. Von Karl dem Großen bis Karl V.*, Köln 1957
Grimme, Ernst Günther: *Der Aachener Domschatz*, mit einer Einführung von Erich Stephany (Aachener Kunstblätter 42, hrsg. von Peter Ludwig), Düsseldorf 1972
Grimme, Ernst Günther: *Goldschmiedekunst des Mittelalters. Form und Bedeutung des Reliquiars von 800-1500* (DuMont Dokumente), Köln 1972
Grimme, Ernst Günther: *Die Geschichte der abendländischen Buchmalerei* (DuMont Dokumente), Köln 1980
Grimme, Ernst Günther: „*Chronica regia Coloniensis*, Anmerkungen zur Königschronik des Aachener Münsterstifts“, in: *Celica Jherusalem, Festschrift für Erich Stephany*, hg. von Clemens Bayer, Theo Jülich und Manfred Kuhn (Veröffentlichungen des Vereins für Christliche Kunst im Erzbistum Köln und Bistum Aachen), Köln/Siegburg 1986, S. 241-256
Grundmann, Herbert: *Geschichtsschreibung im Mittelalter. Gattungen, Epochen, Eigenart*, dritte, bearb. Auflage Göttingen 1965
Guénée, Bernard: *Le métier d'historien au moyen-âge, Études sur l'histographie médiévale* (Publications de la Sorbonne, Serie Études 1), Paris 1977
Guénée, Bernard: *Histoire et culture historique dans l'Occident médiéval*, Paris 1980
Guénée, Bernard: *Politique et histoire au moyen-âge. Recueil d'articles sur l'histoire politique et l'historiographie médiévale*, 1956-1981 (Publications de la Sorbonne, Série Réimpressions 2), Paris 1981
Günther, Jörn-Uwe: *Die illustrierten Handschriften und Fragmente der mittelhochdeutschen Weltchroniken*, Manuskript der Magisterarbeit, Hamburg 1987 (unveröffentlicht)
Günther, Jörn-Uwe: *Die illustrierten mittelhochdeutschen Weltchronikhandschriften in Versen. Katalog der Handschriften und Einordnung der Illustrationen in die Bildüberlieferung*, Phil. Diss. Hamburg 1992 (tuduv-Studien, Reihe Kunstgeschichte 48), München 1993
Gutbrod, Jürgen: *Die Initiale in Handschriften des achten bis dreizehnten Jahrhunderts*, Stuttgart 1965
Gutmann, Joseph: „Josephus' Jewish Antiquities in Twelfth Century Art: *Renovatio* or *creatio*?“, *Zeitschrift für Kunstgeschichte* 48, 1985, S. 434-441
Haacke, Rhaban: *Rupert von Deutz. Programme zur bildenden Kunst in den Schriften des Rupert von Deutz*, Siegburg 1974
Hager, Werner: *Das geschichtliche Ereignisbild. Beitrag zu einer Typologie des weltlichen Geschichtsbildes bis zur Aufklärung*, München 1939
Hampe, Karl: „Die elsässischen Annalen der Stauferzeit“, *Zeitschrift für Geschichte des Oberrheins N. F.* 24, 1909, S. 349-363
Harms, Wolfgang (Hg.): *Text und Bild – Bild und Text*, (Germanistische Symposien-Berichtbände 11 = DFG Symposium 1988), Stuttgart 1990
Haseloff, Arthur: *Eine thüringisch-sächsische Malerschule des dreizehnten Jahrhunderts* (Studien zur deutschen Kunstgeschichte 9), Straßburg 1897
Haussherr, Reiner: „Zur Darstellung von zeitgenössischer Wirklichkeit und Geschichte in der *Bible moralisée* und in Illustrationen von Geschichtsschreibung im dreizehnten Jahrhundert“, in: Belting, Hans (Hg.): *Atti del XXIV. Congresso internazionale di storia dell'arte 2. Il medio Oriente e l'Occidente nell'arte del XIII secolo = International Congress of the History of Art* 2, Bologna 1982, S. 211-217
Hay, Denys: *Annalists and Historians, Western Historiography from the Eights to the Eighteenth Century*, London 1977
Heinemann, Otto von: *Die Augusteischen Handschriften 3* (Kataloge der Herzog August-Bibliothek, Die Alte Reihe 6), Reprint der Ausgabe 1884-1913, Frankfurt am Main 1965/1966
Herkommer, Hubert: *Überlieferungsgeschichte der sächsischen Weltchronik. Ein Beitrag zur deutschen Geschichtsschreibung des Mittelalters* (Münchener Texte und Untersuchungen zur deutschen Literatur des Mittelalters, hg. von der Komission für deutsche Literatur des Mittelalters der Bayerischen Akademie der Wissenschaften 38), München 1972
Hermann, Hermann Julius: *Die deutschen romanischen Handschriften* (Beschreibendes Verzeichnis der illuminierten Handschriften in Österreich 8,2), Leipzig 1926
Heyd, Wilhelm von: *Die historischen Handschriften der Königlichen Öffentlichen Bibliothek zu Stuttgart 1. Die Handschriften in Folio*, Stuttgart 1889/1890

Hindmann, Sandra: „Dutch Bible Illumination of the Fifteenth Century and the *Historia scholastica*", in: *Journal of the Warburg and Courtauld Institutes* 36, 1974, S. 131-144
Hoffmann, Hartmut: *Buchkunst und Königtum im ottonischen und frühsalischen Reich*, 2 Bde. (Schriften der Monumenta Germaniae Historica 30,1 und 2), Stuttgart 1986
Hoffmann, Konrad: „Das Herrscherbild im Evangeliar Ottos III., clm. 4453", *Frühmittelalterliche Studien* 7, 1973, S. 324-341
Hohenzollern, Johann Georg Prinz von: *Die Königsgalerie der französischen Kathedrale. Herkunft, Bedeutung, Nachfolge*, München 1965
Holter, Kurt: „Die romanische Buchmalerei in Oberösterreich", *Jahrbuch des Oberösterreichischen Musealvereins* 101, Linz 1956, S. 221-250
Homburger, Otto: *Die illustrierten Handschriften der Burgerbibliothek Bern*, Bern 1962
Irtenkauf 1980: siehe Faksimiles RUDOLF/WELTCHRONIK, 1980
Irtenkauf, Wolfgang: *Stuttgarter Zimelien der Württembergischen Landesbibliothek. Aus den Schätzen ihrer Handschriftensammlung*, Stuttgart 1986
Jahn, Karl: *Die Frankengeschichte des Rasîd ad-Dîn. Einleitung, vollständige Übersetzung, Kommentar und achtundfünfzig Texttafeln* (Österreichische Akademie der Wissenschaften, Philosophisch-historische Klasse, Denkschrift 129 = Veröffentlichungen der iranischen Kommission 4, hg. von Manfred Mayrhofer), Wien 1977
Jakobi 1991: siehe Jakobi-Mirwald
Jakobi-Mirwald: Christine: *Buchmalerei. Ihre Terminologie in der Kunstgeschichte*, zweite, überarb. Auflage Berlin 1997
James, Montague Rhodes: *A descriptive Catalogue of the Manuscripts in the Corpus Christi College in Cambridge*, Cambridge 1912
James, Montague Rhodes: *A descriptive Catalogue of the Latin Manuscripts in the John Ryland Library in Manchester*, 2 Bde., Manchester 1921
James, Montague Rhodes: *The Drawings of Matthew Paris* (The Walpole Society 14), Oxford 1925/1926, S. 1-26
Jantzen, Hans: „Das Wort als Bild in der frühmittelalterlichen Buchmalerei", in: Spörl, Johannes (Hg.): *Historisches Jahrbuch*, Köln 1940, S. 507-513
Jasbar, Gerald: *Darstellungen antiker Götter im Ms. A. 10 (Augustinus, De civitate Dei) der Bibliothek der Oberschule in Schulpforte*, Phil. Diss. München 1980
Kaeppli, Thomas: *Scriptores ordinis praedicatorum medii aevi 1*, Rom 1977 ff.
Kantorowicz, Ernst: *Die zwei Körper des Königs: Eine Studie zur politischen Theologie des Mittelalters*, deutsche Erstauflage (dtv Wissenschaft 4465), München 1990
Kaplan, Paul H. D.: „Black Africans in Hohenstaufen Iconography", in: *Gesta 26,1*, 1987, S. 29-41
Kappner, Hermann: „Die Geisteswissenschaften an der Universität Jena", in: Dobenecker Otto (Hg.): *Zeitschrift des Vereins für thüringische Geschichte und Altertumskunde*, N. F., Beiheft 14 (Beiträge zur Geschichte der Universität Jena 3), Jena 1931, S. 68-128
Karlinger, Hans: *Die hochromanische Wandmalerei in Regensburg* (Einzeldarstellungen zur süddeutschen Kunst 1), München/Berlin/Leipzig 1920
Katzenellenbogen, Adolf: *Die Psychomachie in der Kunst des Mittelalters von den Anfängen bis zum dreizehnten Jahrhundert*, Phil. Diss. Hamburg 1933
Katzenellenbogen, Adolf: „The Representation of the Seven *artes liberales*", in: Clagett, M., Post, G. und Reynolds, R. (Hg.): *Twelfth-Century Europe and the Foundation of Modern Society*, Madison 1961, S. 39-55
Katzenellenbogen, Adolf: *Allegories of the Virtues and Vices in Medieval Art*, zweite Auflage New York 1964
Kemp, Wolfgang: *Sermon corporeus. Die Erzählung der mittelalterlichen Glasfenster*, München 1987
Kemp, Wolfgang (Hg.): *Der Text des Bildes. Möglichkeiten und Mittel eigenständiger Bilderzählung* (Literatur und andere Künste 4, hg. von Eberhard Lämmert, Thomas Koebner u. a.), München 1989
Kern, Peter: „Bildprogramm und Text. Zur Illustration des Rolandsliedes in der Heidelberger Handschrift", *Zeitschrift für deutsches Altertum und deutsche Literatur* 101, 1972, S. 244-270
Kessel, Verena: *Die süddeutschen Weltchroniken der Mitte des vierzehnten Jahrhunderts. Studien zur Kunstgeschichte in der Zeit der Großen Pest*, Phil. Diss. Bamberg 1984 (Bamberger Studien zur Kunstgeschichte und Denkmalpflege 1, hg. von Achim Hubel und Robert Suckale), Bamberg 1984

Keyser, Erich: *Das Bild als Geschichtsquelle* (Historische Bildkunde 2), Hamburg 1935
Kirschbaum, Engelbert u.a. (Hg.): *Lexikon der christlichen Ikonographie*, 8 Bde., Reprint der Ausgabe Rom/Freiburg/Basel/Wien 1968-1976, Freiburg 1990
Klemm, Elisabeth: *Die romanischen Handschriften der Bayerischen Staatsbibliothek 1. Die Bistümer Regensburg, Passau und Straßburg,* Bild- und Textband (Katalog der illuminierten Handschriften der Bayerischen Staatsbibliothek in München 3,1), Wiesbaden 1980
Klemm, Elisabeth: *Die romanischen Handschriften der Bayerischen Staatsbibliothek 2. Die Bistümer Freising und Augsburg, verschiedene deutsche Provenienzen,* Bild- und Textband (Katalog der illuminierten Handschriften der Bayerischen Staatsbibliothek in München 3,2), Wiesbaden 1988
Knappe, Karl-Bernhard: *Repräsentation und Herrschaftszeichen in der vorhöfischen Epik,* Phil. Diss. Kiel 1971 (Münchener Beiträge zur Mediävistik und Renaissanceforschung 17), München 1974
Köllner, Herbert: „Zur Datierung der Bibel von Floreffe. Bibelhandschriften als Geschichtsbücher?" *Rhein und Maas* 2, Köln 1973, S. 361-376
Köllner, Herbert: *Die illuminierten Handschriften der Hessischen Landesbibliothek Fulda 1. Handschriften des sechsten bis dreizehnten Jahrhunderts,* Bildband, Stuttgart 1976 (Kommentar-/Textband siehe: Köllner/Jakobi-Mirwald)
Köllner, Herbert und Christine Jakobi-Mirwald: *Die illuminierten Handschriften der Hessischen Landesbibliothek Fulda 1, Handschriften des sechsten bis dreizehnten Jahrhunderts,* Textband bearb. von Christine Jakobi auf Grund der Vorarbeiten von Herbert Köllner, Stuttgart 1993
Köllner, Herbert und Eva Maria Thole: *Die Schausammlung der Hessischen Landesbibliothek Fulda. Ein Begleitbuch* (Veröffentlichungen der Hessischen Landesbibliothek Fulda 2), zweite Auflage Fulda 1981
Koshi, Koichi: *Die Genesisminiaturen in der Wiener* Histoire universelle (Cod. 2576), Phil. Diss. Wien 1971 (Wiener Kunstgeschichtliche Forschungen 1), Wien 1973
Kracht, Hans Joachim: *Geschichte der Benediktinerabtei Sankt Pantaleon in Köln, 965-1250*, Phil. Diss. Münster 1969/1970 (Studien zur Kölner Kirchengeschichte 11), Siegburg 1975
Kratzert, Christine: *Die illustrierten Handschriften der Weltchronik des Rudolf von Ems*, Phil. Diss. Berlin 1974
Kraus, Franz Xaver: „Notizen aus und über den *Codex Theodorici* aus der Abtei Deutz", *Jahrbücher des Vereins von Altertumsfreunden im Rheinland* 41, Bonn 1866, S. 43 ff.
Kronjäger, Jochen: *Berühmte Griechen und Römer als Begleiter der Musen und der „artes liberales" in Bilderzyklen des zweiten bis vierzehnten Jahrhunderts*, Phil. Diss. Marburg 1973
Kroos, Renate: „Die Bilderhandschriften des Klosters Scheyern aus dem dreizehnten Jahrhundert", in: *Wittelsbach und Bayern* 1,1, Landshut 1980, S. 477-495 und 1,2, S. 127-135
Kroos, Renate: *Der Schrein des Heiligen Servatius in Maastricht und die vier zugehörigen Reliquiare in Brüssel* (Veröffentlichungen des Zentralinstituts für Kunstgeschichte in München 8), München 1985
Krüger, Karl Heinrich: *Die Universalchroniken* (Typologie des Sources du Moyen-âge 16 und Ergänzungsheft 16,2), Turnhout 1976 und 1985
Künstle, Karl: *Ikonographie der christlichen Kunst*, 2 Bde., Freiburg im Breisgau 1926 und 1928
Künzel, Susanne: *Denkmale der Herrschaftstheologie Kaiser Heinrichs II.* (Schriften aus dem Institut für Kunstgeschichte der Universität München 43), München 1989
Laborde, Alexandre Comte de: *Les manuscrits à peinture de la „Cité de Dieu" de Saint Augustin*, 3 Bde., Paris 1909
Lacroix, Benoit M.: *Orose et ses idées* (Université de Montréal, Publications de l'Institut d'Études médiévales 18), Montréal 1965
Lacroix, Benoit M.: *L'historien au moyen-âge* (Conférence Albert-Le-Grand 1966), Montréal/Paris 1971
Lammers 1961: siehe Lammers, Walther (Hg.), in: Geschichtsdenken und Geschichtsbild 1984
Lammers, Walther: „Ein universales Geschichtsbild der Stauferzeit in Miniaturen. Der Bilderkreis zur Chronik Ottos von Freising im Jenenser Codex Bose q. 6", *Alteuropa und die moderne Gesellschaft, Festschrift für Otto Brunner*, hg. vom Historischen Seminar der Universität Hamburg, Göttingen 1963, S. 170-214

Lammers, Walther: „Ein karolingisches Bildprogramm in der *Aula regia* von Ingelheim", in: *Festschrift für Hermann Heimpel*, Bd. 3, (Veröffentlichungen des Max-Planck-Instituts für Geschichte 36,3), Göttingen 1972, S. 226-289

Lammers, Walther: *Weltgeschichte und Zeitgeschichte bei Otto von Freising* (Sitzungsberichte der wissenschaftlichen Gesellschaft an der Johann Wolfgang Goethe-Universität Frankfurt 14,3), Wiesbaden 1977

Lammers 1980: siehe OTTO/CHRONIK, 1980

Lammers, Walther (Hg.): *Geschichtsdenken und Geschichtsbild im Mittelalter. Ausgewählte Aufsätze und Arbeiten aus den Jahren 1933 bis 1959* (Wege der Forschung 21), Reprint der Ausgabe Darmstadt 1961, Darmstadt 1984

Lamprecht, Karl: *Die Initial-Ornamentik des achten bis dreizehnten Jahrhunderts*, Leipzig 1882

Landsberg, Fritz: *Das Bild der Alten Geschichte in mittelalterlichen Weltchroniken*, Phil. Diss. Berlin 1934

Lauer, Philipp: *Les enluminures romanes des manuscrits de la Bibliothèque Nationale*, Paris 1927

Lautermann, Wolfgang (Hg.): *Mittelalter* (Geschichte in Quellen 2), (o. O.) 1970

Leclercq, Jean: „*Joculator et saltator*, Saint Bernhard et l'image du jongleur dans les manuscrits", in: Plante, Julian G. (Hg.): *Translatio studii, Manuscript and Library Studies honoring Oliver L. Kapsner*, Collegeville/Minnesota 1973

Lehner, F. A.: *Fürstlich-Hohenzollern'sches Museum zu Sigmaringen, Verzeichnis der Handschriften*, Sigmaringen 1872

Lejeune, Rita und Jacques Stiennon: *Die Rolandssage in der mittelalterlichen Kunst*, 2 Bde., deutsche Ausgabe Brüssel 1966

Lengelsen, Monika: *Bild und Wort. Die Federzeichnungen und ihr Verhältnis zum Text in der Handschrift P des deutschen Rolandsliedes*, Phil. Diss. Freiburg, Dortmund 1972

Lenzuni, Anna: *Biblioteca Medicea Laurenziana* (Le Grandi Biblioteche d'Italia), Florenz 1986

Lepie, Herta: „Die Konservierung des Aachener Karlsschreins ist abgeschlossen", *Kunstchronik* 43, 1990, S. 50-55

Lewis, Suzanne: *The art of Matthew Paris in the* Chronica Maiora (California Studies in the History of Art 21), Berkeley/Los Angeles 1987

Lexikon der Kunst 1-5, Reprint der Ausgabe Leipzig 1968-1978, Berlin 1984

Bautier, Robert-Henri und Auty, Robert (Hg.): *Lexikon des Mittelalters*, München/Zürich 1980 ff.

Höfer, Josef und Rahner, Karl (Hg.): *Lexikon für Theologie und Kirche*, 10 Bde., begründet von Michael Buchberger, zweite, völlig neubearb. Auflage Freiburg 1957-1965

Liebeschütz, Hans: „Kosmologische Motive in der Bildungswelt der Frühscholastik", in: *Vorträge der Bibliothek Warburg* 3, 1923/1924, Berlin/Leipzig 1926, S. 83-148

Liebl, Ulrike: *Die illustrierten Flavius-Josephus-Handschriften des Hochmittelalters* (Europäische Hochschulschriften Reihe 28: Kunstgeschichte 304), Frankfurt am Main 1997

Lieftinck, Gerard Jsaac: *Bisschop Bernold (1027-1054) en zijn Geschenken aan de utrechtse Kerken*, Groningen 1948, S. 13-22

Lietzmann, Hans: „Ein Blatt aus einer antiken Weltchronik", in: *Quantulacumque, Studies presented to Kirsopp Lake*, London 1937, S. 339-348

Loew, Elias Avery: *The Beneventan Script. A History of the South Italian Minuscule*, Oxford 1914

Löffler, Karl: *Die Handschriften des Klosters Weingarten* (Beihefte zum Zentralblatt für Bibliothekswesen 41), Leipzig 1912

Löffler, Karl: *Romanische Zierbuchstaben und ihre Vorläufer*, Stuttgart 1927

Löffler, Karl: *Schwäbische Buchmalerei in romanischer Zeit*, Augsburg 1928

Löffler, Karl: *Die Handschriften der Abtei Weingarten. Die Handschriften von Zwiefalten* (Archiv für Bibliographie und Buchwesen, Beiheft 6), (o. O.) 1931

Lülfing, Hans und Hans-Erich Teitge: *Handschriften und alte Drucke. Kostbarkeiten aus Bibliotheken der DDR*, Wiesbaden 1981

Malraux, André: *Les manuscrits à peinture en France du XIIIe au XVIe siècle, Supplement au catalogue des manuscrits*, Bibliothèque Nationale, Paris 1955

Masai, François: „Les manuscrits à peinture de Sambre et Meuse au XIe et XIIe siècle. Pour une critique d'origine plus méthodique", in: *Cahiers de Civilisation médiévale* 3, Poitiers 1960

Maschek, Hermann: *Deutsche Chroniken* (Deutsche Literatur, Reihe: Realistik des Spätmittelalters 5, hrsg. von Anton Pfalz), Leipzig 1936
Mazal, Otto: *Himmels- und Weltenbilder. Kleinodien österreichischer Buchmalerei aus der Österreichischen Nationalbibliothek*, Wien 1973
Mazal, Otto: *Buchkunst der Gotik* (Buchkunst im Wandel der Zeiten 1), Graz 1975
Mazal, Otto: *Buchkunst der Romanik* (Buchkunst im Wandel der Zeiten 2), Graz 1978
Mazal, Otto: *Das Buch der Initialen*, Wien 1985
Mazal, Otto: *Prinz Eugens schönste Bücher. Handschriften aus der Bibliothek des Prinzen Eugen von Savoyen*, Graz 1986
Meier, Claudia: „Zu Leserichtung und Bildsystematik in der *art mosan*", in: Christmann, Daniela, Kiesewetter, Garbiele, Martin, Otto und Weber, Andreas (Hg.): *RückSicht. Festschrift für Hans-Jürgen Imiela zum 5. Februar 1997*, Mainz 1997, S. 33-41
Meier, Claudia Annette: „Kaiserchronik", in: Jeep, John M. u. a. (Hg.): *Medieval German: An Encyclopedia*, New YorkLondon 2001, S.420
Meier, Christel und Ruberg, Uwe (Hg.): *Text und Bild. Aspekte des Zusammenwirkens zweier Künste in Mittelalter und früher Neuzeit*, Wiesbaden 1980
Schmid, Karl und Wollasch, Joachim (Hg.): Memoria. *Der geschichtliche Zeugniswert des liturgischen Gedenkens im Mittelalter* (Münstersche Mittelalter-Schriften 48 = Bestandteil des Quellenwerkes *Societas et Fraternitas*), München 1984
Merindol, Christian de: *La production des livres peints à l'Abbaye de Corbie au XIIe siècle*, Phil. Diss. Paris 1975 (Service de Reproduction des Thèses 3), Lille 1976
Meurgey, Jacques: *Les principaux manuscrits à peintures du Musée Condé à Chantilly*, Paris 1930
Moeglin, Jean-Marie: *Les ancêtres du prince. Propagande politique et naissance d'une histoire nationale en Bavière au moyen-âge, 1180-1500* (École pratique des hautes études IVe section, Sciences historiques et philologiques 5 = Hautes études médiévales et modernes 54), Paris 1985
Morgan, Nigel J.: *Early Gothic Manuscripts, Bd. 1 1190-1250, Bd. 2 1250-1285* (A Survey of Manuscripts Illuminated in the British Isles 4,1 und 4,2, hg. von James Jonathan Graham Alexander), Oxford/London 1982 und 1988
Munk Olsen, Birger: *L'étude des auteurs classiques latins aux XIe et au XIIe siècles 1-3, 2 ff. Catalogue des manuscrits classiques latins copiés du IXe au XIIe siècle* (Documents, études et répertoires, publ. par l'Institut de Recherche et d'Histoire des Textes), Paris 1982-1989 ff.
Nilgen, Ursula: „Amtsgenealogie und Amtsheiligkeit. Königs- und Bischofsreihen in der Kunstpropaganda des Hochmittelalters", in: Bierbauer, Katharina, Klein, Peter K. und Sauerländer, Willibald (Hg.): *Studien zur mittelalterlichen Kunst, 800-1250. Festschrift für Florentine Mütherich zum siebzigsten Geburtstag*, München 1985, S. 217-234
Nilgen, Ursula: „Illustrationen zur Weltchronik Ottos von Freising", in: *Freising. 1250 Jahre Geistliche Stadt II. Beiträge zur Geschichte und Kunstgeschichte der altbayerischen Bischofsstadt* (Kataloge und Schriften des Diözesanmuseums für christliche Kunst des Erzbistums München und Freising 12, hg. von Friedrich Fahr, Hans Ramisch und Peter Steiner), München 1994, S. 79-123
Nolhac, Pierre de: *La Bibliothèque de Fulvio Orsini* (Bibliothèque de l'École des Hautes Études 74), Paris 1887
Oedinger, Friedrich Wilhelm (Bearb.): *Das Hauptstaatsarchiv Düsseldorf und seine Bestände* 5, Siegburg 1972
Oexle, Otto Gerhard: „Welfische und staufische Hausüberlieferung in der Handschrift Fulda D 11 aus Weingarten", in: *Von der Klosterbibliothek zur Landesbibliothek, Beiträge zum zweihundertjährigen Bestehen der Hessischen Landesbibliothek Fulda*, Fulda 1978, S. 203-231
Oltrogge, Doris: *Die Illustrationszyklen zur „Histoire ancienne jusqu'à César" (1240-1400)*, Phil. Diss. Bonn (Europäische Hochschulschriften, Reihe 28, Bd. 94), Frankfurt/Bern/New York/Paris 1989
Omont, Henri: *Antiquités et Guerre des juifs de Josèphe, Reproduction des 25 miniatures des manuscrits français 247 et nouv. aqc. 21 013 de la Bibliothèque Nationale*, Paris o. J. (1906)
Omont, Henri: *Miniatures des plus anciens manuscrits grecs de la Bibliothèque Nationale*, zweite Auflage Paris 1929
Ott, Norbert: „Typen der Weltchronik, Ikonographie. Bemerkungen zur Illustration, Anspruch und

Gebrauchssituation volkssprachlicher Chronistik aus überlieferungsgeschichtlicher Sicht", in: Mück, Hans Dieter und Müller, Ulrich (Hg.): *Jahrbuch der Oswald von Wolckenstein-Gesellschaft* 1, 1980/1981, S. 29-55

Ott, Norbert: „Überlieferung, Ikonographie, Anspruchsniveau. Methodisches zum Problem der Beziehungen zwischen Stoffen, Texten und Illustrationen in Handschriften des Spätmittelalters", in: Grenzmann, Ludger und Stackmann, Karl (Hg.): *Literatur und Laienbildung im Spätmittelalter und in der Reformationszeit, Symposium Wolfenbüttel 1981* (Germanistische Symposien-Berichtsbände 5, hg. von Albrecht Schöne), Stuttgart 1984

Pächt, Otto: *Das Verhältnis von Bild und Vorwurf in der mittelalterlichen Historiendarstellung*, Manuskript Phil. Diss. Wien 1925

Pächt, Otto: *The Rise of Pictorial Narrative in Twelfth-Century England*, Oxford 1962

Pächt, Otto: „Der Weg von der zeichnerischen Buchillustration zur eigenhändigen Zeichnung", *Wiener Jahrbuch für Kunstgeschichte* 24, 1971, S. 178-184

Pächt, Otto und Alexander, James Jonathan Graham: *Illuminated Manuscripts in the Bodleian Library Oxford. British, Irish and Icelandic Schools*, Oxford 1973

Pächt, Otto: „Charles Reginald Dodwell und Francis Wormald. The Pictorial Cycle", *The St. Albans Psalter* (Studies of the Warburg Institute 25), London 1960, S. 51 ff.

Paredi, Angelo: *La Biblioteca del Pizolpasso*, Milano 1961

Pettinato, Giovanni: *Semiramis, Herrscherin über Assur und Babylon. Biographie*, deutschsprachige Ausgabe Zürich/München 1988

Pinard, Guillaume: „Catalogue des manuscrits de l'Abbaye cistercienne de la Charité", hg. von M. Gauthier, in: *Bibliothèque de l'École de Chartres* 42, 1881, S. 19-29, Nr. 55

Plotzek, Joachim M.: „Zur rheinischen Buchmalerei im zwölften Jahrhundert", in: *Rhein und Maas* 2, 1973, S. 305-332

Polaczek, Ernst: „Die Bilder des Codex Jenensis Bose q. 6", in: Bloch, Hermann: *Die elsässischen Annalen der Stauferzeit. Eine quellenkritische Einleitung* (Regesten der Bischöfe von Straßburg 1, hg. von der Kommission zur Herausgabe elsässischer Geschichtsquellen), Innsbruck 1908, Anhang II, S. 200-209

Porcher, Jean: *L'enluminure française*, Paris 1959

Potthast, August: *Bibliotheca historica medii aevi, Wegweiser durch die Geschichtswerke des europäischen Mittelalters bis 1500*, zweite, verbesserte und vermehrte Auflage Berlin 1896 (auch Nachdruck Graz 1957)

Potthast, August: *Repertorium fontium historiae medii aevi*, begründet von August Potthast, Rom 1962 ff.

Powicke, Frederick Maurice: *The Medieval Books of Merton College*, Oxford 1931

Prochno, Joachim: *Das Schreiber- und Dedikationsbild in der deutschen Buchmalerei bis zum Ende des elften Jahrhunderts (800-1100)*, 1, Leipzig u.a. 1929

Die Propyläen-Kunstgeschichte 1-12, Sonderausgabe/Reprint Frankfurt/Berlin 1990

Ramsegger, Ingeborg: *Die Städtebilder der Schedelschen Weltchronik. Ihre geistigen und künstlerischen Voraussetzungen im Mittelalter. Ein Beitrag zur Geschichte der Stadtvedute*, Manuskript Phil. Diss. Berlin 1943

Reallexikon zur deutschen Kunstgeschichte, begonnen von Otto Schmitt, hg. vom Zentralinstitut für Kunstgeschichte, 1 ff., Stuttgart/München 1937 ff.

Galling, Kurt (Hg.): *Die Religion in Geschichte und Gegenwart*, 7 Bde., (UTB für Wissenschaft: Große Reihe), dritte, neubearb. Auflage/Studienausgabe, Tübingen 1986

Riedel, Adolf Friedrich J.: „Über die Havelsberger Handschrift der Weltchronik des Ekkehard von Urau", *Serapeum* 1, 1840, S. 185-191, Tab. I-IV

Ricci, Seymour de und Wilson, W. J.: *Census of Medieval and Renaissance Manuscripts in the U.S.A. and Canada*, New York 1935/1937

Rose, Valentin: *Verzeichnis der lateinischen Handschriften 1 und 2,1-2,3* (Die Handschriften-Verzeichnisse der Königlichen Bibliothek zu Berlin 12 und 13), Berlin 1893-1905

Rose, Valentin: *Die Handschriften der Kurfürstlichen Bibliothek und der Kurfürstlichen Lande 1-3* (Verzeichnis der lateinischen Handschriften der Königlichen Bibliothek zu Berlin 2), Berlin 1901-1905

Ross, David J. A.: „Illustrated Manuscripts of Orosius", *Scriptorium* 9, 1955, S. 35-56
Ross, David J. A.: *Illustrated Medieval Alexander-Books in Germany and the Netherlands. A Study in Comparative Iconography* (Publications of the Modern Humanities Research Association 3), Cambridge 1971
Ross, David J. A. und Bately, Janet M.: „A Check List of Manuscripts of Orosius, Historiae adversum paganos libri VII", *Scriptorium* 15, 1961, S. 329-334
Rothe, Edith: *Buchmalerei aus zwölf Jahrhunderten. Die schönsten illuminierten Handschriften in den Bibliotheken und Archiven der DDR*, Berlin 1966
Weinfurter, Stefan u.a. (Hg.): *Die Salier und das Reich 1-3*, Sigmaringen 1991
Salvia, Maria Siponta de (Bearb.): *Biblioteca Apostolica Vaticana*, deutsche Übersetzung von Heigrid Betz, Stuttgart/Zürich 1986
Samaran, Charles und Marichal, Robert: *Catalogue des manuscrits en écriture latine portant des indications de date, de lieu ou de copiste* Bd. 3, Bibliothèque Nationale, Fonds latin Nr. 8001-18613, Paris 1974
Saxl, Fritz: *Lectures*, 2 Bde., hg. vom Warburg Institute, London 1957
Schadt, Hermann: „Die *arbores bigamiae* als heilsgeschichtliche Schemata. Zum Verhältnis von Kanonistik und Kunstgeschichte", in: Busch, Werner, Haussherr, Reiner und Trier, Eduard (Hg.): *Kunst als Bedeutungsträger. Gedenkschrift für Günter Bandmann*, Berlin 1978, S. 129-147
Schadt, Hermann: *Die Darstellung der „arbores consanguinitatis" und der „arbores affinitatis". Bildschemata in juristischen Handschriften*, Phil. Diss. Tübingen 1973, Tübingen 1982
Schapiro, Meyer: *Words and Pictures. On the Literal and the Symbolic in the Illustration of a Text* (Approaches to Semiotics 11, hrsg. von Thomas A. Sebeok), Den Haag/Paris 1973
Schapiro, Meyer: „The Dedication of the Leningrad Manuscript of Bede" (1958), *Late Antique, Early Christian and Medieval Art. Selected Papers by Meyer Schapiro*, London 1980, S. 199-224
Scheidig, Walter: *Der Miniaturenzyklus zur Weltchronik Ottos von Freising im Codex Jenensis Bose q. 6* (Studien zur deutschen Kunstgeschichte 257), Straßburg 1928
Schemel, Bernhard: *Die illustrierten Handschriften der Staatsbibliothek Bamberg* (Bibliotheksforum Bayern 9), 1981, S. 97-100
Schiffmann, K.: *Die Handschriften der öffentlichen Studienbibliothek in Linz*, Manuskript, Linz 1935
Schipke, Renate: *Die Maugérard-Handschriften der Forschungsbibliothek Gotha* (Veröffentlichungen der Forschungsbibliothek Gotha 15), Gotha 1972
Schmale, Franz-Josef: „Zur Abfassungszeit von Frutolfs Weltchronik", *Einhundertzweiter Bericht des historischen Vereins Bamberg*, Bamberg 1966, S. 81-125
Schmale, Franz-Josef: „Die Reichenauer Weltchronistik", in: Maurer, Helmut (Hg.): *Die Abtei Reichenau. Neue Beiträge zur Geschichte und Kultur des Inselklosters* (Bodensee-Bibliothek 20), Sigmaringen 1974
Schmale, Franz-Josef: *Funktion und Formen mittelalterlicher Geschichtsschreibung. Eine Einführung*, mit einem Beitrag von Hans-Werner Goetz (Die Geschichtswissenschaft), Darmstadt 1985
Schmale-Ott, Irene: „Die Rezension C der Weltchronik Ekkehards von Aura", *Deutsches Archiv für Geschichte des Mittelalters* 12, 1956, S. 363-387
Schmale-Ott, Irene: „Untersuchungen zu Ekkehard von Aura und zur Kaiserchronik", *Zeitschrift für bayerische Landesgeschichte* 34, 1971, S. 403-461
Schmid, Karl: „Welfisches Selbstverständnis", in: Fleckenstein, Josef und Schmid, Karl (Hg.): *Adel und Kirche. Festschrift für Gerd Tellenbach zum fünfundsechzigsten Geburtstag*, Freiburg/Basel/Wien 1968, S. 389-416
Schmid, Karl: „Zum Haus- und Herrschaftsverständnis der Salier", *Salier und Reich* 1, 1991, S. 21-54
Schmid, Karl: „Die Salier als Kaiserdynastie zugleich ein Beitrag zur Bildausstattung der Chroniken Frutolfs und Ekkehards", in: Keller, Hagen und Staubach, Nikolaus (Hg.): *Iconologia sacra. Mythos, Bildkunst und Dichtung in der Religions- und Sozialgeschichte Alteuropas. Festschrift für Karl Hauck zum 75. Geburtstag* (Arbeiten zur Frühmittelalterforschung 23, hrsg. von Hagen Keller), Berlin/New York 1994, S. 461-495
Schmidt, Roderich: „*Aetates mundi.* Die Weltalterlehre als Gliederungsprinzip der Geschichte", *Zeitschrift für Kirchengeschichte* 67, 1955/1956, S. 289-317

Schmidt-Wiegand, Ruth, (Hg.): *Text-Bild-Interpetationen*, 2 Bde. (Münstersche Mittelalterschriften 55), Münster 1986

Schnitzler, Hermann: *Rheinische Schatzkammern 2. Die Romanik*, Düsseldorf 1959

Schnitzler, Hermann: *Der Schrein des Heiligen Heribert*, Mönchengladbach 1962

Schramm, Percy Ernst: „Das Herrscherbild in der Kunst des frühen Mittelalters", *Vorträge der Bibliothek Warburg* 1922/1923, Leipzig 1924

Schramm, Percy Ernst: *Die deutschen Kaiser und Könige in Bildern ihrer Zeit I, 751-1152*, 2 Bde., (Die Entwicklungsgeschichte des menschlichen Bildnisses 1, hrsg. von Walter Goetz, Veröffentlichungen der Forschungsinstitute an der Universität Leipzig/Institut für Kultur und Universalgeschichte), Leipzig/Berlin 1928

Schramm, Percy Ernst: „Umstrittene Kaiserbilder aus dem neunten bis zwölften Jahrhundert", *Neues Archiv der Gesellschaft für ältere deutsche Geschichtskunde* 47, Berlin 1928, S. 467-494

Schramm, Percy Ernst: „Über die Herrschaftszeichen des Mittelalters", *Münchener Jahrbuch der bildenden Kunst*, dritte Folge, Bd. 1, München 1950, S. 43-60

Schramm, Percy Ernst u.a.: *Herrschaftszeichen und Staatssymbolik, Beiträge zu ihrer Geschichte vom dritten bis zum sechzehnten Jahrhundert*, 3 Bde. (Schriften der Monumenta Germaniae Historica 13), Nachdruck Stuttgart 1954-1978

Schramm, Percy Ernst: *Kaiser, Rom und „Renovatio". Studien zur Geschichte des römischen Erneuerungsgedankens vom Ende des karolingischen Reichs bis zum Investiturstreit*, zweite Auflage Darmstadt 1957

Schramm, Percy Ernst: *Sphaera, Globus, Reichsapfel. Wanderung und Wandlung eines Herrschaftszeichens von Caesar bis zu Elisabeth II. Ein Beitrag zum Nachleben der Antike*, Stuttgart 1958

Schramm, Percy Ernst und Mütherich, Florentine: *Denkmale der deutschen Könige und Kaiser. Ein Beitrag zur Herrschergeschichte von Karl dem Großen bis Friedrich II. 768-1250* (Veröffentlichungen des Zentralinstituts für Kunstgeschichte 2), München 1962

Schreckenberger, Heinz: *Bibliographie zu Flavius Josephus*, 2 Bde. (Arbeiten zur Literatur und Geschichte des hellenistischen Judentums 1 und 14, hrsg. von K. H. Rengstorf), Leiden 1968/1979

Schramm, Percy Ernst: *Die Flavius Josephus-Tradition in Antike und Mittelalter* (Arbeiten zur Literatur und Geschichte des hellenistischen Judentums 5, hg. von K. H. Rengstorf), Leiden 1972

Schramm, Percy Ernst: *Rezeptionsgeschichtliche und textkritische Untersuchungen zu Flavius Josephus* (Arbeiten zur Literatur und Geschichte des hellenistischen Judentums 10, hg. von K. H. Rengstorf), Leiden 1977

Schweikle, Günther: „Versuch einer wechselseitigen Erhellung mittelalterlicher Dichtung und Kunst", in: Schäfer-Maulbetsch, Rose Beate, Scholz, Manfred Günter und Schweikle, Günther (Hg.): *Festschrift für Kurt Halbach* (Göttinger Arbeiten zur Germanistik 70, hg. von Ulrich Müller, Franz Hundsnurscher und Cornelius Sommer), Göttingen 1972, S. 35-53

Seebass, Tilman: *Musikdarstellung und Psalterillustration im frühen Mittelalter. Studien ausgehend von einer Ikonologie der Handschrift Paris, Bibliothèque Nationale, Fonds latin 1118*, 2 Bde., Phil. Diss. Basel 1970, Bern 1973

Sherman, Roger und Hibbard Loomis, Laura: *Arthurian Legende in Medieval Art*, London/New York 1983

Siegel, Julia: *Die Darstellung der „septem artes liberales" in der bildenden Kunst als Rezeption der Lehrplangeschichte*, München 1985

Simson, Bernhard von: „Über eine Handschrift der jüngeren *Vita Mathildis*, der *Vitae Brunonis* etc. aus dem zwölften und dreizehnten Jahrhundert", *Lacomblets Archiv für die Geschichte des Niederrheins* 7, Köln 1870, S. 148 ff.

Soden, Wolfram von: *Herrscher im alten Orient* (Verständliche Wissenschaften 54), Berlin/Göttingen/Heidelberg 1954

Springer, Peter: „Modell und Muster, Vorlage und Kopie, Serien", *Ornamenta ecclesiae* 1, Köln 1985, S. 301-314

Stähli, Marlis: *Die mittelalterlichen Handschriften im Domschatz zu Hildesheim*, hg. von Helmar Härtel (Mittelalterliche Handschriften in Niedersachsen 4), Wiesbaden 1984

Stamm, Lieselotte Elisabeth: „Buchmalerei in Serie. Zur Frühgeschichte der Vervielfältigungskunst", *Zeitschrift für schweizerische Archäologie und Kunstgeschichte* 40, 1983, S. 128-135

Stamm-Saurma, Lieselotte Elisabeth: „Zuht und wicze: Zum Bildgehalt spätmittelalterlicher Epenhandschriften", *Zeitschrift des Deutschen Vereins für Kunstwissenschaft* 41, 1987, S. 42-70

Stammler, Wolfgang: *Wort und Bild. Studien zu den Wechselbeziehungen zwischen Schrifttum und Bildkunst im Mittelalter*, Berlin 1962

Stammler, Wolfgang: „Aristoteles und die *septem artes liberales* im Mittelalter", *Der Mensch und die Künste. Festschrift für Heinrich Lützeler*, Düsseldorf 1962, S. 196-214

Stechele, Wolf: *Chronicon universale anonymi Laudunensis*, hg. von Alexander Cartellieri, Phil. Diss. 1880, Leipzig 1909

Steger, Hugo: *David rex et propheta. König David als vorbildliche Verkörperung des Herrschers und Dichters im Mittelalter nach Bilddarstellungen des achten bis zwölften Jahrhunderts* (Erlanger Beiträge zur Sprach- und Kunstwissenschaft 6), Nürnberg 1961

Steinberg, Siegfried H. und Steinberg-von Pape, Christine: *Die Bildnisse geistlicher und weltlicher Fürsten 1. Von der Mitte des zehnten bis zum Ende des elften Jahrhunderts* (Die Entwicklung des menschlichen Bildnisses 3, hrsg. von Walter Goetz), Leipzig/Berlin 1931

Stephan-Clustin, Anneliese: *Artuswelt und Gralswelt im Bild. Studien zum Bildprogramm der illustrierten Parzival-Handschriften* (Cgm 19, Cgm 18, Cod. Vindob. 2914, Cpg 339, Ms M 66, Cod. AA 91), Ms. phil. Diss., Mainz 2001

Stephany, Erich: „Der Karlsschrein in seiner politischen Bedeutung und Ikonographie", *Berichte des Karlsvereins zur Wiederherstellung des Aachener Doms*, Aachen 1969, S. 21-24

Stiennon, Jacques: „La Pologne et le pays mosan au moyen-âge. A propos d'un ouvrage sur la porte de Gniezno", *Cahiers de civilisation médiévale* 4, 1961, S. 457-473

Stirnemann, P.: „Nouvelles pratiques en manière d'enluminure", *La France de Philippe Auguste. Actes du Colloque*, Paris 1980

Stettiner, Richard: *Die illustrierten Prudentiushandschriften*, Straßburg 1895

Stollreither, Eugen: *Bildnisse des neunten bis achtzehnten Jahrhunderts aus den Handschriften der Bayerischen Staatsbibliothek* (Miniaturen aus Handschriften der Bayerischen Staatsbibliothek 11, hg. von Georg Leidinger), München 1928

Suckale-Redlefsen, Gude: *Der Buchschmuck zum Psalmenkommentar des Petrus Lombardus*, Bamberg, Staatsbibliothek, Bibl. 59, Wiesbaden 1986

Swarzenski, Georg: *Die Regensburger Buchmalerei des zehnten und elften Jahrhunderts. Studien zur Geschichte der deutschen Malerei des frühen Mittelalters* (Denkmäler der süddeutschen Malerei des frühen Mittelalters 1), zweite Auflage Stuttgart 1969

Swarzenski, Georg: *Die Salzburger Malerei von den ersten Anfängen bis zur Blütezeit des romanischen Stils*, 2 Bde., *Studien zur Geschichte der deutschen Malerei und Handschriftenkunde des Mittelalters* (Denkmäler der süddeutschen Malerei des frühen Mittelalters 2), zweite Auflage Stuttgart 1969

Swarzenski, Hanns: *Beiträge zur niederrheinischen Buchmalerei*, Phil. Diss. Bonn 1927

Swarzenski, Hanns: *Vorgotische Miniaturen der ersten Jahrhunderte deutscher Malerei* (Die Blauen Bücher), Königstein im Taunus 1927

Swarzenski, Hanns: *Die lateinischen illuminierten Handschriften des dreizehnten Jahrhunderts in den Ländern an Rhein, Main und Donau*, 2 Bde., Berlin 1936

Swarzenski, Hanns: *The Berthold-Missal (The Pierpont Morgan Library Ms. 710) and the „scriptorium" of Weingarten Abbey*, New York 1943

Swarzenski, Hanns: *Monuments of Romanesque Art. The Art of Church Treasures in North-Western Art*, zweite Auflage London 1974

Theele, Joseph: *Die Handschriften des Benediktinerklosters Sankt Petri zu Erfurt* (Zentralblatt für Bibliothekswesen, Beiheft 48), Reprint der Auflage Leipzig 1920, Wiesbaden 1968

Toesca, Pietro: *La pittura e la miniatura nella Lombardia dai piu antichi monumenti alla meta del quattrocento*, Milano 1912

Tourneur, Victor: *Centenaire de l'ouverture au public 21. Mai 1939, Bibliothèque Royale de Belgique*, Bruxelles 1939

Überwasser, Walter: „Deutsche Architekturvorstellungen um 1000", *Festschrift für Hans Jantzen*, Berlin 1951, S. 45-70

Unterkirchner, Franz (Bearb.): *Abendländische Buchmalerei. Miniaturen aus Handschriften der Österreichischen Nationalbibliothek*, Graz/Wien/Köln 1967

Usener, Karl Hermann: „Le début du style roman dans l'art mosan", in: Francastel, P. (Hg.): *L'art mosan*, Paris 1953
Vennebusch, Joachim: *Die theologischen Handschriften des Stadtarchivs Köln 1-4* (Mitteilungen aus dem Stadtarchiv Köln, Sonderreihe, Die Handschriften des Archivs 1-4, hg. von Hugo Stehkämper), Köln 1976-1986
Verbeek, Albert: *Schwarzrheindorf. Die Doppelkirche und ihre Wandgemälde*, Düsseldorf 1953
Verbeek, Albert: *Die Doppelkirche in Bonn-Schwarzrheindorf* (Rheinische Kunststätten 93), elfte Auflage 1979
Ruh, Kurt und Keil, Gundolf (Hg.): *Die deutsche Literatur des Mittelalters. Verfasserlexikon*, begr. von Wolfgang Stammler, fortgesetzt von Karl Langosch, zweite, neubearb. Auflage Berlin 1972
Voltini, Hans und Pfalz, Anton: *Forschungen zu den deutschen Rechtsbüchern 2 und 3. Der Verfasser der sächsischen Weltchronik* und: *Der Sachsenspiegel und die Zeitgeschichte* (Akademie der Wissenschaften in Wien, Philosophisch-historische Klasse, Sitzungsberichte 201, Abh. 4 und 5), Wien 1924
Walliser, Franz: *Cistercienser-Buchkunst. Das Heiligenkreuzer Skriptorium in seinen ersten Jahrhunderten, 1133-1230,* Heiligenkreuz/Wien 1969
Wegener, Hans: *Beschreibendes Verzeichnis der Miniaturen und des Initialschmucks in den deutschen Handschriften bis 1500*, Leipzig 1928
Weinfurter, Stefan: *Herrschaft und Reich der Salier, Grundlinien einer Umbruchszeit*, Sigmaringen 1991
Weitzmann, Kurt: „Zur Frage des Einflusses jüdischer Bilderquellen auf die Illustrationen des Alten Testaments", *Mullus. Festschrift für Theodor Klauser* (Jahrbuch für Antike und Christentum, Ergänzungsband 1, hg. von Alfred Stuiber und Alfred Hermann), Münster 1964, S. 405-415
Weitzmann, Kurt: *Illustrations in Roll and Codex. A Study of the Origin and Method of Text Illustration*, zweite Auflage Princeton 1970
Werner, Wilfried: *Cimelia Heidelbergensis. Dreißig illustrierte Handschriften der Universitätsbibliothek Heidelberg*, Wiesbaden 1977
Werner, Wilfried: *Das Rolandslied in den Bildern der Heidelberger Handschrift, mit verbindendem Text und Erläuterungen*, Wiesbaden 1977
Westfehling, Uwe: „Sankt Maria Lyskirchen", in: Kier, Hiltrud und Krings, Ulrich (Hg.): *Köln: Die romanischen Kirchen von den Anfängen bis zum Zweiten Weltkrieg* (Stadtspuren, Denkmäler in Köln 1), Köln 1984, S. 400-409
Wilmans, Roger: „Zur Geschichte der Handschriften von Otto von Freisingens Chronik", in: Pertz, Georg (Hg.): *Archiv der Gesellschaft für ältere deutsche Geschichtskunde* 11, 1853, S. 18-76
Winkler, Erich: *Die Buchmalerei in Niederösterreich von 1150-1250* (Artes austriae, Studien zur Kunstgeschichte 2), Wien 1923
Wormald, Francis: „More Matthew Paris Drawings", in: Wormald, Francis: *Collected Writings II. Studies in English and Continental Art of the Late Middle Ages*, hg. von Jonathan James Graham Alexander, Thomas Julian Brown und Joan Gibbs, London/New York 1988
Zimmermann, Erich und Straub, Kurt Hans: *Buchkunst des Mittelalters. Zimelien der Hessischen Landes- und Hochschulbibliothek Darmstadt*, Wiesbaden 1980
Zschokke, Fridtjof: *Die romanischen Glasgemälde des Straßburger Münsters*, Basel 1942

b. Ausstellungskataloge:

Abendländische Buchmalerei, Katalog der Ausstellung der Österreichischen Nationalbibliothek, Wien 1952
Ars sacra. Kunst des frühen Mittelalters, Ausstellungskatalog der Bayerischen Staatsbibliothek München, München 1950
Ars sacra, Kunst des hohen Mittelalters. Katalog der Ausstellung vom Österreichischen Katholikentag und der Akademie der Bildenden Künste, Wien 1952
L'art mosan et l'art ancien du pays de Liège, Ausstellungskatalog der Exposition internationale de l'A.S.B.L., bearb. von Jean Lejeune, Liège 1951

El arte románico. Exposición organizada por el Gobierno Español bajo los Auspicios del Consejo de Europa, Ausstellungskatalog der Europaratsausstellung, Barcelona/Santiago de Compostela 1961

Bilder von Menschen in der Kunst des Abendlandes, Jubiläumsausstellung der Preussischen Museen Berlin in der Nationalgalerie, 1830-1980, Berlin 1980

Byzance et la France médiévale. Manuscrits à peinture du XIIe au XVIe siècle, Ausstellungskatalog der Bibliothèque Nationale, bearb. von Jean Porcher, Marie Louise Concasty und Charles Astruc, Paris 1958

Byzanz und das Abendland, Katalog der Ausstellung der Handschriften- und Inkunabelnsammlung der Österreichischen Nationalbibliothek, bearb. von Otto Mazal, Wien/Graz 1981

Dix siècles d'enluminure et de sculpture en Languedoc. VIIe au XVIe siècle, Ausstellungskatalog, bearb. von Jean Porcher und Paul Mesplé, Toulouse 1954/1955

Erwerbungen aus drei Jahrzehnten. 1948-1978. Abendländische und orientalische Handschriften, Inkunabeln und seltene Drucke, Noten und Landkarten, bearb. von Karl Dachs und Erwin Arnold (Ausstellungskataloge der Bayerischen Staatsbibliothek München 16), Wiesbaden 1978

Das Evangeliar Heinrichs des Löwen und das mittelalterliche Herrscherbild, Katalog der Ausstellung, bearb. von Horst Fuhrmann und Florentine Mütherich, München 1986

Fac-simile. Mach's na, Berner Gemeinschaftsausstellung zu Buchkunst und Faksimiliertechnik, Bern 1985

Frühe Kunst in Schwaben, Ausstellungskatalog des International Council of Museums im Rathaus, Augsburg 1973

Glanz alter Buchkunst. Mittelalterliche Handschriften der Staatsbibliothek Preußischer Kulturbesitz Berlin, Ausstellungskatalog Braunschweig/Berlin/Köln 1989/1990, hg. von Tilo Brandis und Peter Jörg Becker (Staatsbibliothek Preussischer Kulturbesitz, Ausstellungskatalog 33), Wiesbaden 1988

Gotik in Österreich, Katalog der Ausstellung, dritte, verbesserte Auflage Krems 1967

Große Kunst aus tausend Jahren. Kirchenschätze aus dem Bistum Aachen, Katalog der Ausstellung im Krönungssaal des Rathauses (Aachener Kunstblätter 36), Düsseldorf 1968

Der Heilige Leopold. Landesfürst und Staatssymbol, Niederösterreichische Landesausstellung, Klosterneuburg (Kataloge des Niederösterreichischen Landesmuseums, N. F., 155), Wien 1985

Heinrich der Löwe und seine Zeit. Herrschaft und Repräsentation der Welfen, 1125-1235, Katalog der Ausstellung des Herzog Anton Ulrich Museums Braunschweig, 4 Bde., hg. von Jochen Luckhardt und Franz Niehoff, München 1995

Hildegard von Bingen, 1098-1179, Katalog der Ausstellung im Bischöflichen Dom- und Diözesanmuseum Mainz 1998, hrsg. von Hans-Jürgen Kotzur, bearb. von Winfried Wilhelmy und Ines Köring, Mainz 1998

Karl der Große. Werk und Wirkung, Katalog der zehnten Ausstellung unter den Auspizien des Europarates, Aachen 1965

Kostbare Handschriften und Drucke der Staatsbibliothek Preussischer Kulturbesitz Berlin, Ausstellung zur Eröffnung des Neubaus in Berlin, bearb. von Tilo Brandis u.a. (Ausstellungskataloge der Staatsbibliothek Preussischer Kulturbesitz 9), Wiesbaden 1978

Große Kunst aus tausend Jahren. Kirchenschätze aus dem Bistum Aachen, hg. von Peter Ludwig (Aachener Kunstblätter 36), Katalog der Ausstellung in Aachen im Rathaus, Düsseldorf 1968

Le livre illustré en Occident. Du haut moyen-âge à nos jours, Katalog der Ausstellung, Bibliothèque Royale Albert Ier, Bruxelles 1977

Les manuscrits à peinture en France du VIIe au XIIe siècle, Ausstellungskatalog der Bibliothèque Nationale Paris, bearb. von Jean Porscher, Paris 1954

Monumenta Annonis. Köln und Siegburg. Weltbild und Kunst im hohen Mittelalter, Ausstellungskatalog des Schnütgen-Museums, Köln 1975

Monumenta judaica. Zweitausend Jahre Geschichte und Kultur der Juden am Rhein, Katalog der Ausstellung im Stadtmuseum, Köln 1964

Ornamenta ecclesiae. Kunst und Künstler der Romanik, Katalog zur Ausstellung des Schnütgen-Museums in der Josef Haubrich-Kunsthalle, 3 Bde., hg. von Anton Legner, Köln 1985

Regensburger Buchmalerei von frühkarolingischer Zeit bis zum Ausgang des Mittelalters, Katalog der Ausstellung der Bayerischen Staatsbibliothek München und der Museen der Stadt Regensburg, bearb. von Florentine Mütherich und Karl Dachs (Ausstellungskataloge der Bayerischen Staatsbibliothek 39), München 1987

Das Reich der Salier, 1024-1125, Katalog zur Ausstellung des Landes Rheinland-Pfalz im Historischen Museum der Pfalz in Speyer, Sigmaringen 1992
Rhein und Maas. Kunst und Kultur, 800-1400, Katalog und Kommentarband der Ausstellung, Köln 1972/1973
Romanische Kunst an der Maas, bearb. von Suzanne Collon-Gevaert, Jean Lejeune und Jacques Stiennon, deutsche Ausgabe von *L'Art mosan*, Brüssel 1961, übersetzt von Gisela und Peter Bloch, Brüssel 1962
Romanische Kunst in Österreich, hg. von Hans Rupprich, Ausstellungskatalog, Krems an der Donau 1964
Sankt Elisabeth. Fürstin – Dienerin – Heilige. Aufsätze, Dokumente, Katalog der Ausstellung zum siebenhundertfünfzigsten Todestag der Heiligen Elisabeth in Marburg, Sigmaringen 1981
Schöne Handschriften aus dem Besitz der Preussischen Staatsbibliothek, Katalog der Ausstellung, bearb. von Albert Boeckler, Berlin 1931
Sevenhundred Years of Merton College, 1264-1964, Katalog der Ausstellung, Oxford 1964
Stadt im Wandel. Kunst und Kultur des Bürgertums in Norddeutschland 1150-1650, Katalog der Landesausstellung Niedersachsen, Braunschweig, 24. August - 24. November 1985, Braunschweigisches Landesmuseum (Vieweghaus), Herzog-Anton-Ulrich-Museum (Burg Dankwarderode) u. Dom am Burgplatz, 4 Bde., hg. von Cord Meckseper, Stuttgart/Bad Cannstatt 1985
Suevia sacra. Frühe Kunst in Schwaben, Ausstellung des International Council of Museums im Rathaus, Augsburg 1973
Tausend Jahre Babenberger in Österreich, Katalog der Ausstellung, Lilienfeld 1976
Aus tausendzweihundert Jahren. Das Bayerische Hauptstaatsarchiv zeigt seine Schätze, Ausstellungskatalog, München 1979
Trésor de l'art, Saint Remacle, Saint Lambert, Ausstellungskatalog des Musée de l'ancienne Abbaye de Stavelot, Stavelot 1965
Wittelsbach und Bayern 1,2 und 1,2. Die Zeit der frühen Herzöge. Von Otto I. zu Ludwig dem Bayern. Beiträge zur Bayerischen Geschichte und Kunst, 1180-1350, hg. von Hubert Glaser, München/Zürich 1980, Katalog der Ausstellung auf der Burg Trausnitz in Landshut, München 1980
The Year 1200. A Centennial Exhibition at the Metropolitan Museum of Art, hg. und bearb. von Konrad Hoffmann (The Cloisters Studies in Medieval Art 1), New York 1970
Die Zeit der Staufer, Geschichte – Kunst – Kultur, Ausstellungskatalog, 4 Bde., hrsg. von Reiner Haussherr, Stuttgart 1977
Zimelien, Abendländische Handschriften des Mittelalters aus den Sammlungen der Stiftung Preußischer Kulturbesitz Berlin, Ausstellungskatalog, bearb. von Tilo Brandis u.a., Wiesbaden 1975

c. Literaturnachträge

Arriès, Philippe: *Geschichte im Mittelalter*, aus dem Französischen übersetzt von Perdita Duttke (Anton Hain 4), Frankfurt a. M. 1990
Arwed, Arnulf: *Versus ad picturas, Studien zur Titulusdichtung als Quellengattung der Kunstgeschichte von der Antike bis zum Hochmittelalter* (Kunstwissenschaftliche Studien 72), München/Berlin 1997
Bridges, Margaret und J. Ch. Bürgel (Hg.): *The Problematics of power, Eastern and western representations of Alexander the Great* (Schweizer Asiatische Studien, Monographien 22), Bern/Berlin/Frankfurt a. M./New York/Paris/Wien 1996
Ebring, Monika: *In Principio ... Eine Untersuchung von Text-Bild-Bezügen in figurierten und historisierten I-Initialen zu GN. 1,1 und JOH. 1,1 in sakralen Handschriften bis zum Ausgang des Mittelalters*, Text und Bildband, Phil. Diss. Mainz 1998
Euw, Anton und Peter Schreiner (Hg.): *Kaiserin Theophanu, Begegnung des Ostens und Westens um die Wende des Jahrtausends*, 2 Bde., Gedenkschrift des Schnütgen-Museums zum 1000. Todestag der Kaiserin, Köln 1991
Green, Dennis H.: *Medieval listening and reading, The primary reception on german literature, 800-1300*, Cambridge 1994

Hagen, Doris: *Herrschaftsbildung zwischen König und Adel, Die Bischöfe von Freising in salischer und frühstaufischer Zeit,* Phil. Diss. Mainz 1992 (Europäische Hochschulschriften, Reihe 3, Geschichte und ihre Hilfswissenschaften 634), Frankfurt a. M./Berlin/Bern/New York/Paris/Wien 1993

Hahn, Gerhard und Hedda Ragotzky: *Grundlagen des Verstehens mittelalterlicher Literatur, literarische Texte und ihr historischer Erkenntniswert,* Stuttgart 1992

Hecker, Hans, (Hg.) *Der Herrscher, Leitbild und Abbild in Mittelalter und Renaissance* (Studia humaniora 13, hrsg. von Wilhelm Busse u.a.), Düsseldorf 1990

Hoffmann, Marhild: *Visuelle Präsentation von Herrschaft, Zur Bedeutung medialer Vermittlung in der politischen Sozialisation und Kommunikation,* Phil. Diss. Bonn 1981 (Studien zur Politdidaktik 19), Frankfurt a. M. 1982

Jakobi-Mirwald, Christine: *Text – Buchstabe – Bild, Studien zur historisierten Initiale im achten und neunten Jahrhundert,* Phil. Diss. Kassel 1997, Berlin 1998

Knefelkamp, Ulrich, (Hg.) *Weltbild und Realität, Einführung in die mittelalterliche Geschichtsschreibung,* Pfaffenweiler 1992

Kooper, Erik, (Hg.) *The medieval chronicle – Die mittelalterliche Chronik – La chronique médiévale,* Summaries, Conference, Utrecht 1996

Kooper, Erik: *The medieval chronicle – Die mittelalterliche Chronik – La chronique médiévale,* Abstracts, 2nd Conference, Utrecht 1999

Kramp, Mario (Hg.): *Krönungen, Könige in Aachen – Geschichte und Mythos,* 2 Bde., Katalog der Ausstellung Mainz 2000

Krimm, Konrad und John Herwig (Hg.): *Bild und Geschichte, Studien zur politischen Ikonographie, Festschrift für Hansmartin Schwarzmaier zum fünfundsechzigsten Geburtstag* (Veröffentlichungen der Komission für Geschichtliche Landeskunde Baden-Württemberg), Sigmaringen 1997

Löffler, Karl und Wolfgang Milde: *Einführung in die Handschriftenkunde*, neubearb. Auflage, Stuttgart 1997

Lückerath, Carl August: „Chronica regia Coloniensis und Chronica Pantaleonis als Zeugnisse der mittelalterlichen Kölner Historiographie“, in: *Spätmittelalterliche städtische Geschichtsschreibung in Köln und im Reich,* hrsg. von Georg Mölich (Veröffentlichungen des Kölnischen Geschichtsvereins e.V., 43), Köln 2001, S. 57-67

Polleroß, Friedrich B.: *Das sakrale Identifikationsportraet, ein höfischer Bildtypus vom dreizehnten bis zum zwanzigsten Jahrhundert,* Phil. Diss. Wien 1986 (Manuskripte zur Kunstwissenschaft in der Wernerschen Verlagsgesellschaft 18,1 und 2), Worms 1988

Raynaud, Christiane: *Images et pouvoirs,* Paris 1993

Sauerländer, Willibald: *Initialen, Ein Versuch über das verwirrte Verhältnis von Schrift und Bild im Mittelalter* (Wolfenbütteler Hefte 16), Wolfenbüttel 1994

Scheidgen, Andreas: *Richter des Allmächtigen, Das Bild des Pontius Pilatus in erzählender und lehrhafter Literatur des Mittelalters,* Phil. Diss. Mainz 2000

Stein, Heidrun: *Die romanischen Wandmalereien in der Klosterkirche Prüfeningen,* Phil. Diss. Regensburg 1984 (Studien und Quellen zur Kunstgeschichte Regensburgs 1), Regensburg 1987

Stückelberger, Alfred: *Bild und Wort, Das illustrierte Fachbuch in der antiken Naturwissenschaft, Medizin und Technik* (Kulturgeschichte der antiken Welt 62), Mainz 1994

Svensson, Lars G.: *Die Bibliotheca Bipontina, Beiträge zu ihrer Geschichte, mit einem Katalog der Handschriften,* Ms. Phil. Diss. Mainz 1999

Adler, Jenny und Ernst, Ulrich (Hg.): *Text als Figur, Virtuelle Poesie von der Antike bis zur Moderne, Ausstellung im Zeughaus der Herzog August Bibliothek Wolfenbüttel,* (Ausstellungskataloge der Herzog August Bibliothek 56), Wolfenbüttel 1987

Voss, Ingrid: *Herrschertreffen im frühen und im hohen Mittelalter, Untersuchungen zu den Begegnungen der ostfränkischen und westfränkischen Herrscher im neunten und zehnten Jahrhundert sowie der deutschen und französischen Könige vom elften bis dreizehnten Jahrhundert,* Phil. Diss. Gießen 1986 (Beihefte zum Archiv für Kulturgeschichte 26, hrsg. von Egon Boshof u. a.), Köln/Wien 1987

Wentzel, Horst: *Hören und Sehen, Schrift und Bild, Kultur und Gedächtnis im Mittelalter,* München 1995

VI

ABBBILDUNGEN

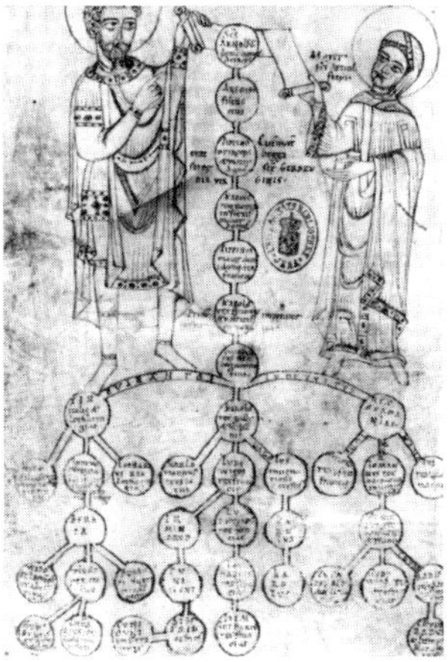
1

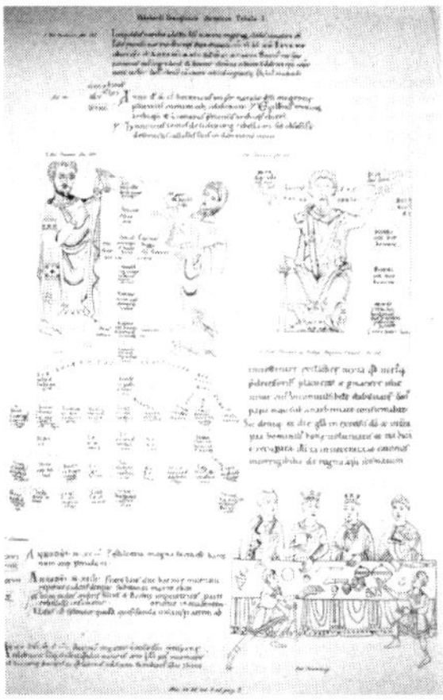
2

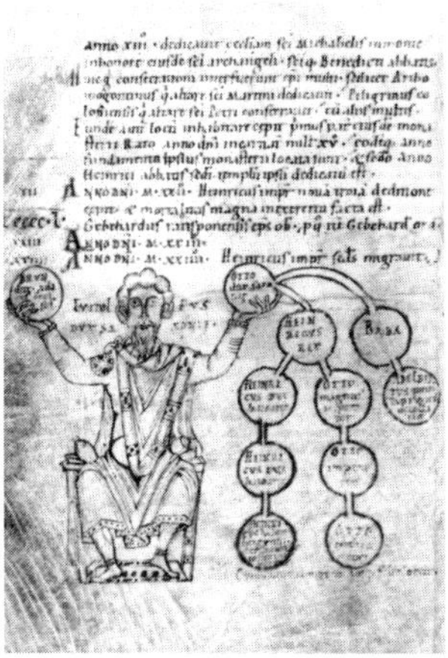
3

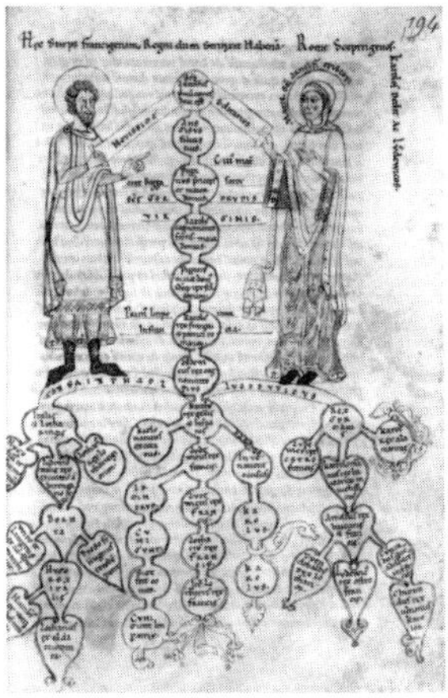
4

1 Frutolf von Michelsberg / Ekkehard von Aura, Chronicon universale, Jena, Universitätsbibliothek, Cod. Bose q. 19, fol. 152v Stammtafel der Karolinger

2 Frutolf von Michelsberg / Ekkehard von Aura, Chronicon universale, diverse Handschriftenfaksimiles und Darstellungen

3 Frutolf von Michelsberg / Ekkehard von Aura, Chronicon universale, Jena, Universitätsbibliothek, Cod. Bose q. 19, fol. 171v Stammtafel der Ottonen

4 Ekkehard von Aura, Chronicon universale, Paris, Bibliothèque Nationale, Ms. lat. 4889, fol. 194r Stammtafel der Karolinger

5

6

7

8

5 Ekkehard von Aura, Chronicon universale, Berlin, Staatsbibliothek, Ms. lat. fol. 295, fol. 80ᵛ Stammtafel der Karolinger
6 ebd., fol. 81ʳ Stammtafel der Ottonen
7 ebd., fol. 81ᵛ Stammtafel der Salier
8 ebd., fol. 99ʳ Heinrich IV. übergibt die Reichsinsignien an Heinrich V.

9

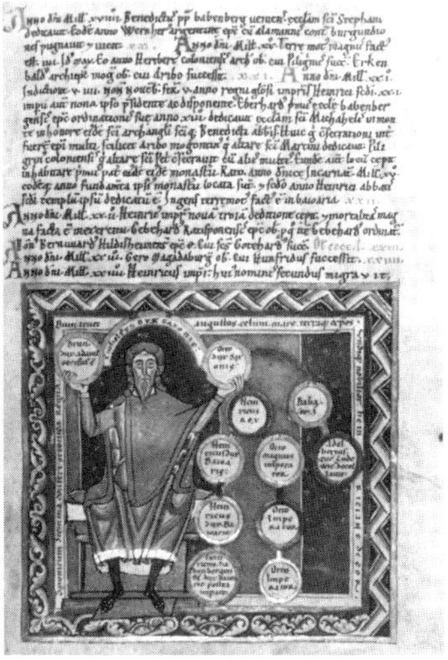

10

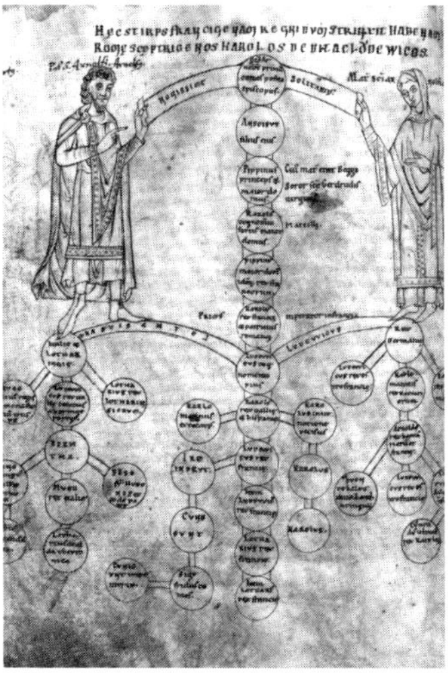

11

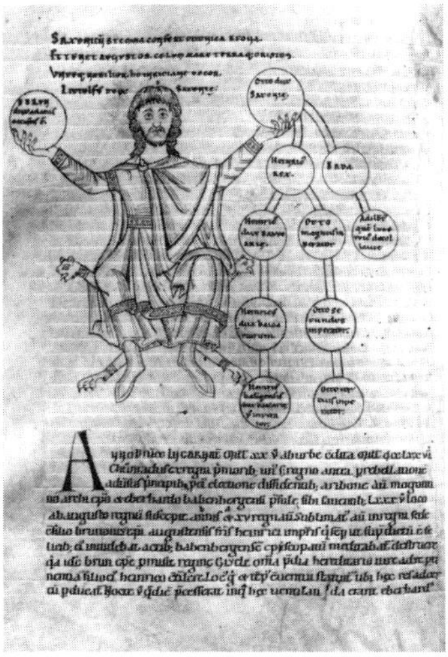

12

9 Ekkehard von Aura, Chronicon universale, Gotha, Forschungsbibliothek, Memb. I 92, fol. 138[v] Stammtafel der Karolinger

10 ebd., fol. 153[r] Stammbaum der Ottonen

11 Ekkehard von Aura, Chronicon universale, Stuttgart, Württembergische Landesbibliothek, Cod. hist. fol. 411, fol. 143[v] Stammtafel der Karolinger

12 ebd., fol. 162[v] Stammtafel der Ottonen

13

13 Ekkehard von Aura, Chronicon universale, Stuttgart, Württembergische Landesbibliothek, Cod. hist. fol. 411, fol. 5v Moses

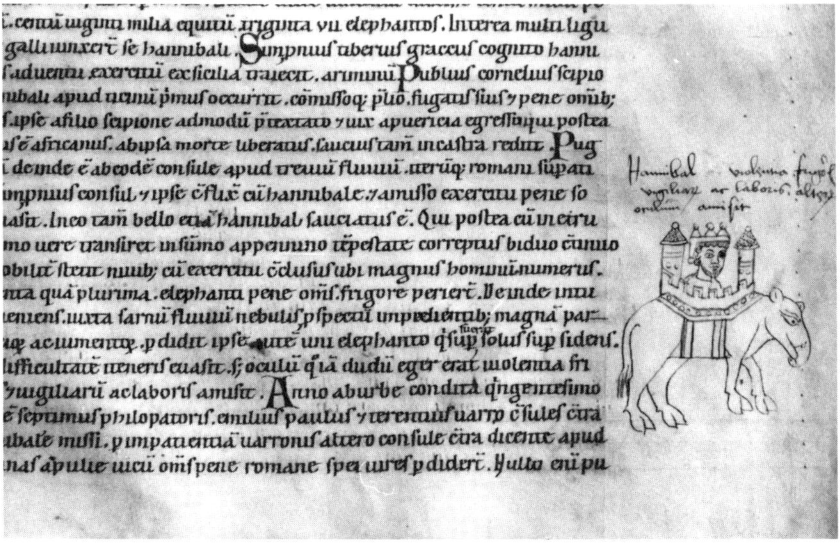

14

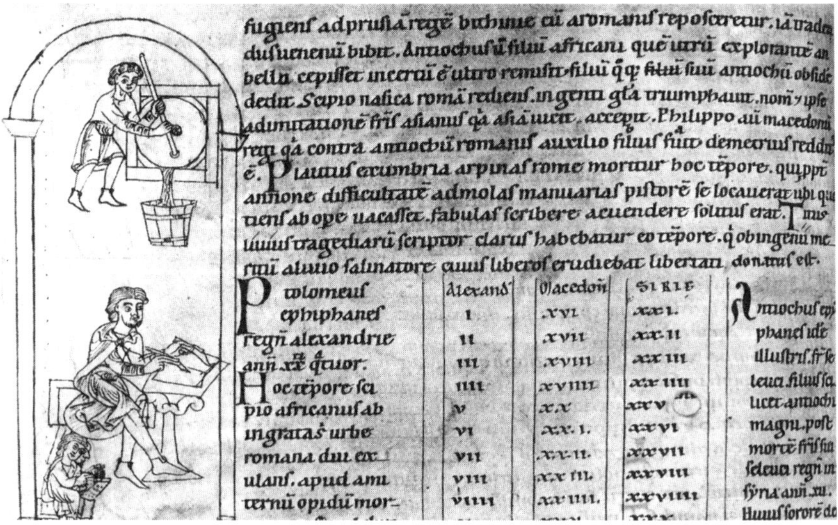

15

14 Ekkehard von Aura, Chronicon universale, Stuttgart, Württembergische Landesbibliothek, Cod. hist. fol. 411, fol. 25[r] Hannibal auf einem Reitelefanten

15 ebd., fol. 28[v] Plautus dreht den Mühlstein, unten: Plautus schreibend

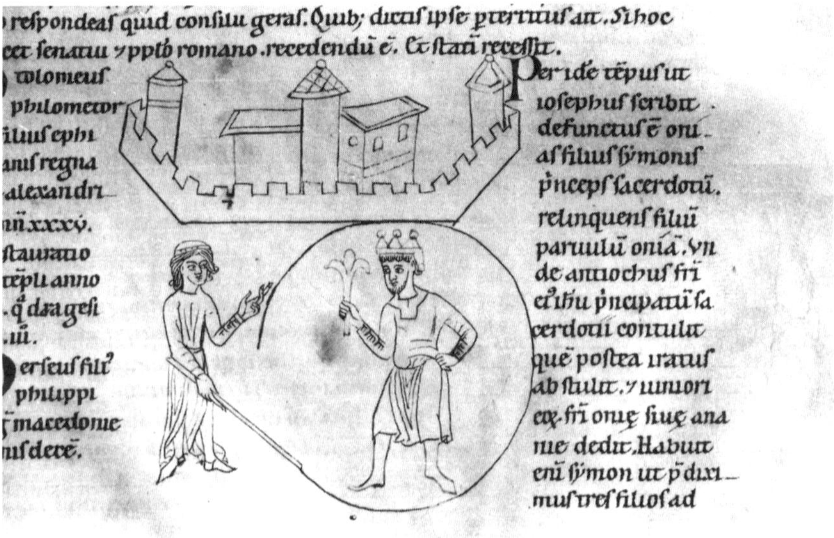

16

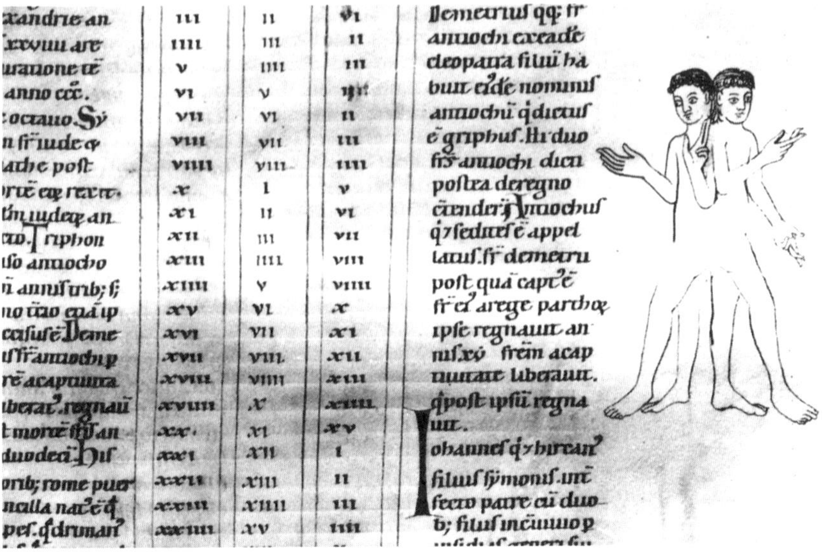

17

16 ebd., fol. 29r Marcus Popillius Laenas und der ägyptische König Antiochus vor den Stadtmauern Alexandriens

17 ebd., fol. 32r Puer quadrupes

18

19

20

21

18 Anonyme Kaiserchronik, Cambridge, Corpus Christi College, Ms. fol. 373, fol. 14r Pippin
19 ebd., fol. 24r Karl der Große
20 ebd., fol. 28r Ludwig der Fromme
21 ebd., fol. 31r Ludwig der Deutsche

22

23

24

25

22 ebd., fol. 33ᵛ Karl der Kahle
23 ebd., fol. 34ᵛ Arnulf
24 ebd., fol. 36ᵛ Ludwig das Kind
25 ebd., fol. 39ʳ Konrad I.

26

27

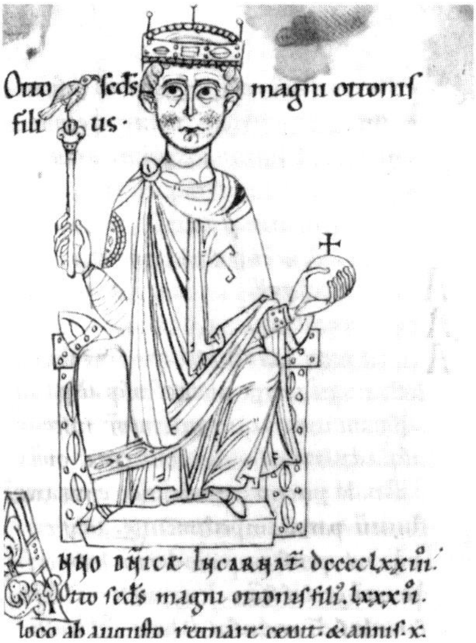

28

29

26 Anonyme Kaiserchronik, Cambridge, Corpus Christi College, Ms. 373, fol. 40r Heinrich I.
27 ebd., fol. 42v Otto I.
28 ebd., fol. 47r Otto II.
29 ebd., fol.48v Otto III.

30

31

32

33

30 ebd., fol. 51^r Heinrich II.
31 ebd., fol. 53^r Konrad II.
32 ebd., fol. 55^v Heinrich III.
33 ebd., fol. 60^r Heinrich IV.

34

34 Anonyme Kaiserchronik, Cambridge, Corpus Christi College, Ms. 373, fol. 83r Papst Pascalis II. überreicht Heinrich V. die Reichsinsignien

35

35 Anonyme Kaiserchronik, Cambridge, Corpus Christi College, Ms. 373, fol. 95v Hochzeitsfeier Heinrich V. mit Mathilde von England

aus: Breuer 1966

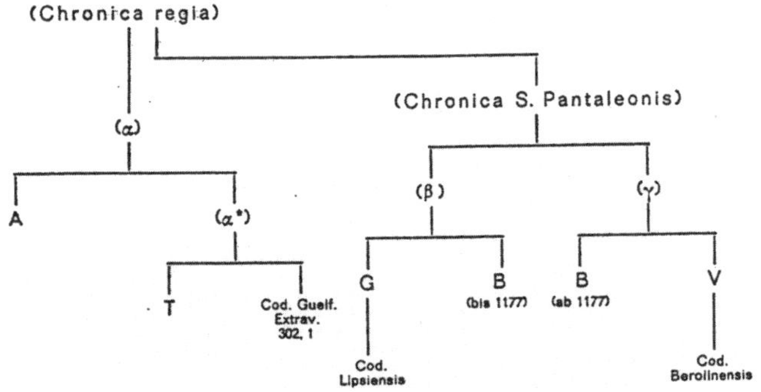

G: Cod. Guelf.Aug. 74,3, Wolffenbüttel, Herzog August-Bibl.
B: Cod. Bruxellensis 467, Brüssel, Bibl. Royale
- die beiden illustrierten Ausgaben -

36 Stemma der Handschriften der Chronica regia Coloniensis und der Chronica Sancti Pantaleonis

37

38

39

37 Chronica Sancti Pantaleonis, Wolfenbüttel, Herzog August Bibliothek, Cod. Guelf. 74,3 Aug. fol., fol. 1^{v} Nemroth, Ninos und Semiramis / Darius, Cyrus und Alexander der Große

38 ebd., fol 3^{r} Romulus, Augustus und Julius Caesar

39 Chronica Sancti Pantaleonis, Wolfenbüttel, Herzog August Bibliothek, Cod. Guelf. 74,3 Aug. fol., fol. 3^{v} Disputation zwischen Adam und Seth

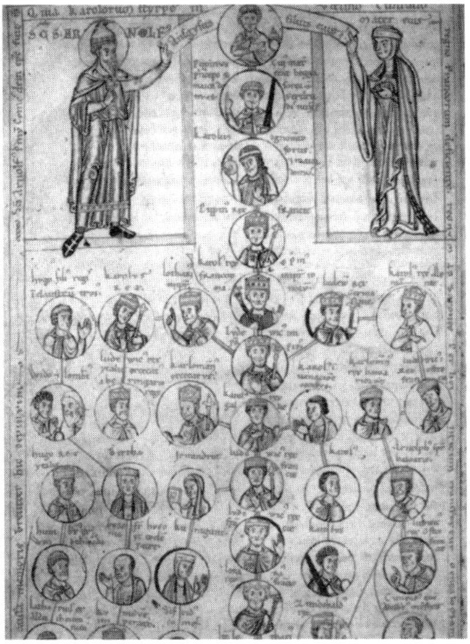

40

41

40 ebd., fol. 90^{v} Stammtafel der Karolinger

41 ebd., fol. 114^{v} Stammtafel der Ottonen, Salier und Staufer

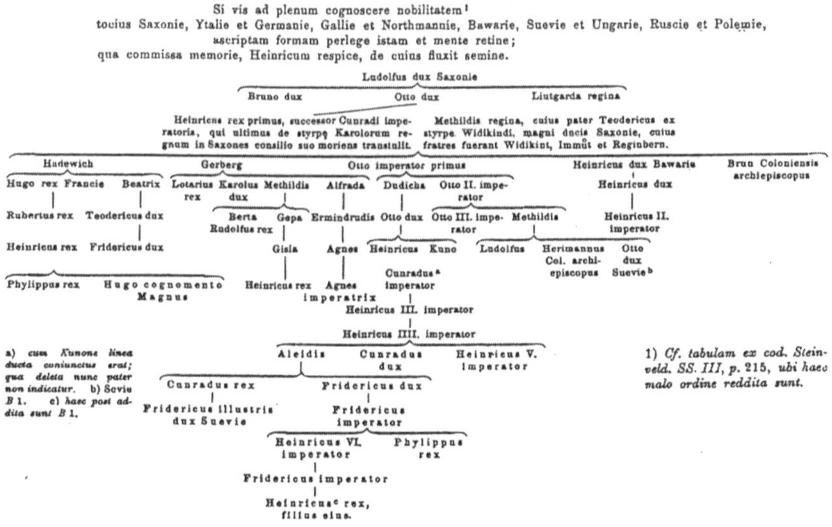

aus: Chronica regia coloniensis, 1978, S.25 42

42 Stammtafel der Ottonen, Salier und Staufer Textschema

43

43 Chronica regia Coloniensis, Brüssel, Bibliothèque Royale, Ms. 467, fol. 2r Romulus, Augustus und Julius Caesar

44

44 Lambert von Saint Omer, Liber Floridus, Gent, Universitätsbibliothek, Ms. 92, fol. 138v
Kaiser Augustus als Weltenherrscher

45

45 Chronica regia Coloniensis, Brüssel, Bibliothèque Royale, Ms. 467, fol. 2^{v} Disputation zwischen Adam und Seth

46

46 Chronica regia Coloniensis, Brüssel, Bibliothèque Royale, Ms. 467, fol. 18v Stammtafel der Karolinger

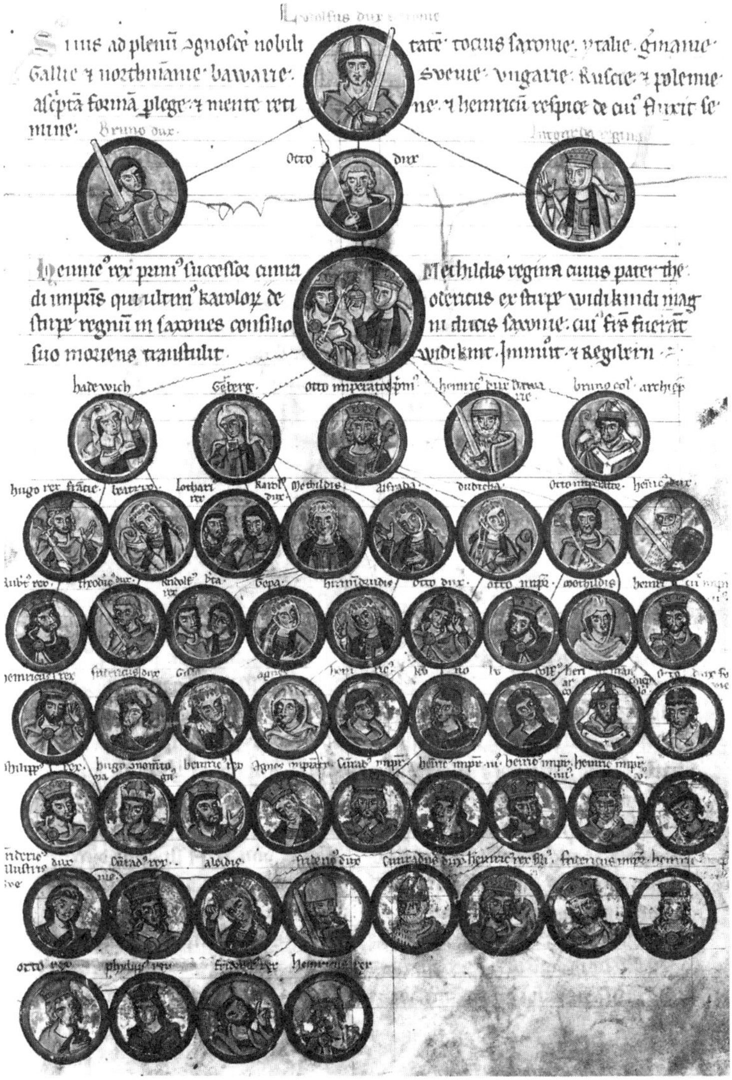

48

48 Chronica regia Coloniensis, Brüssel, Bibliothèque Royale, Ms. 467, fol. 44r Stammtafel der Ottonen, Salier und Staufer

47

49

50

51

47 ebd., fol. 24^{r} Karl der Große

49 ebd., fol. 63^{r} Lothar von Supplinburg

50 ebd., fol. 64^{v} Konrad III.

51 ebd., fol. 65^{r} Hildegard von Bingen

52

53

54

55

52 Chronica regia Coloniensis, Brüssel, Bibliothèque Royale, Ms. 467, fol. 104[v] Friedrich Barbarossa

53 ebd., fol. 119[v] Heinrich VI.

54 ebd., fol. 126[v] Otto IV.

55 ebd., fol. 138[r] Philipp von Schwaben

56

56 ebd., fol. 145r Friedrich II.

57

58

59

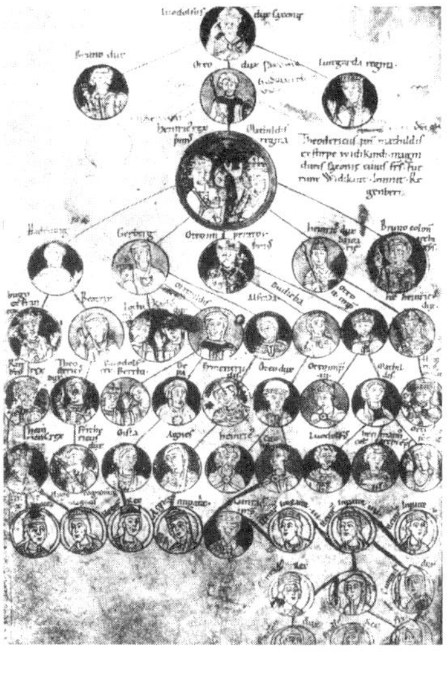

60

57 Miscellancodex aus Sankt Pantaleon, ehem. Düsseldorf, Staatsarchiv, Hs. G. V. No.2 (A18), fol. 93r Der Heilige Bruno und seine Mutter Königin Mathilde

58 ebd., fol. 133v Der Heilige Bruno, Erzbischof von Köln und Gründer des Benediktinerklosters Sankt Pantaleon

59 ebd., fol. 148v Stammtafel der Ottonen, Salier und Staufer

60 ebd,. fol. 150v Stammtafel der Ottonen, Salier und Staufer

61

62

63

64

61 Deutzer Chronik, ehem. Sigmaringen, Fürstlich Hohenzollern'sche Bibliothek, Hs. Nr. 7, fol. 1ᵛ Erzbischof Heribert von Köln als Patron des Deutzer Benediktiner-Konvents

62 ebd., fol. 2ʳ Thronende Madonna mit Kind und dem Stifter Theoderich

63 ebd., fol. 2ᵛ Gnadenstuhl

64 ebd., fol. 3ʳ Jüngstes Gericht

65 Otto von Freising, Chronica sive Historia de duabus civitatibus, Admont, Stiftsbibliothek, Ms. 164, fol. 51v Kaiser Konstantin

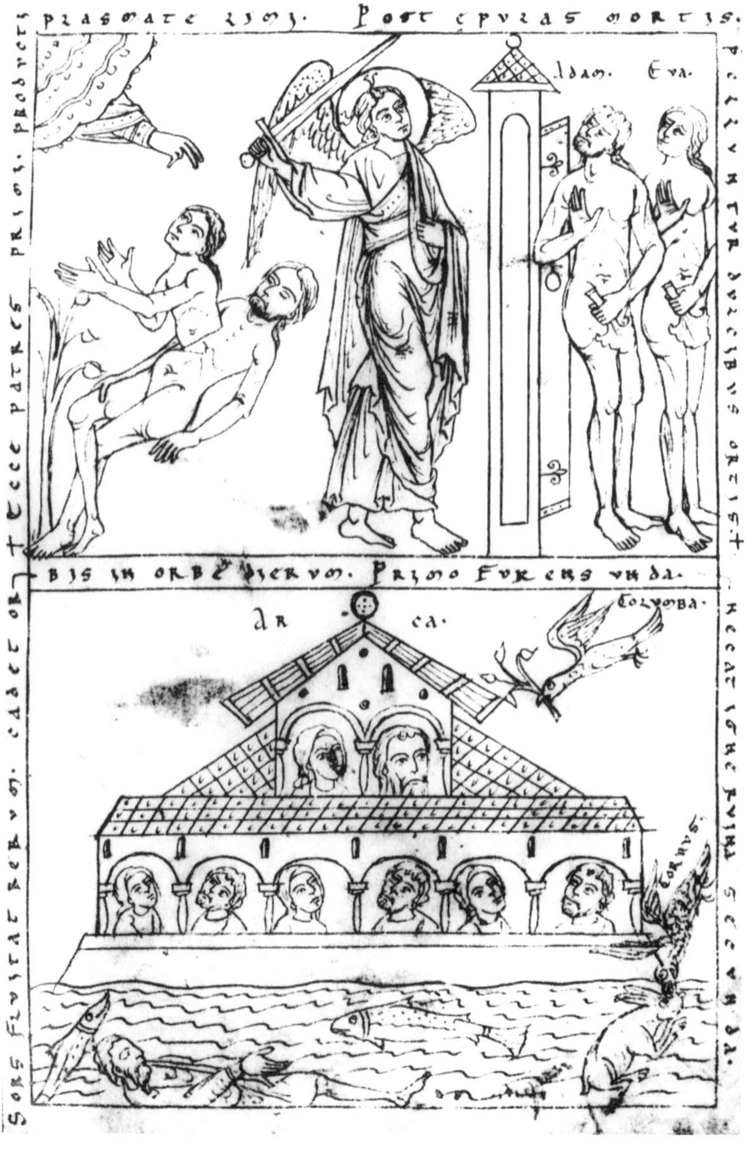

66

66 Otto von Freising, Chronica sive Historia de duabus civitatibus, Jena, Universitätsbibliothek, Cod. Bose q. 6, fol. 10r Erschaffung der Eva – Vertreibung aus dem Paradies – Arche Noah in der Sintflut

67

67 Otto von Freising, Chronica sive Historia de duabus civitatibus, Jena, Universitätsbibliothek, Cod. Bose q. 6, fol. 10v König Ninus – Geburt Abrahams – Tod des Ninus – Semiramis läßt Babylon erbauen

68

68 Otto von Freising, Chronica sive Historia de duabus civitatibus, Jena, Universitätsbibliothek, Cod. Bose q. 6, fol. 11r Die Griechen erobern Troia – Sardanapal auf dem Thron – Sardanapal Garn wickelnd – Arbaces stürzt Sardanapal vom Thron – Feuertod Sardanapals

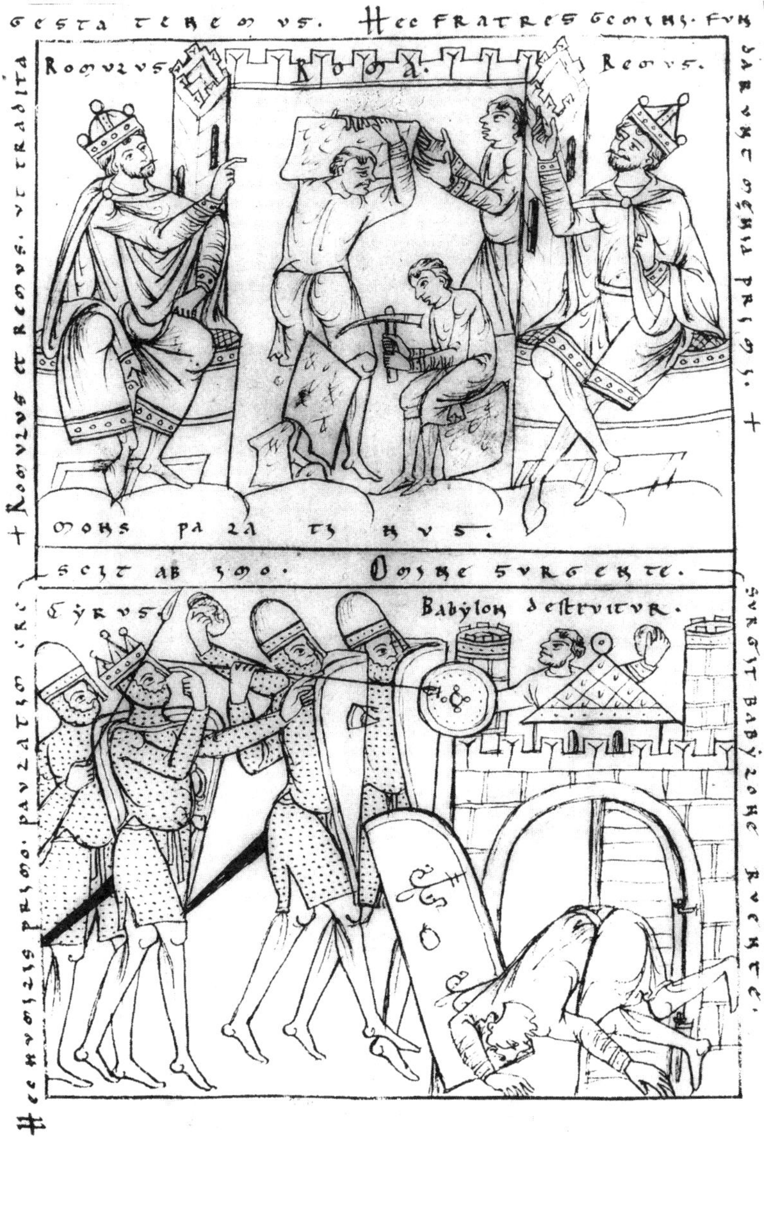

69

69 Otto von Freising, Chronica sive Historia de duabus civitatibus, Jena, Universitätsbibliothek, Cod. Bose q. 6, fol. 20r Romulus und Remus erbauen Rom – Cyrus zerstört Babylon

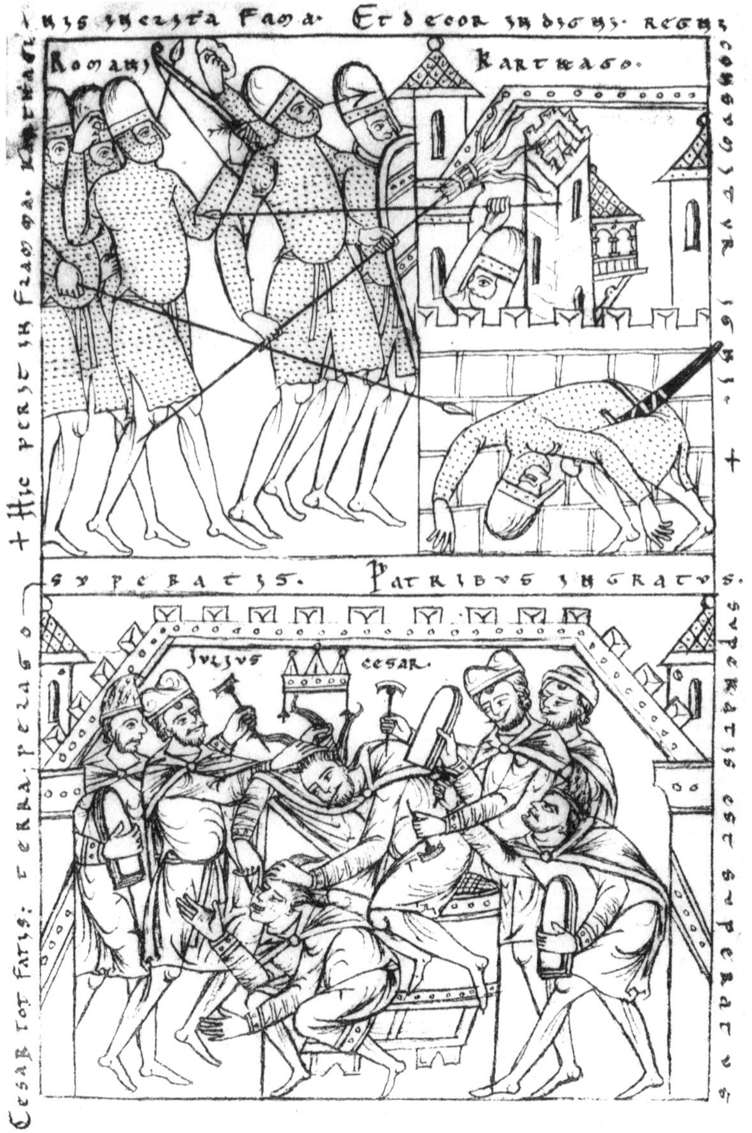

70

70 Otto von Freising, Chronica sive Historia de duabus civitatibus, Jena, Universitätsbibliothek, Cod. Bose q. 6, fol. 20v Die Römer erobern Karthago – die Ermordung des Julius Caesar

71 Otto von Freising, Chronica sive Historia de duabus civitatibus, Jena, Universitätsbibliothek, Cod. Bose q. 6, fol. 38^{v} Kaiser Augustus

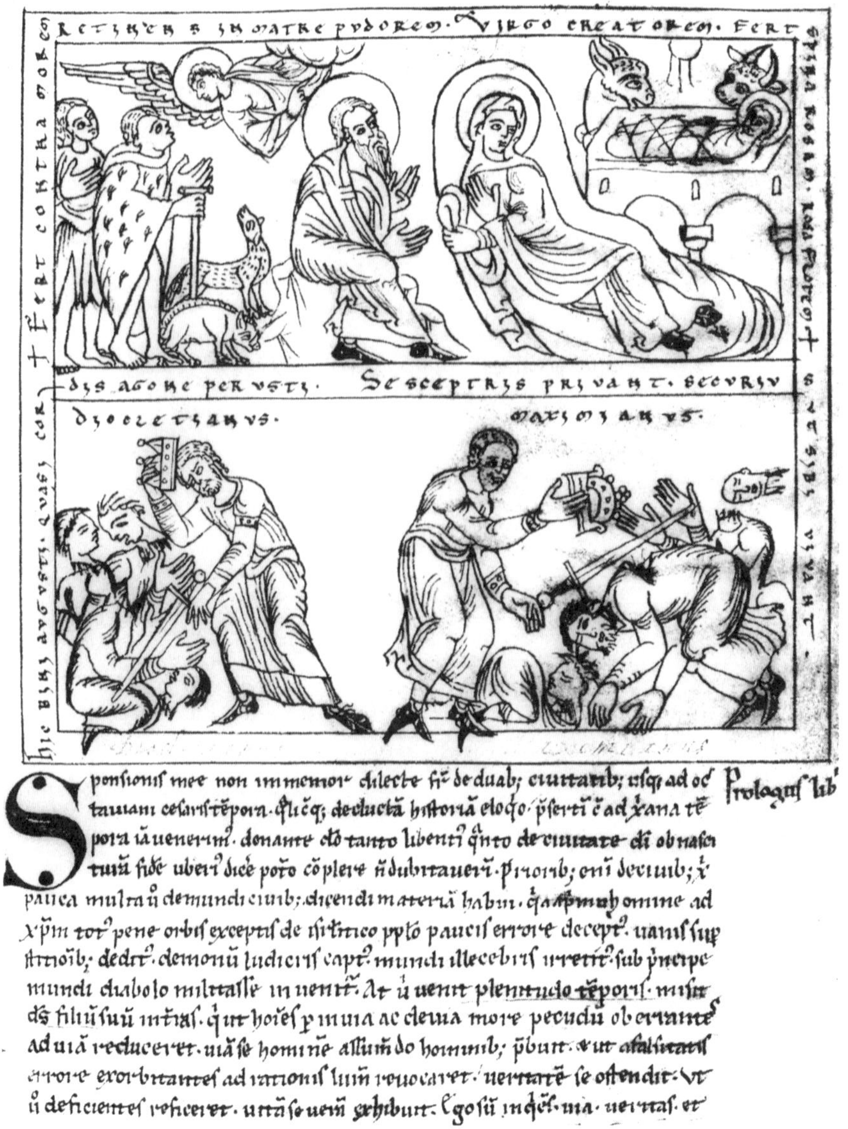

72

72 Otto von Freising, Chronica sive Historia de duabus civitatibus, Jena, Universitätsbibliothek, Cod. Bose q. 6, fol. 39r Verkündigung an die Hirten – Geburt Christi – Kaiser Diokletian und Maximian legen die Herrscherwürde ab und lassen von der Christenverfolgung ab

73

74

73 Otto von Freising, Chronica sive Historia de duabus civitatibus, Jena, Universitätsbibliothek, Cod. Bose q. 6, fol. 53[v] Odoaker erobert Rom

74 ebd., fol. 54[r] Pharamund zieht mit den Franken in Gallien ein

75

76

77

75 Otto von Freising, Chronica sive Historia de duabus civitatibus, Jena, Universitätsbibliothek, Cod. Bose q. 6, fol. 67v Karl der Große

76 ebd., fol. 68r Ludwig der Fromme – Lothar kämpft gegen Karl den Kahlen und Ludwig den Deutschen

77 ebd., fol. 78v Otto der Große verbannt Berengar

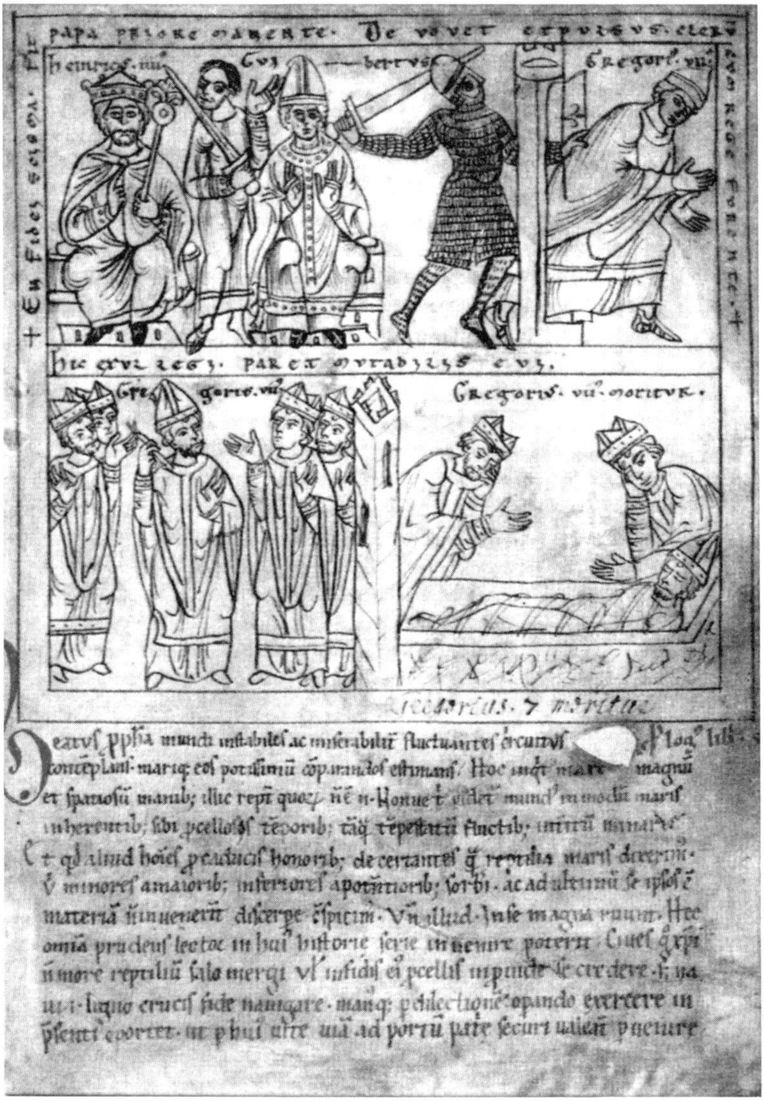

78

78 Otto von Freising, Chronica sive Historia de duabus civitatibus, Jena, Universitätsbibliothek, Cod. Bose q. 6, fol. 79r Heinrich IV. und Papst Wibert – Vertreibung des Papstes Gregor VII. aus Rom – Gregor VII. spricht den Kirchenbann gegen Heinrich IV. aus – Tod Gregor VII., Gesamtaufnahme

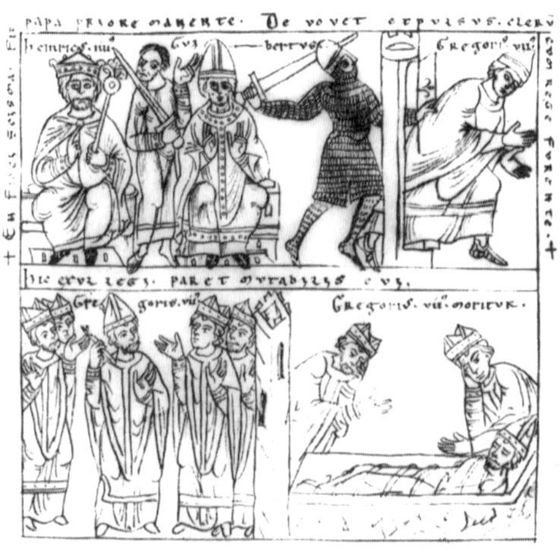

79

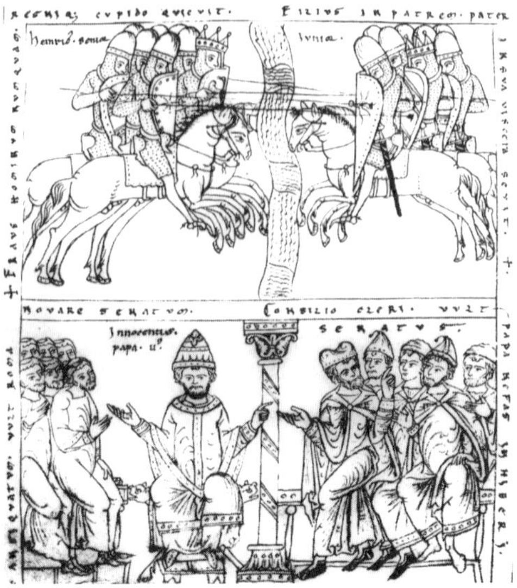

80

79 Otto von Freising, Chronica sive Historia de duabus civitatibus, Jena, Universitätsbibliothek, Cod. Bose q. 6, fol. 79r Heinrich IV. und Papst Wibert – Vertreibung des Papstes Gregor VII. aus Rom – Gregor VII. spricht den Kirchenbann gegen Heinrich IV. aus – Tod Gregor VII. Detail aus Abb. 78

80 Otto von Freising, Chronica sive Historia de duabus civitatibus, Jena, Universitätsbibliothek, Cod. Bose q. 6, fol. 91v Schlacht am Regen zwischen Kaiser Heinrich IV. und seinem Sohn Heinrich V. – Papst Innozens lehnt die Erneuerung des römischen Senats ab

81

82

81 Otto von Freising, Chronica sive Historia de duabus civitatibus, Mailand, Bibliotheca Ambrosiana, Cod. Mediol. Ambros. F.129 Sup., fol. 10[r] Erschaffung der Eva – Vertreibung aus dem Paradies – Arche Noah in der Sintflut

82 ebd., fol. 10[v] König Ninus – Geburt Abrahams – Tod des Ninus – Semiramis läßt Babylon erbauen

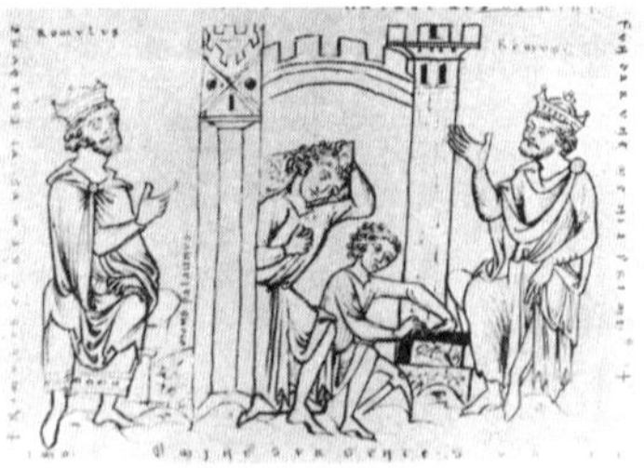

83a

83b

84a

84b

83 Otto von Freising, Chronica sive Historia de duabus civitatibus, Mailand, Biblioteca Ambrosiana, Cod. Mediol. Ambros. F.129 Sup., fol. 21[r] Romulus und Remus erbauen Rom – Cyrus zerstört Babylon

84 ebd., fol. 21[v] Die Römer erobern Karthago – die Ermordung des Julius Caesar

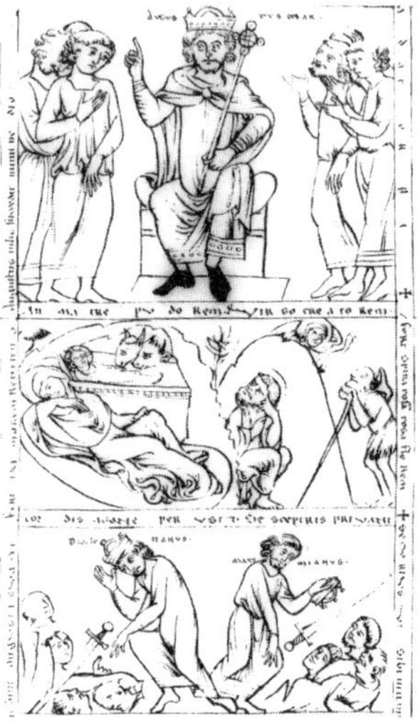

85

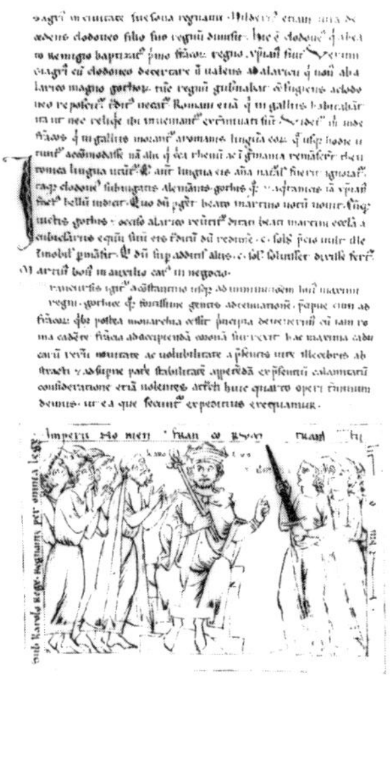

86

85 Otto von Freising, Chronica sive Historia de duabus civitatibus, Mailand, Biblioteca Ambrosiana, Cod. Mediol. Ambros. F.129 Sup., fol. 44[r] Kaiser Augustus – Geburt Christi – Verkündigung an die Hirten – Kaiser Diokletian und Maximinian legen die Herrscherwürde ab und lassen von der Christenverfolgung ab

86 ebd., fol. 77[r] Karl der Große

87

88

87 Otto von Freising, Chronica sive Historia de duabus civitatibus Mailand, Biblioteca Ambrosiana, Cod. Mediol. Ambros. F. 129 Sup., fol. 88^{v} Heinrich IV. und Papst Wibert – Vertreibung des Papstes Gregor VII. aus Rom – Gregor spricht den Kirchenbann gegen Heinrich IV. aus – Tod Gregor VII.

88 ebd., fol. 105^{v} Schlacht am Regen zwischen Kaiser Heinrich IV. und seinem Sohn Heinrich V. – Papst Innozens lehnt die Erneuerung des römischen Senats ab

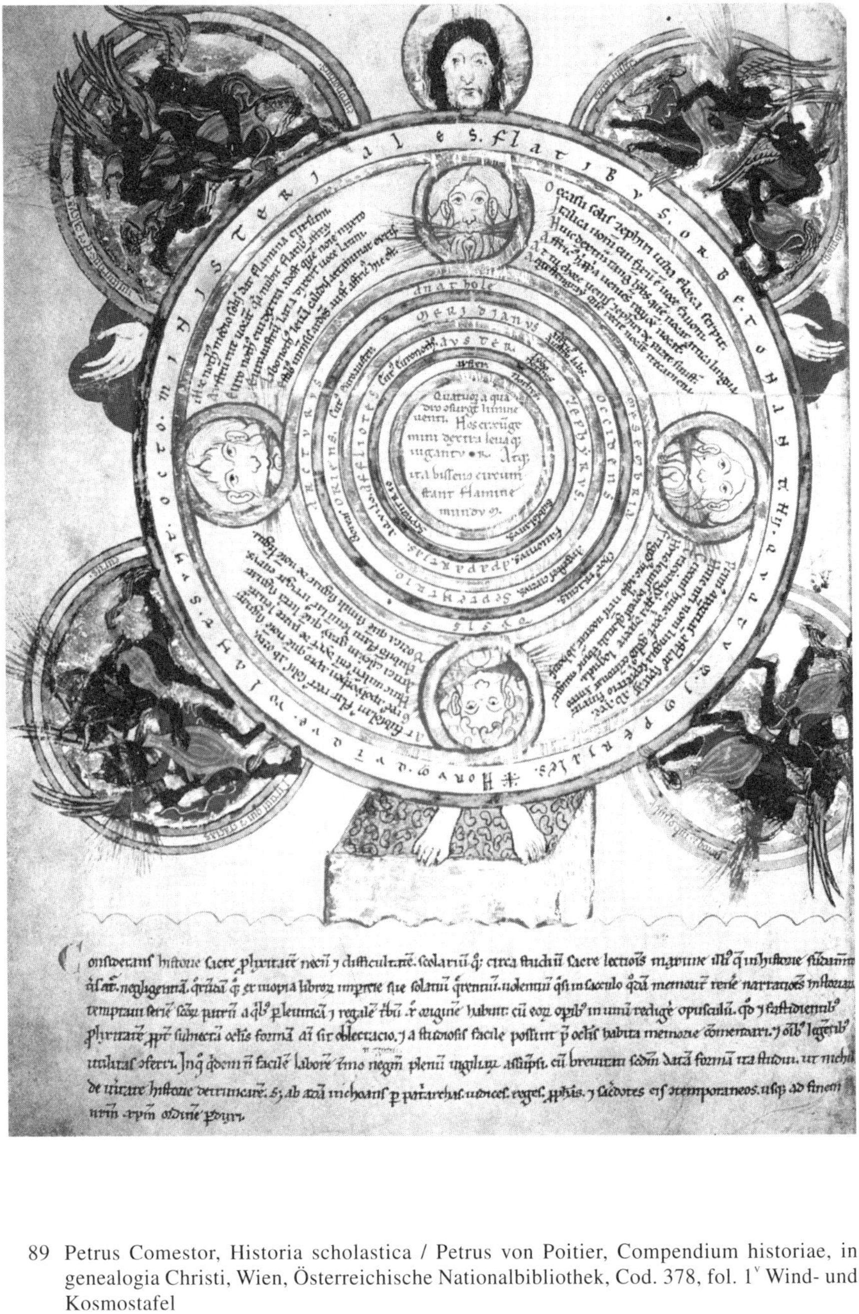

89

89 Petrus Comestor, Historia scholastica / Petrus von Poitier, Compendium historiae, in genealogia Christi, Wien, Österreichische Nationalbibliothek, Cod. 378, fol. 1^{v} Wind- und Kosmostafel

90

90 Petrus Comestor, Historia scholastica / Petrus von Poitier, Compendium historiae, in genealogia Christi, Linz, Studienbibliothek, Cod. 490, fol. 3^{v} Wind- und Kosmostafel

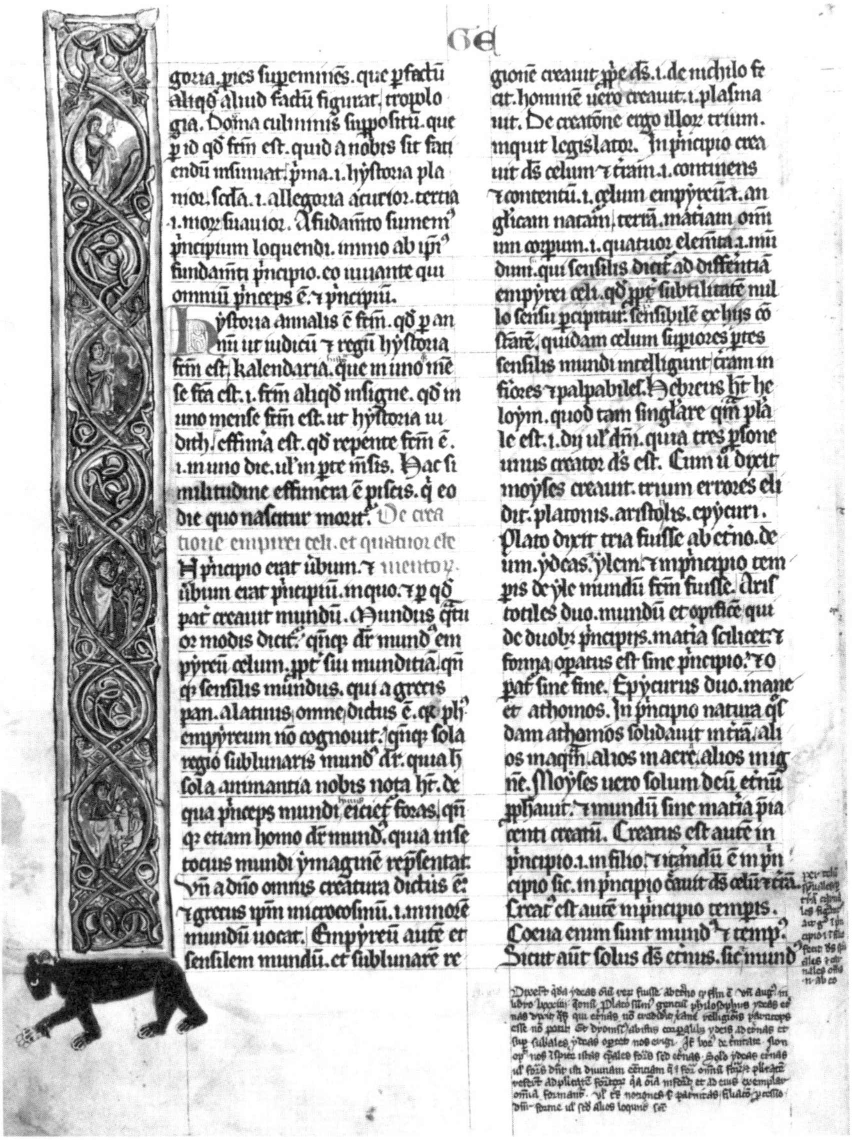

91 Petrus Comestor, Historia scholastica / Petrus von Poitier, Compendium historiae, in genealogia Christi, Berlin, Preußische Staatsbibliothek, Ms. lat. fol. 24, fol. 9^{v} Genesis-initiale

92

93

92 Plinius, Historia naturalis, Wien, Österreichische Nationalbibliothek, Cod. vind. 9, fol. 1^{r}
Dedikationsbild: Plinius überreicht Kaiser Vespasian die Historia naturalis

93 ebd., fol. 223^{v} I-Initiale: Geißelung Christi

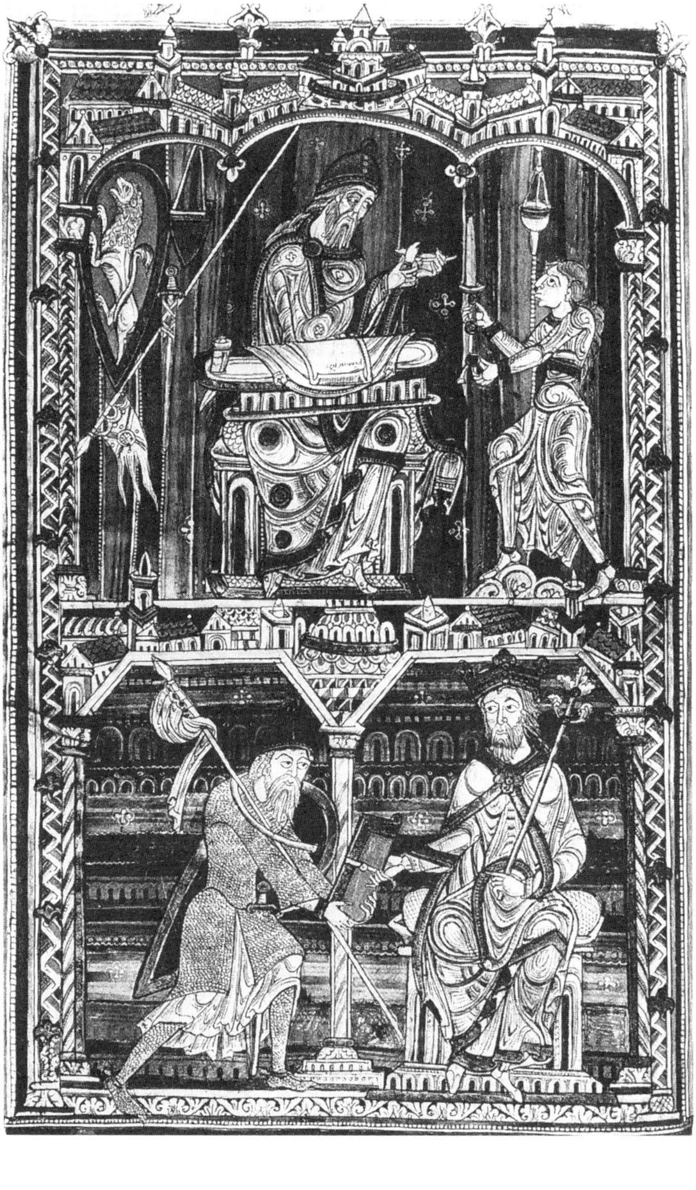

94

94 Plinius, Historia naturalis, Le Mans, Bibliothèque Municipal, Ms. 263, fol. 10v Autorenbild – Dedikationsbild: Plinius überreicht Kaiser Vespasian die Historia naturalis

95

95 Plinius, Historia naturalis, Florenz, Biblioteca Laurentiana, Ms. pult. 82.1, fol. 3^{r}
Dediaktionsbild: Plinius überreicht Kaiser Vespasian die Historia naturalis

96

96 Paulus Orosius, Historiae adversum paganos, München, Bayerische Staatsbibliothek, Clm. 10 209, fol. 2v Autorenbild des Paulus Orosius

97

98

97 Paulus Orosius, Historiae adversum paganos, Rom, Biblioteca Apostolica Vaticana, Cod. Vat. lat. 3340, fol. 1[v] Schlacht bei den Termopylen

98 ebd., fol. 2[r] Mahl des Leonidas – Pestzug in Rom

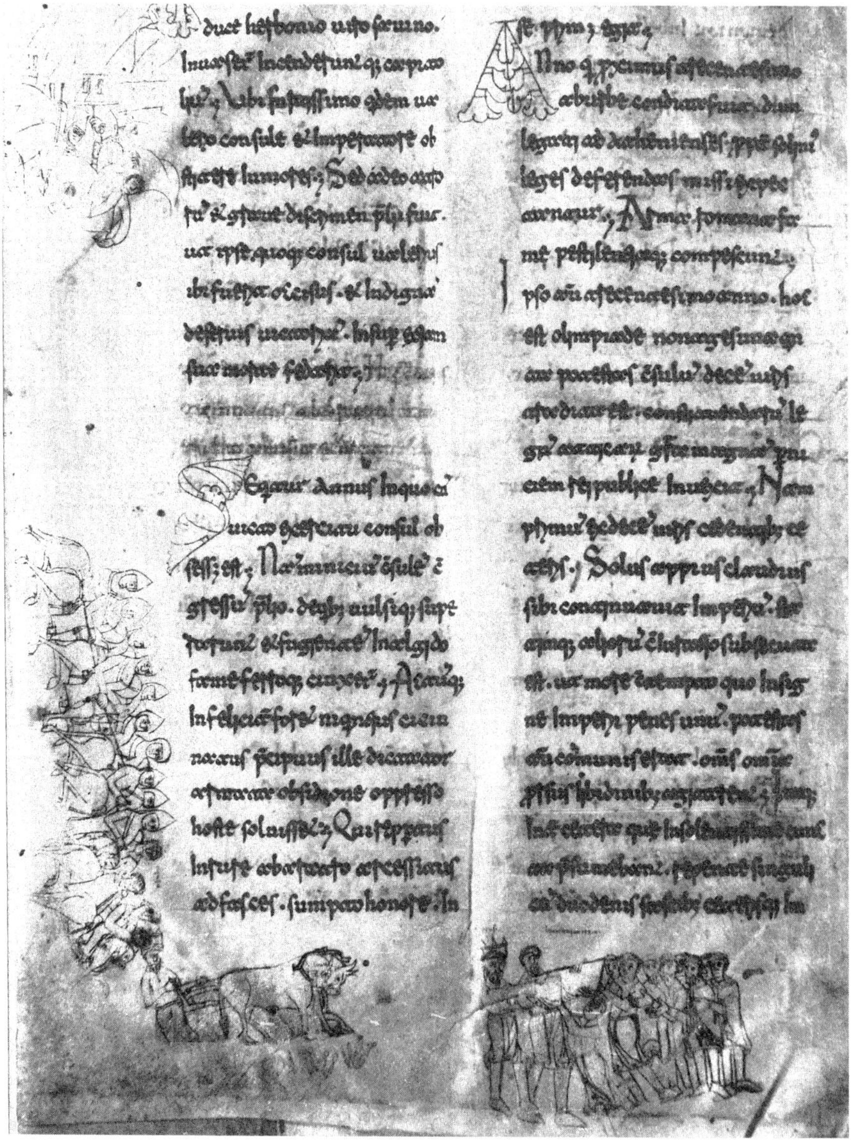

99

99 Paulus Orosius, Historiae adversum paganos, Rom, Biblioteca Apostolica Vaticana, Cod. Vat. lat. 3340, fol. 2v Belagerung Roms – Ernennung des Quintius Cincinnatus zum Dikator – Einführung der Attischen Gesetze

100

101

100 Paulus Orosius, Historiae adversum paganos, Rom, Biblioteca Apostolica Vaticana, Cod. Vat. lat. 3340, fol. 3[r] Verginius erschlägt seine Tochter – Schlacht zwischen Fidenaten und Römern

101 ebd., fol. 4[v] Kampf der Athener gegen die Syrakusaner

102

103

104

105

107

102 Paulus Orosius, Historiae adversum paganos, Rom, Biblioteca Apostolica Vaticana, Cod. Vat. lat. 3340, fol. 6^{r} Spartaner schleifen Athens Stadtmauern

103 ebd., fol. 6^{v} Reiterschlacht des Thyrasybulos

104 ebd., fol. 8^{r} Römer belagern Veiji

105 ebd., fol. 9^{r} Gallier besetzen Rom

107 ebd., fol. 11^{v} Greise und Knaben verteidigen Sparta gegen die Thebaner

106

106 Paulus Orosius, Historiae adversum paganos, Rom, Biblioteca Apostolica Vaticana, Cod. Vat. lat. 3340, fol. 10v Untergang von Ebora und Helice – Flammenregen über Konstantinopel

108

109

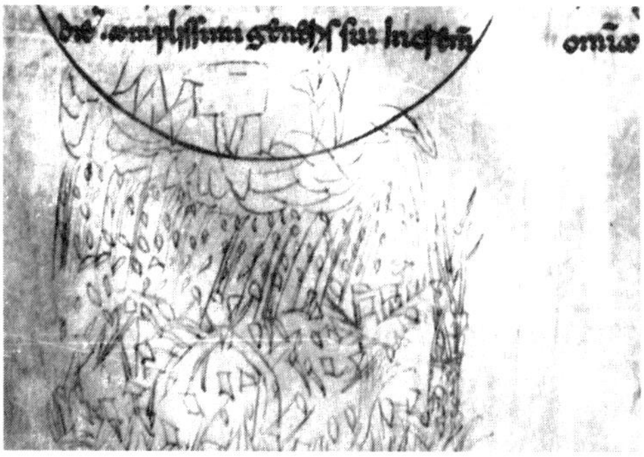

110

108 Paulus Orosius, Historiae adversum paganos, Rom, Biblioteca Apostolica Vaticana, Cod. Vat. lat. 3340, fol. 14[r] Marcus Scurtius versinkt vor dem Forum in einer Erdspalte

109 ebd., fol. 14[v] Schlacht der Römer gegen Gallier und Etrusker

110 ebd., fol. 15[r] Geburtsnacht Alexander des Großen

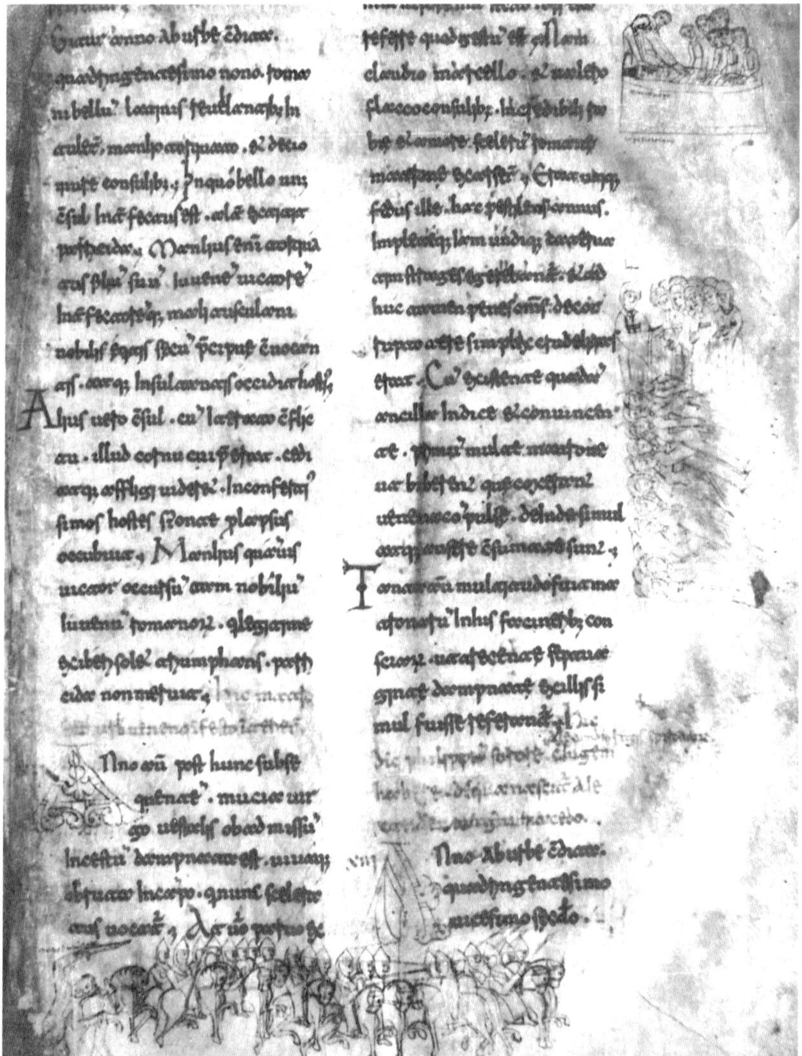

111

111 Paulus Orosius, Historiae adversum paganos, Rom, Biblioteca Apostolica Vaticana, Cod. Vat. lat. 3340, fol. 16r Manlius Torquatus erschlägt seinen, Sohn – Schlacht der Römer gegen die Latiner – Vestalin Minncia wird lebend begraben – Verurteilung der römischen Matronen

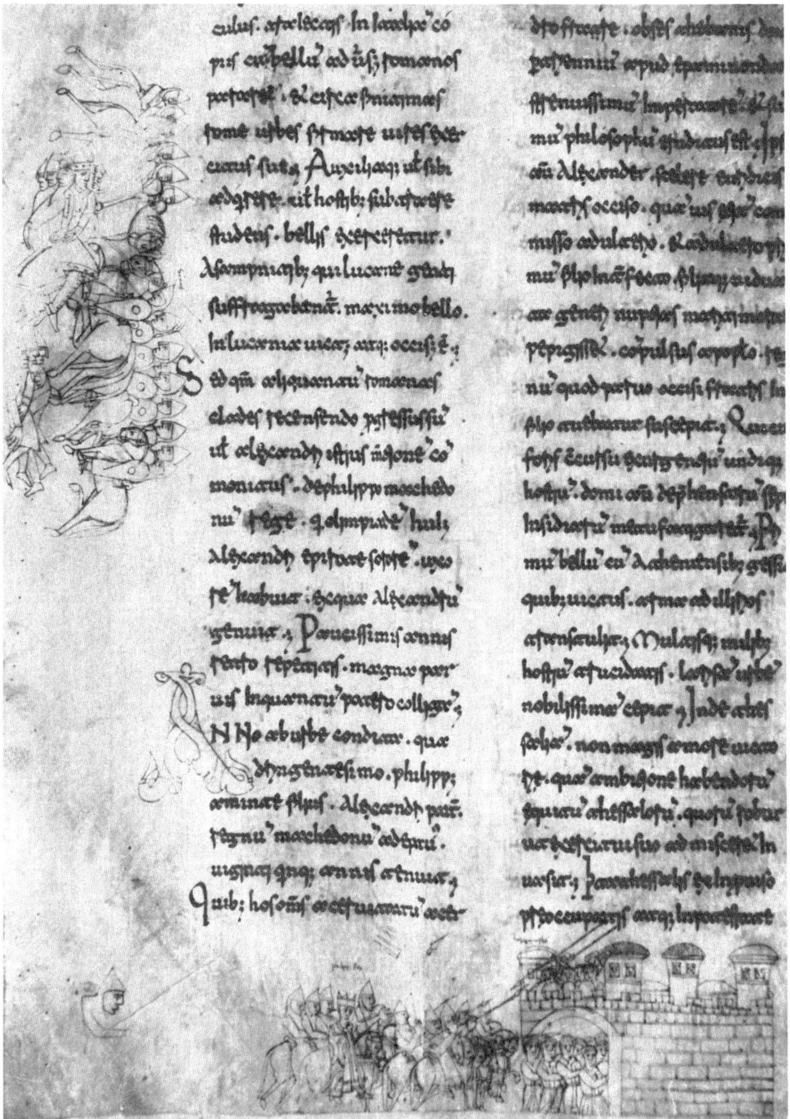

112

112 Paulus Orosius, Historiae adversum paganos, Rom, Biblioteca Apostolica Vaticana, Cod. Vat. lat. 3340, fol. 16ᵛ Tod des Königs von Epeiros – Philipp von Makedonien belagert Larissa

113

113 Paulus Orosius, Historiae adversum paganos, Rom, Biblioteca Apostolica Vaticana, Cod. Vat. lat. 3340, fol. 17r Hochzeit Philipps und Olympias – Belagerung von Mothona

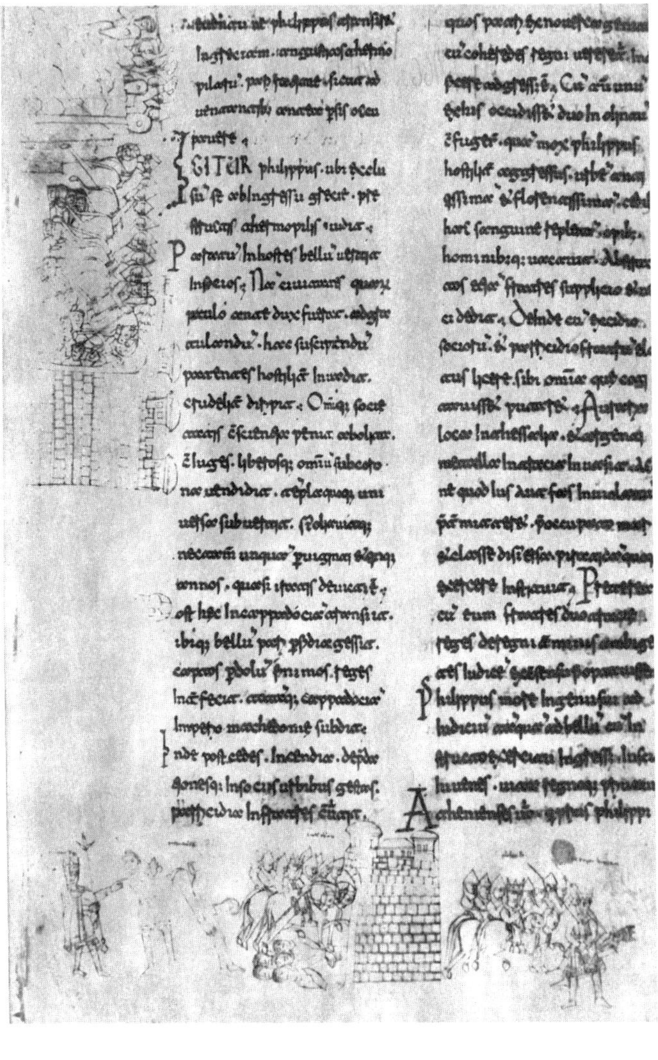

114

114 Paulus Orosius, Historiae adversum paganos, Rom, Biblioteca Apostolica Vaticana, Cod. Vat. lat. 3340, fol. 17[v] Athener besetzen die Termopylen – Philipp nimmt eine Stadt ein – Philipp läßt seinen Bruder erschlagen – Belagerung von Olynthos – Tod der trakischen Könige

115

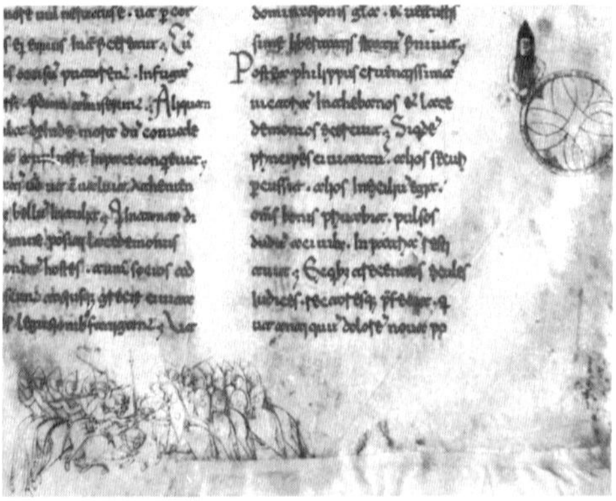
116

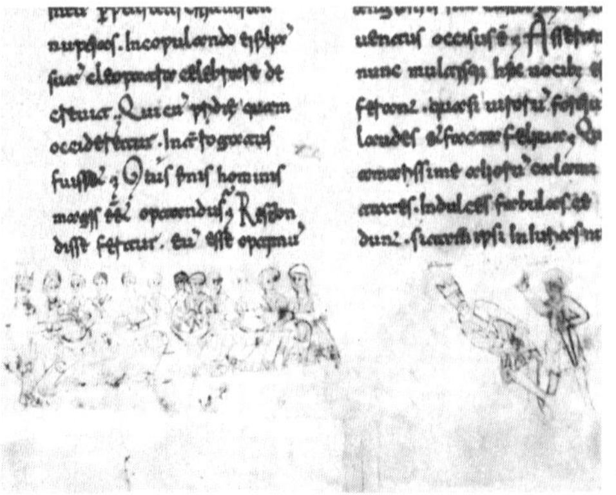
117

115 Paulus Orosius, Historiae adversum paganos, Rom, Biblioteca Apostolica Vaticana, Cod. Vat. lat. 3340, fol. 18^{v} Philipps Heer vertreibt Menschen und Herden

116 ebd., fol. 19^{r} Philipp wird in der Schlacht gegen die Triballer verwundet – Fortuna mit dem Rad

117 ebd., fol. 19^{v} Hochzeit der Kleopatra mit Alexander – Pausanias tötet Philipp von Makedonien

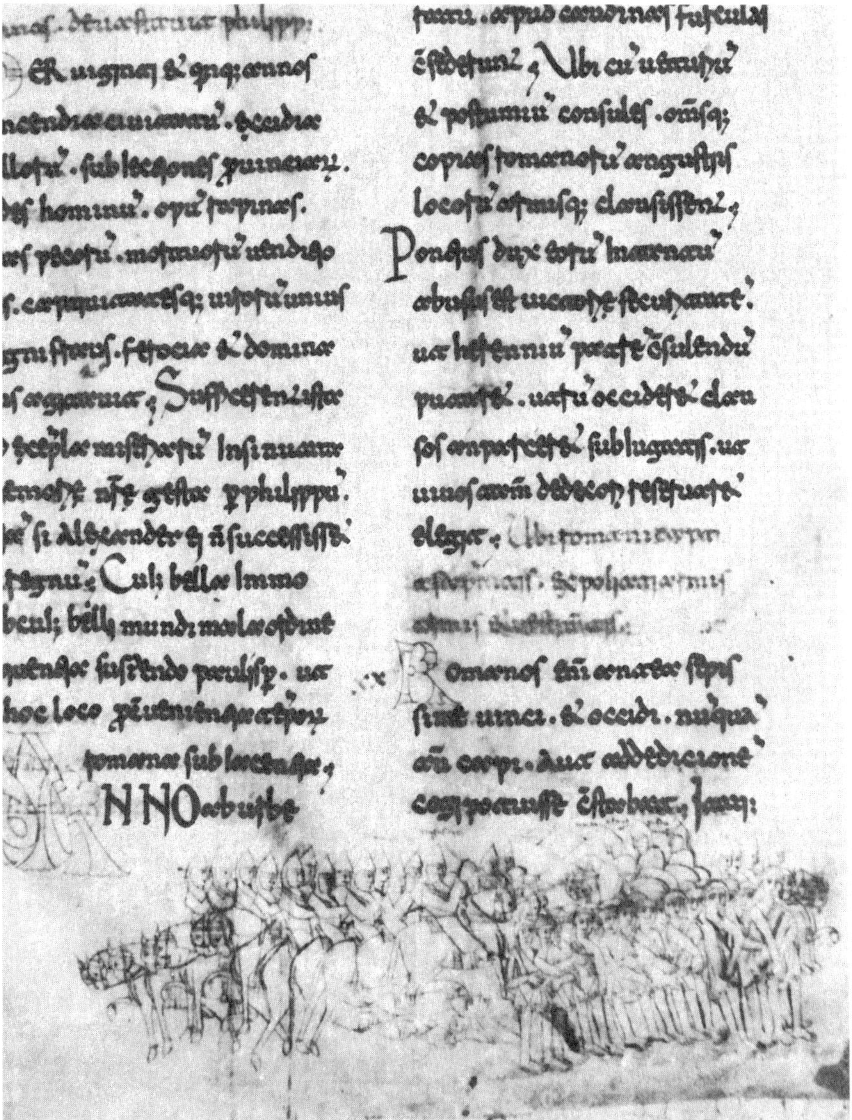

118

118 Paulus Orosius, Historiae adversum paganos, Rom, Biblioteca Apostolica Vaticana, Cod. Vat. lat. 3340, fol. 20r Niederlage der Römer an den Caudinischen Pässen

119

119 Paulus Orosius, Historiae adversum paganos, Rom, Biblioteca Apostolica Vaticana, Cod. Vat. lat. 3340, fol. 20v Sieg der Römer über die Samniten

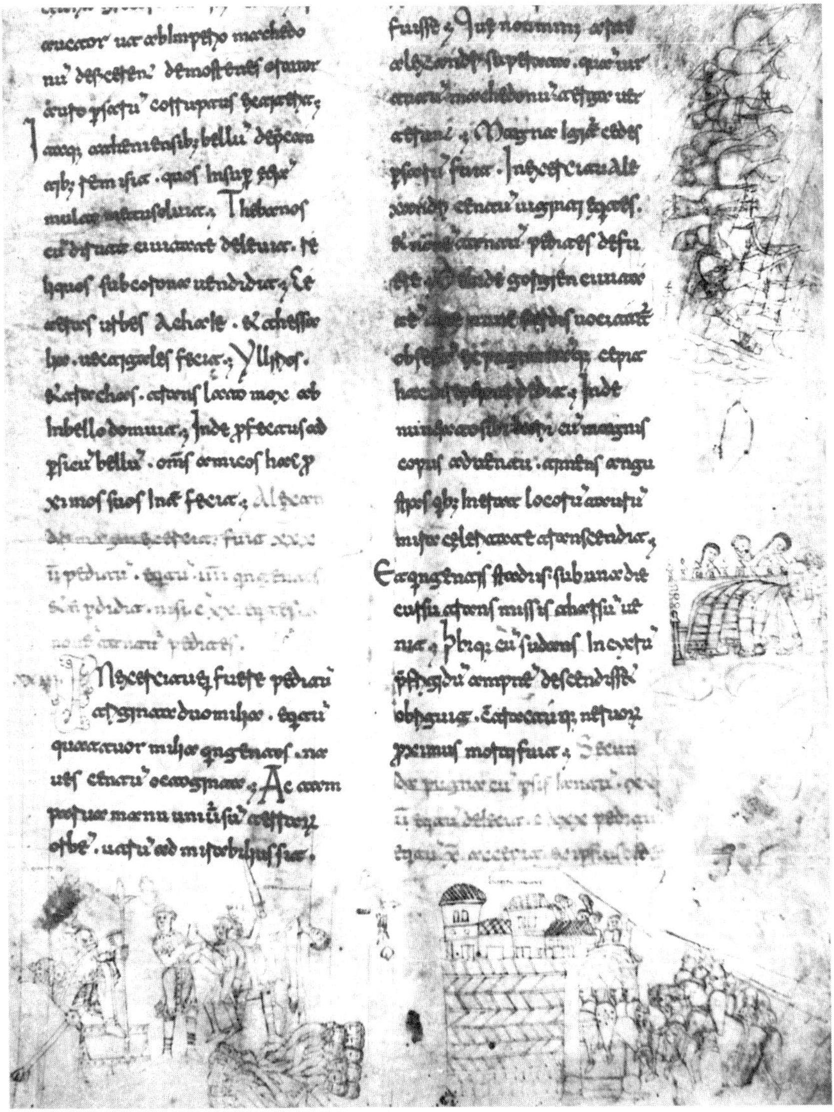

120

120 Paulus Orosius, Historiae adversum paganos, Rom, Biblioteca Apostolica Vaticana, Cod. Vat. lat. 3340, fol. 21[r] Alexander der Große verurteilt seine Freunde und Verwandten – Belagerung von Gordion – Alexanders Heer zieht an den Kydnos – Alexander auf dem Krankenlager

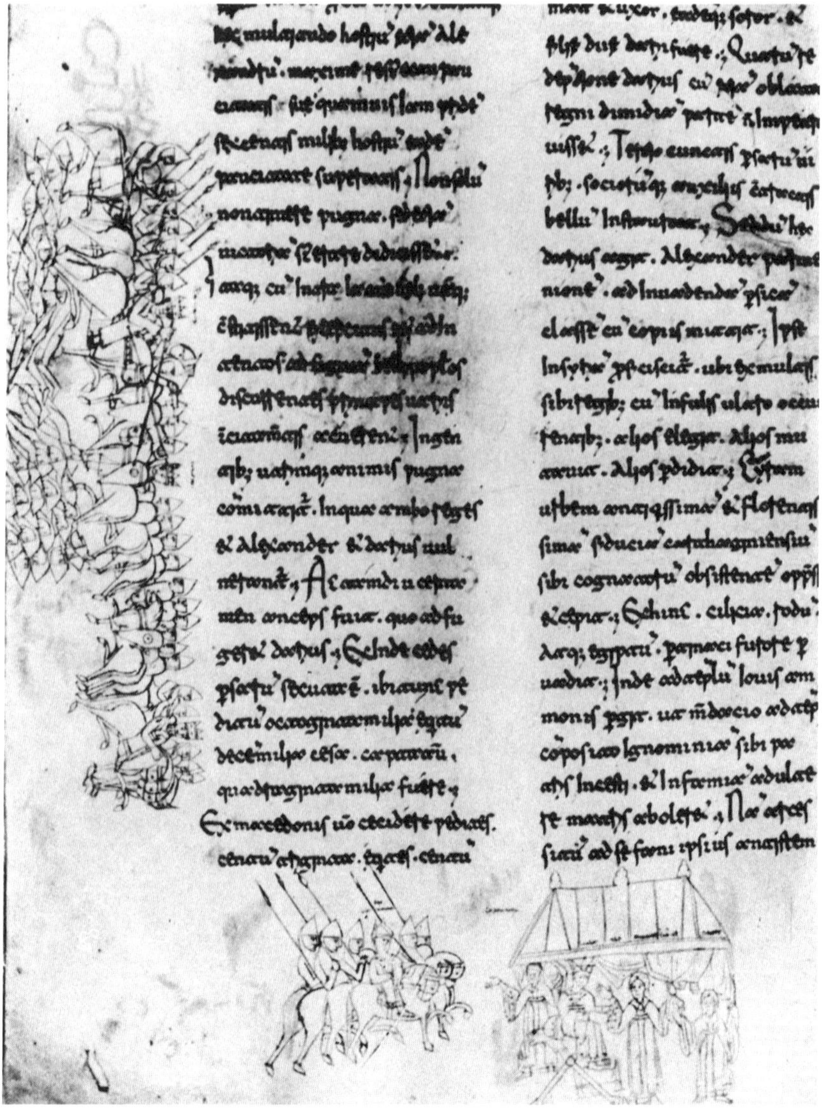

121

121 Paulus Orosius, Historiae adversum paganos, Rom, Biblioteca Apostolica Vaticana, Cod. Vat. lat. 3340, fol. 21ᵛ Schlacht von Issus – Alexander nimmt die Frauen des Darius gefangen

122

124

126

123a

123b

122 Paulus Orosius, Historiae adversum paganos, Rom, Biblioteca Apostolica Vaticana, Cod. Vat. lat. 3340, fol. 22^{r} Das neugegründete Alexandria – Gefangennahme und Bestattung des Darius

123 ebd., fol. 23^{r} Alexander läßt Kleitos töten – Tod des Philosophen Kallistenes – Belagerung der Felsenburg Aornus – Königin Kleophylis teilt das Bett mit Alexander

124 ebd., fol.23^{v} Alexander sticht Poros aus dem Sattel

126 ebd., fol. 25^{r} Schlacht von Herakleia

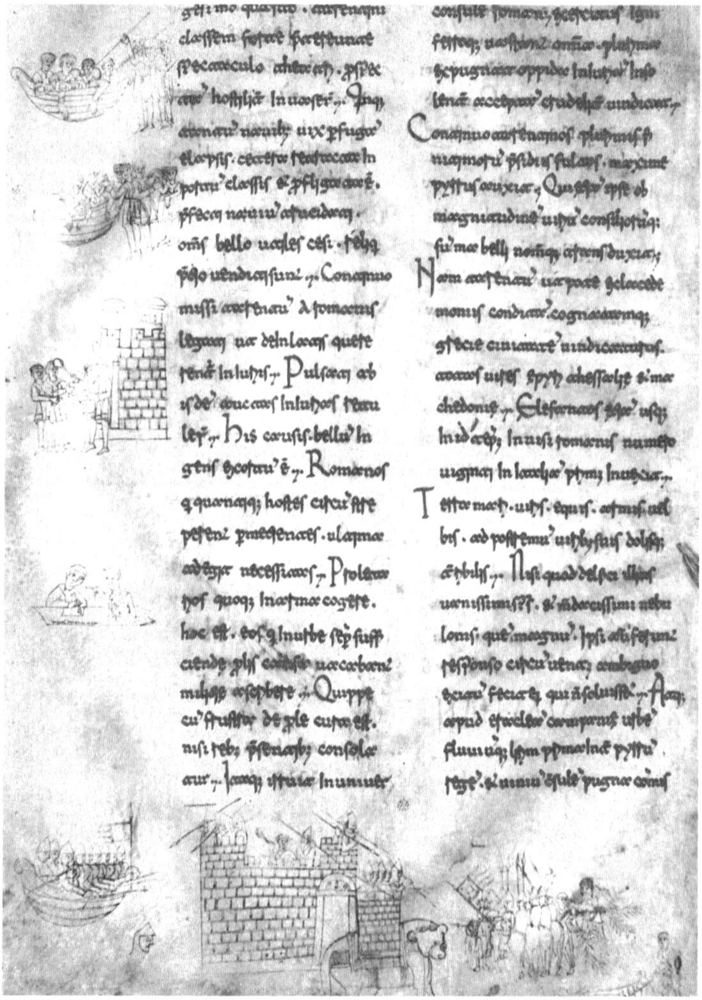

125

125 Paulus Orosius, Historiae adversum paganos, Rom, Biblioteca Apostolica Vaticana, Cod. Vat. lat. 3340, fol. 24[v] Tarentiner bringen römische Schiffe auf – römische Gesandte führen Klage in Tarent – Einschreibung von Proletariern – Rom greift Tarent an

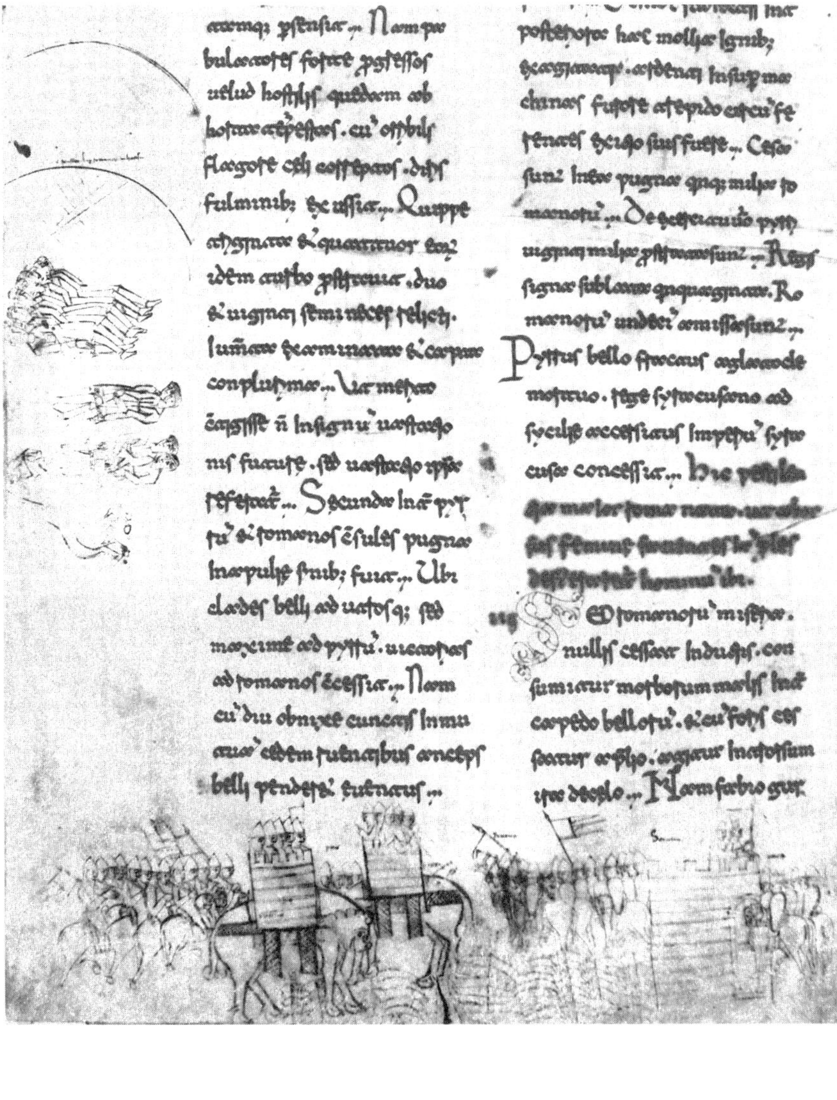

12

127 Paulus Orosius, Historiae adversum paganos, Rom, Biblioteca Apostolica Vaticana, Cod. Vat. lat. 3340, fol. 25[v] Unwetter überrascht die Römer – zweite Schlacht zwischen Pyrrhos und den Römern

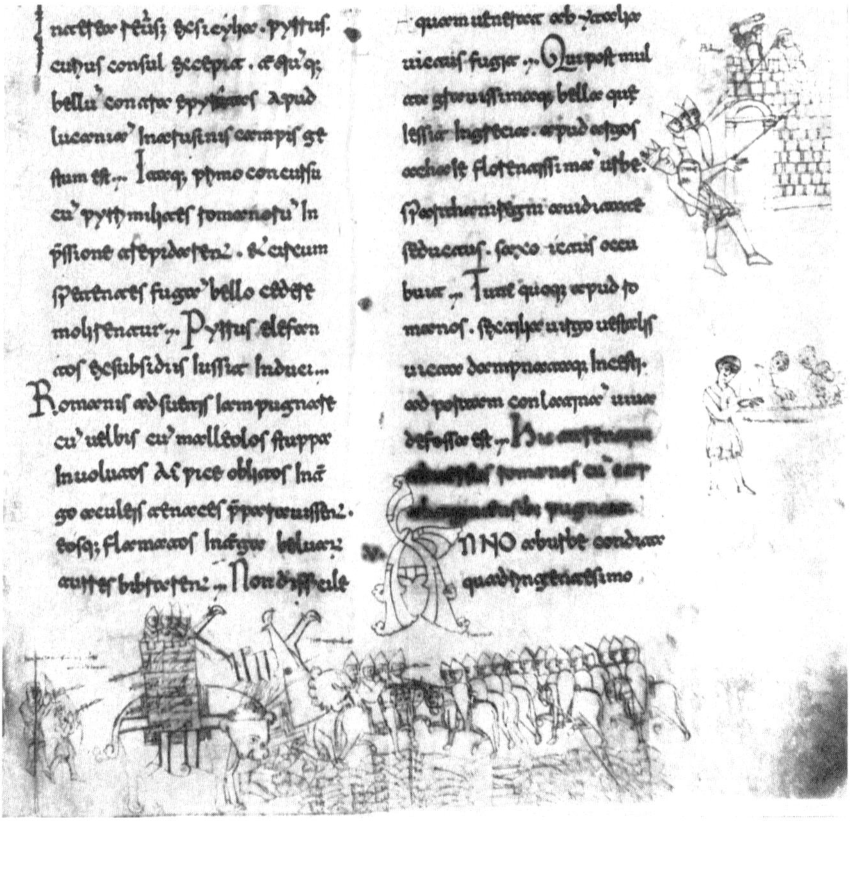

128

128 Paulus Orosius, Historiae adversum paganos, Rom, Biblioteca Apostolica Vaticana, Cod. Vat. lat. 3340, fol. 26r Dritte Schlacht zwischen Pyrrhos und den Römern – Tod des Pyrrhos – Vestalin Sextilia wird lebend begraben

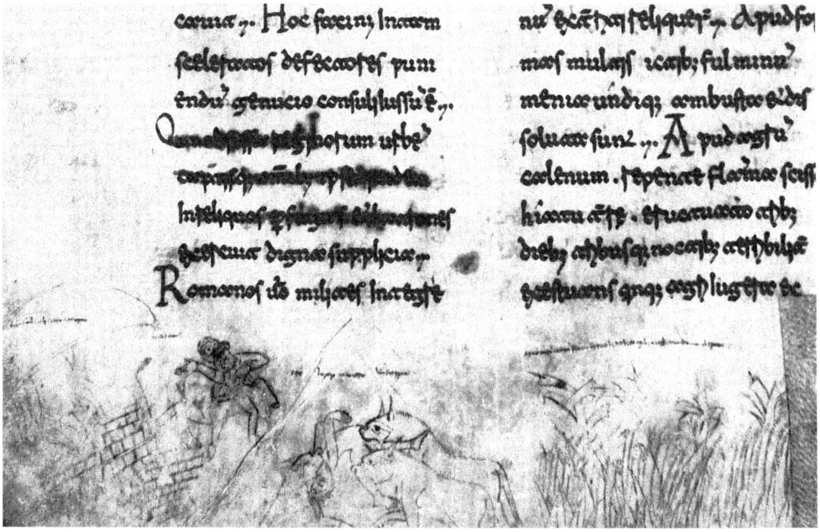

129

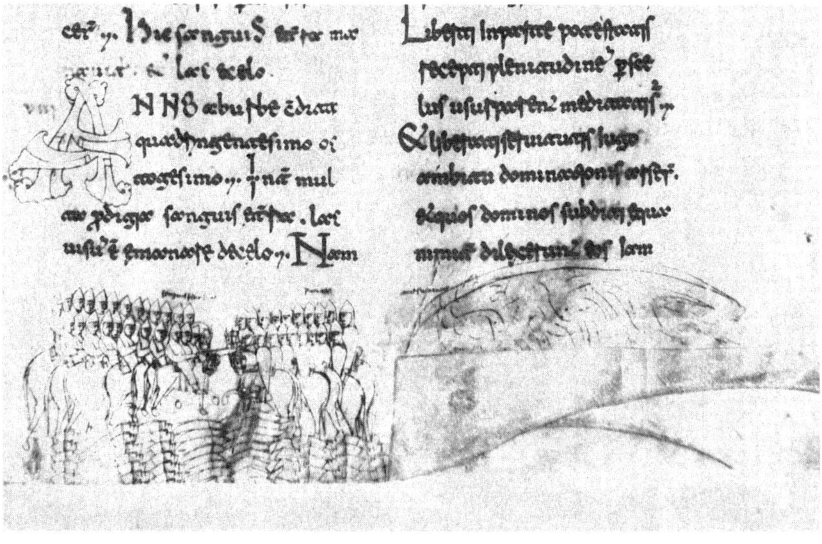

130

129 Paulus Orosius, Historiae adversum paganos, Rom, Biblioteca Apostolica Vaticana, Cod. Vat. lat. 3340, fol. 26ᵛ Blitzschlag zerstört den Salustempel – Wölfe zerren einen Kadaver vor das Forum – Feuersbrunst zerstört die Felder bei Calenum

130 ebd., fol. 27ʳ Schlacht zwischen Römern und Picentern – Milchregen

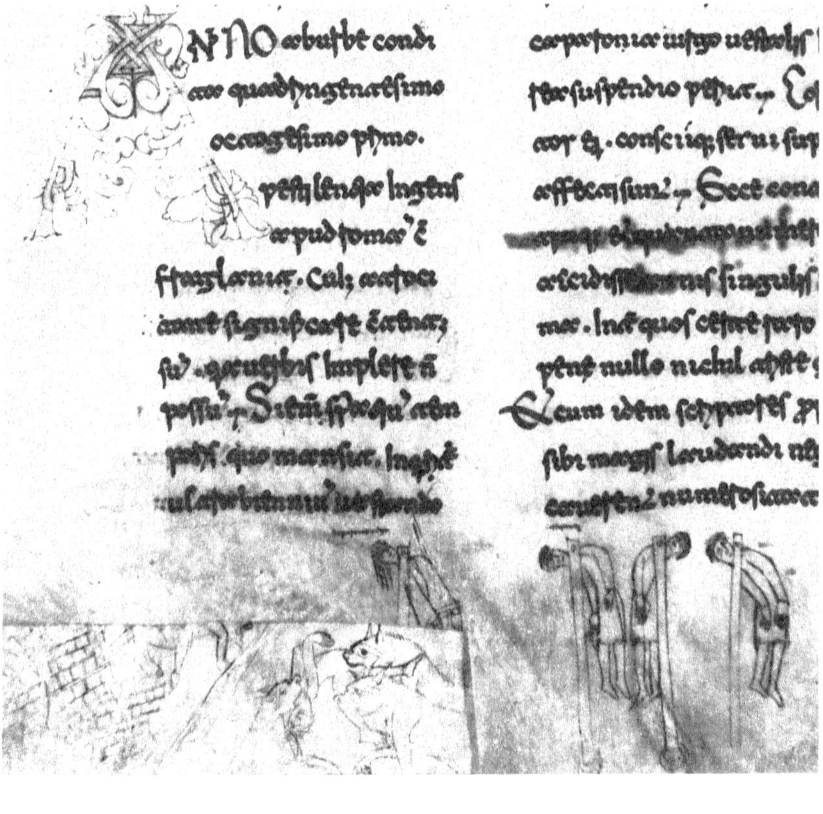

131

131 Paulus Orosius, Historiae adversum paganos, Rom, Biblioteca Apostolica Vaticana, Cod. Vat. lat. 3340, fol. 27v Hinrichtung der Vestalin Ceparronice, ihres Geliebten und ihrer Sklaven

132

132 Paulus Orosius, Historiae adversum paganos, Rom, Biblioteca Apostolica Vaticana, Cod. Vat. lat. 3340, fol. 28r Karthago – karthagische Priester opfern Menschen

133

133 Paulus Orosius, Historiae adversum paganos, Rom, Biblioteca Apostolica Vaticana, Cod. Vat. lat. 3340, fol. 28[v] Hinrichtung des Carthalo – Feldherr Himelcho kehrt nach Karthago zurück – Himelcho berichtet vom Untergang des Heeres – Beisetzung Himelchos

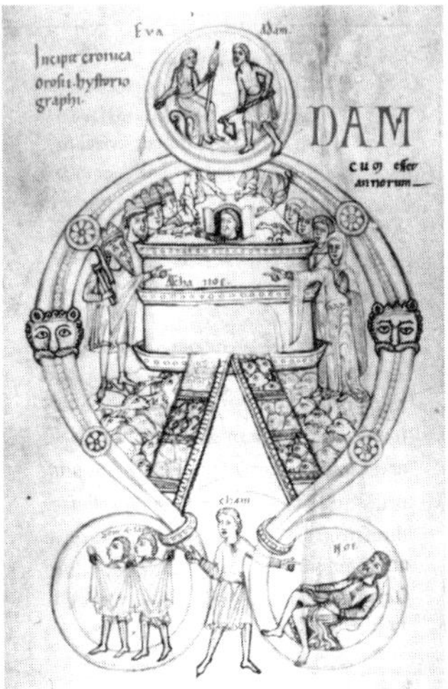

134

135

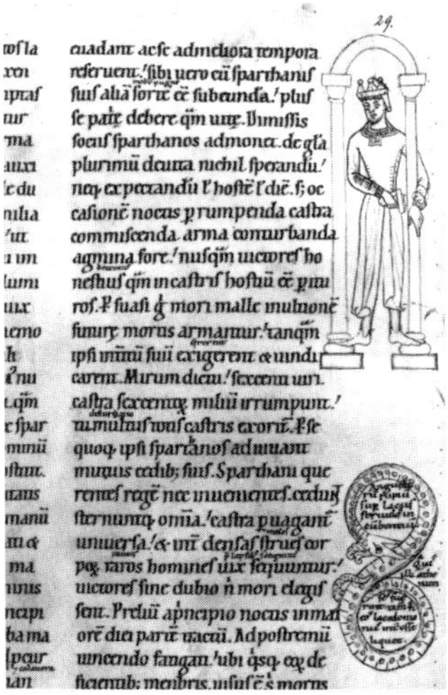

136

137

134 Paulus Orosius, Historiae adversum paganos, Stuttgart, Württembergische Landesbibliothek, Cod. hist. fol. 410, fol. 1^{v} Initiale A: Adam und Eva auf Erden – Arche Noah

135 ebd., fol. 27^{v} Cyrus – das Pferd des Cyrus

136 ebd., fol. 29^{r} Xerxes

137 Paulus Orosius, Historiae adversum paganos, London, British Library, Ms. Burney 216, fol. 32^{v} Initiale D: König Pyrrhos von Epeiros

138

138 Paulus Orosius, Historiae adversum paganos, London, British Library, Ms. Burney 216, fol. 33r Kriegselefant des Pyrrhos

139

139 Flavius Josephus, Antiquitates judaicae/Bellum judaicum, Brüssel, Bibliothèque Royale, Ms. II 1179, fol. 2^{v} Autorenbild des Flavius Josephus

140

141

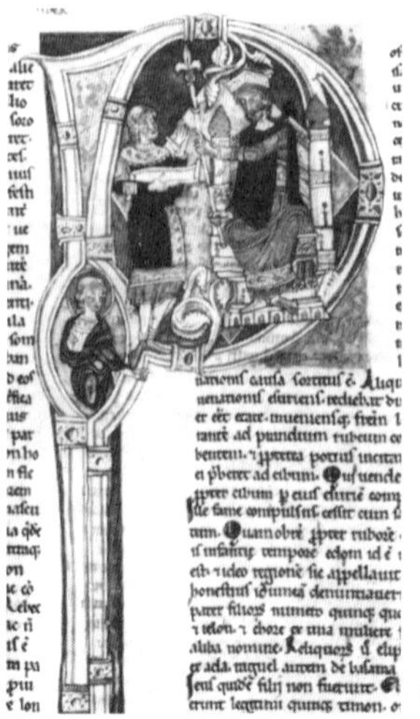
142

143

140 Flavius Josephus, Antiquitates judaicae/Bellum judaicum, Brüssel, Bibliothèque Royale, Ms. II 1179, fol. 3v In Principio-/ Genesisinitiale

141 ebd., fol. 142v König Alexander

142 Flavius Josephus, Antiquitates judaicae/Bellum judaicum, Oxford, Merton College, Ms. 317, fol. 7v Pharaos Traum

143 ebd., fol. 19r Untergang der Rotte Korah

144

146

145

147

144 Flavius Josephus, Antiquitates judaicae/Bellum judaicum, Oxford, Merton College, Ms. 317, fol. 31^r Niederlage der Israeliten – Bundeslade im Tempel Dagons

145 ebd., fol. 58^r König Hiskia im Tempel

146 ebd., fol. 67^v Tod Alexander des Großen

147 Flavius Josephus, Antiquitates judaicae/Bellum judaicum, Chantilly, Musée Coudé Ms. 774/775, fol. 3^r In Principio-/Genesisinitiale

148

149

150

151

148 Flavius Josephus, Antiquitates judaicae/Bellum judaicum, Chantilly, Musée Coudé Ms. 774/775, fol. 145^{v} Kentaur und Löwe

149 Flavius Josephus, Antiquitates judaicae/Bellum judaicum, Florenz, Biblioteca Medicea Laurenziana, Cod. Plut. 66,5, fol. 1^{v} Autorenbild des Flavius Josephus

150 ebd., fol. 2^{v} In Principio-/Genesisinitiale

151 Flavius Josephus, Antiquitates judaicae/Bellum judaicum, Brüssel, Bibliothèque Royale, Ms. II 991, fol. 1^{v} In Principio-/Genesisinitale

152

153

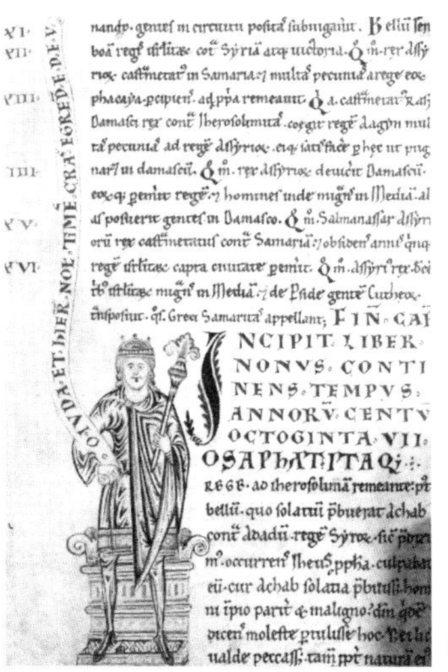

155

156

152 Flavius Josephus, Antiquitates judaicae/Bellum judaicum, Berlin, Preußische Staatsbibliothek, Ms. lat. fol. 226, fol. 3[r] In Principio-/Genesisinitale

153 ebd., fol. 21[r] Moses – Aaron – Josua

155 ebd., fol. 80[v] König Josaphat

156 Flavius Josephus, Antiquitates judaicae/Bellum judaicum, Berlin, Preußische Staatsbibliothek, Ms. lat. fol. 226, fol. 88[r] König Hiskia und der Prophet Jesaias

154

154 Flavius Josephus, Antiquitates judaicae/Bellum judaicum, Berlin, Preußische Staatsbibliothek, Ms. lat. fol. 226, fol. 69r König David krönt Salomon – Prophet Nathan – Bathseba

157

158

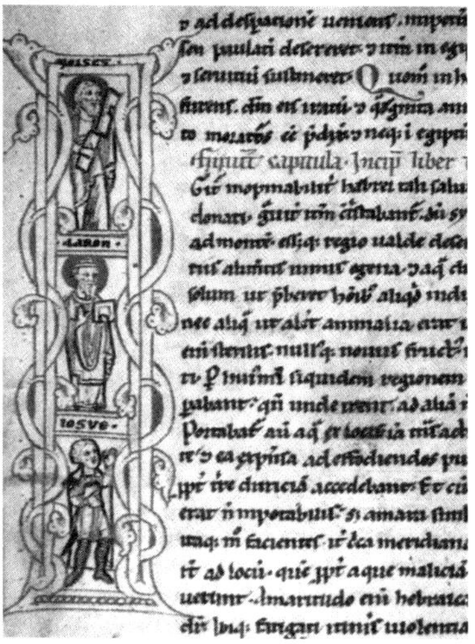
159

160

157 ebd., fol. 103r Königlicher Reiter mit Bannerlanze

158 ebd., fol. 182v Gerüsteter mit Bannerlanze und Schild

159 Flavius Josephus, Antiquitates judaicae/Bellum judaicum, Köln, Historisches Archiv, Ms. W 276, fol. 19v Moses – Aaron – Josua

160 Flavius Josephus, Antiquitates judaicae/Bellum judaicum, Köln, Historisches Archiv, Ms. W 276, fol. 143v Königlicher Reiter mit Bannerlanze

161

161 Flavius Josephus, Antiquitates judaicae/Bellum judaicum, Stuttgart, Württembergische Landesbibliothek, Cod. hist. fol. 418, fol. 1r Autorenbild des Flavius Josephus

162

162 Flavius Josephus, Antiquitates judaicae/Bellum judaicum, Stuttgart, Württembergische Landesbibliothek, Cod. hist. fol. 418, fol. 3r In Principio-Initiale/Typologische Intiale

163

164

163 Flavius Josephus, Antiquitates judaicae/Bellum judaicum, Stuttgart, Württembergische Landesbibliothek, Cod. hist. fol. 418, fol. 107[r] König David übergibt das Szepter an Salomon

164 ebd., fol. 160[r] Alexander der Große

165

166

167

168

165 Flavius Josephus, Antiquitates judaicae/Bellum judaicum, Fulda, Hessische Landesbibliothek, Ms. C.1, fol. 1^{v} Autoren- und Dedikationsbild: Josephus und Vespasian – Abt Wernher und der Heilige Martin

166 Flavius Josephus, Antiquitates judaicae/Bellum judaicum, München, Bayerische Staatsbibliothek, Clm. 17 404, fol. 263^{v} Belagerung JerusalemsFortunas Rad

167 Flavius Josephus, Bellum judaicum, Paris, Bibliothèque Nationale, Ms. lat. 5058, fol. 2^{v} Titus und Vespasian

168 ebd., fol. 3^{r} Dedikations- und Autorenbild: Flavius Josephus

169

169 Flavius Josephus, Antiquitates judaicae/Bellum judaicum, Paris, Bibliothèque Nationale, Ms. lat. 5047, fol. 2r Genesisinitiale

170

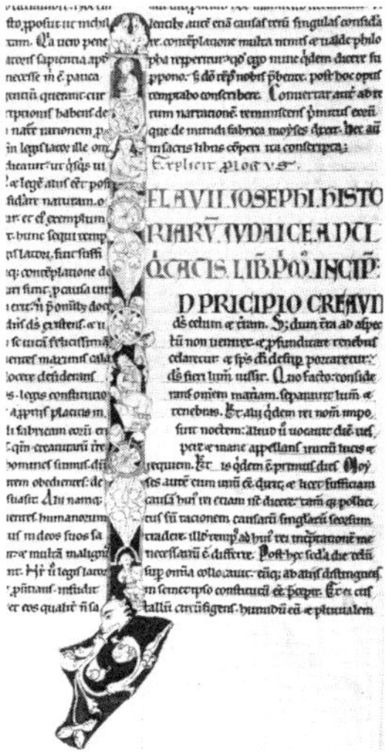

171

172

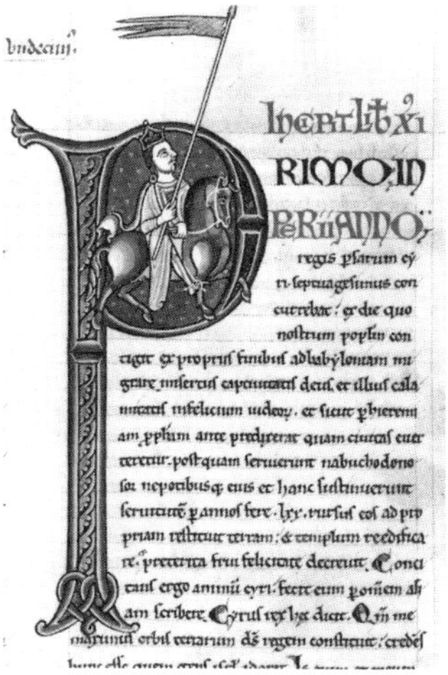

173

170 Flavius Josephus, Antiquitates judaicae/Bellum judaicum, Paris, Bibliothèque Nationale, Ms. lat. 5047, fol. 2r Autorenbild: Flavius Josephus

171 Flavius Josephus, Antiquitates judaicae/Bellum judaicum, Paris, Bibliothèque Nationale, Ms. lat. 8959, fol. 1v In Principio-Initiale

172 Flavius Josephus, Antiquitates judaicae/Bellum judaicum, Paris, Bibliothèque Nationale, Ms. lat. 8959, fol. 9r Jakob und Esau

173 ebd., fol. 89r Cyrus

174

175

176

174 ebd., fol. 101[v] Musikant, tanzender Esel und Drache

175 Flavius Josephus, Antiquitates judaicae/Bellum judaicum, Paris, Bibliothèque Nationale, Ms. lat. 8959, fol. 200[v] Musikant und Tänzerin – Zweikampf

176 Flavius Josephus, Antiquitates judaicae/Bellum judaicum, Paris, Bibliothèque Nationale, Ms. lat. 16 730, fol. 2[r] Belehrung im Garten Eden – Vertreibung aus dem Paradies

177

178

179

177 ebd., fol. 3r In Principio-/Genesisinitiale

178 ebd., fol. 55r David und der Amalekiter

179 Flavius Josephus, Antiquitates judaicae/Bellum judaicum, Paris, Bibliothèque Nationale, Ms. lat. 16 730, fol. 66v Salomon und Bathseba

180

181

182

183

180 Flavius Josephus, Antiquitates judaicae/Bellum judaicum, Paris, Bibliothèque Nationale, Ms. lat. 16 730, fol. 113ʳ Jonathan betend am Altar

181 ebd., fol. 134ᵛ Herodes tötet Antigonus

182 ebd., fol. 164ʳ Alexander ernennt Cyrenius zum syrischen Regenten

183 ebd., fol. 228ᵛ Titus ernennt Vespasian zum Befehlshaber der Truppen

184

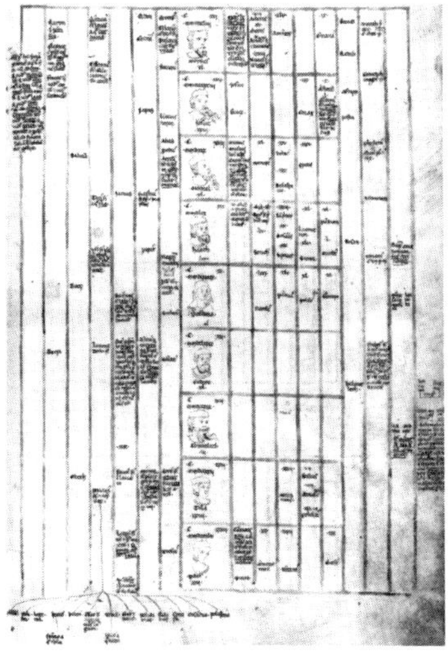

185

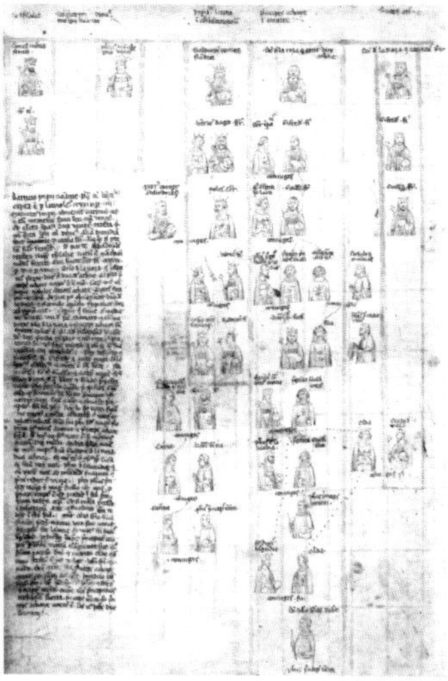

186

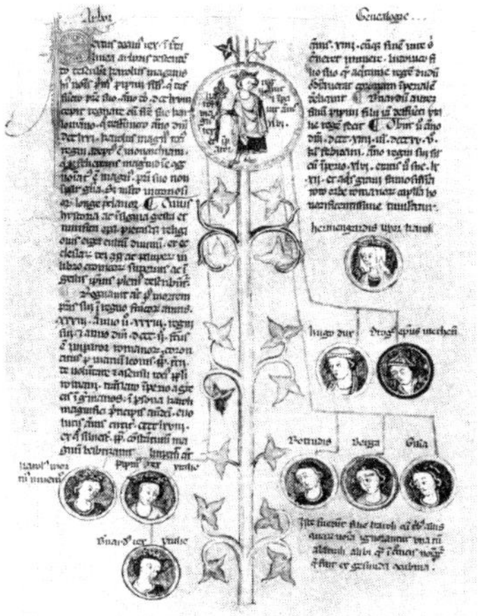

187

184 Jordanus, Weltchronik, Rom, Biblioteca Apostolica Vaticana, Ms. vat. lat. 1960, fol. 1^{r} Stammtafel der direkten, Nachkommen Adams und Evas

185 ebd., fol. 3^{r} Prophetenreihe

186 evd., fol. 12^{v} Königsreihe

187 Handschriftenfragment, ehem. Straßburg, Sammlung Forrer, Stammtafel der französischen Könige u.a. mit Karl dem Großen, Hermengard und Pippin

188

189

190

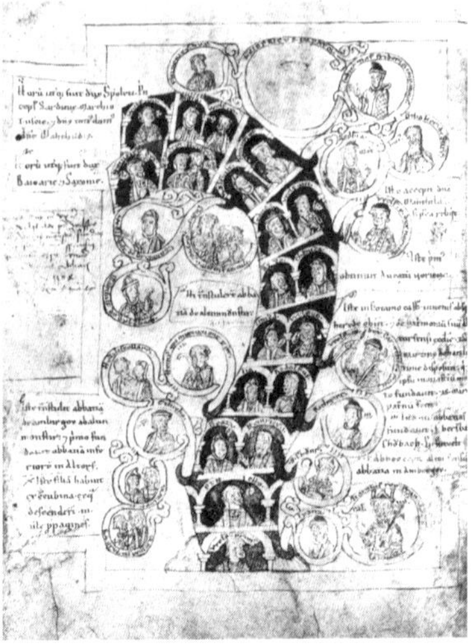

191

188 Plinius, Historia naturalis, Florenz, Biblioteca Medicea Laurentiana, Ms. plut. 81,2, fol. 1r Wurzel Jesse

189 Historia Welforum, ehem. Straßburg, Sammlung Forrer, Welfenstammbaum

190 ebd., Locus

191 Historia Welforum, Fulda, Hessische Landesbibliothek, Cod. D 11, fol. 13v Stammtafel der Welfen

192 Rasid ad-Din, Frankengeschichte, Istanbul, Topkapi Sarayi, Hazine Nr.1654, fol. 311r Die Päpste Honorius III., Gregor IX. und Cölestin IV. (links) – die Könige Otto IV., Friedrich II. und Heinrich VI. (rechts)

ABBILDUNGSNACHWEISE

Alle Abbildungen, die keine gesonderten Nachweise besitzen, stammen aus der Fotoabteilung der jeweiligen Bibliothek oder Sammlung, die exakte Benennung erfolgt als Bildunterschrift.

Nach: Pertz 1844, Abb. o. Nr.: Abb. 3;

nach: Breuer 1966, S. 22: Abb. 36;

nach: Ornamenta ecclesiae 1, Köln 1985, S. 56, 57, 58, 59, 230: Abb. 37-41;

nach: Chonica regia Coloniensis 1978, S. 25: Abb. 42;

nach: Altbestand Dias IKG, Mainz: Abb. 43, 45-49, 51-56;

nach: Schnitzler 1959, Abb. 1: Abb. 45;

nach: Zeit der Staufer 2, Stuttgart 1977, Abb. 544: Abb. 50;

nach: Swarzenski 1936, Abb. 32, 3, 54, 53: Abb. 57-60;

nach: Bloch 1961, Abb. 26, 27, 28, 29: Abb. 61-64;

nach: Gutbrod 1965, Abb. 38: Abb. 65;

nach: Polaczek 1908, Tf. I, II, III, IV, V, XI: Abb. 66-70, 80;

nach: Gengaro/Guglielmetti 1968, Tf. 97, 98: Abb. 81, 82;

nach: Scheidig 1928, Tf. II – IV: Abb. 83, 84, 85, 86-88;

nach: Mazal 1978, Abb. 79: Abb. 89;

nach: Zeit der Staufer 2, Köln 1977, Abb. 539: Abb. 90;

nach: Mazal 1978, Abb. 71: Abb. 92;

nach: Mazal 1985, Abb. 18: Abb. 93;

nach: Swarzenski 1974, Pl. 129: Abb. 94;

nach: Bologna 1986, S. 112: Abb. 95;

© Biblioteca Apostolica Vaticana (Vatikan): Abb. 97-133;

nach: Löffler 1928, Tf. 40: Abb. 134;

nach: Ross 1955, Abb. S. 51: Abb. 137/138;

nach: Romanische Kunst an der Maas 1962, S. 173: Abb. 139;

nach: Le livre illustré, Bruxelles 1977, PL. 11: Abb. 140;

nach: Cahn 1966, Abb. 1-5: Abb. 142-146;

nach: Alexander 1978, Nr. 25: Abb. 147;

nach: Stiennon 1961, Fig. 3: Abb. 148;

nach: Lenzuni 1986, Tf. XLIII, XLIV: Abb. 149/150;

nach: Gaspar/Lyna 1, 1984, Pl. XXXIX: Abb. 151;

nach: Ornamenta ecclesiae 2, Köln 1985, S. 312, 313: Abb. 159-160;

nach: Löffler 1928, Tf. 33, 39: Abb. 161-162;

nach: Köllner 1976, Abb. 441: Abb. 165;

nach: Kroos 1980, 1,2, Abb. 127: Abb. 166;

nach: Deutsch 1986, Abb. 2, 3, 9, 10, 77, 24, 53, 8, 11, 95, 106, 125: Abb. 167, 168, 169, 170, 171, 172, 177, 178, 179, 180, 181, 182, 183;

nach: Forrer 2, 1907, Tf. VII, II, III: Abb. 187, 189, 190;

nach: Köllner 1976, Abb. 456: Abb. 191;

nach: Jahn 1977, Tf. 33: Abb. 192;

Bildarchiv Foto Marburg Nr. 236038, 236039, 23 6036, LA 2223/9, 236037, LA 2223/1, LA 2223/15: Abb. 11-17;
Nr. 236043, 236044: Abb.135/136;
Nr. 235842, 235846: Abb.163-164.

Umschlagabbildung: Otto der Große
Bildnachweis: s. Abb. 77, S. 265